JN107891

建築知識
kenchikuchishiki

世界で一番くわしい
建築基準法

01 最新版

谷村広一 著
tanimura kouichi

X-Knowledge

DTP　　　　　　　　　　　天龍社
カバー・表紙デザイン　　　細山田デザイン事務所

はじめに

　耐震偽装事件の後、建築基準法の改正で建築界が混乱していた頃に、「誰にでもわかりやすい」建築基準法の本を書いてくれませんか？とのお話をいただきました。そして出来上がったのが、既刊「世界で一番やさしい建築基準法」でした。今回の「世界で一番くわしい建築基準法」のベースになった本です。

　この既刊「世界で一番やさしい建築基準法」は、難しい建築基準法を分かりやすくするため、「文字の数を絞る」「図や表をふんだんに入れる」「ひと目でわかる」ことに主眼をおき、つくられました。1冊の本にまとめあげるため、盛り込まれている内容の数十倍の項目の調査と実務的なヒアリングが必要でした。とりわけ「建築基準法の解説を正確な用語の表現と条文で案内すること」と「パッと見てわかるような基準法のエキスを抽出すること」の両立はとても難しく、難解な表現の条文をできるだけ日常語の表現に近づけるために、当時の加藤編集担当との間で何度も校正が繰り返されました。

　今回の「世界で一番くわしい建築基準法」は、この「世界で一番やさしい建築基準法」をベースに、よりさまざまな手が加えられています。記載されている表現を見直し、新たに用語の解説を加え、解説項目は必要とされるものに絞りながら情報量は増やしています。また、法の専門書としての根拠条文を示し、基準法のかゆいところにも手が届くように心掛けています。

　この本が、初めて学校で建築基準法を学ぶ学生の方や、一級建築士を目指す方、実務として建築基準法を使う方々にも入門編としてご活用いただければ幸いです。

2011年3月吉日　　谷村広一

改訂にあたって

「世界で一番くわしい建築基準法」の発行から10年が経過して、改訂のお話をいただきました。ほぼ同時期に発刊された姉妹本の「世界で一番やさしい建築基準法」はたびたびの法改正に合わせて6回の改定をおこなっています。

　最近は大規模木造建築物に関係した改正などが行われ、耐火建築物と準耐火建築物の2通りだった仕様もだいぶ増えて複雑になりました。

　10年目の大改訂で、そのあたりの変更加筆を行い、新たに床面積や建築面積の説明やイラスト、写真、新たな「わかる法規」をなども加えました。また選定した内容で充分に建築基準法のテキストとしても利用できるように工夫したつもりです。

2021年10月吉日　　谷村広一

CHAPTER 1
建築基準法

1

CHAPTER 2
道路・敷地・用途

2

CHAPTER 3
形態制限

CHAPTER 4
防火

CHAPTER 5
避難

CHAPTER **1**

建築基準法

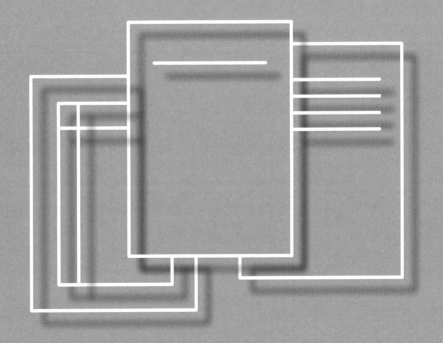

生命・健康・財産を守る建築基準法

単体規定は全国一律に適用、集団規定は都市計画・準都市計画区域内で適用される

建築基準法の成り立ち

建築基準法は、国民の「生命・健康・財産の保護」と「公共の福祉」を念頭に置いてつくられた、建築物に関して最低限守らなければならない基準であり、①**法**、②**施行令**、③**施行規則**、④**告示**から構成されている。

①**法**は、建築物を建てようとする際の申請や、審査、検査の義務などについての手続き規定、構造強度や防火・避難・衛生など、建築物自体の安全性を確保する単体規定、**道路幅員**や**用途地域**など周辺の環境条件に応じた高さ制限など周囲の環境と建築物の形態の関係を定めた集団規定、そして違反に関する是正や違反者に対する懲役、罰金の命令・罰則規定などに分類できる。さらに、法の内容を補う**4つの別表**がある。

②**施行令**(政令)は、法の技術的基準を具体的に数値等で規定したもの。

③**施行規則**(省令)は、**確認申請書**に必要な図面や明示する事項、申請や報告など各種手続き書類の様式や軽微変更(規則第3条の2)などを規定している。

④**告示**は、**耐火建築物**の基準や**防火材料**の基準、設備や材料の性能・構造方法、条文に関する詳細な事項が国土交通省告示として定められる。

以上の①〜④により、建築基準法が総括的に運用されている。

建築主事と特定行政庁の役割

建築確認は、特定行政庁の**建築主事**や**指定確認検査機関**により行われ、その内容に不服がある場合は、その地域の**建築審査会**に異議を申し立てて争うことができる。

国土交通省や特定行政庁は、指定確認検査機関に立入検査をしたり、報告の提出を義務付けて、審査や検査が適正に行われているかチェックする権限をもっている。また、**特定行政庁**は、既存の**特殊建築物**や一定規模以上の建築物に**定期報告**の制度を設け、維持管理が適正に行われるように管理している(法12条)。

基本を理解！

・手続き規定
確認申請書などの様式や図面に明記する内容、完了検査や各報告などの手続きに関する内容について定めている

・単体規定
構造強度、採光、通風、防火、避難、室内空気環境、安全性など、その建築物自身にかかわるとされる規定の総称

・集団規定
用途地域や道路など都市計画の規制との関係で決まる建築物の高さ、位置、規模、形状にかかる規定

・命令・罰則規定
違反建築物の使用禁止、制限の命令や除却、改築などの命令がある。また、罰則には懲役や罰金がある。対象は設計者、施工者や所有者、管理者などである

・道路幅員
　→p.48本文

・用途地域
　→p.57本文

・確認申請
　→p.12本文

・耐火建築物
　→p.122本文

・防火材料
　→p.134本文

・特殊建築物
　→p.22本文

・定期報告
　→p.72

わかる法規

● 4つの別表

別表第1：用途別の特殊建築物を例示し、それらに対して耐火や準耐火要求がかかる階数や面積の基準を例示した表

別表第2：用途地域内での建築物の制限基準。建築物の用途規模、原動機の出力や危険物の制限が例示した表

別表第3：前面道路と建築物各部分の高さの斜線制限基準の表。容積率に応じて適用される範囲や斜線勾配が決められている

別表第4：用途地域ごとに日影規制基準を定めた表での対象になる建築物の高さや階数、規制の時間や規制面の平均GLからの高さが決められている

● 建築主事(法4条)

建築確認を行うため、地方公共団体に設置される建築基準適合判定資格者である公務員。民間の指定確認検査機関の建築基準適合判定資格者とは区別される

● 指定確認検査機関の指定(法77条の18)

建築確認や検査を行う機関として国土交通大臣や都道府県知事から指定された民間の機関。建築基準法が平成11年5月の建築基準法改正により、従来、地方公共団体の建築主事だけが行っていた建築確認業務が民間に開放された。

指定確認検査機関の指定にあたっては、建築確認を取り扱うことが出来る建築物の範囲や業務の対象地域が定められる。建築確認の民間開放は、建築確認の迅速化が目的であった

● 建築審査会(法78条)

特定行政庁の附属機関として設置。法律、経済、建築、都市計画、公衆衛生などの学識経験者からなり、建築物の許可に対する同意、審査請求に対する裁決などを行う

● 特定行政庁(法第4条)

建築主事を置く地方公共団体、およびその長のこと。すべての都道府県、および政令で指定した人口25万人以上の市には建築主事の設置が義務づけられている

建築基準法の目的（法第一条）

国民の → 生命／健康／財産 → の保護 ＋ 公共の福祉の増進 ＝ 目的

建築基準法の位置付け

日本国憲法

公法
公益のために国・公共団体が市民の行為を規制する

私法
平等な市民として利害関係を調整する

［制定機関］

国会　**法律**　建築基準法

内閣　**政令**　建築基準法施行令　→　地方公共団体条例　　［制定機関］都道府県・市町村の議会

国土交通大臣　**省令**　建築基準法施行規則　→　地方公共団体施行細則　　地方公共団体の長（知事・市長等）

国土交通大臣　**告示**　国土交通省告示

民法の相隣関係規定
隣接する土地、建物の所有者の権利を調整する規定

民法に規定のない近隣住民の権利
・敷地の重複使用
・違反建築への是正措置請求
・5号道路（位置指定道路）の通行の自由権
・日照権
・眺望権
・プライバシー権
・隣地を使用した電気、ガス、上水道の設置

建築基準法の体系

建築基準法

制度規定
実体規定の実効性を確保する規定

実体規定
具体的な建築制限を義務付ける規定

命令・罰則規定
違反を正し、違反者に懲役・罰金を課す規定

手続き規定
計画内容を審査し、工事の検査を義務付ける規定

集団規定
都市の機能を確保する規定（主に都市計画区域に適用）

単体規定
建築物の安全性を確保する規定（全国一律に適用）

特定行政庁（知事や市町村長）は違反に是正措置命令を発し、その不履行に対して行政代執行により強制実現が可能

・確認申請
・完了検査
・形式適合認定
・建築協定
・指定確認検査機関
・建築基準適合判定資格者
・建築審査会

・道路
・用途
・形態規制（容積率、建蔽率、高さ制限、日影規制）
・地区計画
・誘導制度

・構造強度
・防火
・避難
・設備
・材料

建築確認の手続きと検査

着工前には確認申請、工事中は計画変更や軽微な変更の手続き
建築物の使用前には完了検査の手続き

建築確認申請の手続き

建築物をつくる前に、**建築主事か指定確認検査機関**に建築内容が建築基準法に適合していることを確認してもらうため、**建築確認申請**の手続きが必要となる。

申請は建築主が行うのが原則だが、申請内容が設計と深く関わるため、一般的には設計者が代理で行う。

審査期間は、指定確認検査機関の場合は契約による。建築主事の場合は、建築物の用途、規模で7日か35日以内のいずれかである。規模や構造により構造計算適合性判定を要する場合、その結果は14日以内に建築主事等に通知し、その期間は35日に含まれる。しかし、合理的な理由で構造判定期間がさらに35日延長されると、合計審査期間が最大70日になる（法6条の3）。

実際の審査のフローは、①受付時審査（必要書類・図面が揃っているか、正・副本が整合しているか）　②受付（図面に明示事項が記入されているか、申請書の誤記や記入漏れがないか）　③消防同意、行政庁に道路、都市計画区域などの照会　④建築基準法への適合性審査　⑤構造計算適合性判定を行う機関に審査依頼　⑥確認済証交付である。

この過程で申請書類に不備や不整合があれば、「補正等の書面の交付」や「適合するかどうか確認できない旨の通知」が申請者に送られる。図面の補正や追加資料を別途提出することで確認済証が交付される。

着工からと完了検査まで

確認済証が交付された後、着工することができる。工事途中に**行政庁の条例や法で定められている工程**で、中間検査申請を行ない、検査を受けて、中間検査済証の交付を受けなければならない建築物もある（法7条の3）。

また確認申請の図書から変更が生じた場合、計画変更の手続きが必要となる。変更の内容によっては、消防同意の必要な計画変更ではなく軽微変更となる。

工事が完了すると、4日以内に建築主事等に完了検査申請をする必要がある。それを受けて建築主事等は申請受理日から7日以内に検査をしなければならない。完了検査済証が発行されると建築物を使用することができる。都市計画区域や建築物の用途、規模、工事の種別により、確認申請が不要となることもある。

わかる法規

**● 適合するかどうか確認できない旨の通知
（建築確認手続き等の運用改善）**
法定通知のこと。「補正等の書面の交付」以外の補正方法であり、補正に2週間以上の時間がかかる場合に使われ、補正の期間は審査期間に含まれない

**● 行政庁の条例や法で定められている工程
（法7条の3・令11条）**
中間検査特定工程といわれ、基礎配筋完了時、軸組み完了時、1階の鉄骨建て方完了時など、建築物の構造、規模などによって異なる

例えば、東京都では、新築、増築又は改築に係る部分の地階を除く階数が3以上のものが対象建築物となる。木造

建築物の場合は、屋根工事が終わった時点が、特定工程（中間検査）の時点であり、検査合格後に、壁の外装工事又は内装工事ができる。大阪府では、50㎡を超える住宅用途やその他、床面積の合計が300㎡を超えるもの又は地階を除く階数が3以上のものが対象建築物となる。木造の住宅では東京都と同様に、屋根工事完了時が、特定工程の時点となる。また、階数3以上の鉄筋コンクリート造の共同住宅の場合は、2階の床の配筋完了時に中間検査を行うが、これは全国共通である

● 消防同意　→p.14本文
● 建築主事　→p.10わかる法規
● 都市計画区域　→p.54

基本を理解

・構造計算適合性判定
平成18年6月20日の建築基準法の改正で、高度な構造計算を要する高さ20mを超える鉄筋コンクリート造の建築物など、一定規模以上等の建築物について義務付けられた、第三者の指定構造計算適合性判定機関による構造のダブルチェック。なお、従来認められていた最長70日が、確認申請の審査の長期化につながることから、平成22年6月の建築確認手続き等の運用改善で、建築確認審査や消防同意との並行審査が認められた

・補正等の書面の交付
申請図書の内容に計画変更にまではならない軽微な不備や不明確な内容があった場合、申請者等に交付する書面

・中間検査済証
特定工程時（左下わかる法規：行政庁の条例や法で定められている工程）ごとに申請図書どおりに構造の仕様等ができている場合に発行される検査合格証

・計画変更
確認済証が交付された後、完了検査までの間に行う設計内容の変更手続きで、規則3条の2の「軽微な変更」に該当しないもの。手続きの中で消防同意が必要となる

・完了検査済証
工事完了時に申請図面どおりにできていることを写真や監理報告書、施工結果の報告書や現地の一部の寸法等の測定などにより発行する検査合格証

建築確認申請・検査のフロー

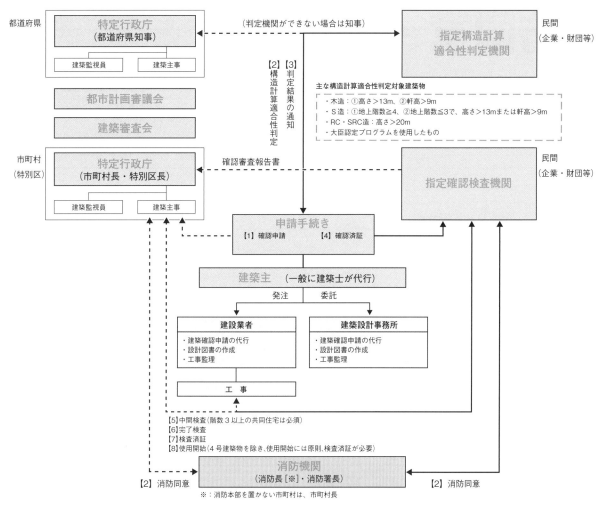

確認申請が必要な建築物（法6条）

適用区域	用途・構造	規模	工事種別	確認期限
全国	①特殊建築物[※1]（1号建築物）	用途に供する床面積>200㎡	・建築（新築、増築、改築、移転） ・大規模な修繕 ・大規模な模様替(増築してその規模になる場合を含む) ・①への用途変更	35日
	②木造建築物(2号建築物)	下記のいずれかに該当するもの ・階数≧3　・延べ面積>500㎡　・高さ>13m　・軒高>9m		
	③木造以外の建築物(3号建築物)	下記のいずれかに該当するもの ・階数≧2　・延べ面積>200㎡		
都市計画区域 準都市計画区域 準景観地区 知事指定区域[※2]	④4号建築物	上記①②③以外の建築物	建築(新築、増築、改築、移転)	7日

注：防火地域・準防火地域以外で、10㎡以内の増築、改築、移転の確認申請は不要
※1：法別表第1（い）欄の用途の特殊建築物
※2：都市計画区域・準都市計画区域＝都道府県知事が都道府県都市計画審議会の意見を聴いて指定する区域を除く
　　　準景観地区＝市町村長が指定する区域を除く
　　　知事指定区域＝都道府県知事が関係市町村の意見を聴いて指定する区域

軽微な変更（変更後も建築基準関係規定に適合する以下のもの）（規則3条の2）

変更事項	軽微な変更	号	計画変更
道路幅員・接道の長さ	増加	1	減少
敷地面積・境界線	増加	2	減少
建築物の高さ	減少(最低限度が定められている場合を除く)※1	3	増加
階数	減少※1	4	増加
建築面積	減少(最低限度が定められている場合を除く)※1	5	増加
床面積	減少(最低限度が定められている場合を除く)※1	6	増加
用途の変更	類似の用途相互間	7	左記以外
基礎杭、二次部材	安全性を有する位置の変更	8	左記以外
構造体力上主要な部分	材料・強度または体力が減少しない構造	9	左記以外
壁・間仕切	構造耐力部材、防火上主要なものを除く	10	左記以外
天井材料・構造	排煙規定対象以外のもの・構造耐力上主要な部分以外	11	左記以外
防火材料・防耐火構造	同等、または同等以上の材料・防耐火構造の変更	12	左記以外
井戸	位置の変更	13	左記以外
開口部の位置、大きさ	採光、換気の有効な面積の減少・避難関連の開口部[※2]の変更等以外※1	14	左記以外
建築設備・工作物	性能が低下しない位置・材料・能力の変更	15	左記以外
建築基準関係規定	駐車場法、バリアフリー法、省エネ法等	16	左記以外

※1　構造計算をやり直す必要がないこと
※2　延焼のおそれのある部分の開口部、避難距離が長くなる出入口、非常用の進入口

消防同意・消防通知

原則として、建築確認や許可の手続きには、消防長か消防署長の同意が必要となる

建築確認の際に必要な消防同意

建築確認審査には、道路や**都市計画**、下水道や保健所、文化財保護や警察署など、さまざまな行政部門が関係し、各関係機関の事前調査が必要となる。

なかでも消防署は、建築基準法の防火・避難の分野で密接に関係する機関である。**確認申請**や、特定行政庁の許可を受ける際には、その建築物の**建設地の消防長**に、消防法の見地から計画する建築物の防火・避難面での安全性を確認し、問題ないという**同意**をもらった後でないと、確認や許可はできない。

同意の期間は、小さな建築物（法6条1項4号）は3日以内、その他の建築物では7日以内で、審査し、同意した結果は建築主事などに連絡される（**消防同意**）。

防火・準防火地域以外の専用住宅は、防火・避難の規定が適用されないため、消防同意は必要なく、建築確認後に消防長へ**通知**を行う。ただし兼用住宅では、住宅以外の用途部分が住宅部分より大きいか50㎡を超える場合は、消防同意が必要となる。

また、**昇降機**その他の建築設備の確認（法87条の4）の場合は、消防長の同意ではなく、確認申請を行ったという通知で足りる（法93条1・4項、令147条の3）。

例外的に与えられる建築許可

建築確認とは、申請書類が建築基準法に適合していることを照合する手続きである。しかし、実際の建築物のなかには、歴史や環境など、さまざまな事情で例外的に建築行為が認められるものがある。その手続きが**建築許可**である。許可はその建築物に例外的に与えられるものであり、同じような他の事例でも認められるとは限らない。また、建築許可は、防火・避難の関係で**消防長の同意**と、**建築審査会の同意**を必要とすることが多い。

道路や**用途地域**、**容積率**、**建蔽率**や**日影規制等**が定められた条文中のただし書の部分が許可手続きとなる。

基本を理解

・専用住宅
戸建ての住宅等で、台所、風呂、便所などの住宅として必要な機能を持つもの

・兼用住宅
出入り口を兼用するなど住宅の一部に事務所や店舗などがあるもの。併用住宅は、事務所等と住宅がそれぞれ壁や床を隔てて独立したもの
　→p.68本文

・確認申請
　→p.12本文

・防火地域
　→p.142本文

・準防火地域
　→p.144本文

・昇降機
　→p.206本文

・用途地域
　→p.57本文

・容積率
　→p.76本文

・建蔽率
　→p.86本文

・日影規制
　→p.110本文

・建築許可
　→右頁例外的許可

わかる法規

● **都市計画**
都市の経済、社会、文化などの諸機能を十分に発揮させ、都市における生活および諸活動の安全、健康、利便、能率、快適を図る目的をもって、都市基盤、土地利用、建築敷地、建築物などを整えようとすること

● **消防同意**
・消防の審査は消防法に基づいたものなので建築基準法の審査と共通の部分と異なる部分がある
（共通内容例）
・防火区画　・排煙設備　・非常用照明　・非常用進入口
・非常用ELV等
（消防法による審査内容例）　・防炎対象物
・消火栓、消火器具　・消火設備　・スプリンクラー
・自動火災報知設備　・非常警報設備　・避難器具
・連続送水管等

● **特定行政庁**→p10

関連事項

事前調査
建築を敷地に計画するとき、都市計画関係の地域の調査と同様に、排水先や給水管の位置を調べなければならない。また、埋蔵文化財保護の観点から、敷地の掘削が制限されていたり、建築前の調査が義務付けられている地域もある。さらに予定している建築物の用途が旅館や飲食店、公衆浴場だったりすると保健所の許可も必要となる。同様に風営法にかかわるパチンコ店などの業種の建設や大型駐車場から道路への出入口の設置などは、警察署と深く関係しているので注意を要する

消防同意・消防通知（法93条）
消防同意は確認申請をおろす前に行われ、消防通知は確認申請をおろした後に行われる

消防署長・消防長
消防長は消防本部の長で、最高責任者のこと。市町村ごとに設置する消防長は、管轄区域内の消防署を指揮する。消防署長は、消防長の指揮監督を受ける

消防同意・消防通知のしくみ

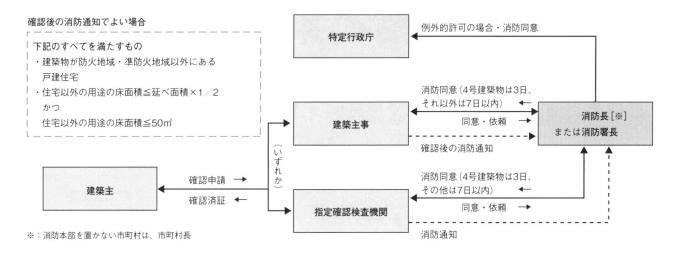

確認後の消防通知でよい場合

下記のすべてを満たすもの
・建築物が防火地域・準防火地域以外にある
　戸建住宅
・住宅以外の用途の床面積≦延べ面積×1／2
　かつ
　住宅以外の用途の床面積≦50㎡

特定行政庁 ← 例外的許可の場合・消防同意

建築主事 ← 消防同意（4号建築物は3日、それ以外は7日以内） ← 消防長［※］または消防署長
建築主事 → 同意・依頼 →
建築主事 ‐‐‐ 確認後の消防通知 ‐‐‐>

指定確認検査機関 ← 消防同意（4号建築物は3日、その他は7日以内）
指定確認検査機関 → 同意・依頼 →
消防通知

建築主 ← 確認申請 → （いずれか）
建築主 ← 確認済証 ←

※：消防本部を置かない市町村は、市町村長

特定行政庁による例外的許可（ただし書許可）の例

条　項	緩和項目	例外的許可の条件
法43条1項	敷地の2m接道義務	敷地の周囲に公園、緑地、広場等の広い空地があり、規則10条の2に適合する建築物。建築審査会の同意が必要
法44条1項2・4号	道路内の建築制限	公衆便所、巡査派出所等の公益上必要な建築物および公共用歩廊等。建築審査会の同意が必要
法47条	壁面線を超える柱・門・塀の制限	歩廊の柱等。建築審査会の同意が必要
法48条1～7項	住居系地域の用途規制	（良好な）住居の環境を害するおそれがない建築物か、公益上やむを得ない建築物。建築審査会の同意が必要
法48条8項	近隣商業地域の用途規制	主に近隣の住宅地の住民に日用品を供給する建築物で、住宅地の環境を害するおそれがないもの。または公益上やむを得ない建築物。建築審査会の同意が必要
法48条9項	商業地域の用途規制	商業の利便を害するおそれがない建築物か、公益上やむを得ない建築物。建築審査会の同意が必要
法48条10項	準工業地域の用途規制	安全・防火上の危険性、衛生上の有害性が低い建築物か、公益上やむを得ない建築物。建築審査会の同意が必要
法48条11項	工業地域の用途規制	工業の利便上、または公益上必要な建築物。建築審査会の同意が必要
法48条12項	工業専用地域の用途規制	工業の利便を害するおそれがない建築物か、公益上やむを得ない建築物。建築審査会の同意が必要
法51条	卸売市場等の位置の制限	都道府県（市町村）都市計画審議会の議を経て、その敷地の位置が都市計画上支障がないと認めた場合。建築審査会の同意は不要
法52条10項	計画道路がある場合の容積率	交通・安全・防火・衛生上支障がない建築物。計画道路部分の面積は、敷地面積に不算入。建築審査会の同意が必要
法52条11項	壁面線がある場合の容積率	その街区内の土地利用の状況等から適当で、交通・安全・防火・衛生上支障がないもの。前面道路と壁面線との間部分は敷地面積に不算入。建築審査会の同意が必要
法52条14項	指定容積率を超える場合	同14項1・2号のいずれかに該当し、交通・安全・防火・衛生上支障がないもの。建築審査会の同意が必要
法53条4・5項3号	建蔽率制限の除外	隣地境界線から後退して壁面線の指定のある場合、公園、広場、道路、川等にある建築物で、安全・防火・衛生上支障がないもの。建築審査会の同意が必要
法53条の2第1項3・4号	最低敷地面積の最低限度	周囲に広い公園、その他空地を有する建築物で、用途または構造上やむを得ないもの。建築審査会の同意が必要
法55条3項	第1・2種低層住居地域内の絶対高さ制限	敷地の周囲に広い公園、広場、道路等の空地がある建築物で、低層住宅の良好な住居の環境を害するおそれがないもの。または学校等その用途によってやむを得ないもの。建築審査会の同意が必要
法56条の2第1項	日影規制	土地の状況等により周囲の居住環境を害するおそれがなく、建築審査会の同意を得た場合
法59条1項3号、4項	高度利用地区	学校、駅舎、卸売市場等、公益上必要な建築物で、用途または構造上やむを得ないもの。敷地内に道路に接して有効な空地が確保されているもの。建築審査会の同意が必要

建築士の資格と業務内容

建物の規模によって構造・設備設計1級建築士の関与が必要

建築士と建築士事務所

一定規模以上の建築物の**設計・工事監理**は、**建築士**だけが行うことができる。建築士資格には「**1級建築士**」「**2級建築士**」「**木造建築士**」の3種類があり、それぞれ設計できる建築物の構造や用途、規模が異なっている。

また、建築士が設計業務を行うためには**建築士事務所の登録**が必要である。事務所は所在地の都道府県知事に登録する必要がある(有効期間5年)。**登録事項の変更**は、開設者が2週間以内に都道府県知事に届け出なければならない(法23条の5)。事務所で設計に従事する建築士には講習受講義務がある。所属建築士は3年ごとに**定期講習**を、事務所を管理する管理建築士となるには定期講習以外に、管理建築士講習を受講しなければならない。

建築士が行う設計と工事監理

建築物の設計にあたり、建築士は建築主に設計内容が建築基準法等に適合していること

を説明して、設計図書に記名・押印する。別の建築士が設計した図書を変更する場合は、当該建築士の承諾が必要だが、承諾が得られない場合は、建築士の自己責任で変更できる。

また、一定規模以上の建築物については、「**構造設計1級建築士**」「**設備設計1級建築士**」による建築基準法等への適合性確認が必要となる。構造／設備設計1級建築士でない1級建築士が一定規模以上の設計を行う場合は、法適合性の確認をそれぞれの資格者に依頼する。

建築士が工事監理を行う場合は、工事が設計図書に従って行われていることを確認し、設計図書などと異なる部分があれば施工者に指摘する。それでも従わない場合は建築主に報告する義務がある(士法18条3)。

設計事務所の管理建築士は、**設計・工事監理受託契約**締結前に、監理の方法、報酬額、設計または工事監理する建築士などについて、建築主に書面で説明し、開設者はそれらの**帳簿**や**設計図書**を**15年間保存**しなければならない。(士法24条の4、規則21条)

わかる法規

● **建築士の業務(士法18条〜20条)**
設計及び工事監理(士法18条)

● **設計・工事監理(士法18条)**
・設計を行う場合、設計する建築物が法令又は条例基準に適合するようにしなければならない。また、設計の委託者に対し、設計の内容に関して適切な説明を行うように努めなければならない
・工事監理を行う場合、工事が設計図書のとおりに実施されていないときは、直ちに、工事施工者にその旨を指摘し、設計図書のとおりに実施するよう求め、当該工事施工者が従わないときは、建築主に報告する
設計の変更(士法19条)
建築士免許証等の提示(士法19条の2)
業務に必要な表示行為(士法20条)

● **定期講習(士法22条の2)**
全国の都道府県の建築士会や登録講習機関により毎年開催される。設計事務所で設計に従事する建築士や、すべての構造設計1級建築士、設備設計1級建築士が対象になり、

3年に1度講習を受けなければならない

● **設計受託契約等**
(士法22条の3の2〜3の4)
設計受託契約の原則
延べ面積が300㎡を超える建築物に係る契約の内容
適正な委託代金

● **建築士事務所の登録(士法23条)**
報酬を得て、建築士が建築物の設計、建築物の工事監理等の業務を行う場合に必要となる登録

● **建築士事務所の登録の変更の届出事項**
(士法23条の5)
以下を2週間以内に、所在地の都道府県知事に提出
・建築士事務所の名称、所在地
・登録申請者の氏名等
・管理建築士の氏名、1級、2級、木造建築士の別
・その他

建築士でなければ設計・工事監理ができない建築物の規模・構造・用途（士法3条〜3条の3）

延べ面積 (S)		高さ≦13m　かつ　軒高≦9m					高さ＞13m　または　軒高＞9m
		木造			木造以外		すべて
		1階	2階	3階以上	2階以下	3階以上	構造・階数に関係なく適用
S≦30㎡		無資格			無資格		
30㎡＜S≦100㎡					2級以上		
100㎡＜S≦300㎡		木造以上					
300㎡＜S≦500㎡		2級以上					
500㎡＜S≦1,000㎡	下記以外の用途						
	特定の用途						1級のみ
1,000㎡＜S	下記以外の用途	2級以上					
	特定の用途						

無資格：誰でもできるもの
木造以上：木造建築士、2級建築士、1級建築士ができるもの
2級以上：2級建築士、1級建築士ができるもの
1級のみ：1級建築士ができるもの
特定の用途：学校、病院、劇場、映画館、観覧場、公会堂、集会場（オーデイトリアムのあるもの）、百貨店

注：災害時の応急仮設建築物は誰でもできる

構造設計1級建築士・設備設計1級建築士の認定条件

1級建築士として5年以上の構造設計または設備設計に従事した後に、講習（構造設計または設備設計、法適合確認に関する講義・修了考査）を修了した者

構造設計1級建築士・設備設計1級建築士の関与が義務付けられている建築物

建築士	対象建築物
構造設計1級建築士	①1級建築士の業務独占に係る建築物のうち、構造方法について大臣認定が義務付けられている高さ＞60mの建築物（法20条1号） ②ルート2、ルート3、限界耐力計算による構造計算を行うことにより構造計算適合性判定（ピアチェック）が義務付けられている高さ≦60mの建築物（法20条2号） ③上記①②の規模でも図書省略を受けた建築物と型式適合認定を受けた建築物は対象外
設備設計1級建築士	階数≧3　かつ　床面積＞5,000㎡の建築物
1級建築士の業務独占に係る建築物	①学校、病院、劇場、映画館、百貨店等の用途に供する建築物（延べ面積＞500㎡） ②木造の建築物　または　建築物の部分（高さ＞13m　または　軒高＞9m） ③鉄筋コンクリート造、鉄骨造等の建築物・建築物の部分（延べ面積＞300㎡、高さ＞13mまたは　軒高＞9m） ④延べ面積＞1,000㎡　かつ　階数≧2の建築物 注：上記のうち、法85条1・2項に定める応急仮設建築物を除く
法20条2号に該当する建築物 （平19国交告593号）	高さ≦60mの建築物で以下のもの ①木造の建築物（高さ＞13m　または　軒高＞9m） ②鉄筋コンクリート造の建築物（高さ＞20m） ③鉄骨鉄筋コンクリート造の建築物（高さ＞20m） ④鉄骨造の建築物（階≧4、高さ＞13m　または　軒高＞9m） ⑤積組造の建築物（階≧4） ⑥補強コンクリートブロック造の建築物（階≧4） ⑦柱間隔が一定以上ある建築物や耐力壁の少ない建築物等これらに準じるものとして国土交通大臣が指定したもの 注：非木造建築物については、上記のうち、階数≧2または延べ面積＞200㎡のものに限られる

申請の手続きの必要な建築行為

建築行為には、新築・増築・改築・移転・大規模な修繕・大規模な模様替がある

意味が異なる「用語の定義」

建築基準法で使われる用語は、日常的な使われ方と若干異なる。法2条13号に「建築とは建築物を新築し、増築し、改築し、又は移転すること」と定義されており、建築基準法における、新築・増築・移転は、敷地との関係で定義され、申請の手続きが必要となる。

新築は、一般的な意味では「何もない敷地に新しく建築物を建てる」ことを指すが、建築基準法では、何もない敷地に別の敷地から古い建物を移動しても、原則的として新築となる。

増築とは、一般的には「既存の建物と一体になるように部屋などを増やすこと」だが、建築基準法上は、敷地内に別棟を新しく建てても増築である。

改築は、単に「壊して、つくり直すこと」ではなく、用途・構造・規模の変更がなく、一部あるいは全体をつくることである。

たとえば、木造2階建て床面積100㎡の戸建住宅の場合、構造を鉄骨造、階数を3階、床面積を200㎡、用途を店舗などいずれかに変更があると、改築にはならない。また、増改築の場合、確認申請手続きの際、既存不適格建築物の構造検討も必要になる。

移転とは、日常的には「既存建物を移動させること」を指す用語である。同一敷地内の移動の場合、基礎は新築するが、上家は既存のまま移すことができる。別敷地から移動させる場合、基本的には、新築扱いになるが、特定行政庁の認定により既存不適格のままできる。

修繕・模様替

法6条では、小規模建築物（4号建築物）以外を大規模な修繕・模様替する場合に確認申請を義務付けている。修繕も模様替もともに屋根や外壁（壁）、柱、梁、階段などの構造耐力上、防火上主要な主要構造部の各部を直すときに用いられる用語だが、建築基準法上は修繕は「同種の材料」で、模様替は「違う種類の材料」で直すことをそれぞれ指す。「大規模」とは「過半」を意味する。

基本を理解！

・小規模建築物
（4号建築物）
　法6条による分類で、たとえば、木造2階建てで延べ面積が500㎡以下のものは4号建築物と呼ばれる

・1号建築物
　特殊建築物かつ
　床面積＞200㎡

・2号建築物
　木造かつ
　階数≧3延面積＞500㎡
　H＞13m 軒H＞ 9mのいずれかにあてるもの

・3号建築物
　木造以外かつ
　階数≧2延面積＞200㎡のいずれかにあてはまるもの

・4号建築物
　上記以外のもの

・戸建住宅
　→p.68

・階数
　→p.32本文

・確認申請
　→p.12本文

・既存不適格建築物
　→p.26

確認申請手続が必要な建築物や建築行為

建築物 工作物(p20)	土地に定着する工作物で、屋根のあるもの。「定着する」行為には、設置や桟橋への係留なども含まれる。 建築物として扱わないものとしては「外部から荷物を出し入れし、内部に立ち入らない小規模な倉庫がある（平27国第4544号）。また広告等やサイロ、擁壁などの工作物にも建築基準法が準用され、申請手続きが必要となる(p20)	法2条 法88条
増築	確認申請の手続きが必要となるのは、床面積が増える場合である。間仕切や防火区画の変更などの改修があっても、床面積の増を伴わない場合は、手続きは基本的に不要となる。また防火、準防火地域外で、合計10㎡以内の増改築は、申請手続きは不要である	法6条
改築	全部あるいは一部を同じ構造、規模、用途で作り直す行為である。解体し、新たに作る部分の面積が10㎡以下であっても防火、準防火地域内であれば、確認申請の対象となる。解体するだけの減築は対象外である	
大規模な 修繕・模様替	構造耐力上、防火上主要な壁、柱、床、梁、屋根、階段のそれぞれ各部の建築物全体の過半を作り替える工事	法6条
用途変更	建築物の200㎡超の部分を、集会場、病院、ホテル、店舗、倉庫などの特殊建築物に用途を変更する場合は、申請手続きが必要となる	法6条1項 1号別表第1（い）欄 法87条
建築設備	エレベーター、エスカレーター、排煙設備等で特定行政庁が指定するもの （東京都の建築基準法施行細則の例） 法6条1号から3号までの建築物(特殊建築物や中規模以上の建築物)に以下の設備を設ける場合、建築設備の確認申請が必要となる。その際は消防通知となる。 ・換気設備・排煙設備・非常用の照明装置・給排水設備	法87条の4 令146条

建築基準法上の「建築」「修繕」「模様替」の定義

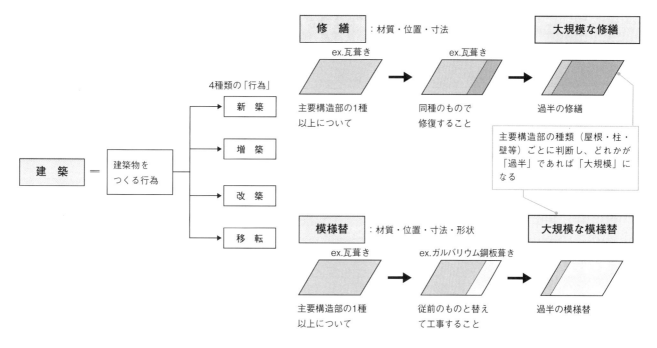

修　繕　：材質・位置・寸法

ex.瓦葺き → ex.瓦葺き → 大規模な修繕

主要構造部の1種
以上について

同種のもので
修復すること

過半の修繕

主要構造部の種類（屋根・柱・
壁等）ごとに判断し、どれかが
「過半」であれば「大規模」に
なる

4種類の「行為」

新　築
増　築
改　築
移　転

建　築 ＝ 建築物を
つくる行為

模様替　：材質・位置・寸法・形状

ex.瓦葺き → ex.ガルバリウム鋼板葺き → 大規模な模様替

主要構造部の1種
以上について

従前のものと替え
て工事すること

過半の模様替

新築・増築・改築・移転とは何か

新　築 | 建築物のない更地に建築物をつくること

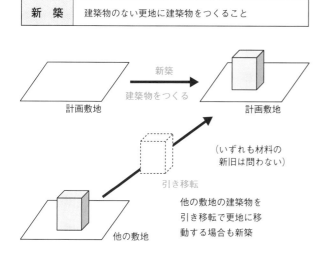

新築
建築物をつくる

計画敷地

計画敷地

（いずれも材料の
新旧は問わない）

引き移転

他の敷地の建築物を
引き移転で更地に移
動する場合も新築

他の敷地

増　築 | 敷地内の建築物の建築面積や床面積・延べ面積を増加
させること

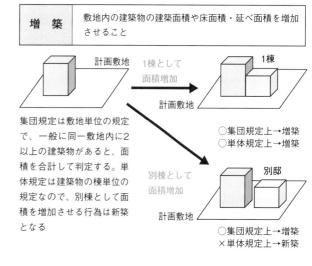

計画敷地

1棟として
面積増加

1棟

計画敷地

○集団規定上→増築
○単体規定上→増築

集団規定は敷地単位の規定
で、一般に同一敷地内に2
以上の建築物があると、面
積を合計して判定する。単
体規定は建築物の棟単位の
規定なので、別棟として面
積を増加させる行為は新築
となる

別棟として
面積増加

別邸

計画敷地

○集団規定上→増築
×単体規定上→新築

改　築 | 建築物の一部か全部を除却し（取り壊し）、同一敷地に
従前の用途・構造・規模と著しく異ならない建築物を
つくること

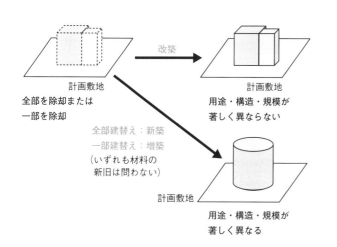

改築

計画敷地
全部を除却または
一部を除却

計画敷地
用途・構造・規模が
著しく異ならない

全部建替え：新築
一部建替え：増築
（いずれも材料の
新旧は問わない）

計画敷地
用途・構造・規模が
著しく異なる

移　転 | 同一敷地内の移動：既存不適格扱い
| 他敷地からの移動：認定により既存不適格扱い

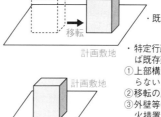

移転

計画敷地

計画敷地

移　新
転　築

計画敷地

・既存建築物に制限緩和

・特定行政庁の認定①から⑤を受けられれ
ば既存建築物に制限緩和（技術的助言）
①上部構造部分の移転で前よりも悪くな
らないこと
②移転の周囲に与える影響が少ないこと
③外壁等の延焼のおそれのある部分の防
火措置を考慮
④用途地域、容積率、建蔽率などの集団
規定は移転敷地に適合させること
⑤周囲の環境への影響、許可等の実績を
勘案

建築物と工作物の違い

建築物とは、土地に定着して屋根を柱か壁で支える工作物である

屋根と壁をもつ建築物

建築基準法で、**建築物**は「土地に定着する工作物のうち、屋根及び柱若しくは壁を有するものであり、建築設備を含む」ものと定義している（法2条1号）。

建築基準法の高さ制限は、建築物のみに適用されるので、屋上にある屋根のない広告塔のような**工作物**は建築物とはみなされず、建築物の高さには含まれない。

この条件を満たさなくても例外的に建築物と認められるものがある。たとえば敷地に建築物がある場合の、門・塀は、屋根をもたないが、「付属建築物」と解釈される。一方、同じ門・塀でも、敷地に建築物がなく、塀が敷地を囲うだけのものであれば、建築物には該当しない。

野球スタンドや競技場などは屋根がなくても建築物と定義され、避難規定が適用される。テレビ塔の展望室や地下街等は地下道や塔の一部でもあるが建築物と定義される。

一方、建築物の要件を満たす施設でも、鉄道・軌道の線路敷地内の運転保安のための施設、プラットホームの上屋、ガスタンクなどの貯蔵槽は、他の法令で安全が確保できるため建築物から除外される。

建築基準法が適用されない工作物

建築物以外の構築物の多くは工作物といわれる。

工作物には原則、建築基準法は適用されない。ただし工作物であっても、高さや種類などによっては、確認申請が必要になり、構造の安全性や**用途地域**規制など、法の規定が一部適用される。このような工作物を準用工作物という（法88条）。

準用工作物には、煙突、広告塔、高架水槽、擁壁、**昇降機**、ウォーターシュート、飛行塔等（同条1項）、製造施設、貯蔵施設、遊戯施設等（同条2項）がある。

基本を理解！

・付属建築物
小屋・勉強部屋・作業部屋・物置など、建築物に付属する建築物

・準用工作物
建築基準法の建築物の規定が適用される建築物以外の工作物。建築基準法上第88条に、「〜の規定を準用する」と定義されることからこのように呼ばれる

・建築基準法の高架水槽（こうかすいそう）
建築基準法の建築物に給水する目的で、地上に立てられた高い塔の上に置かれたタンク。建築物が高くて必要な給水圧力が得られない場合、適当な水圧と共に適当な水量を確保する

・擁壁（ようへき）
高低差のある崖などの部分にコンクリートなどで造られる土圧を受ける工作物。令142条と告示1449号に擁壁の基準があり、水抜き穴などの排水基準、構造方法などが規定されている

・ウォーターシュート
急斜面にレールを敷き、ボートをそのレールにのせて下の池の水面に滑りおろす遊戯施設

・飛行塔
遊園地の回転する遊戯施設。ワイヤーで吊られた座席、または塔から伸びた軸に設置された座席に座る

・用途地域
→p.57本文

・昇降機
→p.206本文

確認申請が必要なもの

法88条1項	法88条2項
一般工作物（令138条1項） ① 煙突（ストーブの煙突は除く）　　高さ>6m ② RC柱、鉄柱、木柱等 　（旗ざお、架空電線用は除く）　高さ>15m ③ 広告塔、広告板、装飾塔、記念塔等　高さ>4m ④ 高架水槽、サイロ、物見塔等　高さ>8m ⑤ 擁壁[※1]　　　　　　　　　　高さ>2m **遊戯施設の類の工作物（令138条2項）** ① 観光用の乗用エレベーター、エスカレーター 　（一般交通用は除く） ② 高架の遊戯施設 　（ウォーターシュート、コースターの類） ③ 原動機を使用する回転遊戯施設 　（メリーゴーランド、観覧車、オクトパス、飛行塔等）	**製造施設、貯蔵施設、遊戯施設等の工作物（令138条3項）** ① コンクリートプラント、クラッシャープラント、アスファルトプラント ② 自動車車庫の用途に共する工作物 ③ 飼料、肥料、セメント等を貯蔵するサイロ ④ ウォーターシュート、コースター、メリーゴーランド等 ⑤ 汚染処理場、ごみ焼却場、その他の処理施設

※1：擁壁については開発許可または宅地造成許可をうけているものは、建築基準法に基づく工作物の確認申請は不要（法88条4項）

建築物の定義

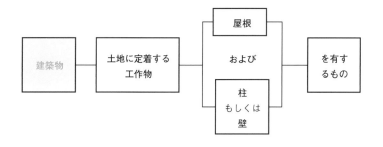

土地に定着する	必ずしも物理的に強固に土地に緊結された状態だけではなく、随時かつ任意に移動できる工作物でない限り、定常的に土地に載置されていれば建築物に該当する
これに類する構造	壁を有しない開放的なものや、屋根を帆布などとした覆いなど、簡易な構造のものも建築物とみなされる。具体的には法84条の2、令136条の9・10で簡易な構造の建築物として定め、防火制限などを緩和している

建築物と工作物の関係

工作物

門・塀

建築物

準用工作物

建築物に該当するものと除外されるもの

建築物に該当するもの	建築物から除外されるもの
●これに付属する門もしくは塀 　建築物のある敷地に築造された門・塀 ●観覧のための工作物 　野球場の観覧スタンド、競馬場、競技観覧場など、屋根がない観覧施設も安全確保のため建築物に該当する ●地下の工作物内 　地下工作物は建築物でないとされるが、地下街(地下施設)にある店舗・事務所などは建築物となる。地下工作物の中に、「地下街の各構え」という「地下工作物中の建築物」が入っている ●高架の工作物内 　高架の工作物は建築物でないとされるが、テレビ塔(東京タワーの展望室など)、電波塔や高架道路面下内に設けた居室などは建築物に該当 ●建築設備 　法2条3号に規定する設備。建築物と一体的に取り付けられる設備だけではなく、建築物に設置される器具も含まれる。建築設備の種類は次の①10の設備と、②その他の3つの機械と付属施設をいう 　①10の設備とは、電気、ガス、給水、排水、換気、暖房、冷房、消火、排煙または汚物処理をいう 　②その他の3つの機械と付属施設、煙突、昇降機または避雷針をいう。消防法等その他法令で消防設備等と定義される設備でも、上記①か②に該当する設備は、建築設備だが、緩降機などの避難設備や避難誘導灯などで①や②に該当しないものは、建築物に設置される設備でも、建築設備ではない	下記の施設は建築物に該当するが、他の法令で安全性の確保が図られているので、建築基準法では建築物から除外されている ●鉄道・軌道の線路敷地内の運転保安に関する施設・跨線橋 　鉄道関係法・軌道関係法等による線路敷地・軌道敷地内にある電車・列車・軌道車の運行に必要な信号装置・転てつ装置・運転用通信施設などに関係する施設。駅の待合室・事務室・荷扱所・公衆便所など ●プラットホームの上家 ●貯蔵槽 　ガスタンク・石油タンクなどの工作物や農業用のサイロ・物置などの小規模な倉庫のうち、内部に入らずに外部から荷物の出し入れを行うものは、法2条の貯蔵槽に類する施設として建物に概要しないものとする(屋上に設置するものや危険物倉庫は対象外) 

厳しい制限がある特殊建築物

特殊建築物は、耐火・防火・避難規定が厳しく定められている

特殊建築物に適用される厳しい避難規定

防災上、環境・衛生上、建築基準法の対象として様々な用途規模の建築物がある。一般の建築物より厳しく制限される建築物を、他の用途の建築物と区別して**特殊建築物**という。たとえば、不特定多数の人が集まる劇場、病院、学校、百貨店などの施設や、ホテルや共同住宅などの宿泊、就寝を伴う施設、倉庫、**自動車車庫**などの火災に対し危険度の高い施設などがある。

これらの建築物では、災害時に混乱が予想されるため、**規模や階数**によって防災上の構造基準に対して建築基準法上、厳しい制限が設けられている。建築基準法別表第1に例示されている特殊建築物は、**学校、体育館、病院、**劇場、観覧場、集会場、展示場、百貨店、旅館、**共同住宅など**である。また、別表第2（い）項2号に理容室や美容室などの兼用住宅があるが、これらは用途規制の対象となるサービス店舗であるが、特殊建築物としては、一般的に扱わない。

また、法第2条の2号には、遊技場、工場、倉庫、危険物の貯蔵場などが定義されている。

公害への配慮が必要な特殊建築物

公害やその他の周囲に与える影響が大きいため、**工場や危険物の貯蔵場など**は特殊建築物である。また、事前に**都市計画**で建築する位置の決定をしなければならない特殊建築物もある。これらに該当する建築物は、**と畜場、火葬場、汚物処理場、ゴミ焼却場など**である（法51条）。

基本を理解！

・自動車車庫
→p.62、69、71、84

・規模
建築面積、各階の床面積、延べ面積などのこと

・階数
→p.32

・共同住宅
→p.68、82

・都市計画
→p.35、54

特殊建築物の関係規定

規制内容	条項
定期報告	法12条
耐火建築物等	法27条
階段、出入り口、避難施設	法35条
居室から直通階段まで歩行距離	法35条・令120条
用途変更手続き（200㎡超）	法87条
工事中の安全措置等の計画の届出	法90条の3
廊下の幅	令119条
屋上広場等	令126条
排煙設備	令126条の2
敷地内の避難通路	令128条
非常用照明	令126条の4
内装制限	令128条の5

物販店　銀行　共同住宅　長屋

日用品店　事務所

特殊建築物に該当する用途

○は各法令の条文で用途名が明記されたもの

法別表第1による区分		特殊建築物として法文に示された用途	法2条2号	法別表第1	令115条の3	令19条1号	法51条	令130条の2の2
興行関係【避難上の問題が大きい】一時的に不特定多数が集中する用途等	(1)項	劇場	○	○				
		映画館		○				
		演芸場		○				
		観覧場	○	○				
		公会堂		○				
		集会場	○	○				
就寝室をもつ施設関係【避難上の問題が起きやすい】就寝室があるため災害等に迅速に避難しにくい用途等	(2)項	病院	○	○				
		診療所(有床)		○				
		ホテル		○				
		旅館	○	○				
		下宿	○	○				
		共同住宅	○	○				
		寄宿舎	○	○				
		児童福祉施設等			○			
		児童福祉施設				○		
		助産所				○		
		身体障害者社会参加支援施設［※1］				○		
		保護施設(医療保護施設を除く)				○		
		婦人保護施設				○		
		老人福祉施設				○		
		有料老人ホーム				○		
		母子保健施設				○		
		障害者支援施設				○		
		地域活動支援センター				○		
		福祉ホーム				○		
		障害福祉サービス事業［※2］				○		
教育・文化・スポーツ関係【防災上の問題は比較的少ない】一定の管理下に不特定多数が利用する用途等	(3)項	学校(専修学校・各種学校含む)	○	○				
		体育館	○	○				
		博物館			○			
		美術館			○			
		図書館			○			
		ボウリング場			○			
		スキー場			○			
		スケート場			○			
		水泳場			○			
		スポーツの練習場			○			
商業関係【防災対策が必要】商業活動の場に不特定多数が集まる用途等	(4)項	百貨店	○	○				
		マーケット		○				
		展示場	○	○				
		キャバレー		○				
		カフェー［風俗店］		○				
		ナイトクラブ		○				
		バー		○				
		ダンスホール	○	○				
		遊技場［風俗店］	○	○				
		公衆浴場	○		○			
		待合［風俗店］			○			
		料理店［風俗店］			○			
		飲食店			○			
		物品販売業を営む店舗［※3］			○			
倉庫関係【可燃物対策が必要】可燃物が大量に保管されやすい用途等	(5)項	倉庫	○	○				
自動車関係【防災上の配慮が重要】出火の危険性が高い用途等	(6)項	自動車車庫	○	○				
		自動車修理工場		○				
		映画スタジオ			○			
		テレビスタジオ			○			
	なし	工場	○					
		危険物の貯蔵場	○					
		卸売市場					○	
		と畜場	○				○	
		汚物処理場	○				○	
		火葬場	○				○	
		ごみ焼却場					○	
		ごみ処理施設(ごみ焼却場を除く)						○
		産業廃棄物の処理施設						○
		廃油処理施設						○

※1：補装具製作施設・視聴覚障害者情報提供施設を除く
※2：生活介護、自立訓練、就労移行支援、就労継続支援を行う事業に限る
※3：床面積＞10㎡

命令を受ける違反建築物

特定行政庁や建築監視員は、建築主や現場管理者の緊急性に応じて是正命令が出せる

特定行政庁の是正命令

　各種手続きや避難、構造規定等、建築基準法の規定に適合しない建築物を、**違反建築物**という。違反建築物のおそれがある建築物や工事に対して、**特定行政庁は是正命令を出す**ことができる。違反建築物に対する措置の命令には、以下3種類がある(法9条)。

①**1項命令**：**法9条1項にもとづく是正命令**で、建築主や請負人等に対し、特定行政庁が通知書を交付し、意見書の提出などの一定の手続きを経た後に、工事の施工停止を命じる。相当の猶予期限を付け当該建築物の除却、使用禁止などの措置をとる。

②**7項命令**：**一時的な使用禁止や使用制限の命令**で、緊急を要する場合などに出される(法9条7項)。命令を受けた者は、公開による意見の聴取を請求できる。この場合、特定行政庁は、聴取の結果を受けて改めて命令(法9条1項)を行うか、使用禁止などの命令を取り消さなければならない。

③**10項命令**：建築基準法令またはその許可に付した条件に**違反することが明確な工事中の建築物に対してなされる命令**である。時間的に法手続がとれない場合、特定行政庁が、建築主や工事の請負人等に対し工事の施工停止を命じることができる(法9条10項)。

　建築監視員は、違反建築物に対する措置の命令の内、違反建築に対する使用禁止や制限の仮命令(**7項命令**)と緊急工事停止命令(**10項命令**)の権限を特定行政庁から与えられている(法9条の2)。

行政代執行と行政処分・行政刑罰

　命令が出されても是正が行われなかったり、不十分な場合、特定行政庁が、是正義務を負う建築主等に代わって、違反建築物の実質的な是正(解体・除却等)のために**行政代執行**を行う(法9条12項)。法違反者に対しては、免許の取り消しなどを含む**行政処分**(法9条の3)または、懲役・罰金などの**行政刑罰**(法98条～106条)が課される。

> **わかる法規**
>
> ● **1項命令**
> 「本命令」と言われる
>
> ● **7項命令**
> 仮に行うことのできる、使用禁止、または、使用制限の命令なので、「仮命令」と言われる
>
> ● **10項命令**
> 工事中止命令と言われる
>
> ● **建築監視員**
> 違反建築物をなくするために特定行政庁から任命された市町村または都道府県の吏員。現場の巡回監視を行い、違反建築物について緊急の必要があると認めたときは、その場で使用禁止や施工停止を命ずる権限を持つ
>
> ・**特定行政庁**
> →p.10わかる法規

違反建築物を正す命令・代執行・罰則

項目	内容	適用条件
違反建築物	建築基準法令等に違反した建築物、または建築物の敷地のこと	法9条1項
是正措置命令	違反建築物の関係者に対する命令。右図のように1項命令、7項命令、10項命令の3種類がある	法9条
行政代執行	国や地方公共団体などの行政機関が、義務を果たさない者の代わりに、自らまたは第三者によって撤去・排除などを行うこと	法9条12項
行政処分	建築士法、建設業法、宅建業法、浄化槽法による免許・許可の取消し、業務停止等	法9条の3
行政刑罰	懲役および罰金。特定行政庁の告発により、検察官の起訴を受けた裁判所の判決により科される	法98～106条

是正措置命令のしくみ(法9条・9条の2)

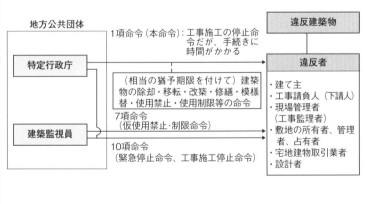

地盤面の判定と地階の判定

地盤面の高低差が３ｍを超える場合、「地階」の算定と「建築物の高さ」の算定の地盤面は異なる

地盤面の算定方法

地盤面は原則として、建築物の周囲やピロティ等の水平投影が地面と接する位置の平均高さで求め、建築物の高さの算定や地階の判定、建築面積算定の基点となる。

地盤面に３ｍ超の高低差がある場合は、３ｍ以内ごとに**平均地盤面**を算定する。この場合（下図）、複数の地盤面が設定されることになり、複数の建築物であっても、敷地内の建築物全体で一の地盤面を基点とする。

高さはその領域ごとに算定する。(令2条2項)。

地階算定は、地盤面下の床面から地盤面までが室の天井高１／３以上ならば地階となる(令1条2号)。地階算定の際の地盤面は地面の高低差が３ｍを超える場合であっても、一の地盤面を設定して行う。

なお、日影図作成の際は、原則として複数の建築物であっても、敷地内の建築物全体で一の地盤面を基点とする。

基本を理解！

・建築面積算定
建築面積の算定の際、地盤面から１ｍ以下の部分は建築面積に含まない。その高さの算定で基点となる地盤面は高低差３ｍ以内ごとに異なり、建築面積に含まれるかどうかはその部分ごとに決める

・一の地盤面
3m以内ごとに設定される複数の地盤面ではなく建物全体でひとつの地盤面

地階の判定（令１条２号）

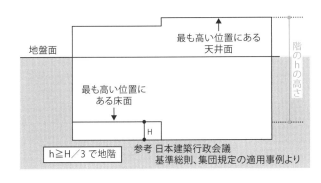

h≧H／3で地階　　参考 日本建築行政会議 基準総則、集団規定の適用事例より

高低差が3mを超える場合の地盤面

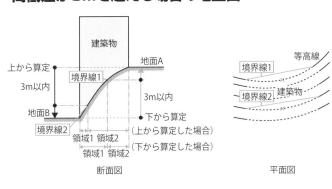

断面図　　　　　　　　　　平面図

平均地盤面の算定の基本

①高低差が3m以内の場合の地盤面の算定

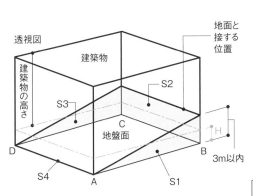

$$H=\frac{S1+S2+S3+S4}{AB+BC+CD+AD}$$

建築物の周囲が接する地面に高低差がある場合、その面積の平均高さとなる

②高低差が3mを超える場合の地盤面の算定方法

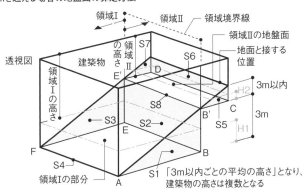

S1「3m以内ごとの平均の高さ」となり、建築物の高さは複数となる

$$H1=\frac{S1+S2+S3+S4}{AB+BE+EF+AF}$$

$$H2=\frac{S5+S6+S7+S8}{B'C+CD+DE'+B'E'}$$

注1：高低差3mごとの設定は任意であるが、最低点から3mずつ区分して算定するのが一般的である

注2：領域Iの部分の地盤面を算定する場合、周長BEと接地面積S2が仮想部分だということで、除いて計算する方法もある

現行規定が緩和される既存不適格建築物

既存不適格建築物の増改築では、現行規定の一部が緩和される場合がある

現行法規に適合しない建築物の扱い

建築基準法の改正や**都市計画**による用途地域の変更などにより、建築当時は適法だったが、現行法規に適合しなくなった建築物を既存不適格建築物といい、**違反建築物**とは区別される（法3条2項）。

一方、既存不適格建築物を増改築する場合、条件に応じて現行法規定が適用される。その際、既存部分は、構造耐力上、耐久性関係規定や特定天井、外装材や昇降機などの脱落・落下防止の基準に適合しなければならない。その他の法規定で防火区画や防火設備など適用される部分と緩和される部分の条件を政令で定められている（令137条の2〜137条の11）。また、大規模の修繕・模様替の場合は、増改築で緩和される法規定とは別に緩和される法規定もある（令137条の12）。

また増築時に、増築部分を含む部分とそれ以外の部分を耐火構造の壁や防火設備、渡り廊下などで独立させるように区画した場合も、既存部分には現行法の緩和がある。緩和される規定は、区画の方法や増改築部分の範囲、既存不適格部分の耐震診断の有無等で判断される（法86条の7、令137条の14）。

増改築部分が政令の定める範囲を超える場合は、既存部分を含めた建築物全体に現行法規定が適用される。

検査済証のない建築物の遵法性の確認には法適合状況調査という方法もある。既存不適格建築物が保安上著しく危険か、衛生上著しく有害であると認められる場合は、特定行政庁は相当の猶予期限を設けて所有者などに建築物の除却などを命令できる（法10条）。

用途変更や**大規模の修繕・模様替**の場合は、**増改築**に対して緩和される法規定とは別に緩和される法規定がある（令137条の12）。

全体計画認定

特定行政庁の全体計画認定を受ければ、増改築工事を2回以上の工事に分けて20年以内に段階的に法に適合させながら改修工事を行うことができる。これを**全体計画認定制度**という（法86条の8）。

都市計画法の改正
・用途規定不適格
・防火規定不適格

建築基準法の改正
・構造規定不適格
・避難規定不適格

既存不適格建築物

既存不適格建築物は手を加えて違法となった建築物ではないので、違反建築物のように改善命令の対象にはならない

既存不適格部分の増改築時の緩和規定

4号木造建築物[※1]を増改築する場合の構造検討(令137条の2)

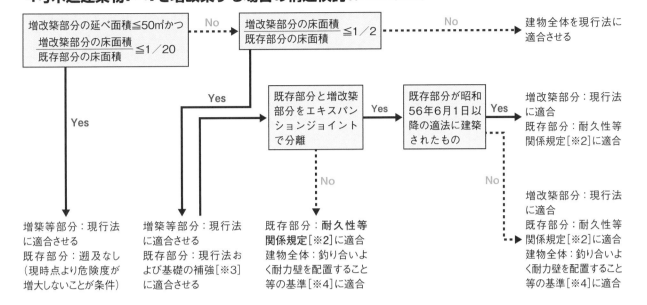

※1:2階以下、かつ延べ面積500㎡以下、かつ高さ13m以下、軒高9m以下
※2:令38条1,5,6項、令39条(屋根ふき材等の緊結)、令41条(木材)、令49条(防腐措置等)
※3:平17国交告566号第2
※4:平17国交告566号第1第1号ロ令42条(土台および基礎)、43条(柱)、46条(構造耐力上必要な軸組等)

増改築部分の規模等の条件に適用される耐震基準

増改築等の面積	既存部分と増改築部分の接続方法	耐震基準	
		既存部分	増改築部分
増改築部分の床面積≦既存部分の床面積×1/20 かつ 増改築部分の床面積≦50㎡	エキスパンションジョイント等で分離	・増改築以前よりも危険性が増さない場合(鉛直荷重の検討など)は、構造の遡求なし ・エレベーターの落下、エスカレーターの脱落防止不要	現行の基準に適合させる
増改築部分の床面積≦既存部分の床面積×1/2		・耐震改修促進法の基準に適合 ・昭56年6月1日以降に適法に建築された建築物 ・耐久性関係規定に適合 ・屋根葺き材・特定天井・外装材などの脱落、エレベーターのかごの落下およびエスカレーターの脱落防止の基準に適合(平17国交告566号第1) 〈木造四号建築物〉 ・土台・基礎(令42条)柱小径(令43条)壁量計算(令46条)	壁量計算(令46条)
		・構造計算によって、構造耐力上安全であることを確認	
	分離しない	・吹抜け部分や階高の高い空間での中間階設置等の小規模な増築は耐震改修促進法の基準に適合を確認(国住指第669号技術的指針)	
		〈木造四号建築物〉 ・土台・基礎(令42条)柱小径(令43条)壁量計算(令46条)	
		・構造計算によって、構造耐力上安全であることを確認 ・構造上主要な部分の構造部材の変形、振動による影響の検討	
増改築部分の床面積＞既存部分の床面積×1/2	エキスパンションジョイント等で分離	・耐震改修促進法の基準に適合 ・昭56年6月1日以降に適法に建築された建築物 ・耐久性関係規定に適合 ・屋根葺き材・特定天井・外装材などの脱落、エレベーターのかごの落下およびエスカレーターの脱落防止の基準に適合	現行の基準に適合させる

増改築等で遡及・緩和される規定1

増改築等で遡及・緩和される規定		増改築	大規模な修繕・模様替	工事区分	緩和の範囲および条件	適用条項
構造耐力	法20条	△ 遡及・緩和あり		増改築	・増築部分は現行法を適用。既存部分については増改築部分の規模等の条件で適用 ・耐久性関係規定に適合 ・地震等による倒壊、崩壊防止の国交大臣が定める構造方法に適合 ・屋根葺き材・特定天井・外装材等の脱落防止の国交大臣が定める構造方法に適合	令137条の2
				修繕等[※1]	構造耐力上危険性が増大しない場合は緩和	令137条の12
大規模建築物の主要構造部	法21条	◎ 遡及				
屋根	法22条	◎ 遡及				
外壁	法23条	◎ 遡及				
大規模の木造建築物等の外壁等	法25条	◎ 遡及				
防火壁	法26条	△ 遡及・緩和あり	× 遡及なし	増改築	基準時以降の増改築等部分の床面積の合計≦50㎡	令137条の3
特殊建築物の耐火・準耐火	法27条	△ 遡及・緩和あり	× 遡及なし	増改築	基準時以降の増改築等部分の床面積の合計≦50㎡（ただし、劇場の客席、病院の病室、学校の教室等は増築不可）	令137条の4
居室の採光・換気	法28条1項・2項	◎ 遡及			改修しない室部分は緩和	法86条の7第3項・法36条
特殊建築物の居室換気、火気使用室	法28条3項	◎ 遡及			改修しない室部分は緩和	法86条の7第3項
石綿関係	法28条の2	△ 遡及・緩和あり		増改築	増改築等部分の床面積の合計≦基準時の延べ面積×1／2	令137条の4の3
				修繕等	石綿に被覆等の措置をとる	令137条の12第3項
ホルムアルデヒド換気	法28条の2	△ 遡及・緩和あり			換気経路としない計画では既存改修部分は居室単位で緩和適用	令137条の15
地下居室	法29条	◎ 遡及				
長屋・共同住宅の界壁	法30条	△ 遡及・緩和あり	× 遡及なし	増築	増築後の延べ面積の合計≦基準時の延べ面積の合計×1.5	令137条の5
				改築[※2]	改築部分の床面積≦基準時の延べ面積×1／2	
便所	法31条	◎ 遡及		増改築・修繕等	既存の未改修部分の便所は緩和	法86条の7第3項・法36条
電気設備	法32条	◎ 遡及		増改築・修繕等	既存の未改修部分の電気設備は緩和	法86条の7第3項・法36条
避雷設備	法33条	◎ 遡及				
昇降機	法34条1項	◎ 遡及		増改築	既存の未改修部分は昇降機単位で緩和を適用	法86条の7第3項／法36条
				修繕等	エレベーターのかごの落下およびエスカレータの脱落防止の国交大臣が定める構造方法に適合	
非常用昇降機	法34条2項	◎ 遡及		増築・修繕	増築部分の高さ≦31mかつ増築床面積の合計≦基準時の延べ面積×1／2	令137条の6
				改築・修繕等	改築部分の床面積の合計≦基準時の延べ面積×1／5かつ改築部分の高さ≦基準時のその部分の高さ	
無窓検討（採光・排煙）	法35条／令116条の2	◎ 遡及				

※1：修繕等：主要構造部の1種以上の過半にわたる修繕・模様替
※2：改築：建築物の全部もしくは一部を除去し、用途・規模・構造の著しく異ならない建築物とすること

増改築等で遡及・緩和される規定2

増改築等で遡及・緩和される規定		増改築	大規模な修繕・模様替	工事区分	緩和の範囲および条件	適用条項
客用出口の戸	法35条／令118条	◎ 遡及		既存の独立部分	開口部のない耐火構造の床、壁で増改築等部分と区画された既存部分は緩和[31頁②・③参照]	法86条の7第2項／法35条／令137条の14第2号
廊下の幅	法35条／令119条	◎ 遡及				
直通階段	法35条／令120条	◎ 遡及				
2以上の直通階段	法35条／令121条	◎ 遡及				
屋外階段の構造（木造階段の禁止）	法35条／令121条の2	◎ 遡及				
避難階段の設置	法35条／令122条	◎ 遡及				
避難階段・特別避難階段の構造	法35条／令123条	◎ 遡及				
物販の避難階段幅	法35条／令124条	◎ 遡及				
特殊建築物の屋外への出口	法35条／令125条	◎ 遡及				
屋外出口の施錠	法35条／令125条の2	◎ 遡及				
屋上広場等	法35条／令126条	◎ 遡及				
敷地内通路	法35条／令128条	◎ 遡及				
大規模木造の敷地内通路	法35条／令128条の2	◎ 遡及				
排煙設備	法35条／令126条の2・3	◎ 遡及		既存の独立部分	開口部のない準耐火構造の床、壁、遮炎性能のある防火設備で増改築部分と区画された既存部分は緩和[31頁④参照]	法86条の7第2項／法35条／令137条の14第2号
非常用照明	法35条／令126条の4・5	◎ 遡及		既存の独立部分	開口部のない耐火構造の床、壁で増改築等部分と区画された既存部分は緩和[31頁②・③参照]	
非常用進入口	法35条／令126条の6・7	◎ 遡及				
特殊建築物等の内装	法35条の2／令128の7	◎ 遡及				
無窓居室の耐火・不燃化	法35条の3／令111条	△ 遡及・緩和あり			既存の未改修の居室単位は緩和を適用	法86条の7第3項
天井高・床高	法36条／令21・22条	△ 遡及・緩和あり				
階段	法36条／令23・24・25・27条	△ 遡及・緩和あり			階段を改修する場合は現行法を適用	
防火区画・防火壁	法36条／令112・113条	◎ 遡及				
防火上主要な間仕切	法36条／令114条	◎ 遡及				
設備	法36条／令28～35条・115条	△ 遡及・緩和あり			改修する部分に現行法を適用	法86条の7第3項
建築材料	法37条	◎ 遡及				
災害危険区域	法39条2項	◎ 遡及				
地方公共団体の条例	法40条	◎ 遡及				
接道条例付加	法43条2項／令144条の6	◎ 遡及				
4m未満接道の付加条例	法43条の2	◎ 遡及				
道路内の建築制限	法44条	◎ 遡及				
壁面線・壁面後退	法47条	◎ 遡及	× 遡及なし			令137条の12
用途地域内の用途制限（用途変更を伴わない）	法48条1～13項	△ 遡及・緩和あり		増築・修繕等	増築が基準時敷地内で、増築後の延べ面積、建築面積は法定制限内(容積率、建蔽率に適合)　増築後の床面積≦基準時の床面積×1.2　増築後の不適格部分の床面積≦基準時不適格部分の床面積×1.2	令137条の7
				改築・修繕等	改築が基準時敷地内のものであり、改築後の延べ面積、建築面積が法定範囲内	
				増設・修繕等	増設後の原動機の出力・台数≦基準時の原動機の出力・台数×1.2	
用途地域条例制限	法49～50条／令130条の2	◎ 遡及				

増改築等で遡及・緩和される規定3

増改築等で遡及・緩和される規定		増改築	大規模な修繕・模様替	工事区分	緩和の範囲および条件	適用条項
卸売市場等の位置	法51条／令130条の2の2	◎ 遡及	× 遡及なし			
容積率・特定街区の容積率	法52条1・2・7項／法60条1項	△ 遡及・緩和あり	× 遡及なし	増築	増築は自動車車庫等に限る 増築後の自動車車庫等の床面積の合計≦増築後の延べ面積×1／5 増築以前の自動車車庫等以外の床面積の合計≦基準時の自動車車庫等の床面積[※]	令137条の8
				改築	改築は自動車車庫等に限る 改築後の自動車車庫等の床面積の合計≦改築後の延べ面積×1／5または改築後の自動車車庫等の床面積の合計≦基準時の自動車車庫等の床面積	
建蔽率	法53条1・2項	◎ 遡及	× 遡及なし			令137条の12
第1・2種低層住居専用地域内の外壁後退	法54条1項					
第1・2種低層住居専用地域内の高さ	法55条1項					
建築物の高さ	法56条1項					
日影高さ	法56条の2第1項					
特定容積率適用地区内	法57条の4第1項					
高層住居誘導地区	法57条の5第1項					
高度地区	法58条					
高度利用地区内の容積率等	法59条1～2項	△ 遡及・緩和あり	× 遡及なし	増築	増築後の延べ面積と建築面積≦基準時の延べ面積と建築面積×1.5	令137条の9
					増築後の建築面積≦都市計画で地域ごとに定められた建築面積の最低限度×2／3	
					増築後の容積率≦都市計画で地域ごとに定められた容積率の最低限度×2／3	
				改築	改築部分の床面積≦基準時の延べ面積×1／2	
特定街区の容積率・高さ	法60条1～2項	△ 遡及・緩和あり	× 遡及なし	増改築	増改築部分が昇降路の部分の場合	令137条の8
都市再生特別地区の容積率・建蔽率・高さ	法60条の2第1～2項	△ 遡及・緩和あり	× 遡及なし	増改築	「高度利用地区内の容積率等」の緩和に同じ	令137条の9
防火地域内の構造制限・特定防災街区整備地区	法61条／法67条の2第1項	△ 遡及・緩和あり	× 遡及なし	増改築・修繕等	基準時以後の増改築部分の床面積合計≦50㎡かつ≦基準時の延べ面積 増改築後の階数≦2かつ延べ面積≦500㎡ 増改築部分の外壁、軒裏が防火構造（木造建築物では外壁、軒裏が防火構造に限る）	令137条の10
準防火地域内の構造制限	法62条1項	△ 遡及・緩和あり	× 遡及なし		基準時以後の増改築部分の床面積合計（2以上ある場合は増改築部分の床面積合計）≦50㎡ 増改築後の階数≦2 増改築部分の外壁、軒裏が防火構造（木造建築物では外壁、軒裏が防火構造に限る）	令137条の11
屋根	法63条	◎ 遡及				
外壁の開口部の防火戸	法64条	◎ 遡及				
景観地区	法68条1・2項	◎ 遡及	× 遡及なし			
条例による用途制限	法68条の2第1項・5項	◎ 遡及				
沿道地区計画緩和	法68条の3第7項	◎ 遡及				
条例による集団規定制限	法68条の9第1項	◎ 遡及				令136条の2の9

※：専ら自動車または自転車の停車、駐車の施設

区画方法と適用が緩和される法規定（独立部分）

①令137条の14、令36条の4

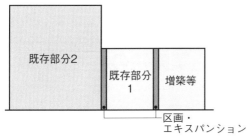

区画方法	緩和される規定
建築物をエキスパンションジョイント等、相互に応力を伝えない構造方法のみで区画	構造耐力規定（法20条）

既存部分2では法20条が遡及適用されない。
適用を緩和される規定は区画方法で異なる

②令117条2項1号、令137条の14第2号

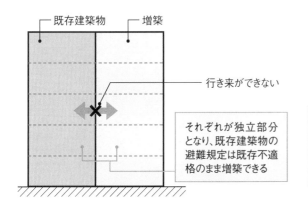

既存建築物　増築
行き来ができない
それぞれが独立部分となり、既存建築物の避難規定は既存不適格のまま増築できる

区画方法	緩和される規定
開口部のない耐火構造の床・壁で区画	避難規定（廊下、避難階段、出入口、非常用照明ほか令5章第2節の規定）避難安全検証

③令117条2項2号、平28国交告695号

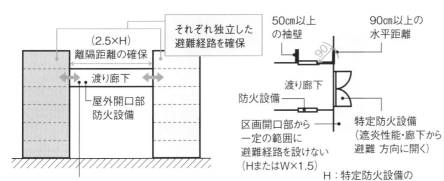

それぞれ独立した避難経路を確保
（2.5×H）離隔距離の確保
渡り廊下
屋外開口部防火設備

50cm以上の袖壁
90cm以上の水平距離
渡り廊下
防火設備
区画開口部から一定の範囲に避難経路を設けない（HまたはW×1.5）
特定防火設備（遮炎性能・廊下から避難 方向に開く）
H：特定防火設備の大きい方の高さ
W：特定防火設備の幅

・通行の用のみに供する　・内装不燃化（可燃物設置なし）
・主要構造部が耐火構造　・貫通部の処理

区画方法
渡り廊下と両側の特定防火設備

緩和される規定
避難規定（廊下、避難階段、出入口、非常用照明ほか令5章第2節の規定）避難安全検証

④令137条の14第3号

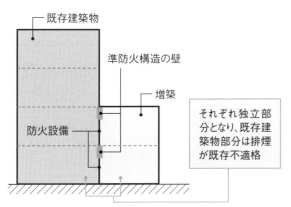

既存建築物
準防火構造の壁
増築
防火設備
それぞれ独立部分となり、既存建築物部分は排煙が既存不適格

区画方法	緩和される規定
開口部のない準耐火構造の床・壁、常時閉鎖式等の防火設備で区画	排煙設備規定

階数と高さの算定

屋上の階段室や昇降機塔の水平投影面積が建築面積の1／8以下なら階数や高さに算入しない

床の数で決まる建物の階数

建築物を断面で見て、**立体的に重なる床の数を階数**という。吹抜けやスキップフロア、傾斜地に建つ建築物のように床の数が断面で異なる場合は、**最大になる断面**で階数を数える（令2条）。また、階数の算定には、地階や屋上の塔屋部分の床も含まれる。ただし、投影面積やその部分の用途が次の条件を満たす場合は、地階や屋上の塔屋部分などを階に算入しない。

①水平投影面積の合計が、建築物の建築面積の1／8以下である地階の倉庫や機械室などの部分

②水平投影面積の合計が、建築物の建築面積の1／8以下である昇降機塔や装飾塔、物見塔などの部分

地盤面が基準となる建物の高さ

建築物の高さは、通常、**建築物が周囲の地面と接する**位置の**平均地盤面**を基準として算定する。ただし、道路斜線の検討の高さは、前面道路の**中心の高さ**を基準とする。

屋上に階段室、昇降機塔、用途上、機能上及び構造上屋上に設けることが適当な各種機械室などの階数に算入しない屋上の部分で屋上面から12m（絶対高さ制限地域等では5m）までの部分や高架水槽、キュービクル等の電気設備、クーリングタワー等の空調設備などの水平投影面積の合計が、建築面積の1／8以下の場合は、高さに算入しない。ただし、**北側斜線制限**や避雷針設置の検討の際には、高さの緩和措置がなく、すべての部分が算定対象となる。

棟飾りやトップライト、開放性の高い手摺などの**屋上突出物**は高さには算入しない。

また建築基準法は、建築物の高さだけでなく、軒の高さ（軒高）でも建築物に制限を設けている。軒高は、地盤面から小屋組かそれに代わる横架材を支持する壁・敷桁か、または柱の上端までの高さである（令2条1項7号）。軒高が基準となる制限には次のようなものがある。

①木造建築物の構造制限（法21条）

②外壁後退制限緩和（令135条の20）

③道路斜線制限緩和（令130条の12）

④第1・2種低層住居専用地域の日影規制（法別表第4）

基本を理解！

・**水平投影面積**
真上から建築物を見た際に地面に写る輪郭内の面積

・**昇降機塔**
屋上階上部にあるエレベーターが上下するシャフト部分、またエレベーター機械室の部分

・**絶対高さ制限地域**
地域全体に一律にかかる高さの制限。最高高さと最低高さの各制限がある。昇降機塔などの屋上部分で高さに算定されない部分は、基本的に絶対高さでも制限されない部分である

・**避雷針**（法33条、法88条1項）
20m超の下記の部分がある場合に設置が必要。高さ20mを超える建築物（高架水槽などの設備を含む）の部分・高さ20mを超える煙突・広告塔などの工作物の部分が対象となる

・**横架材**（おうかざい）
構造物の骨組みのうち、水平方向に架け渡された部材。木造建築物では、梁、桁、胴差し、土台など横に使われる材料をいう。
座屈の検討のためにそれらの「横架材間の距離」の算定が必要となるが、その寸法は土台の上から梁材の下までの最大寸法となる

・平均地盤面→p.25本文
・道路斜線制限→p.94、96、98、100
・北側斜線制限→p.106、108
・地盤面→p.25本文
・外壁後退→p.92
・日影規制→p.110

わかる法規

関連事項

屋上突出物（法92条、令2条1項6号ハ）

建築物の屋上部分に設置され、屋内的空間を有しないもの。避雷設備、アンテナ、棟飾、防火壁の突き出し部分（ウダツ等）、採光換気窓、パイプスペース等の鳩小屋、開放的な手摺、躯体と構造的に切り離された装飾用工作物などがある。ただし屋上範囲全体に設けられるパラペットは高さの対象である

階数に算入しない屋上の部分
（令2条1項6号ロ）

階数に算入されない部分は、屋上部分と地階部分に分けられる。算定は各部分の水平投影面積の合計がそれぞれ建築面積の1/8以下であることが条件となる
・階数に算入されない屋上部分は以下の部分である
昇降機塔、装飾塔、物見塔。（通常）階段室、通常の乗降に使う程度の広さのエレベーターロビー、用途上、機能上屋上に設けることが適当な各種機械室
・階数に算入されない地階部分は、以下の部分である
倉庫、機械室、（通常）階段室、通常の乗降に使う程度の広さのエレベーターロビー、排水、配管ピット
なお、階数に算入されない部分も面積は発生する。確認申請書の記載では、階に含まない屋上部分は、「昇降機塔等の階の数」、地階の部分は「地階の倉庫等の階の数」として表現する

階数の算定方法（令2条1項8号）

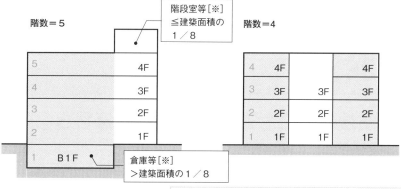
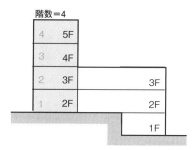

階数＝5　　階数＝4　　階数＝4

階段室等［※］≦建築面積の1／8

倉庫等［※］＞建築面積の1／8

部分で階数を算定。吹抜けや傾斜地等で部分的に階数が異なる場合、重なる最大の階数を採用

※：下記の水平投影面積の合計が建築面積の1／8以下であれば階数に算入されない
　　屋上部分：昇降機塔（EV機械室等）、装飾塔、物見塔など
　　地階部分：倉庫、機械室等

注：建築設備などがある場合は、その水平投影面積の合計を含めて建築面積の1/8以下を算定し、それを超えればその最上階を高さには含めることになる（令第2条1項6号）

高さの算定方法

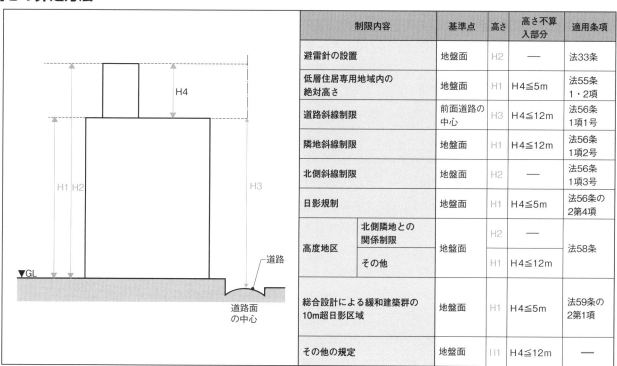

制限内容		基準点	高さ	高さ不算入部分	適用条項
避雷針の設置		地盤面	H2	―	法33条
低層住居専用地域内の絶対高さ		地盤面	H1	H4≦5m	法55条1・2項
道路斜線制限		前面道路の中心	H3	H4≦12m	法56条1項1号
隣地斜線制限		地盤面	H1	H4≦12m	法56条1項2号
北側斜線制限		地盤面	H2	―	法56条1項3号
日影規制		地盤面	H1	H4≦5m	法56条の2第4項
高度地区	北側隣地との関係制限	地盤面	H2	―	法58条
	その他		H1	H4≦12m	
総合設計による緩和建築群の10m超日影区域		地盤面	H1	H4≦5m	法59条の2第1項
その他の規定		地盤面	H1	H4≦12m	―

木造の軒高の測り方は、架構によって異なる

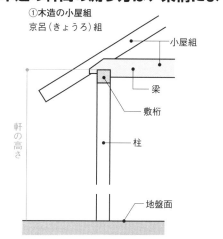

①木造の小屋組
京呂（きょうろ）組

小屋組／梁／敷桁／柱／軒の高さ／地盤面

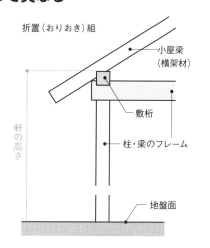

折置（おりおき）組

小屋梁（横架材）／敷桁／柱・梁のフレーム／軒の高さ／地盤面

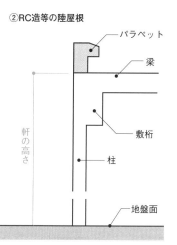

②RC造等の陸屋根

パラペット／梁／敷桁／柱／軒の高さ／地盤面

確認申請や検査の対象となる法律

建築物は、都市計画法や消防法などにも適合させなければならない

16の建築基準関係規定

建築確認申請の審査の際に、建築基準法と同様に対象となる法律がある。建築基準法施行令9条に規定された消防法等の16の法が**建築基準関係規定**といわれる。建築基準関係規定以外でも、都市緑地法やバリアフリー法は、法文に「建築基準関係規定とみなす」とあり、確認申請や検査対象となる。

都市緑化・バリアフリー・省エネ

都市緑地法にもとづき都市計画で定められた**緑化地域**では、一定規模以上の敷地で建築物の新築・増築を行う際には、緑化地域制度の手続きが必要になる。緑化地域制度とは、敷地面積の一定割合以上の緑化を義務付ける制度である。「住居系用途地域の500㎡以上の敷地には10%の緑化が必要」といった規定を、都市計画と条例で定めることができる。

また、**バリアフリー法**では、病院、劇場、ホテルなど不特定多数の人が利用する施設を特別特定建築物と定めている。床面積の合計が2000㎡以上の特別特定建築物や、50㎡以上の公衆便所を建築する場合、建築物

特定施設の構造を「建築物移動等円滑化基準」に適合させる必要がある。**建築物特定施設**とは、出入口、廊下、階段、傾斜路、昇降機、便所、ホテル・旅館の客室、敷地内通路、駐車場、浴室、シャワー室のことである。

また「車イス使用者同士がすれ違うことができる」「車イス使用者のトイレが必要な階にある」「共用の浴室等も車イス使用者が利用できる」などの同誘導基準に建築物を適合させ特定行政庁の認定を受けると、容積率や税制上の特例措置、低利融資、整備費の補助制度、シンボルマークの表示制度などを受けることができる。

さらに計画認定に併せて、特定行政庁に確認申請書を提出することができる。特定行政庁により計画が認定された場合は、確認済証の交付があったものとみなされる。(バリアフリー法第14条)

建築物省エネ法では、非住宅部分の床面積が300㎡以上の建築物を新築、増築もしくは改築(非住宅部分の床面積が300㎡以上)する場合、登録省エネ判定機関で建築物省エネ法の適合性判定通知を受ける必要がある。

対象建築物の場合、完了検査の際、省エネ法は建築基準法の関係規定のため検査の対象となる。

基本を理解!

・**都市緑地法**
緑地の保全及び緑化の推進に関し必要な事項を定めることで、良好な都市環境の形成、健康で文化的な都市生活の確保を目的とする法律

・**バリアフリー法**
高齢者、障害者等の移動などの円滑化の促進に関する法律

・**特別特定建築物**
不特定多数の人や、高齢者や身体障害者等が利用する建築物

・**建築物移動等円滑化基準**
建築物を高齢者・障害者が円滑に、安全に利用出来るように、利用が想定される経路を対象に、廊下幅や出入り口の幅、スロープの勾配などに適用される基準

・**傾斜路(スロープ)**
階段に代わるもの。勾配は、1／8以下とし、表面は、すべりにくい材料で仕上げる

・**同誘導基準**
円滑化基準をさらに望ましいレベルにまで上げた基準。この基準に適用させると床面積等が増えるので、バリアフリーの認定で容積率緩和されることもある

・**適合性判定と届出**
300㎡以上の共同住宅などの住宅用途の建築物は適合判定の手続きは不要だが、建設開始の21日前までに特定行政庁への届出をしなければならない

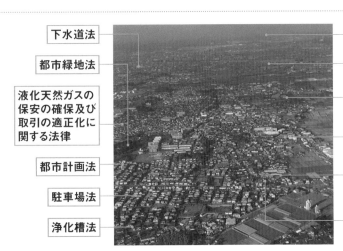

下水道法 / 都市緑地法 / 液化天然ガスの保安の確保及び取引の適正化に関する法律 / 都市計画法 / 駐車場法 / 浄化槽法 / 港湾法 / ガス事業法 / 特定空港周辺航空機騒音対策特別措置法 / 水道法 / 特定都市河川浸水被害浸水被害対策法 / 宅地造成規制法

建築基準関係規定（令9条）

法律	適用条項	内容
消防法	9条	火を使用する設備、器具等に関する規則
	9条の2	住宅用防災機器の設置
	15条	映写室の構造および設備の基準
	17条	消防用設備等の設置、維持
屋外広告物法	3～5条	広告物の表示および広告物を掲出する物件の設置の禁止または制限
港湾法	40条1項	分区内の規制
高圧ガス保安法	24条	家庭用設備等設置等
ガス事業法	40条の4	基準適合義務
駐車場法	20条	建築物の新築または増築の場合の駐車施設の付置
水道法	16条	給水装置の構造および材質
下水道法	10条1項	排水設備の設置等
	10条3項	排水設備の設置・構造
	30条1項	都市下水路に接続する特定排水施設の構造
宅地造成等規制法	8条1項12条1項	宅地造成に関する工事の許可および変更の許可
流通業務市街地の整備に関する法律	5条1項	流通業務地区内の規制
液化石油ガスの保安の確保及び取引の適正化に関する法律	38条の2	基準適合義務
都市計画法	29条1・2項	開発の許可
	35条の2第1項	変更許可等
	41条2項	建蔽率等の指定
	42条	開発許可を受けた土地における建築物の制限
	43条1項	開発許可を受けた土地以外における建築物の制限
	53条1項	建築の許可
特定空港周辺航空機騒音対策特別措置法	5条1～3項	航空機騒音障害防止地区および航空機騒音障害防止特別地区内における建築の制限等
自転車の安全利用の促進および自転車等の駐車対策の総合的推進に関する法律	5条4項	自転車等の駐車対策の総合的推進
浄化槽法	3条の2第1項	浄化槽による尿処理等人槽算定、排水経路
特定都市河川浸水被害対策法	8条	排水設備の技術上の基準に関する特例

建築基準関係規定とみなす規定例

法律	適用条項	内容
高齢者、障害者等の移動等の円滑化の促進に関する法律	14条	特別特定建築物の建築における基準適合義務等
都市緑地法	41条	敷地面積の一定割合以上の緑化
建築物のエネルギー消費性能の向上に関する法律	11条	一次エネルギー消費量基準への適合確認
	12条	確認済証発行の3日前までに適合判定通知書を提出

さなざまな関連法

建物を建てる際、建築基準法や建築基準関係規定以外にも守るべき法律が多くある

耐震改修促進法と品確法

建設業法や労働衛生安全法など、建築する際、関連する法令は多い。

(1)耐震改修促進法

都道府県は、国の基本方針にもとづき耐震改修促進計画を定める。特定建築物の所有者は、耐震診断を行い、必要に応じて耐震改修に努めなければならない。また、所管行政庁は、特定建築物の所有者に対し、必要な指導・助言を行い、さらに強い措置として、必要な指示をして、これに従わない場合は公表できる。

耐震改修をしようとする者は、所管行政庁に計画認定を申請し、認定を受けると、建築確認済証の交付があったものとみなせる。認定申請は特定建築物でなくても行うことができる。

(2)住宅の品質確保の促進等に関する法律

住宅性能表示基準にもとづき、構造耐力上主要な部分や雨水の浸入を防止する部分に対して、引渡日から10年間の瑕疵担保責任を、新築住宅の請負人と売主に義務付けた法律である。

登録住宅性能評価機関が住宅の性能を評価して評価書を作成する住宅性能表示制度も同法に規定される。住宅性能評価書には、設計図などをもとにした設計住宅性能評価書と、実際に検査し作成される建設住宅性能評価書とがある。請負人が設計住宅性能評価書を工事請負契約書に添付した場合はその性能の住宅の建設を、売主が売買契約書に建設住宅性能評価書を添付した場合はその性能の住宅の引き渡しを契約したものとみなされる。

(3)住宅瑕疵担保履行法

2009年10月1日以降に引き渡される戸建て、マンション、賃貸などの新築住宅を対象に、10年の瑕疵担保責任の履行を義務付ける法律である。

新築住宅の売主または宅地建物取引業者や建設業者等は、保証金を供託するか保険に加入し、瑕疵担保責任を確実に履行しなければならない。

臨海地域開発整備法

自然公園法

土砂災害警域区域等における土砂災害防止対策の推進に関する法律

農地法

河川法

耐震改修促進法の特定建築物

❶	学校、体育館、病院、観覧場、集会場、展示場、百貨店、事務所、老人ホームその他多数のものが利用する建築物で一定規模以上の建築物
❷	火薬類、石油類、その他政令で定める危険物で規定数量以上のものの貯蔵場または処理場の用途に供する建築物
❸	地震によって倒壊した場合に、その敷地に接する道路の進行を妨げ、多数の者の円滑な避難を困難なものにするおそれのあるものとして政令で定めるもので、都道府県の耐震改修促進計画に記載された道路に接する建築物
❹	3階で1,000㎡以上の建築物

住宅性能表示基準の概要

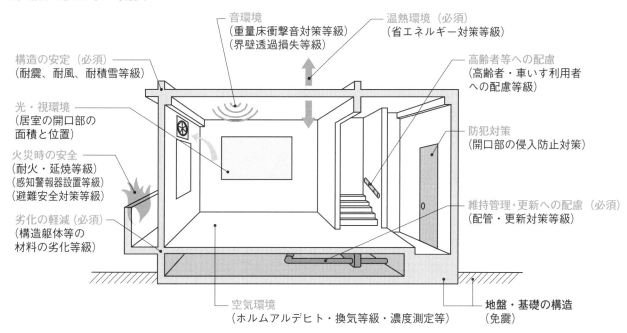

音環境
（重量床衝撃音対策等級）
（界壁透過損失等級）

温熱環境（必須）
（省エネルギー対策等級）

構造の安定（必須）
（耐震、耐風、耐積雪等級）

高齢者等への配慮
（高齢者・車いす利用者への配慮等級）

光・視環境
（居室の開口部の面積と位置）

防犯対策
（開口部の侵入防止対策）

火災時の安全
（耐火・延焼等級）
（感知警報器設置等級）
（避難安全対策等級）

維持管理・更新への配慮（必須）
（配管・更新対策等級）

劣化の軽減（必須）
（構造躯体等の材料の劣化等級）

空気環境
（ホルムアルデヒト・換気等級・濃度測定等）

地盤・基礎の構造
（免震）

温熱環境に関する評価

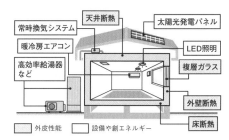

断熱等性能等級（外皮性能）
等級4【平成25年基準相当】［※1］
等級3【平成4年基準相当】
等級2【昭和55年基準相当】
その他（等級1）

※1：等級4のみ数値の併記可（例：□W/㎡・K）

一次エネルギー消費量等級 （設備や創エネルギーの燃費性能）
等級5【低炭素認定基準相当】［※2］
等級4【平成25年基準相当】
その他（等級1）

※2：等級5のみ数値の併記可（例：□MJ/㎡・年）

常時換気システム　天井断熱　太陽光発電パネル
暖冷房エアコン　LED照明
高効率給湯器など　複層ガラス
外壁断熱
床断熱

□ 外皮性能　□ 設備や創エネルギー

住宅瑕疵担保責任保険のしくみ

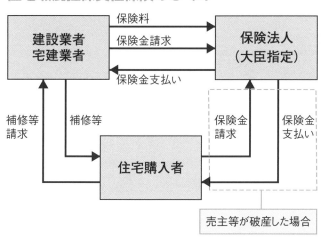

瑕疵の対象

建築物の例	対象
木造 （在来軸組構法2階建て）	屋根（屋根板）、小屋組、柱、横架材、斜材、外壁、床（床板）、開口部、基礎、土台、屋根・外壁などからの雨水の浸入
ＲＣ造 （壁式工法の2階建て共同住宅）	屋根（屋根板）、内・外壁、開口部、床版、基礎、基礎杭、排水管

仮使用認定

仮使用の期間は３年以内で、対象となる建築物は法６条１項４号の小規模建築物以外

指定確認検査機関の仮使用認定

　工事に未完了部分がある建築物を使用するには、仮使用認定を申請し、指定確認検査機関等が、安全上、防火上及び避難上支障がないものとして、認定基準への適合を確認する。対象は、廊下、階段、出入口などの避難施設や消火設備、排煙設備、非常用照明、非常用の昇降機、防火区画を含む以下の工事である（平27国交告247号基準告示3）。

①新築工事

②増築工事（既存部の避難施設に工事がなく、増築部の避難施設の工事は完了済）

③全部改築工事

　認定には仮使用部分が以下の基準を満たしている必要がある。

　1 出口から道路まで（幅1.5m）の避難経路確保

　2 工事部分との区画（屋内は1時間準耐火の壁、屋外は3mの鋼板やフェンス）

　3 構造躯体工事が完了していること

④建築基準法に適合すること

　建替え工事で、既存建築物の解体工事が残る場合には以下の緩和がある。

　1 延焼のおそれのある部分の壁の防火構造等（法2条9号の2・3法23条・24条・25条）

　2 居室の採光（法28条）

　3 容積率・建蔽率（法52・53条）

　4 無窓の居室による歩行距離と非常用照明（令120条1項・令126条の4）

手続き及び審査

　申請は、仮使用認定申請書に安全計画書と関係図面を添えて行う。手続きのフローには消防同意はないが、申請者は消防法や火災予防条例の届出などについて消防と打ち合わせる必要がある。また、書類審査に加えて現場検査が実施される。

　工事の進捗に応じて敷地内通路が変更される場合は、あらかじめ変更を含めて認定手続きはできるが、使用時間の制限や人的管理を伴う計画など、認定基準への適合が確認できない計画は特定行政庁に仮使用認定を申請しなければならない。

仮使用部分が避難階のみにある場合（上層階は工事中）事例

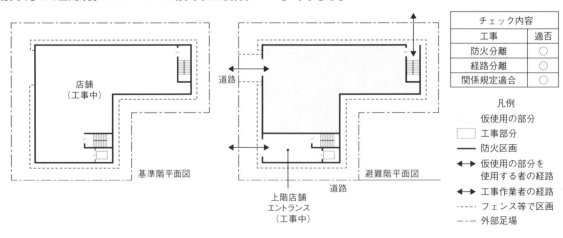

チェック内容	
工事	適否
防火分離	○
経路分離	○
関係規定適合	○

凡例
仮使用の部分
□ 工事部分
― 防火区画
↔ 仮使用の部分を使用する者の経路
↔ 工事作業者の経路
---- フェンス等で区画
――― 外部足場

基準階平面図

避難階平面図

道路

店舗（工事中）

上階店舗エントランス（工事中）

道路

仮使用の認定申請（法7条の6第1項2号）

必要書類と明示事項

必要書類	明示事項
配置図	①方位・縮尺、建築物の位置及び仮使用部分 ②道路までの避難経路 ③工事用経路と仮使用部分との区画
平面図・断面図	①各室の用途および出口までの避難経路 ②防火設備の位置および構造 ③仮使用部分と工事部分との準耐火1時間以上の区画の仕様
安全計画書	①施工工程 ②工程に応じた避難施設等（通路、階段、排煙設備、非常用照明、防火区画）の確保 ③出火の危険のあるものの防止策 ④防火管理体制（火災予防対策・災害発生時の対策等）

記載事例

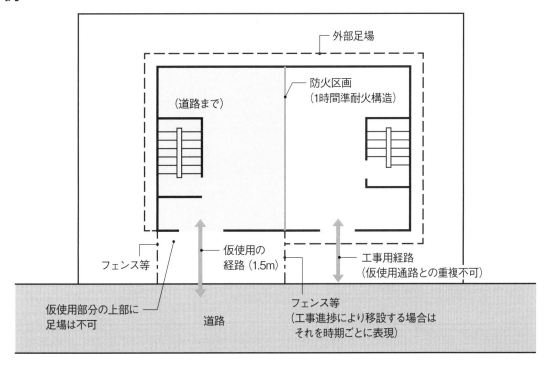

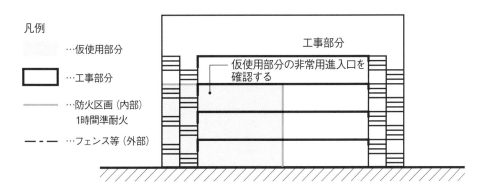

建築物省エネ法

省エネでは、外皮（断熱材、開口部）、空調設備、換気設備、照明設備、給湯設備、昇降機設備、太陽光発電設備を確認

省エネ法の適合義務のある建築物

・床面積の合計が、300㎡以上の非住宅(特定建築物)の新築[※1]

・非住宅部分が計300㎡以上かつ延べ面積の1／2超となる増改築

住宅部分(注)を含む増改築部分の床面積	増改築後の非住宅部分の延べ面積	増改築の割合	建築物省エネ法での規制措置
300㎡（※2）以上	300㎡以上(注)	1／2超	適合義務
		1／2以下（特定増改築）	届出義務 [※3]
	300㎡未満(注)	—	届出義務 [※3]
300㎡未満	300㎡未満	—	規制対象外

※1：畜舎や常温倉庫、自動車車庫、文化財、仮設建築物は対象外
※2：外気にたいして高い開放性を有する部分を除いた面積
※3：300㎡以上の住宅（長屋、共同住宅、寄宿舎、下宿を含む）は着工の21日前までに行政庁へ届出
　　300㎡以上の住宅と特定建築物（非住宅部分が300㎡以上）が併存する場合は、特定建築物は省エネ適判の対象となり、住宅部分は行政庁の届け出の対象となる
注：「居住のために継続的に使用する室」、「台所、浴槽、廊下、物置で居住者の専用に供する部分」、「集会室、共用の浴室、倉庫、管理人室など、共同住宅の共用部分」

・特定建築物
非住宅部分が300㎡以上である建築物

・特定建築行為
特定建築物の新築もしくは増築（増築または改築する部分のうち非住宅部分の床面積が300㎡以上であるものに限る）または特定建築物以外の建築物の増築（増築する部分のうち非住宅部分の床面積＊が300㎡以上であるものであって、当該建築物が増築後において特定建築物となる場合に限る）をいう
＊外気に対して高い開放性を有する部分を除いた部分の床面積

・特定増改築
特定建築行為に該当する増築または改築のうち、当該増築または改築に係る部分（非住宅部分に限る）の床面積の合計の増改築後の特定建築物（非住宅部分に限る）の延べ面積に対する割合が1/2以内であるものをいう。適合義務はなく、行政庁への届出義務がある

建築確認申請と建築物省エネ適判の手続きフロー

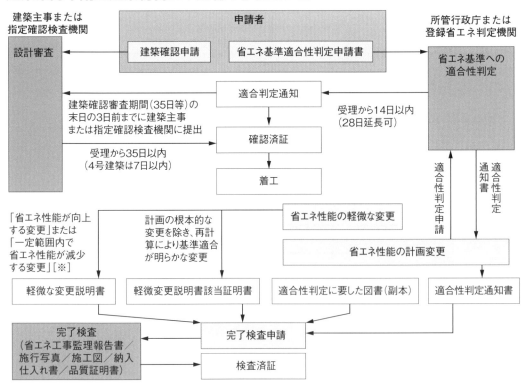

※：「建築物の高さ・外周長の減少、設備機器の効率向上等」「外壁の平均熱貫流率≦5％増かつ窓の平均熱貫流率≦5％増」「送風機の電動機出力≦10％増」「駐車場・厨房の計算対象床面積≦5％増」「照明器具の消費電力≦10％増」「給湯機器の平均効率≦10％増」「太陽光発電の電池アレイの容量≦2％減」「太陽光発電のパネルの方位角≦30°、傾斜角≦10°」など

一次エネルギー消費量基準への適合確認の方法

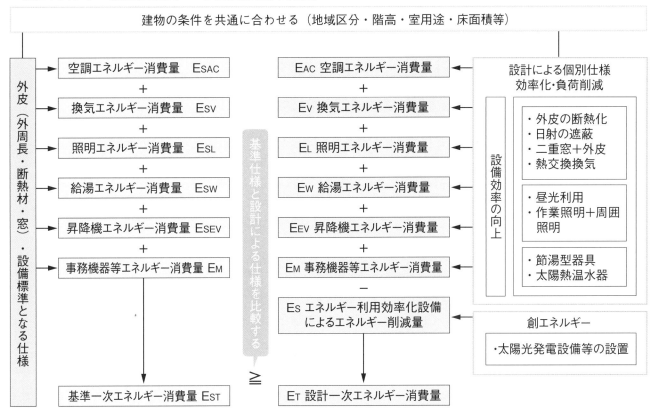

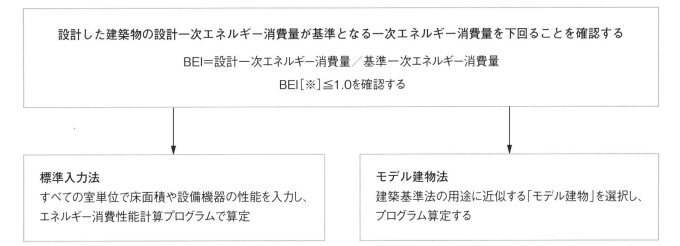

※：BEI＝標準入力法による設計値／標準入力法による基準値

既存建築物の増改築時における省エネ性能の考え方

既存建築物の増改築時に置いては、以下のとおり省エネ性能の算定ができることとする。

①既存部分のBEIは、当分の間、デフォルト値として1.2と設定

②建築物全体のBEIは、既存部分のBEI と増改築部分のBEIとの面積按分で算出

（ただし、適合義務対象となる増改築に関し、上記算定方法を用いた場合、完了検査時において既存部分の確認は不要）

$$建築物全体のBEI = 1.2 \times \frac{既存部の面積}{建築物全体の面積} + 増改築部分のBEI_2$$

$$\times \frac{増改築部分の面積}{建築物全体の面積}$$

Column

CLT を用いた建築物の確認申請

CLTとは

　CLT とは、Cross-Laminated-Timber の略で、木材の繊維方向を交互にして 3 層以上接着してつくられる厚型パネルのことをいう。CLT（直交集成板）を構造体とした建築物の、構造計算方法、防火関係規定が整備された。これにより、通常の住宅等の平面計画であれば、5 ～ 7 階程度の CLT を用いた木造建築物が大臣認定によらず確認申請で処理できる。また、事務所や共同住宅は 3 階まではもえしろ設計により、防火被覆なしで建設可能である。準耐火構造と同等の性能と規定した火災時倒壊防止の告示の導入で、大規模木造建築物が都市部にも建築できるようになりつつある。木材の重量は鉄筋コンクリートに比べて 1 ／ 5 程度であり、高層ビルへの利用が期待されている。関係告示は以下のとおり。

内容	告示
CLT材料の品質および強度の基準	・平12建告1446号（令2国交告821号で改正） ・平13国交告1024号（令2国交告821号で改正）
CLT部材等の燃えしろ設計・防火関係	・令2国交告174号で改正 ・平12建告1358号：準耐火構造の構造方法：令2国交告821号で改正）
CLT建築物の構造設計方法	・平28国交告611・612号

CLT 各部の名称

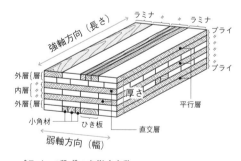

プライ：1段ずつを指す名称
層：直行しない平行なプライは、複数でも1層とみなす

床や屋根の長期荷重に対する構造計算の際に、CLTの「曲げ」や「せん断」の基準強度が、「3層3プライ」「3層4プライ」「5層5プライ」「5層7プライ」の層構成に対して規定されている

CLT を用いた建物例

写真：COCO CLT つくばCLT実験棟／一般社団法人日本CLT協会

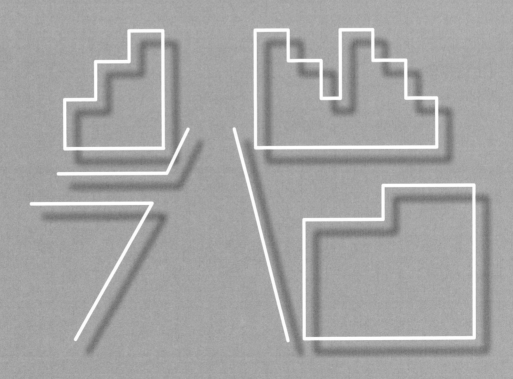

CHAPTER **2**

道路・敷地・用途

建築基準法上の道路とは

建築基準法の道路は 10 種類で、所有権によらず、原則幅員 4 m以上のものである

建築基準法の道路

建築基準法上は、日常生活で目にする道路のすべてが「**道路**」とは限らない。建築基準法の道路の対象は、地上にあるもので幅員4m以上のものを指す(法42条等)。また、良好な市街地環境形成や土地の状況によって特定行政庁が必要と認めた場合は、**都市計画審議会**の議を経て道路の幅員を6m以上と指定することもある。

建築基準法上の道路は、**地区計画**等の予定道路や**接道義務**の特例許可の通路を含め10種類に整理されている。これらの建築基準法上の道路と接していない敷地には、原則建築物を建てることができない。

なお、建築基準法では、「**道路**」と「**道**」という表現を使い分けている。「道路」という用語は、建築基準法3章の**都市計画・準都市計画区域内**に限り適用される規定で使われる。それ以外の区域にも適用される**避難規定**(令128条)などでは、「道」と表現される。

位置指定道路と予定道路

建築基準法では、**道路管理者**が管理している公道だけでなく、個人が所有する私道も道路とすることができる。たとえば特定行政庁による2項道路の指定や、**都市計画法**の開発による2項道路、**道に関する規準**(令144条の4)に準じた**位置指定(法42条1項5号)道路**などがそれにあたる。

また、地区計画などに道路の配置や規模、区域が定められている場合、**特定行政庁**は**建築審査会**の同意を得て、**予定道路**を指定することができる。予定道路に指定されると、その部分は道路とみなされ、原則、建築物を建てることができない。

一方、予定道路に接した敷地に、特定行政庁が認めて許可した建築物の**容積率**は、予定道路の幅員で算出した数値も参照する。また、予定道路内に、所有権のある敷地があったとしても、道路部分とみなされるので、敷地面積には算入されない(法68条の7)。

📑 わかる法規

● 都市計画審議会
都市計画法の規定に基づき設置される審議会。都市計画中央審議会は、国土交通大臣の諮問に応じて都市計画に関する重要事項などを調査審議し、都市計画地方審議会は、主として都道府県知事が都市計画を決定または承認に際して議決などを行う

● 道(令20条第2項1号)
道とは、都市計画区域又は準都市計画区域内においては、法42条に規定する道路と同義。位置指定道路の「道に関する基準」(令144条の4)では「道」と表現される

● 避難規定(令128条)
建築基準法の施行令第5章の第6節は敷地内の避難上及び消火上必要な通路等に関する規定がある。その中で、屋外避難階段の出口から、安全に避難をするための1.5mの通路幅の規定(令128条)や、大規模な木造建築物等の建築物

の敷地内の通路の規定(令128条の2)などがある。その中で使われる表現は地域によらないことから、「道路」ではなく「道」となっている

● 道路管理者
高速自動車道と一般国道は国土交通大臣、都道府県道と市町村道はその自治体の長

● 都市計画法
都市計画の内容およびその決定手続き、都市計画制限、都市計画事業その他都市計画に関して必要な事項を定めることにより都市の健全な発展と秩序ある整備を図り、もって国土の均衡ある発展と公共の福祉の増進に寄与することを目的として制定された法律

基本を理解!

・予定道路
主として街区内の居住者などの利用に供される道路の配置と規模が定められている場合で、その実現の可能性が高いとき、利害関係者の同意などを条件として指定する道路

・私道
個人または団体が所有している土地を道路として使用している区域のこと。他の土地に囲まれて公道に通じていない袋地から見て、その土地を囲んでいる土地を囲繞地という。袋地の所有者は、他人の所有する私道を通行しなければ公道に出られない場合、囲繞地の通行権がある。これは、公道に出入りができなければ事実上土地を利用することができないため、民法代210条で袋地の所有者は公道に出るために、囲繞地を通行することができるとされているためである

・地区計画
→p.56本文

・接道義務
→p.48本文

・2項道路
→p.46本文

・位置指定道路
→p.47本文

・容積率
→p.76本文

・都市計画区域
→p.54本文

・準都市計画区域
→p.54本文

・特定行政庁
→p.10わかる法規

・建築審査会
→p.10わかる法規

道路の種類

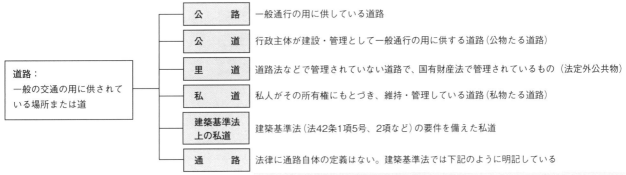

```
道路：
一般の交通の用に供されて
いる場所または道
```
- 公　路 — 一般通行の用に供している道路
- 公　道 — 行政主体が建設・管理として一般通行の用に供する道路（公物たる道路）
- 里　道 — 道路法などで管理されていない道路で、国有財産法で管理されているもの（法定外公共物）
- 私　道 — 私人がその所有権にもとづき、維持・管理している道路（私物たる道路）
- 建築基準法上の私道 — 建築基準法（法42条1項5号、2項など）の要件を備えた私道
- 通　路 — 法律に通路自体の定義はない。建築基準法では下記のように明記している

建築基準法施行令128条
　敷地内には、（略）屋外に設ける避難階段及び（略）出口から道又は公園、広場その他の
　空地に通ずる（略）通路を設けなければならない

道路法による道路の定義

道路法2条1項 （用語の定義）	この法律において「道路」とは、一般交通の用に供する道で次条各号に掲げるものをいい、トンネル、橋、渡船施設、道路用エレベーター等道路と一体となつてその効用を全うする施設又は工作物及び道路の附属物で当該道路に附属して設けられているものを含むものとする
道路法3条 （道路の種類）	道路の種類は、下に掲げるものとする。 （一）高速自動車国道　（二）一般国道　（三）都道府県道　（四）市町村道

建築基準法上の10種類の道路

道路種別（都市計画区域・ 準都市計画区域内）	内　容	道路幅員（W）	適用条項	備考
道路法による道路（1号道路）	国道・都道府県道・市町村道（一般の公道）	W≧4m	法42条1項1号	―
都市計画法等による道路 （2号道路）	都市計画法・土地区画整理法・都市再開発法等により築造された道路 （完成後は一般的に道路法による道路となる）		法42条1項2号	―
既存道路	都市計画区域決定を受けた区域内の幅員4m以上の道路（建築基準法施行時にあった道で、現に一般交通の用に供しているもの）		法42条1項3号	―
事業執行予定道路 （計画道路）	道路法・都市計画法等により2年以内に事業執行予定として特定行政庁が指定する道路		法42条1項4号	特定行政庁 の指定あり
位置指定道路（5号道路）	敷地が道路に接していない場合に築造する道路で、特定行政庁から位置の指定を受けたもの		法42条1項5号	特定行政庁 の指定あり
2項道路（みなし道路）	特定行政庁が指定した道路で幅員4m未満の道（建築基準法施行時に建物が建ち並んでいた場所） ①道路中心線からの水平距離2mの線を道路境界線とみなす ②片側ががけ地、川等の場合は、当該境界線から水平距離4mの線を道路境界線とみなす	W<4m	法42条2項	特定行政庁 の指定あり
3項道路	特定行政庁指定道路（2項道路の緩和：土地の状況により将来的に拡幅が困難なもの） ①道路の中心線から水平距離2m未満1.35m以上の範囲内で水平距離を指定 ②片側ががけ地等の場合は、当該がけ地等の境界線から水平距離4m未満2.7m以上の範囲で水平距離を指定	2.7m≦ W<4m	法42条3項	―
4項道路	幅員6m未満の道で、特定行政庁が認めて指定したもの	W<6m	法42条4項	特定行政庁 の指定あり
予定道路	地区計画等に定められた道の配置および規模、またはその区域に即して政令で定める基準に従い指定された道路	―	法68条の7第1項	特定行政庁 の指定あり
特定道路（規則10条の2）	法43条1項ただし書きの許可に関して、特定行政庁が国の運用指針に従い定型化された許可基準を定めた場合に、当該基準に該当する通路等	―	法43条ただし書	特定行政庁 の指定あり 建築審査会 の同意あり

4m未満でも接道とみなされる2項道路

2項道路のみなし境界線は中心から2m

幅員4m未満の道路

　建築基準法上の道路は原則**4m以上の幅員**で、建築物を建てる敷地は幅員4m以上の道路に接することが義務付けられている。しかし、法42条が適用された時点（基準時）で、4m未満の道沿いのすでに多くの建築物が建ち並んでいた敷地に新しく建築物を建てる場合は、建築確認申請時に、**道路の中心線**から2m（道路6m区域は3m）敷地側に後退させた位置を道路境界とみなすという規定を設けている。この後退して幅員4mとみなした道路のことを、「**2項道路**」あるいは「**みなし道路**」という（法42条2項）。

　2項道路とされるためには、次の2点を満たす必要がある。
①基準日にその道に沿って建物が建ち並んでいたこと
②**特定行政庁**の指定を受けていること
　建築基準法施行日（1950年11月23日）にすでに**都市計画区域**の指定を受けていた区域は建築基準法の施行日、それ以外は都市計画区域に指定された日が基準日となる。

　後退部分は所管する行政庁が指定した道路の中心からとるのが原則である。しかし、敷地と既存道路を挟んで反対側に水路やがけ地があり、将来的にも後退することが困難な場合は、水路やがけ地などと道路との境界線から、水平距離4m（6m）敷地側に一方後退した線をみなし道路境界線とすることになることになる。

後退部分は敷地面積に算入しない

　2項道路の後退した部分は、**道路管理者**である行政庁に寄付するか、所有権はそのままにして使用権を放棄する使用承諾を行う。後退部分は建築物や、庇や塀、開閉時の戸についてもこの部分に突き出すことが認められていない。樹木など建築物でないものは、基本的に制限の対象にはならない。

　また、所有権にかかわらず、後退部分は敷地面積に算入されない。

基本を理解！

・道路6m区域
平成4年の基準法改正で、特定行政庁が指定する6m区域内では幅員6m以上が道路として扱われる。6m区域指定を受けた場合は、原則として道路の中心線から3mが道路境界線とみなされる

・みなし道路境界線
2項道路における道路と敷地の境界線。2項道路などでは道路中心線から2m後退した部分をみなしの後退線として敷地を設定する

・道路の中心線
　→p.48基本を理解

・都市計画区域
　→p.54本文

わかる法規

● **特定行政庁**
　→p.10わかる法規

● **道路管理者**
　→p.44わかる法規

2項道路の取扱い

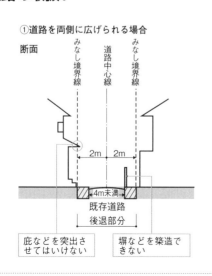

①道路を両側に広げられる場合

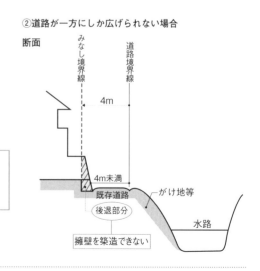

②道路が一方にしか広げられない場合

後退部分は建築物や庇、塀などを突出させてはいけない。また敷地面積からは除外する

特定行政庁が指定する5号道路

「道に関する基準」に適合させて築造し、特定行政庁から位置の指定を受ける道路

位置指定道路とも呼ばれる5号道路

大きな敷地を細分化して住宅地とする場合に、敷地が接道するために新たに道路を築造することが必要な場合がある。このとき、道路部分の土地を共有しながら、特定行政庁に「道路位置の指定」を申請してつくられるのが法42条1項5号で規定される**5号道路**である。

指定の流れは次のとおりである。

①指定地の土地所有者など権利関係者の同意を得る

②令144条の4の「**道に関する基準**」（下図）に適合させた道路位置指定申請書を作成する

③特定行政庁に申請のうえ、築造承認を得て工事を行う

④築造後、特定行政庁の検査に合格すると道路として公示される

政令で示された築造基準に合わせ、特定行政庁から位置の指定を受けるため、**位置指定道路**とも呼ばれる。他に、昔の**建築線**の指定により「位置指定を受けた道路」とみなされる道路もある。

5号道路の指定と廃止

5号道路は、両端がほかの道路に接していることが原則だが、一端が行止まりの袋路状道路でも、幅員と延長が一定の基準以内であれば、5号道路として認められる。

また、5号道路には、所有権があるため、**前面道路**の使用や管理には、所有者全員の承諾が必要となる。一部の建築敷地の利用がなくなり、所有権が**移転**して5号道路を廃止する場合は、ほかの利用者の敷地が一方的に**接道義務**(法43条)を満たせなくならないよう、事前に特定行政庁に届ける必要がある。

無届出の場合、違反是正命令(法9条)を受けることもある(法45条)。

5号道路（位置指定道路）の築造基準(令144条の4)

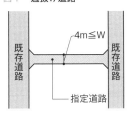

図1　通抜け道路

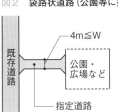

図2　袋路状道路（公園等に接続）

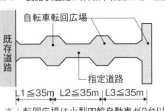

図3　袋路状道路2（自転車転回広場の設置）

※：転回広場は小型四輪自動車が2台以上、停車・転回できるもの

図4　袋路状道路3（幅員6m以上）

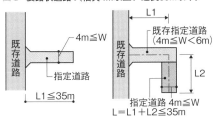

図5　袋路状道路4（幅員4m以上、延長35m以下）

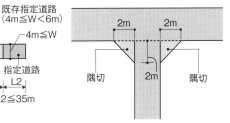

図6　隅切りの設置

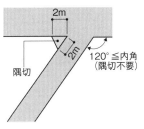

道路の幅員と接道義務

建築物の敷地は、4m以上の幅員の道路に2m以上接することが義務づけられている

敷地の接道義務

建築物をつくる際、その敷地には、道路が2m以上接することが義務付けられている（法43条）。これを**接道義務**という。接道義務が満たされない場合は、原則としてその敷地での建築はできない。

道路法による道路でも、**道路管理者**が指定する**自動車専用道路**や自動車が沿道へ出入りできない**特定高架道路**等は、接道義務を満たす道路として認められない（令144条の5）。

ただし、次の要件を満たしていると**特定行政庁**が認める場合や、**建築審査会**の同意を得て許可した場合は、接道義務を満たさない敷地に建築物を建てられる（規則10条の2）。

①敷地の周囲に公園、緑地、広場等の広い空地を有すること

②敷地が農道その他これに類する公共の用に供する道（幅員4m以上）に2m以上接していること

③敷地がその建築物の用途、規模、位置、構造に応じて、避難・通行の安全等の目的を達するために十分な幅員を有する道路で、道路に通じるものに有効に接していること

道路幅員で建築物が規制される

12m未満の前面道路では、道路幅員に係数を乗じた容積率をあ算出したり、斜線制限による制限や、高さの算定などに道路幅員が関係する。

また、**地方公共団体**では、建築物の規模や用途による前面道路の幅員や敷地の接道長さ、路地状部分の延長距離などの規定について、地域性に合わせて条例で制限を付加している場合もある（法43条2項）。制限付加の対象となる建築の条件は以下のものである。

①**特殊建築物**

②**階数**が3以上である建築物

③窓等を有しない居室（令116条の2）

④延べ面積が1000㎡超の建築物

⑤避難・通行の安全の目的を十分に達しがたいと認められる場合

わかる法規

● 道路法
道路網の整備を図るために、路線の指定及び認定、管理、構造、保全などに関する事項を定めたもの。道路の種類としては、高速自動車国道、一般国道、都道府県道、市町村道の四つがあり、機能上の区分としては、高規格幹線道路、地域高規格道路、一般道路の区分がある。これら以外に、道路法が適用されない林道、農道、私道などがある。
道路構造令は、道路構造の技術基準を定めた政令である。幅員、建築限界、線形、視距、勾配、路面、排水施設、交差または接続、待避所、横断歩道などについて定めている

● 自動車専用道路
道路管理者が指定する自動車のみが利用する道路。高速自動車道などがある

● 特定高架道路
路面と隣地の地表面との高低差が50㎝以上で、高低差が5m以上の区間を有する道路で、自動車の沿道への出入りができない構造のもの。歩行者、自転車専用道路などがある

● 地方公共団体
一般的には、都道府県、市町村、特別区のこと。住民の福祉の増進を図ることを基本として、地域における行政を自主的かつ総合的に実施する役割を広く担う

基本を理解

・空地
敷地の中で建築物のない部分

・前面道路
敷地が接している道路

・道路幅員
道路中心線に直交する水平距離で測られる道路幅の最小寸法のことである

・道路中心線
敷地が道路に接している部分面積で、道路幅員の最短距離で中心点を出し、その中心点を結んだ線

・路地状部分
接道部分が奥の敷地の大きさよりも狭い旗竿状等の敷地の形状で道路に接した狭い部分

・道路管理者
　→p.44わかる法規

・特定行政庁
　→p.10わかる法規

・建築審査会
　→p.10わかる法規

・特殊建築物
　→p.22本文

・階数
　→p.32本文

接道の基本的な考え方

○：接道を満たす
✕：接道を満たさない

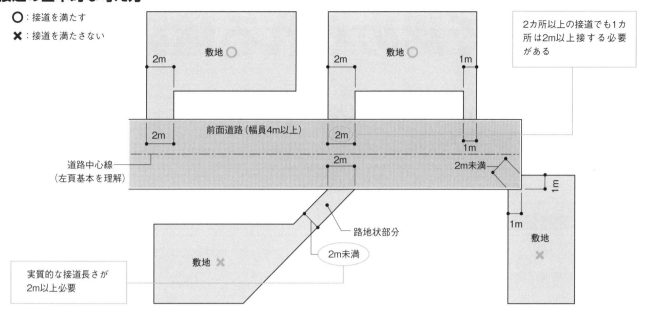

2カ所以上の接道でも1カ所は2m以上接する必要がある

敷地 ○

敷地 ○

2m　2m　1m

前面道路（幅員4m以上）

2m　2m　1m

道路中心線
（左頁基本を理解）

2m　2m未満　1m

敷地 ✕

路地状部分

2m未満

1m

敷地 ✕

実質的な接道長さが2m以上必要

道路幅員の測り方の例

①法敷がある場合

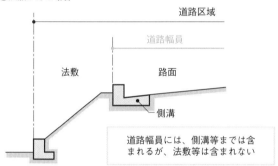

道路区域

道路幅員

法敷　路面

側溝

道路幅員には、側溝等までは含まれるが、法敷等は含まれない

②歩道がある場合

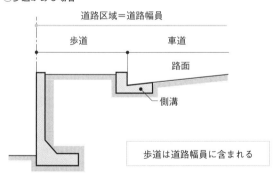

道路区域＝道路幅員

歩道　車道

路面

側溝

歩道は道路幅員に含まれる

③側溝の取扱い

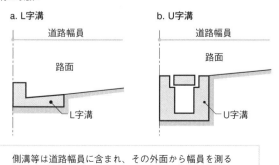

a. L字溝　　　　　b. U字溝

道路幅員　　　　　道路幅員

路面　　　　　　　路面

L字溝　　　　　　U字溝

側溝等は道路幅員に含まれ、その外面から幅員を測る

制限が付加される条件
（路地状敷地の場合）

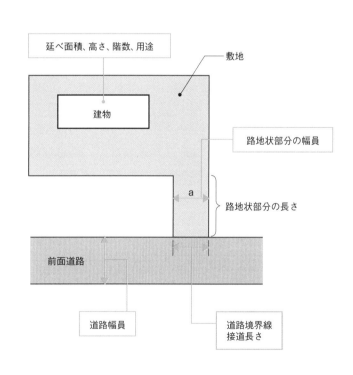

延べ面積、高さ、階数、用途

敷地

建物

路地状部分の幅員

a

路地状部分の長さ

前面道路

道路幅員

道路境界線
接道長さ

●路地状敷地の形態について条例付加の例
（東京都安全条例の場合）
・路地状部分の幅員は路地状部分の長さに応じた幅員の例

路地状の長さ	幅員
20m以下のもの	2m
20mを超えるもの	3m

・路地状部分の幅員4m未満の敷地には地上3階以上の建築物（耐火・準耐火建築物は地上4階以上）を建築してはならない

道路内で認められる建築物

道路内の建築行為には原則的に特定行政庁の許可と建築審査会の同意が必要

道路内では建築禁止

道路は、通行以外にも、日照や採光、通風などの良好な住環境の確保や避難通路などとしての役割を担っている。

したがって、それを阻害する建築行為は原則として認められない。公道・私道にかかわらず対象となり、自動車専用道路や特定高架道路も含まれる（法44条）。

道路内で禁止されるのは、軒や庇の部分の突出、扉の開閉も含まれる。また、建築物に付属する塀や**擁壁**などの**工作物**も築造できない。

道路内建築物の特例

道路内でも建築行為が認められるのは、**地盤面**下に設ける建築物やその部分である。また、公衆便所や交番、バス停の上家等、公共性が高く、特定行政庁が建築審査会の同意を得て許可した場合も、道路内に建築できる。

また、道路区域内でも駐輪場の上家は、凹部にあり通行上支障のない場合、一般の建築物の手続きで建てられる。立体道路制度でつくられた建物で、特定行政庁が安全・防火・衛生上支障ないと認めるものも建築制限の規制対象外である。

立体道路制度とは、都市の建築物の密集化と**幹線道路**という、相反する問題を総合的に解決する手段として、道路と建築物を一体的に整備する制度である。自動車専用道路などの上空か、高架道路下の建築物などがこれに当たる（法44条1項3号）。認定基準は、**主要構造部**を耐火構造とする、**耐火構造**の床・壁・**特定防火設備**で道路と区画する、などである（令145条1項）。

また、公共歩廊や、道路上空の渡り廊下で、特定行政庁が建築審査会の同意を得て許可したものは建築できる。許可基準は、学校、病院、老人ホーム等か、建築物の5階以上の階に避難施設として必要なものか、多人数の通行や道路交通の緩和に寄与するもので、主要構造部が**不燃材料**以上でつくられたものである（令145条2項）。

基本を理解！

・擁壁
→p.20基本を理解

・工作物
→p.20本文

・地盤面
→p.25本文

・主要構造部
→p.170本文

・耐火構造
→p.124本文

・特定防火設備
→p.138本文

・不燃材料
→p.134本文

わかる法規

● 幹線道路
歩車道の区別があり、車道幅員がおおむね14m以上（片側2車線以上）あり、車が高速で走行し、通行量の多い国道や一部の県道のこと

道路内エレベーター

道路内エレベーター
（道路工作物）

バス停上家

地下鉄出入口、バス停上屋、公衆便所、アーケード、巡査派出所なども特定行政庁の許可により道路内に建築できる

道路内に建築できるものの例（法44条）

①平面

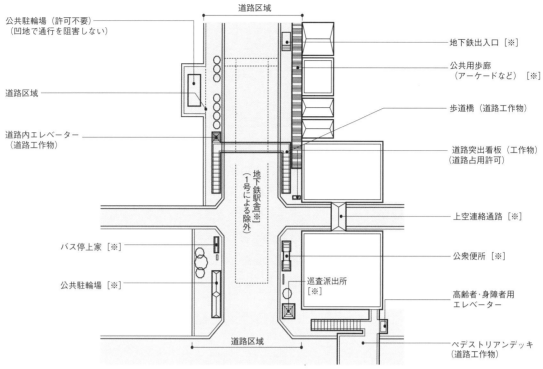

公共駐輪場（許可不要）
（凹地で通行を阻害しない）

道路区域

道路区域

道路内エレベーター
（道路工作物）

地下鉄駅舎※
（1号による除外）

バス停上家［※］

公共駐輪場［※］

巡査派出所
［※］

道路区域

地下鉄出入口［※］

公共用歩廊
（アーケードなど）［※］

歩道橋（道路工作物）

道路突出看板（工作物）
（道路占用許可）

上空連絡通路［※］

公衆便所［※］

高齢者・身障者用
エレベーター

ペデストリアンデッキ
（道路工作物）

※：特定行政庁の許可＋建築審査会の同意

②断面

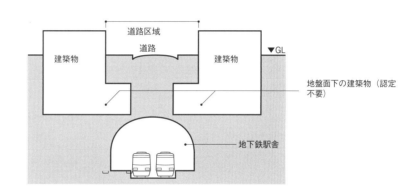

道路区域

道路

▼GL

建築物

建築物

地盤面下の建築物（認定
不要）

地下鉄駅舎

道路内には建築できないものの例（法44条）

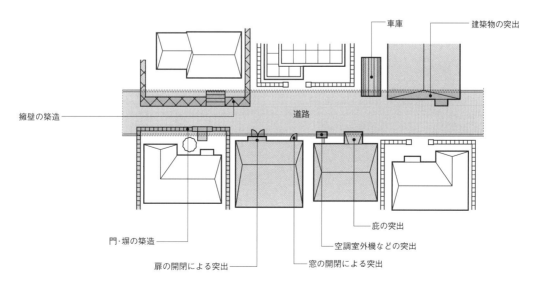

車庫

建築物の突出

擁壁の築造

道路

門・塀の築造

扉の開閉による突出

空調室外機などの突出

窓の開閉による突出

庇の突出

「一敷地一建築物」の原則

用途上不可分の場合にだけ、1つの敷地に2つ以上の建築物が認められる

敷地内にひとつの建築物が原則

建築基準法では、1つの敷地に建てられる建築物は1つが原則である。敷地の定義は「**一の建築物**又は**用途上不可分の関係にある2以上の建築物**のある一団の土地」である(令1条1項)。

「用途上不可分の関係にある2以上の建築物」とは、同一敷地内にある2棟が、棟ごとに敷地分割すると、それぞれの建築物の用途上の機能が満たされない建築物群のことである。たとえば学校では、校舎、実習棟、体育館、図書館等の建築物は、一体となって学校として機能するので、**用途上不可分**の関係といえる。

一方、敷地に一棟の**戸建住宅**が既に建っている場合、家族のものであっても別の戸建住宅を同じ敷地に建てることは認められない。ただし、一部屋の離れや物置であれば、既存の専用住宅の「**付属建築物**」と考えられるため、1つの敷地に建築できる。

「主と従の付属関係」で、強い機能上の関係をもつ生産工場における事務所や倉庫なども、用途上不可分の関係といえる。ただし、工場関係者の寮などの宿泊施設は、工場の機能と不可分の関係とはみなされず、別敷地としなければならない。同様に病院の関連施設と、看護婦の寄宿舎は、用途上可分の関係にあり、同一敷地に建築できない。

一団の土地とは何か

前述の定義にあるように建築物の敷地には、実体的な一体性が求められる。所有権をもつ土地に用途上不可分の関連施設を建てる場合でも、敷地の状況により同一敷地とみなされない場合もある。

敷地が道路や水路などの公共物で分断されている場合や、障害物や塀などがあって敷地間で連続性がなく、行き来ができない場合がそれにあたる。道路や水路の**占用許可**を特定行政庁からとることで、接道条件が満たされたり、敷地を一体として扱うことができる。

同一敷地とみなされない場合は、敷地ごとに、接道義務や**容積率**、**建蔽率**、**道路斜線**などの規定を満たさなければならない。

基本を理解

・離れ
台所、便所、風呂の3点すべてを備えていない専用住宅の部分

・戸建住宅
→p.68

・容積率
→p.76本文

・建蔽率
→p.86本文

・道路斜線
→p.94本文

わかる法規

● 用途上可分・不可分
ともに独立した機能を有し、ただ併設されている場合は用途上、可分である。
付属関係にあると考えられる建築物は、不可分である。用途上不可分の事例は以下のようなものである。
共同住宅と自転車置場、車庫、物置。
旅館、ホテルと浴室棟、離れ、倉庫
用途上可分のものは以下のようなものである。
工場と寮
病院と寮

わかる法規

● 一の建築物
建築物が令第1条第1号の「一の建築物」に該当するという判断の基準は、外観上、構造上(構造耐力にかかわらない)及び機能上の3点を総合的に判断することになる(参考、建築確認のための基準総則集団規定の適用事例(編集 日本行政会議))
既存建築物の増築の際、一の建築物となるか別棟となるかの判断により、増築部と一棟になる場合は既存建築物に現行基準法の遡及も検討しなければならない(参考 p.26既存不適格建築物)

①外観上	どの方向から見ても連結され、一体性があると判断できる十分な接続をもつもの
②構造上	エキスパンションジョイントの有無にかかわらず床又は壁を共有し、一体性があると判断できる十分な接続をもつもの
③機能上	接続していることで、建築物に必要な機能(防火・避難・利用形態上など)を満足し、一体性があると判断できる十分な接続をもつもの

一の建築物の例

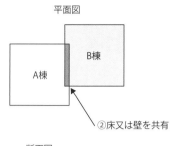

「一建築物一敷地」の原則

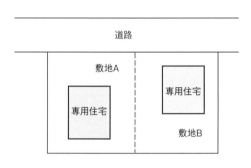

------- 破線は敷地分割線を表す

用途上不可分の関係例

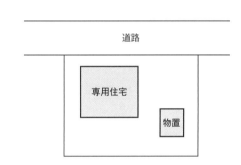

用途上不可分な関係にある2以上の建築物の例

主要用途	主要用途に付属する建築物の例
専用住宅	離れ、車庫、物置、納屋、茶室、東屋、温室、畜舎など
共同住宅	車庫、自動車置場、物置、プロパン置場、都市ガスの減圧場、変電室
旅館・ホテル	離れ(客室)、浴室棟、車庫、東屋、温室、倉庫
工場・作業場	事務棟、倉庫、変電室、危険物貯蔵庫、各種機械室、更衣棟、浴室棟、食堂棟、守衛室
学校・校舎	実習棟、図書館、体育館、更衣室棟、給食作業棟(他校の給食製造を除く)、倉庫

一団の土地にならない例

❶一団の土地の条件

・連続している
・共通の用途で使用している
・境界が明白な土地

❷一団の土地とならない例(公共物[道・水路等]、鉄道、塀などで敷地が分断されている場合)

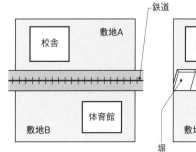

都市計画による建築制限

用途地域など都市計画で規定した区域は、建築の可否や用途を規制する

都市計画区域と準都市計画区域

都市計画法上、土地は「**都市計画区域**」「**準都市計画区域**」「**その他の区域**」に分けられる。都市計画区域は、「**市街化区域**」と「**市街化調整区域**」「**区域区分未設定区域**」からなる。

都市計画区域と準都市計画区域内は、12種類の用途地域に分かれ、高さや形態制限などの建築基準法の集団規定が適用される。また、その他の地域でも、地方公共団体が条例で、敷地と道路の関係、容積率、建蔽率や高さの最高限度、日影制限について、必要な制限を定めることができる（法68条の9第1項、令136条の2の9）。

区域区分未設定区域は、用途地域の色塗りがなく白地であらわされるため「**白地地域**」とも呼ばれる。市街化調整区域では、建築する際の開発許可などが必要となり、特定行政庁が、都市計画審議会の議を経て、形態制限を定めることができる。

風致地区は、都市の自然美を維持するため

に都市計画法で定められた区域である（都計法58条）。風致地区では、建築物の高さや屋根形状、構造、色彩などを行政庁と協議し、許可を得る必要がある。

なお、卸売市場や火葬場、と畜場、汚物処理場、ごみ焼却場などを都市計画区域内に建築する場合は、環境への影響を配慮し、原則として、都市計画での敷地位置の決定が必要になる（法51条）。

景観法で可能になったその他区域の制限

景観法により**準景観地区**制度が新設され、市町村は都市計画区域、準都市計画区域外のリゾート地などでも建築物の高さや構造、壁面の位置、敷地に関する制限を条例で定めることが可能になった（法68条の9第2項）。

建築物は、都市計画法だけでなく都市計画に関連する景観法、**土地区画整理法**、道路法、**駐車場法**、下水道法などのさまざまな法律の規制を受ける。

わかる法規

● **都市計画区域**
都市計画法で定められた規制の対象になる地域。都道府県が定める

● **準都市計画区域**
平成12年の都市計画法の改正で、市町村が指定することが出来るようになった区域で、当該区域に建てられる建築物に制限を加えられるようにしたもの

● **準景観地区**
都市計画区域および準都市計画区域外の景観計画区域において、景観の保全を図るために指定される区域。市町村の条例で、建築物または工作物や開発行為等について、一定の規制ができる

● **土地区画整理法**
都市計画区域内の土地について、公共施設の整備改善および宅地の利用の増進を図るための法律

● **駐車場法**
都市における自動車の駐車のための施設の整備に関し必要な事項を定める法律

都市計画区域・準都市計画区域等の区分

	国土
都市計画区域外：約73.4% 条例により制限できる内容（令136条の2の9） ①建築物・敷地と道路の関係 ②容積率の最高限度　③建蔽率の最高限度 ④建築物の高さの最高限度　⑤斜線制限 ⑥日影制限	**都市計画区域：約26.4%** 都市計画が定められる区域分、接道義務などの建築基準法の集団規定が適用される
区域区分非設定区域（非線引き）・白地地域：約12.7%	**準都市計画区域：約0.2%** 都市計画区域外で相当数の住居などの建築・造成が行われている。もしくは行われる見込みの区域などに指定される
市街化調整区域：約9.9% ①開発許可を受けている、②農家住宅、③既存宅地などを除いて原則として建築は禁止	他の法令の規制がない限り、原則として建築できる
市街化区域：約3.8% 12の用途地域が指定され、用途地域ごとに建築できる用途が決まっている	

注：パーセント（%）は国土に占める割合（国土交通省データより）

高度利用地区・特定街区の建築制限

都市計画で定められた地区には建築基準法とは別の形態制限がある

高層住居誘導地区と高度利用地区

(1)高層住居誘導地区

都心部に利便性の高い高層住宅の建設を誘導し、住宅と他の用途の建築を適正に配分するよう都市計画で指定した地区をいう(法57条の5)。

指定対象は、**第1・2種住居地域**、**準住居地域**、近隣商業地域、**準工業地域**のうち、指定容積率が400～500%の地域である。この地区内の建築物は、道路、隣地斜線制限や日影規制が緩和される。

(2)高度利用地区

低密度な市街地を高度に利用したり、細分化した敷地を集約し、都市施設の更新を目的として、用途地域内に指定される地区(法59条)。この地区では、都市計画で決められた容積率の最高・最低限度、建蔽率の最高限度、建築面積の最低限度、壁面の位置の制限に従わなければならない。

また、敷地内に道路に接して有効な空地がある場合、特定行政庁が建築審査会の同意を得て許可した建築物は、道路斜線制限が緩和される。

(3)特定街区

街区単位で整備される超高層などの建築プロジェクトに対して、行政庁が都市計画で定める地区(法60条)。この地区は、建築物の割増容積率と高さの最高限度、壁面の位置の3つの制限を都市計画で定め、建築基準法の容積率や高さ制限、日影規制などの制限を受けない。指定例としてCOREDO日本橋や新丸ビルなどがある。

(4)都市再生特別地区

都市再生緊急整備地域内に既存の用途地域、容積率、日影規制、斜線制限などの規制を適用除外として定める地区(法60条の2)。

その地区内で、自由度の高い計画ができるように行政庁が、誘導すべき建築物の用途や容積率の最高・最低限度、建蔽率の最高限度、建築面積の最低限度、高さの最高限度、壁面の位置などの数値を都市計画で定める。

基本を理解

・**割増容積率**
法定基準の容積率以上の容積率

わかる法規

● **第1・2種住居地域**
都市計画法による用途地域の1つ。住居の環境を保護するための地域

● **準住居地域**
都市計画法による用途地域の一つ。道路の沿道等において、自動車関連施設などと、住居が調和した環境を保護するための地域

● **準工業地域**
都市計画法による用途地域の一つ。主に環境悪化の恐れのない工場の利便を図る地域で、住宅や商店など多様な用途の建物が建てられる

● **都市再生緊急整備地域**
都市再生特別措置法に基づき、都市開発事業等により都市再生の拠点として、緊急に整備を推進すべき地域として指定する地域

各地区の制限内容

地区	都市計画で定められる内容	建築基準法の緩和・除外事項	適用条項
高層住居誘導地区	①建蔽率の最高限度 ②容積率の最高限度 ③敷地面積の最低限度	①日影規制では対象区域外に建築物があるとみなす ②道路、隣地斜線適用の用途地域の読み替え(住宅の用途に供する部分の床面積の合計≧延べ面積×2/3)	法57条の5、法56条、法別表第3、都計法8・9条
高度利用地区	①容積率の最高限度と最低限度 ②建蔽率の最高限度 ③建築面積の最低限度 ④壁面の位置の制限 　(地盤面下を除く)	①次の建築物は適用除外 ・主要構造部が木造等で地上2階建ての建築物など容易に移転、除却できるもの ・公衆便所、巡査派出所など公益上必要な建築物 ・学校、駅舎、卸売市場など公益上必要な建築物で特定行政庁が建築審査会の同意を得て許可した建築物 ②道路斜線制限の適用除外道路に接して敷地に有効な空地が確保されていて、特定行政庁が交通上、安全上、防火上、衛生上問題ないと認め許可した建築物	法59条 都計法9条
特定街区	①容積率の最高限度 ②高さの最高限度 ③壁面の位置の制限 　(地盤面下を除く)	適用除外:法52条～59条の2 ①容積率、②建蔽率、③低層住居専用地域内の外壁後退距離、④低層住居専用地域内の敷地面積、⑤高さ制限(斜線制限)、⑥日影規制、⑦高度地区、⑧高度利用地区、⑨総合設計	法60条 都計法8・9条
都市再生特別地区	①容積率の最高限度と最低限度 ②建蔽率の最高限度 ③建築面積の最低限度 ④壁面の位置の制限 　(地盤面下を除く) ⑤高さの最高限度 ⑥誘導すべき用途	①次の建築物は適用除外 ・主要構造部が木造等で地上2階建ての建築物など容易に移転、除却できるもの ・公衆便所、巡査派出所 ・学校、駅舎、卸売市場など公益上必要な建築物で特定行政庁が建築審査会の同意を得て許可した建築物 ②道路斜線制限、③用途地域、④日影規制では対象区域外に建築物があるとみなす、⑤高度地区	法60条の2、都市再生特別措置法36条都計法8条

地域の特性をつくる地区計画

地区計画は、まちづくりを誘導し防災や景観を守る

きめの細かい地区計画等

地区計画とは行政庁が一定の区域を設定し、その区域の実状に合わせて、建築物の整備と土地に関する事項や道路、公園等の地区施設について整備を進める計画。

地区計画等には、**地区計画、防災街区整備地区計画、歴史的風致維持向上地区計画、沿道地区計画、集落地区計画**があり、その内容は、計画の目標・整備・開発・保全に関する方針と、具体的な**地区整備計画**からなる（法68条の2~8）。**地区計画**では、建築物の敷地、構造、用途などの事項を、行政庁は条例で制限・緩和ができる（令136条の2の5~8）。**防災街区整備地区計画**は、密集した市街地の地震や火災に対する防災機能の確保、歴史的風致維持向上地区計画は、歴史的建造物や伝統を残す環境づくり**沿道地区計画**は交通量が多いことによる騒音障害の防止、**集落地区計画**は農業と居住環境の調和を、それぞれ目的としている。

防災や景観を守るための規制地区

(1)**特定防災街区整備地区**

密集市街地やその周辺に対し、災害時の延焼の防止や避難機能の確保を目的として、行政庁が都市計画で**防火地域**か準防火地域内に定める地区である（法67条）。

この地区内の建築物は、**耐火建築物**か**準耐火建築物**とする。また、敷地面積の最低限度や壁面の位置、建物の高さの最低限度、安全を確保するための空地や道路等に面する建築物の開口率の最低限度なども制限される。

(2)**景観地区**

行政庁が**都市計画**で定める地区で、「**景観地区**」「**準景観地区**」がある（法68条・68条の9）。

景観地区では、建築物の高さの最高・最低限度、壁面の位置、敷地面積の最低限度が規定される。都市計画で決められた条件に適合し、かつ敷地内に有効な空地があり、特定行政庁が認めたものは、高さ規定が適用されない。

基本を理解！

・**空地**
屋外に設けられた通路以外に利用用途のない開放的な土地→p.48

・**開口率**
防災都市計画施設に面する部分の長さの、敷地の当該防災都市計画施設に接する部分の長さに対する割合

・**防火地域**
→p.142本文

・**耐火建築物**
→p.122本文

・**準耐火建築物**
→p.127本文

・**都市計画**
→p.35

わかる法規

● **地区整備計画**
まちづくりの内容を具体的に定めるもので、地区計画の方針に従って、地区計画区域の全部または一部に、道路、公園、広場などの配置や建築物等に関する制限などを定める

地区計画で定められるもの

地区計画	①**地区整備計画** （建築物などの整備と土地の利用に関する計画）
	②地区計画の名称、位置、区域など
	③地区の計画の目標、地区の整備・開発・保全に関する方針
	④地区施設（街区内の居住者などが利用する道路や公園、緑地、広場などの公共用の空地）

地区計画等の区域内で制限・緩和できる内容

制限対象
・地区施設の配置・規模　・建築物の用途制限　・形態または意匠 ・容積率の最高・最低限度　・建蔽率の最高限度　・垣または柵の構造 ・敷地面積（建築面積）の最低限度　・壁面の位置の制限　・高さの最高・最低限度

緩和対象
・容積率制限、建蔽率の制限、高さ制限、斜線制限 ・都市部の土地の有効利用を目的とした暫定容積率と目標容積率の適用 ・地区整備計画の区域のさらなる細分化と、区域ごとの容積率の適正配分 ・容積率制限のうち、前面道路幅員による制限と斜線制限の適用除外 ・住宅の用途に供する建築物の容積率割増　・予定道路の幅員での容積率の算定 ・道路位置指定の特例　・道路斜線制限の適用除外

環境の混在を防ぐ用途地域

用途地域は8つの住居系、2つの商業系、3つの工業系、無指定の14種類に分かれる

都市計画区域内に定める用途地域

都市部における土地利用では、居住、商業、工業など、環境条件が異なる用途の混在を防ぎ、地域ごとに協調する用途の建築物で環境形成をすることを目的として、**都市計画法**で、地方公共団体ごとに用途地域が定められている。大きくは、**住居系**、**商業系**、**工業系**の3つの区分で、**無指定区域**も含めると計14種類に分類されている。

用途地域ごとにどんな用途の建築物が建てられるか**建築基準法の別表第2**に示されている。用途規制に適合しない建築物を建築する際には、**特定行政庁**による許可を取らなければならない（法48条ただし書）。また、敷地に用途地域の異なる地域がある場合、**過半を占める用途地域**が敷地の用途地域となる（法91条）。

用途地域制限の強化と緩和

地域ごとに風土や歴史、特性が異なるため、各行政庁は**条例**で用途地域内の建築制限を強化・緩和できる。このとき制限が強化・緩和された地区を**特別用途地区**という（法49条）。

たとえば、学校の多い地区を「文教地区」に指定したり、旧市街の歴史や文化のある街並みが残る地域では、その賑わいを守るために大規模集客施設の建設を制限する「**大規模集客施設制限地区**」を指定する。

用途地域の制限を緩和する場合は、国土交通大臣の承認が必要となる。用途地域の指定がない区域（**無指定区域**）では、特別用途地区は単独では指定されない。一方、用途地域以外の区域（**市街化調整区**域以外）で、地方公共団体が建築物に対して規制を加えることのできる地域を「**特定用途制限地域**」（法49条の2）という。この地域に指定されると、用途地域以外でも、危険性の高い工場の建設や、風俗産業の建築物などを規制することができる。

基本を理解！

・都市計画法
　→p.34、35

・特定行政庁
　→p.10

わかる法規

●**住居系用途地域**
第1種低層住居専用地域
第2種低層住居専用地域
田園住居地域
第1種中高層住居専用地域
第2種中高層住居専用地域
第1種住居地域
第2種住居地域
準住居地域
●**商業系用途地域**
近隣商業地域
商業地域
●**工業系用途地域**
準工業地域
工業地域
工業専用地域

● **無指定区域**
都市計画区域内であるが、市街化地域でも市街化調整区域でもない、区域区分未設定区域。また、用途地域の指定のない地域を指す場合もある

●**市街化調整区域**
都市計画区域内で市街化を進めず、主に農林漁業の用地とする地域。それに対して市街化地域は積極的に整備、開発を行う地域

工業専用地域　　　　　　　工場

用途地域では、建築物の規模、用途だけでなく、原動機の出力の合計や危険物の貯蔵、処理量も規制される

建築基準法　道路・敷地・用途　形態制限　防火　避難　居室　構造

用途規制1 ―住宅・事務所・物販・飲食・サービス―

○ 建築可　△ 物品販売は禁止　▲農産物直売所、農家レストラン等のみ可能　× 禁止（法別表第2）

分類	建築物の用途	用途に供する階	用途に供する床面積	1低	2低	田住	1中	2中	1住	2住	準住	近商	商業	準工	工業	工専	無指定
事務所等	戸建住宅・共同住宅・長屋・寄宿舎・下宿			○	○	○	○	○	○	○	○	○	○	○	○	×	○
	事務所兼用住宅		事務所部分≦50㎡ 事務所≦住宅	○	○	○	○	○	○	○	○	○	○	○	○	×	○
	事務所（同一敷地内に令130条の3第1号の駐車施設を設けるものを除く）	≦2階	≦500㎡（銀行の支店、損害保険代理店・宅地建物取引業を営む店舗）	×	×	×	○	○	○	○	○	○	○	○	○	○	○
			≦1,500㎡	×	×	×	×	○	○	○	○	○	○	○	○	○	○
			≦3,000㎡	×	×	×	×	×	○	○	○	○	○	○	○	○	○
			>3,000㎡	×	×	×	×	×	×	○	○	○	○	○	○	○	○
		≧3階	≦3,000㎡	×	×	×	×	×	○	○	○	○	○	○	○	○	○
			>3,000㎡	×	×	×	×	×	×	○	○	○	○	○	○	○	○
物販	物販店兼用住宅（日用品販売店兼用住宅）		店舗部分≦50㎡ 物販店≦住宅	○	○	○	○	○	○	○	○	○	○	○	○	×	○
	物販店	≦2階	≦150㎡（日用品販売店）	×	×	○	○	○	○	○	○	○	○	○	○	×	○
			≦500㎡（風俗店除く）	×	×	▲	○	○	○	○	○	○	○	○	○	×	○
			≦1,500㎡	×	×	×	×	○	○	○	○	○	○	○	○	×	○
			≦3,000㎡	×	×	×	×	×	○	○	○	○	○	○	○	×	○
			>3,000㎡	×	×	×	×	×	×	○[※1]	○[※1]	○	○	○	○[※1]	×	○[※1]
		≧3階	≦3,000㎡	×	×	×	×	×	○	○	○	○	○	○	○	×	○
			>3,000㎡	×	×	×	×	×	×	○[※1]	○[※1]	○	○	○	○[※1]	×	○[※1]
	ポルノショップ（専ら性的好奇心をそそる写真その他の物品の販売店）			×	×	×	×	×	×	×	×	×	○	×	×	×	○
飲食	飲食店兼用住宅[※2]（喫茶店等兼用住宅）		店舗部分≦50㎡ 飲食店等≦住宅	○	○	○	○	○	○	○	○	○	○	○	○	×	○
	飲食店（風俗店除く）	≦2階	≦150㎡（喫茶店・食堂）	×	○	○	○	○	○	○	○	○	○	○	○	×	○
			≦500㎡	×	×	▲	○	○	○	○	○	○	○	○	○	×	○
			≦1,500㎡	×	×	×	×	○	○	○	○	○	○	○	○	×	○
			≦3,000㎡	×	×	×	×	×	○	○	○	○	○	○	○	×	○
			>3,000㎡	×	×	×	×	×	×	○[※1]	○[※1]	○	○	○	○[※1]	×	○[※1]
		≧3階	≦3,000㎡	×	×	×	×	×	○	○	○	○	○	○	○	×	○
			>3,000㎡	×	×	×	×	×	×	○[※1]	○[※1]	○	○	○	○[※1]	×	○[※1]
	キャバレー・料理店（風俗店）・ナイトクラブ			×	×	×	×	×	×	×	×	×	○	○	×	×	○
サービス等	サービス店舗[注]兼用住宅[※2]〔注：理髪店・美容院・クリーニング取次店・質屋・貸衣装屋等（葬儀屋等）・学習塾・華道教室・囲碁教室等（武道塾・音楽教室等）〕		≦50㎡ 店舗≦住宅	○	○	○	○	○	○	○	○	○	○	○	○	×	○
	サービス店舗	≦2階	≦150㎡	×	○	○	○	○	○	○	○	○	○	○	○	△	○
			≦500㎡	×	×	▲	○	○	○	○	○	○	○	○	○	△	○
	公衆浴場			○	○	○	○	○	○	○	○	○	○	○	○	○	○
	ソープランド（個室付浴場）			×	×	×	×	×	×	×	×	×	○	×	×	×	○

※1：大規模集客施設（床面積>1万㎡の店舗・映画館・アミューズメント施設・展示場等）は、建築不可。ただし、開発整備促進区で地区整備計画が定められた区域内で、地区整備計画の内容に適合し、特定行政庁が認めたものは可能　※2：長屋を含むが、非住宅用途部分の床面積の合計が長屋全体で50㎡を超えることはできない

用途規制2 ―宿泊・医療・福祉―

建築可　× 禁止（法別表第2）

分類	建築物の用途	用途に供する階	用途に供する床面積	1低	2低	田住	1中	2中	1住	2住	準住	近商	商業	準工	工業	工専	無指定
宿泊	ホテル・旅館		≦3,000㎡	×	×	×	×	×	○	○	○	○	○	○	×	×	○
			>3,000㎡	×	×	×	×	×	×	○	○	○	○	○	×	×	○
	ラブホテル（専ら異性を同伴する客の休憩の用に供する施設）			×	×	×	×	×	×	×	×	○	○	×	×	×	○
医療	診療所・医院・助産所・施術所・老人保健施設（≦19床）			○	○	○	○	○	○	○	○	○	○	○	○	○	○
	病院・老人保健施設（≧20床）			×	×	×	○	○	○	○	○	○	○	○	○	×	○
老人福祉	有料老人ホーム			○	○	○	○	○	○	○	○	○	○	○	○	×	○
	老人デイサービスセンター・老人短期入所施設・養護老人ホーム・特別養護老人ホーム・軽費老人ホーム			○	○	○	○	○	○	○	○	○	○	○	○	×	○
	老人福祉センター		≦600㎡	○	○	○	○	○	○	○	○	○	○	○	○	○	○
			>600㎡	×	×	×	○	○	○	○	○	○	○	○	○	○	○
児童福祉	保育所（無認可含む）			○	○	○	○	○	○	○	○	○	○	○	○	○	○
	児童厚生施設（児童館・児童遊園等）		≦600㎡	○	○	○	○	○	○	○	○	○	○	○	○	○	○
			>600㎡	×	×	×	○	○	○	○	○	○	○	○	○	○	○
	乳児院・母子寮・養護施設・精神薄弱児施設・精神薄弱児通園施設・盲ろうあ児施設・虚弱児施設・肢体不自由児施設・重症心身障害児施設・教護院			○	○	○	○	○	○	○	○	○	○	○	○	×	○
生活保護	救護施設・更生施設・宿所提供施設			○	○	○	○	○	○	○	○	○	○	○	○	×	○
	授産施設	継続的入居		○	○	○	○	○	○	○	○	○	○	○	○	×	○
		集会・通園	≦600㎡	○	○	○	○	○	○	○	○	○	○	○	○	○	○
			>600㎡	×	×	×	○	○	○	○	○	○	○	○	○	○	○
身体障害者	身体障害者更生施設・身体障害者療護施設・身体障害者福祉ホーム			○	○	○	○	○	○	○	○	○	○	○	○	×	○
	身体障害者授産施設	継続的入居		○	○	○	○	○	○	○	○	○	○	○	○	×	○
		集会・通園	≦600㎡	○	○	○	○	○	○	○	○	○	○	○	○	○	○
			>600㎡	×	×	×	○	○	○	○	○	○	○	○	○	○	○
	身体障害者福祉センター・補装具製作施設・視聴覚障害者情報提供施設		≦600㎡	○	○	○	○	○	○	○	○	○	○	○	○	○	○
			>600㎡	×	×	×	○	○	○	○	○	○	○	○	○	○	○
精神薄弱者	精神薄弱者更生施設・精神薄弱者福祉ホーム・精神薄弱者通勤寮			○	○	○	○	○	○	○	○	○	○	○	○	×	○
	精神薄弱者授産施設	継続的入居		○	○	○	○	○	○	○	○	○	○	○	○	×	○
		集会・通園	≦600㎡	○	○	○	○	○	○	○	○	○	○	○	○	○	○
			>600㎡	×	×	×	○	○	○	○	○	○	○	○	○	○	○
精神障害者	精神障害者生活訓練施設			○	○	○	○	○	○	○	○	○	○	○	○	×	○
	精神障害者授産施設	継続的入居		○	○	○	○	○	○	○	○	○	○	○	○	×	○
		集会・通園	≦600㎡	○	○	○	○	○	○	○	○	○	○	○	○	○	○
			>600㎡	×	×	×	○	○	○	○	○	○	○	○	○	○	○
	婦人保護施設・更生保護事業に係る施設			○	○	○	○	○	○	○	○	○	○	○	○	×	○

用途規制3 ―教育・遊興・運動・公共―

○ 建築可 × 禁止(法別表第2)

分類	建築物の用途	規模制限		用途地域													
		用途に供する階	用途に供する床面積	1低	2低	田住	1中	2中	1住	2住	準住	近商	商業	準工	工業	工専	無指定
教育	幼稚園・小学校・中学校・中等教育学校・高等学校			○	○	○	○	○	○	○	○	○	○	○	×[※1]	×	○
	大学・高等専門学校・専修学校			×	×	×	○	○	○	○	○	○	○	○	×	×	○
	図書館・公民館・集会所・考古資料館			○	○	×	○	○	○	○	○	○	○	○	○	×	○
	自動車教習所		≤3,000㎡	×	×	×	×	×	○	○	○	○	○	○	○	○	○
			>3,000㎡	×	×	×	×	×	×	○	○	○	○	○	○	○	○
興行	劇場・演芸場・映画館・観覧場		<200㎡(客席床面積)	×	×	×	×	×	×	×	×	○	○	○	×	×	○
			≥200㎡(客席床面積)	×	×	×	×	×	×	×	×	○	○	○	×	×	○[※2]
	博物館・美術館・水族館・植物園	≤2階	≤1,500㎡	×	×	×	×	○	○	○	○	○	○	○	○	×	○
			1,500㎡<S[※3]≤3,000㎡	×	×	×	×	×	○	○	○	○	○	○	○	×	○
			>3,000㎡	×	×	×	×	×	×	○[※2]	○[※2]	○	○	○	○[※2]	×	○[※2]
		≥3階	≤3,000㎡	×	×	×	×	×	×	○	○	○	○	○	○	×	○
			>3,000㎡	×	×	×	×	×	×	○[※2]	○[※2]	○	○	○	○[※2]	×	○[※2]
	ダンスホール			×	×	×	×	×	×	×	×	○	○	○	×	×	○
	ヌードスタジオ・のぞき劇場・ストリップ劇場			×	×	×	×	×	×	×	×	×	○	×	×	×	○
遊技等	カラオケボックス等			×	×	×	×	×	×	○[※2]	○[※2]	○	○	○	○[※2]	○	○[※2]
	マージャン屋・ぱちんこ屋・射的場・勝馬投票券発売所・場外車券売場・モーターボート競争の場外車券売場			×	×	×	×	×	×	○[※2]	○[※2]	○	○	○	○[※2]	×	○[※2]
運動	ゴルフ練習場・ボウリング場・スケート場・水泳場・スキー場・バッティング練習場		≤3,000㎡	×	×	×	×	○	○	○	○	○	○	○	○	×	○
			>3,000㎡[※2]	×	×	×	×	×	○	○	○	○	○	○	○	×	○
	神社・寺院・教会・修道院			○	○	○	○	○	○	○	○	○	○	○	○	○	○
公共	巡査派出所・公衆電話所			○	○	○	○	○	○	○	○	○	○	○	○	○	○
	郵便局(面積は延べ面積)		≤500㎡	○	○	○	○	○	○	○	○	○	○	○	○	○	○
		≤4階	>500㎡	×	×	×	○	○	○	○	○	○	○	○	○	○	○
		≥5階		×	×	×	×	○	○	○	○	○	○	○	○	○	○
	税務署・警察署・保健所・消防署	≤4階		×	×	×	○	○	○	○	○	○	○	○	○	○	○
		≥5階		×	×	×	×	○	○	○	○	○	○	○	○	○	○
	地方公共団体の支庁・支所(面積は延べ面積)		≤600㎡	○	○	○	○	○	○	○	○	○	○	○	○	○	○
		≤4階	>600㎡	×	×	×	○	○	○	○	○	○	○	○	○	○	○
		≥5階		×	×	×	×	○	○	○	○	○	○	○	○	○	○
	公益上必要な施設(電気・ガス・水道・下水道等の施設)			○	○	○	○	○	○	○	○	○	○	○	○	○	○
	路線バスの上屋、近隣居住者用の公園内の公衆便所、休憩所			○	○	○	○	○	○	○	○	○	○	○	○	○	○

※1：幼保連携型認定こども園を除く
※2：大規模集客施設(床面積>1万㎡の店舗・映画館・アミューズメント施設・展示場等)は、原則、建築不可。ただし、開発整備促進区で地区整備計画が定められた区域内で、地区整備計画の内容に適合し、特定行政庁が認めたものは立地可能　※3：S：当該用途部分の床面積の合計

用途規制4 —倉庫・工場・危険物・規模制限—

○ 建築可　▲ 農産物及び農業の生産資材を貯するもので、著しい騒音を発生しないものに限る　× 禁止（法別表第2）

分類	建築物の用途	用途に供する階	用途に供する床面積等	1低	2低	田住	1中	2中	1住	2住	準住	近商	商業	準工	工業	工専	無指定
倉庫	一般倉庫（自己使用・貸倉庫・トランクルーム等）	≦2階	≦1,500㎡	×	×	×	×	○	○	○	○	○	○	○	○	○	○
		≦2階	≦3,000㎡	×	×	×	×	×	○	○	○	○	○	○	○	○	○
		≦2階	>3,000㎡	×	×	×	×	×	×	○	○	○	○	○	○	○	○
		≧3階	≦3,000㎡	×	×	×	×	×	○	○	○	○	○	○	○	○	○
		≧3階	>3,000㎡	×	×	×	×	×	×	○	○	○	○	○	○	○	○
	倉庫業を営む倉庫			×	×	×	×	×	×	×	○	○	○	○	○	○	○
工場	自動車修理工場	原動機有	≦50㎡	×	×	×	×	×	①[※1]	①[※1]	○	○	○	○	○	○	○
		原動機有	≦150㎡	×	×	×	×	×	×	×	○	○	○	○	○	○	○
		原動機有	≦300㎡	×	×	×	×	×	×	×	×	○	○	○	○	○	○
		原動機有	>300㎡	×	×	×	×	×	×	×	×	×	×	○	○	○	○
	一般の工場（他に業態による制限有）	原動機無	≦50㎡	×	×	▲	×	×	○	○	○	○	○	○	○	○	○
		原動機無	>50㎡	×	×	▲	×	×	×	×	×	○	○	○	○	○	○
		原動機有	50㎡<作業場≦150㎡	×	×	▲	×	×	×	×	×	○	○	○	○	○	○
		原動機有	>150㎡	×	×	▲	×	×	×	×	×	×	×	○	○	○	○
	日刊新聞の印刷所		≦300㎡	×	×	×	×	×	×	×	○	○	○	○	○	○	○
	作業場[※2]兼用住宅 ［※2　サービス店：洋服店・畳屋・建具屋・自転車店・家庭電気器具店等　自家販売の食品製造・加工業等：パン屋・米屋・豆腐屋・菓子屋等、美術工芸品の製作アトリエ・工房］	原動機有≦0.75kW	≦50㎡ 作業場≦住宅	○	○	▲	○	○	○	○	○	○	○	○	○	×	○
	作業場[※2]付店舗	原動機有≦0.75kW	≦50㎡	×	○	▲	○	○	○	○	○	○	○	○	○	△	○
	食品製造・加工業[※3] ［※3　パン屋・米屋・豆腐屋・菓子屋等］	原動機有≦0.75kW	≦50㎡	×	×	▲	○	○	○	○	○	○	○	○	○	△	○
危険物施設	火薬類・石油類・ガスなどの危険物の貯蔵または処理量が少ない施設[※4・※5]	≦2階	≦1,500㎡	×	×	×	×	○	○	○	○	○	○	○	○	○	○
		≧3階	1,500㎡<危険物施設≦3,000㎡	×	×	×	×	×	○	○	○	○	○	○	○	○	○
		≧3階	>3,000㎡	×	×	×	×	×	×	○	○	○	○	○	○	○	○
	卸売市場・と畜場・火葬場・ごみ処理場・汚物処理場その他の処理施設（産業廃棄物処理施設）			×	×	×	×	○[※6]	○[※6]	○[※6]	○[※6]	○[※6]	○[※6]	○[※6]	○[※6]	○[※6]	○[※6]
	畜舎	付属建築物	≦15㎡	○	○	○	○	○	○	○	○	○	○	○	○	○	○
		付属建築物	>15㎡	×	×	×	×	○	○	○	○	○	○	○	○	○	○
		≦15㎡		×	×	○	○	○	○	○	○	○	○	○	○	○	○
		15㎡<畜舎の面積≦3,000㎡		×	×	×	×	×	○	○	○	○	○	○	○	○	○
		>3,000㎡		×	×	×	×	×	×	○	○	○	○	○	○	○	○
規模制限	規模制限の建築物（用途で規制されない一定の建築物）	≦2階	≦1,500㎡	×	×	×	×	○	○	○	○	○	○	○	○	○	○
		≦2階	≦3,000㎡	×	×	×	×	×	○	○	○	○	○	○	○	○	○
		≦2階	>3,000㎡	×	×	×	×	×	×	○	○	○	○	○	○	○	○
		≧3階	≦3,000㎡	×	×	×	×	×	○	○	○	○	○	○	○	○	○
		≧3階	>3,000㎡	×	×	×	×	×	×	○	○	○	○	○	○	○	○

※1：空気圧縮機（原動機の出力の合計>1.5kW）を使用しないこと　※4：用途地域において制限される危険物の数量は、令130条の9に従う
※5：燃料電池自動車用の水素スタンドに貯蔵する圧縮ガスを、液化ガスを除く　※6：都市計画によって位置が決定しているもの。ただし、特定行政庁の許可があり、一定範囲内の新築、増築、用途変更については緩和あり（令130条の2の2、130条の2の3）

用途規制5　─車庫─

建築可　○　× 禁止（法別表第2）

分類	建築物の用途	規模制限		用途地域													
		用途に供する階	用途に供する床面積	1低	2低	田住	1中	2中	1住	2住	準住	近商	商業	準工	工業	工専	無指定
建築物車庫	独立車庫（屋上車庫を含む）	≦2階	A［※］≦300㎡	×	×	×	○	○	○	○	○	○	○	○	○	○	○
			300㎡<A	×	×	×	×	×	×	×	○	○	○	○	○	○	○
		≧3階		×	×	×	×	×	×	×	○	○	○	○	○	○	○
	附属車庫（主たる用途：1低～1中許容建築物）[例：共同住宅]	地階1階	A≦300㎡	△	△	△	○	○	○	○	○	○	○	○	○	○	○
			300㎡<A≦600㎡	△	△	△	△	△	△	△	○	○	○	○	○	○	○
			600㎡<A≦3,000㎡	×	×	×	△	△	△	△	○	○	○	○	○	○	○
			3,000㎡<A	×	×	×	×	△	△	△	○	○	○	○	○	○	○
		2階	A≦300㎡	×	×	×	○	○	○	○	○	○	○	○	○	○	○
			300㎡<A≦3,000㎡	×	×	×	△	△	△	△	○	○	○	○	○	○	○
			3,000㎡<A	×	×	×	×	×	△	△	○	○	○	○	○	○	○
		≧3階		×	×	×	×	×	×	×	○	○	○	○	○	○	○
	附属車庫（主たる用途：1中禁止建築物）[例：事務所]	≦2階	A≦300㎡	×	×	×	○	○	○	○	○	○	○	○	○	○	○
			300㎡<A≦1,500㎡	×	×	×	×	△	△	△	○	○	○	○	○	○	○
			1,500㎡<A≦3,000㎡	×	×	×	×	×	△	△	○	○	○	○	○	○	○
			3,000㎡<A	×	×	×	×	×	×	△	○	○	○	○	○	○	○
		≧3階		×	×	×	×	×	×	×	○	○	○	○	○	○	○
工作物車庫	独立車庫		B［※］≦50㎡	○	○	○	○	○	○	○	○	○	○	○	○	○	○
			50㎡<B≦300㎡	×	×	×	○	○	○	○	○	○	○	○	○	○	○
			300㎡<B	×	×	×	×	×	×	×	○	○	○	○	○	○	○
	附属車庫（主たる用途：1低～1中許容建築物）[例：共同住宅]		B≦50㎡	○	○	○	○	○	○	○	○	○	○	○	○	○	○
			50㎡<B≦300㎡	△	△	△	○	○	○	○	○	○	○	○	○	○	○
			300㎡<B≦600㎡	△	△	△	△	△	△	△	○	○	○	○	○	○	○
			600㎡<B≦3,000㎡	×	×	×	△	△	△	△	○	○	○	○	○	○	○
			3,000㎡<B	×	×	×	×	×	△	△	○	○	○	○	○	○	○
	附属車庫（主たる用途：1中禁止建築物）[例：事務所]		B≦300㎡	×	×	×	×	○	○	○	○	○	○	○	○	○	○
			300㎡<B≦1,500㎡	×	×	×	×	△	△	△	○	○	○	○	○	○	○
			1,500㎡<B≦3,000㎡	×	×	×	×	×	△	△	○	○	○	○	○	○	○
			3,000㎡<B	×	×	×	×	×	×	△	○	○	○	○	○	○	○

	附属の条件	車庫以外の床面積	工作物車庫の面積	各床面積の関係	適用条項
△	1低許容建築物の附属 2低許容建築物の附属	S［※］≦600㎡	かつB≦50㎡	A≦S	令130条の5第1・3号
			かつB>50㎡	A+B≦S	
		S>600㎡	かつB≦50㎡	A≦600㎡	
			かつB>50㎡	A+B≦600㎡	
△	1中許容建築物の附属 2中許容建築物の附属	S≦3,000㎡	かつB≦300㎡	A≦S	令130条の5の5第2・3号
			かつB>300㎡	A+B≦S	
		S>3,000㎡	かつB≦300㎡	A≦3,000㎡	
			かつB>300㎡	A+B≦3,000㎡	
△	1住居許容建築物の附属 2住居許容建築物の附属	S	─	A+B≦S	令130条の8第1号

※A：建築物車庫の床面積　B：工作物車庫の築造面積　S：車庫以外の床面積

建築物の用途区分と用途変更

建築物の用途は建築基準法施行規則で 67種類に分類されている

用途で異なる法規定

建築基準法では、建築物の用途を、「一戸建ての住宅」から「その他」まで67種類に分類している（施行規則表65〜67頁参照）。

建築物の用途は、**耐火性能**や、避難設備の内容を決める判断基準のひとつであり、**階数**や規模、構造と併せて、法の対象を規定するのに用いられる。たとえば、学校と**共同住宅**で必要な廊下幅が違ったり、病院と倉庫で要求される耐火性能が異なったりするのは、建築物の用途に応じて法規定が適用されるからである。

また、都市計画区域では、**用途地域**ごとに定められた建築制限に適合しているかの判断の際にも、用途区分が用いられる（法別表第1・2）。

確認申請が必要となる用途変更

既存の建築物に構造的な変更を加えることなく、用途だけを変えることを「用途変更」という。対象となるのは、変更後の用途が別表1の（い）欄の用途であり、その部分の規模が200㎡を超えるものである。都市計画区域内で用途変更する場合は、変更後の用途がその建築物がある用途地域で認められている内容でなければならない。

用途変更により**特殊建築物**とする場合は、建築物の確認の規定が準用されるため、事前の確認申請が必要となる（法87条）。ただし、変更する用途が変更前と**類似用途**とみなされる場合は、**確認申請**は不要である（令137条の18）。

既存不適格建築物の用途変更で準用される規定は次頁表1の通りである（法87条3項）。

大規模な**修繕・模様替**を伴わない変更で、用途が変更前と変更後で類似用途の場合は、床面積や原動機などの規制が、基準時の2割以内の増であれば緩和される（令137条の18）。このとき参照する類似用途の分類は、確認申請の規定免除の際に参照する分類とは異なる（次頁表2参照）。

用途変更の場合、工事完了後の完了検査は原則として行われない。工事が完了日から4日以内に、特定行政庁の建築主事に工事完了届を提出すればよい。

基本を理解！

・用途変更
既存建築物の全部または部分の用途を異なる特殊建築物の用途とする変更

・耐火性能
　→p.124本文

・階数
　→p.32本文

・共同住宅
　→p.68本文

・用途地域
　→p.57本文

・特殊建築物
　→p.22本文

・確認申請
　→p.12本文

・既存不適格建築物
　→p.26

・修繕
　→p.18、19

・模様替
　→p.18、19

物販店　事務所　飲食店

用途地域ごとに建築できる用途や規模が決められている。特殊な用途に変更する場合に、一部の規定が準用される

[表1] 用途変更時に既存不適格建築物の準用される規定（法87条3項、86条の7第3項）

規定	適用条項
耐火・準耐火としなければならない特殊建築物	法27条
居室の採光および特殊建築物・火気使用室の換気設備（用途変更する居室単位で適用）	法28条1・3項
地階における住宅等の居室の措置（用途変更する居室単位で適用）	法29条
長屋または共同住宅の各戸の界壁（用途変更する居室単位で適用）	法30条
無窓居室の検討／客席からの出口／廊下の幅／直通階段の各規定／屋外への出口／敷地内通路／排煙設備／非常用照明／非常用進入口／消火栓／スプリンクラー等［※］	法35条
特殊建築物の内装（用途変更する居室および地上に通ずる主たる廊下・階段）	法35条の2
無窓の居室等の主要構造部の不燃構造（用途変更する居室単位で適用）	法35条の3
居室の採光／階段の構造（屋外階段・避難・特別避難階段）／消火設備［※］	法36条
用途地域制限	法48条1～14項
卸売市場等の用途に供する特殊建築物の位置	法51条
条例による制限 条例による災害危険区域内の建築制限	法39条2項
条例による地方公共団体の制限の付加（バリアフリー法など）	法40条
条例による敷地等と道路との関係の制限の付加	法43条2項
条例による幅員が狭い道路にのみ接する敷地の制限の付加	法43条の2
条例による特別用途区域内の制限	法49条
条例による特定用途制限地域内の用途制限	法49条の2
条例による用途地域等における建築物の敷地、構造、建築設備に関する制限	法50条
条例による地区計画等の区域内における市町村の条例にもとづく制限	法68条の2第1項
条例による都市計画区域および準都市計画区域外の区域内の建築物に係る制限	法68条の9第1項

※：防火区画された用途変更部分はその部分およびその避難ルートのみに適用（平28国住指4718号）

[表2] 用途変更対象用途及び類似用途の違い

確認申請が免除となる類似用途は各号間 （法87条1項令137条の18）	用途地域の不適格免除の 類似用途	（法87条3項目、第2号・3号） 原動機の出力 機械の台数 容器等の容量	（令137条の19第2項） 不適格用途部分の 床面積
❶劇場、映画館、演芸場	法別表2の下記用途間 ①(に)項3～6号の用途間	基準時の1.2倍まで	基準時の1.2倍まで
❷公会堂、集会場			
❸診療所（患者の収容施設があるもの）、児童福祉施設等［※1］	②(ほ)項2・3号 　(へ)項4・5号　の用途間 　(と)項3号 　((一)～(十六))		
❹ホテル、旅館			
❺下宿、寄宿舎			
❻博物館、美術館、図書館［※1］	③(り)項2号 　(ぬ)項3号　の用途間 　((一)～(二十))		
❼体育館、ボウリング場、スケート場、水泳場、スキー場、ゴルフ練習場、バッティング練習場［※2］			
❽百貨店、マーケット、その他の物品販売業を営む店舗	④(る)項1号の用途間［※4］ 　((一)～(三十一))		
❾キャバレー、カフェー、ナイトクラブ、バー	⑤(を)項5・6号　の用途間 　(わ)2～6号 　［※3］		
❿待合、料理店			
⓫映画スタジオ、テレビスタジオ			

※1：第1・2種低層住居専用地域、田園住居地域以外　※2：第1・2種中高層住居専用地域、工業専用地域以外　※3：準住居、近隣商業地域以外
※4：(一)～(三)、(十一)(十二)の「製造」は「製造、貯蔵、処理」とする

建築物の用途区分（施行規則表）

建築物又は建築物の部分の用途の区分	用途を示す記号
郵便法（昭和 22 年法律第 165 号）の規定により行う郵便の業務の用に供する施設	08290
地方公共団体の支庁又は支所	08300
公衆便所、休憩所又は路線バスの停留所の上家	08310
建築基準法施行令第 130 条の４第５号に基づき建設大臣が指定する施設	08320
税務署、警察署、保健所又は消防署その他これらに類するもの	08330
工場（自動車修理工場を除く。）	08340
自動車修理工場	08350
危険物の貯蔵又は処理に供するもの	08360
ボーリング場、スケート場、水泳場、スキー場、ゴルフ練習場又はバッティング練習場	08370
体育館又はスポーツの練習場（前項に掲げるものを除く。）	08380
マージャン屋、ぱちんこ屋、射的場、勝馬投票券発売所、場外車券売場 その他これらに類するもの又はカラオケボックスその他これらに類するもの	08390
ホテル又は旅館	08400
自動車教習所	08410
畜舎	08420
堆肥舎又は水産物の増殖場若しくは養殖場	08430
日用品の販売を主たる目的とする店舗	08438
百貨店、マーケットその他の物品販売業を営む店舗（前項に掲げるもの及び専ら性的好奇心をそそる写真その他の物品の販売を行うものを除く。）	08440
飲食店（次項に掲げるものを除く。）	08450
食堂又は喫茶店	08452
理髪店、美容院、クリーニング取次店、質屋、貸衣装屋、貸本屋その他これらに類するサービス業を営む店舗、洋服店、畳屋、建具屋、自転車店、家庭電気器具店その他これらに類するサービス業を営む店舗で作業場の床面積の合計が 50 平方メートル以内のもの（原動機を使用する場合にあつては、その出力の合計が 0.75 キロワット以下のものに限る。）、自家販売のために食品製造業を営むパン屋、米屋、豆腐屋、菓子屋その他これらに類するもので作業場の床面積の合計が 50 平方メートル以内のもの（原動機を使用する場合にあつては、その出力の合計が 0.75 キロワット以下のものに限る。）又は学習塾、華道教室、囲碁教室その他これらに類する施設	08456
銀行の支店、損害保険代理店、宅地建物取引業を営む店舗その他これらに類するサービス業を営む店舗	08458
物品販売業を営む店舗以外の店舗（前２項に掲げるものを除く。）	08460
事務所	08470

建築物または建築物の部分の用途の区分

建築物又は建築物の部分の用途の区分	用途を示す記号
映画スタジオ又はテレビスタジオ	08480
自動車車庫	08490
一戸建ての住宅	08010
長屋	08020
共同住宅	08030
寄宿舎	08040
下宿	08050
住宅で事務所、店舗その他これらに類する用途を兼ねるもの	08060
幼稚園	08070
小学校	08080
義務教育学校	08082
中学校、高等学校又は中等教育学校	08090
特別支援学校	08100
大学又は高等専門学校	08110
専修学校	08120
各種学校	08130
幼保連携型認定こども園	08132
図書館その他これに類するもの	08140
博物館その他これに類するもの	08150
神社、寺院、教会その他これらに類するもの	08160
老人ホーム、福祉ホームその他これに類するもの	08170
保育所その他これに類するもの	08180
助産所	08190
児童福祉施設等(建築基準法施行令第19条第1項に規定する児童福祉施設等をいい、前3項に掲げるものを除く。)	08210
公衆浴場(個室付浴場業に係る公衆浴場を除く。)	08230
診療所(患者の収容施設のあるものに限る。)	08240
診療所(患者の収容施設のないものに限る。)	08250
病院	08260

建築物又は建築物の部分の用途の区分	用途を示す記号
巡査派出所	08270
公衆電話所	08280
自転車駐車場	08500
倉庫業を営む倉庫	08510
倉庫業を営まない倉庫	08520
劇場、映画館又は演芸場	08530
観覧場	08540
公会堂又は集会場	08550
展示場	08560
料理店	08570
キャバレー、カフェー、ナイトクラブ又はバー	08580
ダンスホール	08590
個室付浴場業に係る公衆浴場、ヌードスタジオ、のぞき劇場、ストリップ劇場、専ら異性を同伴する客の休憩の用に供する施設、専ら性的好奇心をそそる写真その他の物品の販売を目的とする店舗その他これらに類するもの	08600
卸売市場	08610
火葬場又はと畜場、汚物処理場、ごみ焼却場その他の処理施設	08620
その他	08990

法別表1（い）欄の用途と同等に耐火建築物としなければならない特殊建築物の用途
（法27条、令115条の3、令19条第1項）

欄 \ 項	（二）	（三）	（四）	（六）
（い）覧の用途	病院、診療所（患者の収容施設があるものに限る）ホテル、旅館、下宿、共同住宅、寄宿舎、有料老人ホーム	学校、体育館	百貨店、マーケット、展示場、キャバレー、カフェー、ナイトクラブ、バー、舞踏場、遊技場	自動車車庫、自動車修理工場
同等の用途	児童福祉施設（幼保連携型認定こども園を除く）助産所、身体障害者社会参加支援施設（補装具製作施設及び視聴覚障碍者情報提供施設を除く）保護施設（医療保護施設を除く）婦人保護施設、老人福祉施設、有料老人ホーム、母子保健施設、障害者支援施設、地域活動支援センター、福祉ホーム又は障害福祉サービス事業（生活介護、自立訓練、就労移行支援又は就労支援を行う事業に限る）	博物館、美術館、図書館、ボーリング場、スキー場、スケート場、水泳場、スポーツ練習場	公衆浴場、待合、料理店、飲食店、物品販売店等を営む店舗（床面積が10㎡以内のものは除く）	映画スタジオ、テレビスタジオ

形態や用途で区分される住宅の種類

住宅は形態や用途などで戸建住宅、長屋、共同住宅、兼用住宅に分類される

住宅にも多くの種類がある

住居部分をもつ建築物は、一般に**住宅**といわれる。住宅は、機能や形態、用途によって、**戸建住宅、長屋、共同住宅、兼用住宅**に分類される。居室、台所、浴室、トイレの機能をもつ独立した住宅が**戸建住宅**である。なお、住居と事務所や店舗など、用途が並存するものは**兼用住宅**（P.14基本を理解）という。

複数の独立した住戸が壁や床を共有してつながるものが**長屋**である。長屋は、住戸の境界を共有して横につながる連続建て長屋と、上下に重なる重層長屋に分けられる。一方、複数戸の住居部分をもち、かつ廊下や階段などの共有部分があると、**共同住宅**と呼ばれる。

共同住宅は特殊建築物

長屋や共同住宅の各戸の境界壁を**界壁**とい

い、遮音性（法30条）と小屋裏までの防火性能（令114条）が求められる。また、地方公共団体の条例で、長屋や共同住宅の敷地と道路の関係を制限している場合がある（法40条）。

共同住宅は、長屋などの他の住宅と違い、**特殊建築物**として扱われる。そのため、3階以上の階、2階の300㎡以上を共同住宅とした場合は、それぞれ耐火性能や準耐火性能が要求される。（法27条）また、廊下部分等には非常用照明を設置しなければならない。（令126条の4）

共同住宅の住戸は一般的に1層であるが、2層や3層の単位を立体的に使用した住戸もある。このような複層住戸を**メゾネット**という。メゾネット住戸は、**竪穴区画の緩和（令112条11項1号、2号）、直通階段の設置（令120条）、共同住宅の住戸の床面積の算定（令123条の2）**に関係規定がある。

● **竪穴区画の緩和（令112条11項2号）**
避難階の直上、直下階以外の階段部分は他の部分と竪穴区画が要求されるが、階数3、延べ面積200㎡以下のメゾネット住戸はその内部階段の区画が緩和される

● **直通階段の設置（令120条4項）**
階ごとに居室から直通階段までの距離は制限されている。しかし、準耐火構造で3層以内のメゾネット住戸の場合、出入口が1ヶ所であれば、各階で直通階段につながらなくてもよい、そのかわり、居室の各部から、1ヶ所ある出入口を通り、その階の直通階段まで40m以下でなければならない

● **共同住宅の住戸の床面積の算定（令123条の2）**
メゾネット型住戸の出入口のない階の床面積合計を出入口のある階にあるとみなす読み替え規定

住宅の主な分類

種類		住居の戸数	用途	共用部分	界壁の設置義務	特殊建築物扱い
戸建住宅		1戸	住居	×	×	×
長屋	連続建て長屋	複数戸が水平方向に連続	住居	×	○（小屋裏まで区画）（強化石膏ボード天井）	×
	重層長屋	複数戸が垂直方向に連続	住居	×	－	×
共同住宅		複数戸	住居	○	○（小屋裏まで区画）（強化石膏ボード天井）	○
兼用住宅		1戸　または　複数戸	住居＋事務所、店舗等	×	×	×

注1：連続建て長屋は「テラスハウス」「タウンハウス」、重層長屋は平屋の上に独立したほかの平屋を載せて、専用階段で地上とつなぐ。なお、二世帯住宅に関しては建築基準法に定義がなく、機能・形態によって上表のいずれかに判断される

注2：特殊建築物になりうるか否かで分類すると、廊下や階段などに共有部分を持つ共同住宅は、特殊建築物扱いとなるが、戸建住宅や長屋は特殊建築物としては扱わない

自動車車庫の形態制限と耐火制限

自動車車庫には規模により厳しい制限がある

自動車車庫の種類と制限

　自動車車庫は、自動車の騒音や振動、燃料の危険性などから、住環境を阻害するおそれがある。

　そのため、建築基準法や行政庁の駐車場条例で用途規制や前面道路幅員との関係による形態規制や内装制限、一定規模以上の車庫は、それ以外の部分と、準耐火構造の壁や、防火設備で**防火区画**するなどの制限がある。

　また、**3階以上の階の車庫**や、**150㎡以上**の車庫をつくる場合、それぞれ耐火性能、準耐火性能が要求される。その際、車庫の部分と他の部分の床や壁は、耐火・準耐火構造とし、開口部には、遮煙性能や特定防火設備が求められる(令112条18)。

　車庫は、建築(築造)の可否や、面積、階の制限が、用途地域ごとに定められている。路外の青空駐車場は規制の対象とはならないが、屋上を駐車場に利用している建築物は、屋根がなくても自動車車庫として用途規制される(法別表第2)。

　車庫が敷地内の建築物の付属車庫か独立車庫かによって規制内容は違う。建築物車庫と屋根や壁のない機械式の工作物車庫でも規制内容は異なる。

　たとえば、第1・2種低層住居専用地域では、建築物車庫はできないが、独立した機械式の工作物車庫なら築造面積50㎡まで建築可能である。

　また、建築物に付属する**建築物車庫**と、機械式の**工作物車庫**が同一敷地内にある場合は、それらの合算面積が用途規制の対象とされる(令130条の5)。

基本を理解！

・駐車場条例
駐車場に基づく行政庁の条例で商業地域や近隣商業地域などで、たとえば2,000㎡以上の延べ面積の建築物で、映画館やホテル、店舗、工場などの用途を対象に駐車場附置を義務づける法律。駐車場条例では、敷地内の駐車場の大きさや、必要台数が要求されたりその出入口の基準があるので注意を要する

・特定防火設備
1時間遮炎性能が必要である。異種用途区画の場合、さらに遮煙性能が必要となる

・築造
工作物を造る行為

・青空駐車場
屋根や工作物のない露天の駐車場

建築基準法の自動車車庫

用途地域内で階や面積により規制を受ける

付属車庫
建築物の用途に従属する車庫
(総合設計による一団地の付属車庫を含む)

建築物車庫
(屋根のある車庫や建築物の一部にある駐車場)
　(自走式、簡易な構造の建築物を含む)
　・特殊建築物
　・耐火性能の要求
　・異種用途区画

工作物車庫
(屋根のないエレベーター、スライド式の機械式車庫で高さが8m以下のもの)
(機械式、屋根や壁がない機械式車庫など)

独立車庫 (車庫のみの用途)
・前面道路との関係による形態規制を受ける
・都市計画決定

簡易な構造の建築物

簡易な構造の建築物は壁のない開放的な建築物と屋根と外壁が帆布からなる膜構造建築物

簡易な構造の2つの条件

　自動車車庫等の壁のない開放的な**簡易建築物**と、屋根や外壁を帆布等の材料でつくったスポーツ練習場などの**膜構造建築物**の2種類が**簡易な構造の建築物**である。（法84条の2、令136条の9～令136条の11）。

　簡易な構造の建築物では、建築基準法の一般規定が建築物の特徴に応じて緩和される。簡易な構造の建築物と認められる条件は、間仕切壁がない一体空間をもつ、階数1かつ床面積3,000㎡以内の規模であり、自動車車庫やスケート場、水泳場、スポーツ練習場、不燃性の物品の倉庫、畜舎、養殖場等の用途のものに限られる。

　ただし、自動車車庫の場合は、必ず開放的な簡易建築物としなければならない。

簡易な構造の防火制限

　簡易な構造の建築物にも、**防火制限**があり、延焼のおそれのある部分にある屋根や柱や梁、外壁には、不燃材料以上の性能が必要となる。一方、防火性能などに関しては次のような緩和規定がある。

①**法22条区域内**の屋根不燃等
②特殊建築物の耐火・準耐火建築物とすべき制限
③**特殊建築物等**の内装制限
④防火・準防火地域内の防火性能の規定
⑤防火区画・界壁等の設置

自動車車庫の排煙と延焼防止対策

　1階の屋上を駐車場とする自走式の開放的な自動車車庫では、火災時の排煙対策として、側面の開放性や避難距離に制限が設けられている。

　また、隣地境界線から1m以上離すか、炎や熱を防ぐ防火塀などの延焼防止対策を行うことが定められている。

　床面積1,000㎡超のものでは、屋上からの2以上の直通階段などの安全対策が義務付けられている。

側面の開放性　1階　屋上　簡易な構造の建築物

簡易な構造の建築物の条件を満たすと、耐火建築物の構造制限や延焼のおそれのある部分の構造基準が緩和される

簡易な構造の建築物（法84条の2、令136条の9）

用途	形態	規模	用途
開放的な簡易建築物	壁を有しない建築物か大臣指定の構造の建築物（間仕切壁を有しないもの）	階数＝1 かつ 床面積≦3,000㎡	①自動車車庫 ②スケート場、水泳場、スポーツ練習場等 ③不燃性物品の保管その他これと同等以上に火災発生のおそれが少ない建築物 ④畜舎、堆肥舎、水産物の増殖場・養殖場
膜構造建築物	屋根・外壁が帆布その他これに類する材料でつくられた建築物（間仕切壁を有しないもの）		②～④の用途の建築物

構造規定（法84条の2、令136条の10）

用途	地域	規模	部位		
			柱・梁	外壁	屋根
自動車車庫	すべての地域床	面積≦150㎡	・準耐火構造 ・不燃材料	・準耐火構造 ・不燃材料 ・大臣指定	・準耐火構造 ・不燃材料 ・大臣指定
	防火地域 ・準防火地域（特定防災街区整備地区を除く） ・法22条区域	床面積＞150㎡	・延焼のおそれのある部分 ・準耐火構造 ・不燃材料	・延焼のおそれのある部分 ・準耐火構造 ・不燃材料 ・大臣指定	
	上記以外		制限なし		
自動車車庫以外	防火地域	すべての規模	・準耐火構造 ・不燃材料	・準耐火構造 ・不燃材料 ・大臣指定	・準耐火構造 ・不燃材料 ・大臣指定
	準防火地域（特定防災街区整備地区を除く）	床面積＜500㎡			
		床面積≧500㎡	・延焼のおそれのある部分 ・準耐火構造 ・不燃材料	・延焼のおそれのある部分 ・準耐火構造 ・不燃材料 ・大臣指定	
	法22条区域	すべての規模			
	上記以外	床面積＜1,000㎡			
		床面積≧1,000㎡	制限なし		
緩和される規定	①法22条区域の屋根の不燃制限、木造建築物外壁の構造制限、防火壁の設置（法22〜26条） ②耐火建築物、または準耐火建築物とすべき制限（法27条） ③特殊建築物の内装制限（法35条の2） ④防火地域・準防火地域内での構造制限（法61〜62条） ⑤特定防災街区整備地区内での構造制限（法67条第1項） ⑥防火区画、界壁、間仕切壁、隔壁の設置（令112・114条）				

1層2段の自動車車庫の規制

規模		内容
床面積≦1,000㎡	①開放性を確保する構造 （令136条の9第1項、平5建告1427号）	・常時開放された側面等の開口部の合計面積≧建築物の水平投影面積×1／6 ・高さ2.1m（天井高がそれ未満の場合は、その高さ）以上の常時開放された開口部幅の合計≧建築物の周長×1／4 ・各部分から外壁の避難上有効な開口部までの距離≦20m
	②延焼防止対策 （令136条の10）	・隣地境界線からの水平距離1m以下の部分には大臣の定める基準により防火塀等を設ける
床面積＞1,000㎡		・上記①②の規定 ・屋根を大臣が定める規定に適合させる、かつ屋上から地上に通じる2以上の直通階段（誘導車路も含む）の設置

Column

定期報告／幼保連携型認定こども園／田園住居地域

■ 定期報告(法12条1 ～ 4項)とは

　一定規模の特殊建築物や防火設備、遊技施設、フロアタイプの小荷物専用昇降機が建築基準で定期点検、報告の対象として規定された。それを踏まえて今まで特定行政庁の条例で指定されていた定期報告等の対象が見直された。報告の時期は建築物が半年から3年以内、その他の設備等が半年から1年以内で指定されている。

定期報告の対象となる建築物・昇降機・防火設備(法12条・令16条・令138条の3)

対象用途	対象用途の位置・規模 [※1]
劇場、映画館、演芸場	①3階以上の階にあるもの②客席の床面積が200㎡以上のもの③主階が1階にないもの④地階にあるもの
観覧場(屋外観覧場を除く)、公会堂、集会場	①3階以上の階にあるもの②客席の床面積が200㎡以上のもの③地階にあるもの
病院、有床診療所、旅館、ホテル、就寝用福祉施設 [※2]	①3階以上の階にあるもの②2階の床面積が300㎡以上のもの③地階にあるもの
体育館、博物館、美術館、図書館、ボーリング場、スキー場、スケート場、水泳場、スポーツの練習場 [※3]	①3階以上の階にあるもの②床面積が2,000㎡以上のもの
百貨店、マーケット、展示場、キャバレー、カフェーナイトクラブ、バーダンスホール、遊技場、公衆浴場、待合、料理店、物品販売業を営む店舗	①3階以上の階にあるもの②2階の床面積が500㎡以上のもの③床面積が3,000㎡以上であるもの④地階にあるもの

	対象	例外
昇降機	エレベーターエスカレーター小荷物専用昇降機(フロアタイプ) [※4]	住戸内のみを昇降する昇降機工場棟に設置されている専用エレベーター
防火設備(防火扉、防火シャッター)	定期報告対象建築物の防火設備病院、有床診療所または就寝用福祉施設[※5]の防火設備	常時閉鎖式 [※6] の防火設備防火ダンパー外壁開口部の防火設備
準工作物	観光用エレベーター・エスカレーターコースター等の高架の遊技施設メリーゴーラウンド、観覧者等の原動機による回転運動をする遊技施設	

報告・調査のフロー

対象	チェック内容(括弧内は例)	チェック方法
建築物の状況建築設備の設置に関する状況	損傷・腐食等の劣化状況(コンクリートのひび割れ、鉄骨の腐食等)	目視・打診等
	不適切な改変行為等による法不適合状況(防火区画の位置変更、避難に支障を来す通路閉塞等)	目視等
建築設備の構造に関する状況	損傷・腐食等の劣化状況(EVの作動不良・給水タンク内部の腐食等)	目視・作動確認・機器測定等
	不適切な改変行為等による法不適合状況(内装変更による換気口閉鎖・ダクトの接続ミス等)	目視等

※1：該当する用途部分が避難階のみにあるものは対象外。病院、有床診療所は2階部分に患者の収容施設があるものに限る
　　①複合店舗の場合、共用部は専用部分の床面積で按分②複用途がある場合は、特定用途ごとに加算して算出③複合用途の建築物で報告の間隔が異なる場合、短い用途に応じて報告④一部に報告対象部分があれば、当該建築物の全体で定期報告対象
※2：サービス付き高齢者向け住宅、認知症高齢者グループホーム、障害者グループホーム、助産施設、乳児院、障害児入所施設、助産所、盲導犬訓練施設、救護施設、更正施設、老人短期入所施設、小規模多機能型居宅介護・看護小規模多機能型居宅介護の事業所、老人デイサービスセンター(宿泊サービスを提供するものに限る)、用語老人ホーム、特別養護老人ホーム、軽費老人ホーム、有料老人ホーム、母子保健施設、障害者支援施設、福祉ホーム、障害福祉サービス(自立訓練または就労移行支援を行う事業に限る)の事業所(利用者の就寝の用に供するものに限る)
※3：いずれも学校に附属するものを除く
※4：FL+50cm>設置床高
※5：該当する用途部分の床面積の合計が200㎡以上のもの
※6：普段は閉鎖された状態となっており、開放してもドアクローザーなどで自動的に閉鎖状態に戻る方式のもの

幼保連携認定こども園の建築基準法上の取り扱い（平27 国住指4185号）とは

　幼保連携型認定こども園は、本来幼稚園に入れない3歳未満のこどもを保育する児童福祉施設と3歳以上のこどもを教育する学校の複合施設である。建築基準法で、学校と保育所に適用する規制が異なる場合、厳しい方を適用することとなる。

関係法令とその取り扱い

基準	幼保連携型認定こども園に適用される基準
法27条（耐火建築物又は準耐火建築物等としなければならない特殊建築物）	・2階に保育室がある場合、300㎡以上で45分準耐火構造以上とする ・2,000㎡以上の幼稚園がある場合、 45分準耐火構造以上とする
令120条（居室から直通階段に至る歩行距離）	（保育所） 主要構造部が不燃材料以外の場合、30m以下とする
令121条（2以上の直通階段を設ける場合）	（保育所） 主要構造部が不燃材料以外の場合、居室>50㎡で2以上の直通階段を設ける
令126条の2 （排煙設備の設置）	（保育所） 500㎡超の場合、排煙設備を設置する
令126条の4 （非常用の照明装置の設置）	（保育所） 居室及び避難経路に非常用照明を設置する
令128条の4および令128条の5（内装制限）	（保育所） 耐火建築物等［※］で3階以上の床面積の合計≧300㎡または準耐火建築物で2階以上の床面積の合計≧300㎡の場合に内装制限が適用される

注：面積等は、満3歳未満の子どもの保育を行う部分の面積や位置を考慮して算定する
※：1時間準耐火基準含む

田園住居地域の目的とは

　住宅と農地が共存する営農型居住環境を形成する地域をつくる。

　建築可能な用途は、住宅のほか、農業生産施設、および農産物の販売施設等である。集団規定については、低層住居地域程度の規制が設けられ、外壁後退も指定できる。

建築規則	建築可能なもの	・住宅、老人ホーム、診療所等 ・日用品販売店舗、食堂・喫茶店、サービス業店舗等 （150㎡以内） ・農業の利便増進に必要な店舗、飲食店等 （500㎡以内） 　農産物直売所、農家レストラン、自家販売用の加工所等 ・農産物の生産、集荷、処理又は貯蔵に供するもの ・農産物の生産資材の貯蔵に供するもの 　農機具収納施設等
形態規制		・低層住居地域並みの規制 　容積率：50〜200%、建蔽率30〜60%、高さ10又は12m、 　外壁後退：都市計画で指定された数値
開発規制		・市街地環境を大きく改変するおそれがある300㎡以上の開発等は、原則不許可 ・現況農地における①土地の造成、②建築物の建築、③物件の堆積を市町村の許可制とする ・駐車場、資材置き場のための造成や土石等の堆積も規制対象

Column

敷地の特例で良好な住環境をつくる

■ 一団地の総合設計制度とは

　共同住宅団地の整備などに利用される制度で、複数の建築物が1つの敷地内にあるものとみなし、特例対象規定を適用することで、良好な住環境の形成を図るものである。一団の敷地内の複数の建築物を1群とみなし、道路斜線や接道、日影、建蔽率や容積率などの一定の規定（特例対象規定）を緩和する。特定行政庁から防火上・衛生上支障がないとの認定を受ける必要がある。

■ 連担建築物設計制度とは

　既成市街地に利用される制度である。既存建築物の余剰容積率を利用することで防災空間の確保を図る。また、隣接する敷地を1つとみなし、単独敷地の場合よりも大きな建物を建てることができる。

　この制度を利用することで、これまで使用されなかった既存の土地の空間を有効利用できるようになった。たとえば、密集市街地には、狭小な敷地が多く、接道義務を満たすことが難しいため、一敷地一建物ごとの建替えが困難な場合が多い。連担制度を用いると、建替えや更新、環境改善が促進される可能性がある。また、その際に、区域内に貫通通路を設けることで避難の安全性を高めたり、新規建築物を耐火性能の高いものとすることで、区域体の防災性能向上などが期待される。

■ 2つの制度の共通点

　前出2つの制度に適用される手続きや特例は、原則的に共通している。

　また、ともに特定行政庁の認定を必要とし、認定は公告によって効力が発生する（法86条9項）。両制度の認定は、敷地内に広い空地を有する建築物の容積率等の特例（法59条の2）に対する特定行政庁の許可への手続きと、1つの手続きで行うことが可能である。

一団地の総合設計制度と連担建築物設計制度

①一団地の総合設計制度（法86条1項）

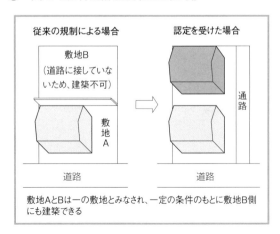

敷地AとBは一の敷地とみなされ、一定の条件のもとに敷地B側にも建築できる

②連担建築物設計制度（法86条2項）

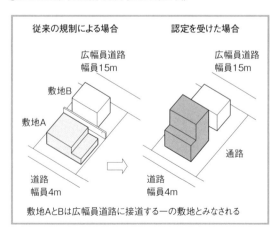

敷地AとBは広幅員道路に接道する一の敷地とみなされる

形態制限

用途地域と前面道路幅で制限される容積率

容積率は、敷地面積に対する延べ面積の割合と敷地に指定される制限割合を比較してチェック

地域の環境を守る容積率制限

市街地では、**用途地域**ごとに容積率の制限となる指定容積率が定められている。建築物を計画する場合、敷地面積に対する延べ面積（建築物の床面積の合計）の割合（容積率）が、都市計画で定められた容積率を超えないようにしなければならない。（法52条）。

たとえば100㎡の土地に1階30㎡、2階20㎡（延べ面積50㎡）の建築物を建てる場合、容積率は50㎡／100㎡（50％）となる。この値が都市計画の指定容積率を上回ってはならない。

容積率を設定する目的は、地域ごとの環境を維持することにある。したがって、容積率は**低層住居専用・田園住居地域**では小さく、**商業地域**では大きく設定されている。

前面道路幅と用途地域で決まる容積率

前面道路が広ければ、日照や通風などの条件は良好となるので、敷地により大きな建物を建てても、周囲への影響は少ない。そのため建築基準法では、前面道路幅員が12m未満の場合、前面道路幅からも容積率が規制される（法52条2項）。前面道路の幅員に用途地域による係数（4／10か6／10）を乗じた数値と、都市計画の指定容積率を比較して、小さいほうが制限容積率となる（法52条2項）。

前面道路の幅員が一定でない場合は、原則として、敷地が接する部分の長さが2m以上となる最大部分の幅員を前面道路幅員として算定する。また、前面道路が2つ以上ある場合は、2mの**接道義務**を満たす部分の最大幅員を前面道路幅員とみなす。

さらに、敷地に複数の指定容積率がある場合(p.78下欄)や、前面道路が15m以上の道路に接続する場合は、容積率の算定に注意が必要である。なお、容積率は、このほかにも、建築物の階数や用途、床面積、空地や公園、広場等との位置関係などで、**さまざまな緩和条件**が設けられている。

床面積算定の区画の中心線

鉄骨造の場合は、柱等の軸組にパネルを取り付ける工法が一般的なので、外壁部分を構成するこれらのパネルの中心線でとる。薄いパネルの場合にはそれを取り付ける胴縁の中心線でとる

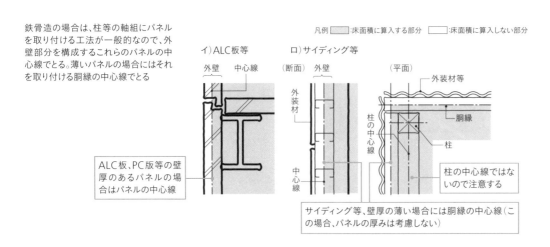

凡例 □：床面積に算入する部分 □：床面積に算入しない部分

イ）ALC板等
外壁 中心線

ALC板、PC版等の壁厚のあるパネルの場合はパネルの中心線

ロ）サイディング等
（断面）外壁 　（平面）
外装材 外装材等
柱の中心線
胴縁
柱
中心線

サイディング等、壁厚の薄い場合には胴縁の中心線（この場合、パネルの厚みは考慮しない）

柱の中心線ではないので注意する

容積率

指定容積率と前面道路から算出した容積率の小さいほうの値を採用する

用途地域	1低	田園住居	2低	1中	2中	1住	2住	準住	近商	準工	商業	工業	工専	無指定
都市計画による指定容積率(%)（前面道路幅員≧12mの場合）	50 60 80 100 150 200						100 150 200 300 400 500					200 300 400 500 600 700 800 900 1,000 1,100 1,200 1,300	100 150 200 300 400		(50) (80) (100) (200) (300) (400) [※]
前面道路による容積率（前面道路幅員＜12mの場合）	前面道路幅員×4／10			前面道路幅員×4／10 （特定行政庁指定区域：6／10）						前面道路幅員×6／10 （特定行政庁指定区域：4／10、または8／10）				

※：特定行政庁が都市計画審議会の議を経て定める

前面道路による容積率の算定
（前面道路幅員＜12m）

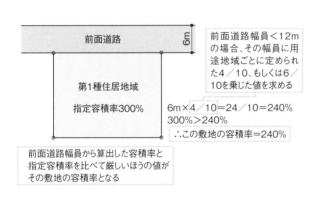

前面道路幅員＜12mの場合、その幅員に用途地域ごとに定められた4／10、もしくは6／10を乗じた値を求める

6m×4／10＝24／10＝240%
300%＞240%

∴この敷地の容積率＝240%

前面道路幅員から算出した容積率と指定容積率を比べて厳しいほうの値がその敷地の容積率となる

幅員が異なる道路の算定

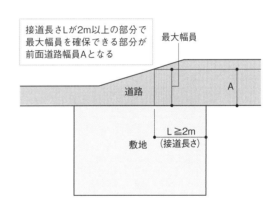

接道長さLが2m以上の部分で最大幅員を確保できる部分が前面道路幅員Aとなる

前面道路が2以上ある場合の延べ面積の限度

●道路幅員≧12mの場合

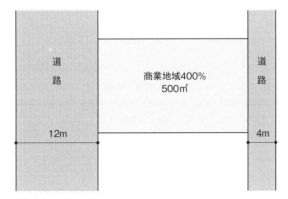

[容積率の限度]
　幅員が最大の前面道路が12m以上なので
　容積率（道路）＝指定容積率＝400%

[延べ面積の限度]
　最大許容延べ面積＝500㎡×400%＝2,000㎡

●道路幅員＜12mの場合

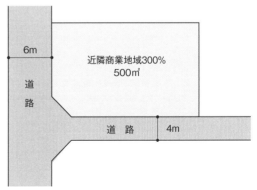

[容積率の限度]
　幅員が最大の前面道路が12m未満なので、
　前面道路による容積率、かつ指定容積率以下
　容積率（道路）＝6m×6／10＝360%＞300%
　∴300%を採用

[延べ面積の限度]
　最大許容延べ面積＝500㎡×300%＝1,500㎡

敷地に複数の指定容積率がある場合

容積率＝（各地域の指定容積率×各部分の敷地面積の和）÷全体の敷地面積

敷地に複数の指定容積率がある場合

敷地内に複数の容積率が指定されている場合、指定容積率が異なる各敷地部分に建てられる最大床面積を合計し、全体の敷地面積で除することで敷地地全体にわたる容積率を算出する。その容積率が敷地に適用されるので、建築物は容積率の異なる敷地の境界線に制限されることなくつくることができる。敷地が接する前面道路の幅員が12m未満の場合は、道路幅員からも容積率が規定される。各地域の道路から規定される容積率を算定し都市計画で定められた**指定容積率**と比較し、小さいほうの容積率を採用しなければならない。その際、前面道路の幅員は各部分でなく敷地全体で決めることになる（参考用途地域と前面道路で**制限される容積率**）。

基本を理解!

・指定容積率
→p.76、77

・制限される容積率
（制限容積率）
→p.76

敷地が制限の異なる地域等にわたる場合の延べ面積の限度（法52条7項）

●道路幅員≧12mの場合

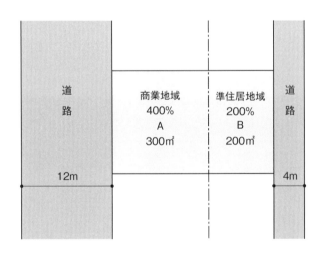

前面道路幅員が12m以上なので、敷地の各部分の容積率は
A部分：400%
B部分：200%

［敷地全体に対する容積率の限度］

$$基準容積率＝\frac{300㎡×400\%+200㎡×200\%}{300㎡+200㎡}＝320\%$$

［敷地全体の延べ面積の限度］
最大許容延べ面積＝500㎡×320%＝1,600㎡

●道路幅員＜12mの場合

（B部分も6m幅員で緩和できる）

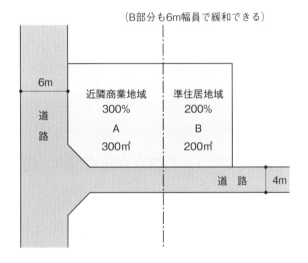

前面道路幅員が12m未満なので、制限が異なる敷地の各部分において道路幅員による容積率と指定容積率を比較すると
A部分：6m×6／10＝360%＞300% ∴300%を採用
B部分：6m×4／10＝240%＞200% ∴200%を採用

［敷地全体に対する容積率の限度］

$$基準容積率＝\frac{300㎡×300\%+200㎡×200\%}{300㎡+200㎡}＝260\%$$

［敷地全体の延べ面積の限度］
最大許容延べ面積＝500㎡×260%＝1,300㎡

床面積算定例
野外階段の床面積算定

① 床面積に算入しない野外階段の基準

イ）平面図　　　　　　　　　　　　　　　ロ）立面図

隣地境界線

同一敷地内のその他の建築物またはその建築物の他の部分

a≧1m（50cm）
b≧2m

A+B≧（A+B+C+D）×1／2

凡例　▨：床面積に算入する部分　□：床面積に算入しない部分

周長の1／2以上が外気に有効に開放されている階段は、床面積に算入されない。「外気に有効に開放されている」とみなす要件は、吹きさらしの廊下と同じ

h₁≧1.1m かつ
h₁≧h₂／2

$h_1 \geqq 1.1m$ かつ
$h_1 \geqq h_2／2$

バルコニー・ベランダの床面積算定

① 基本

イ）平面図　　※周囲が有効に開放されている場合

バルコニー
2m
2m

この部分は床面積に算入される

② 各種バルコニーの例

この部分は床面積に算入される

イ）ケースI

隣地境界線
1m（50cm）以上（開放とみなされる距離）

2m　廊下　　　バルコニー　2m

通常のはね出し型のバルコニー・廊下は、手すり壁、RC腰壁にかかわらず、吹きさらしの要件を満たせば、幅2mまで床面積に算入しない

駐車場、通路、停留所等の床面積算定

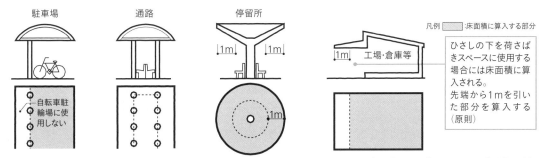

駐車場　　　通路　　　停留所

自転車駐輪場に使用しない

凡例　▨：床面積に算入する部分

1m　工場・倉庫等

ひさしの下を荷さばきスペースに使用する場合には床面積に算入される。
先端から1mを引いた部分を算入する（原則）

十分に外気に開放され、かつ屋内的用途に供しない通路などの部分は、床面積に算入されない。外気に十分に開放されていても、自動車駐車場や自転車駐輪場、荷さばきスペースや休憩スペース等に利用される場合には、屋内的用途に供する部分として床面積に算入される。工場や倉庫のひさしの場合は建築面積同様、上図のように先端から1mを引いた部分で床面積を算定することもある

各種地下ピットの例

ハ）ケースⅢ

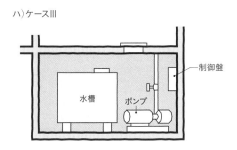

制御盤
水槽　ポンプ

地下ピットに設備や揚水ポンプ等は、基本的に床面積に算入する。
各部分の水平投影面積が、建築面積の1／8以下の場合、階にはならない

ニ）ケースⅣ

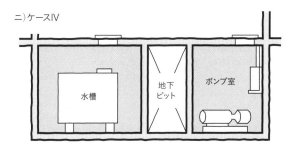

水槽　地下ピット　ポンプ室

地下ピットにある貯水槽は基本的に床面積に算入しない。
タラップ等でメンテナンスする場合、床面積に不算入とすることもできる

みなし幅員による容積率緩和

敷地の前面道路が特定道路に近接していると前面道路幅員による容積率制限が緩和される

特定道路との距離による容積率緩和

広い道路沿いに建つ建築物は大きいが、道路脇の路地に面する建築物は小さい。これは、幅員の広い道路に面する敷地の方が、狭い道路に面する敷地より、前面道路幅によって規制される容積率が大きいからである。

近接する建築物の大きさの極端な格差をなくし、統一感のある街並みをつくるために設けられたのが、「みなし幅員による容積率緩和」の措置である（法52条9項）。

みなし幅員が適用される敷地の3条件

近接道路から**容積率緩和**を受けられる敷地条件は、次の3つである。
①敷地の近くに幅員15m以上の道路（**特定道路という**）があること
②特定道路に接続する**前面道路**が幅員6m以上12m未満であること
③建築物の敷地が特定道路から70m以内にあること

この3つの条件を満たす場合、敷地から特定道路までの距離に応じて、政令で定める方法で算出した数値を**前面道路の幅員**に加算して容積率を算定することができる（令135条の18）。

みなし幅員の求め方

割増する幅員の算定には、2つの数値が必要になる。「**緩和を受けられる前面道路の最大幅員12mと実際の前面道路幅員の差**」と「**特定道路から敷地までの最大距離70mと、特定道路と敷地までの実際の距離の差**」である。

前者の道路幅員の差と後者の距離の差を乗じて70で除して、割増幅員とする。それを前面道路の幅員に加えた数値を前面道路幅員とみなして、容積率を算定する。なお、特定道路から敷地までの**延長距離**は、特定道路と前面道路の境界線と前面道路の中心線との交点を始点として算定する。終点は、敷地の特定道路に最も近い側の前面道路境界点から、**道路中心線**に垂線を引いて求める。この2点を結ぶ前面道路中心線上の距離が敷地から特定道路までの延長距離となる。

基本を理解！

・みなし幅員
特定道路に近接する敷地では、前面道路の幅員からの容積率で、実際の幅員に特定道路からの距離に応じて算出した数値を加算できる。その際の数値を加算した前面道路の幅員

・前面道路境界点
建築物の敷地に接する道路との境界線の基準点

・容積率緩和
　→p.76わかる法規

・前面道路
　→p.48

・前面道路の幅員
　→p.48、49

・道路中心線
　→p.46、48基本を理解

容積率の緩和規定

緩和内容		適用法文
高層住居誘導地区内で、住宅用と部分の面積が延べ面積の2／3以上の場合、算出した容積率まで緩和（都市計画法の指定容積率の1.5倍以下）		法52条1項5号、令135条の14
一定の空地がある場合の容積率緩和許可不要で、指定容積率の1.5倍以下で、以下で算出した容積率まで緩和 ・住宅の用途である建築物 ・第1・2種住居地域、準住居地域、近隣商業地域、商業地域または準工業地域内 ・基準敷地面積[※1]や道路に接して有効な空地規模[※2]以上	$Vr = 3Vc ／ (3-R)$ Vr：容積率の上限の数値 Vc：建築物がある用途地域の指定容積率 R：住宅用途部分の床面積／延べ面積	法52条8項、令135条の17、令135条の17第1・2項、令135条の14
特定道路（15m以上）の周辺敷地で、容積率算定の際に、全面道路の幅員に加算する緩和数値		法52条9項、令135条の18
計画道路（2年以内の事業執行予定道路以外）に面する敷地で、特定行政庁の許可を受けた容積率の制限緩和。その場合、計画道路の部分は敷地面積に算定しない		法52条10項
壁面線（法46条）の位置を道路境界線とみなす特定行政庁の許可を受けた建築物の容積率の緩和。その場合、壁面線と道路境界線の間の部分は敷地面積に算入しない		法52条11～13項、令135条の19

※1：2,000㎡（第1・2種住居地域、準住居地域、準工業地域等）、1,000㎡（近隣商業地域、商業地域等）　※2：道路に接して有効な部分が、空地規模の1／2以上

みなし道路幅員の算定方法（法52条9項）

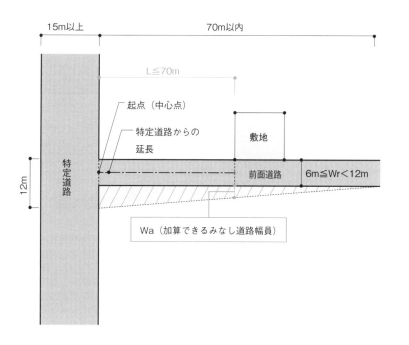

■前面道路に加算する数値の計算式

$$Wa = \frac{(12-Wr) \times (70-L)}{70}$$

Wa：加算する数値

Wr：前面道路の幅員

L：特定道路から建築物の敷地が
接する前面道路の部分の直近
の端までの延長

■基本的な考え方

・特定道路（幅員≧15m）に接続する
部分の道路幅員を12mとみなし、そ
こから70mの位置までを結んだ三角
形を想定する

・敷地の前面道路に加算できるみなし
道路幅員（Wa）は、起点で加算され
た幅員（12m−Wr）との特定道路か
らの延長の距離に応じた比で表される

$$\therefore \quad \frac{Wa}{70-L} = \frac{12-Wr}{70} \quad \cdots ①$$

特定道路からの延長の測定の例

①直角に接続する場合

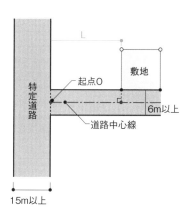

②斜めに接続する場合

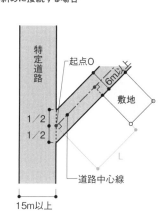

③隅切がある場合

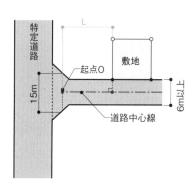

隅切部分は、特定道路が直角に折れて
前面道路側に入ってきていると考える
ため、隅切内で部幅員15mを有効に確
保できる部分に起点Oを設定する

④道路が直交している場合

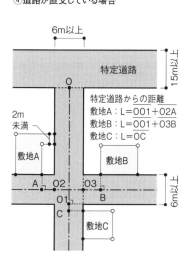

特定道路からの距離
敷地A：L=$\overline{OO1}$+$\overline{O2A}$
敷地B：L=$\overline{OO1}$+$\overline{O3B}$
敷地C：L=$\overline{OC}$

⑤直交しない交差道路の場合

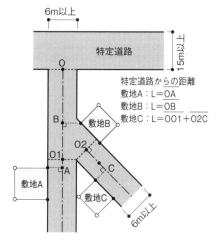

特定道路からの距離
敷地A：L=$\overline{OA}$
敷地B：L=$\overline{OB}$
敷地C：L=$\overline{OO1}$+$\overline{O2C}$

⑥道路が屈折している場合

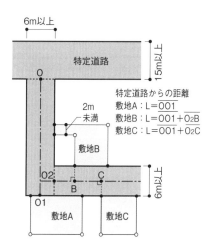

特定道路からの距離
敷地A：L=$\overline{OO1}$
敷地B：L=$\overline{OO1}$+$\overline{O2B}$
敷地C：L=$\overline{OO1}$+$\overline{O2C}$

共同住宅等の階段・廊下等の容積率計算

共同住宅や老人ホーム等では、階段・廊下等の床面積を容積率算定時に外すことができる

共同住宅等の容積率緩和

容積率算定の際、共同住宅や老人ホーム等では、**共用部分**の面積を算定の対象床面積から控除することができる。共用部分とは、**共用の廊下や階段、エントランスホールやエレベーターホール**などである。住戸前の専用ポーチなどの面積は、控除対象とはならない（法52条6項）。またキッチン、トイレ、浴室などが共用となる寄宿舎や寮では共用部の緩和は適用されない。

緩和と不算入の併用

共同住宅等の**容積率**の緩和と不算入の算定は、一定の条件内で併用することができる。**車庫等**、共用廊下等、**住宅地下室**の各部分の緩和は以下のとおりである。

(1)車庫等の面積緩和

車庫等がある場合は、車庫等を含めた建築物の延べ面積の1／5を上限に、車庫等の床面積を控除することができる（令2条1項4号）。

(2)昇降路及び共用廊下等の不算入

昇降路や共同住宅の共用廊下等の床面積は延べ面積には算入するが、容積率算定面積には算入しない。

ただし、建築物に共同住宅等以外の用途がある場合は、階段や共用廊下部分の面積で不算入とされる面積は、他の用途部分の面積と按分して算定する。

(3)地階の住宅部分の面積緩和

地階の住宅部分の面積緩和を受ける場合、建築物全体の住宅用途部分の合計床面積を算定し、その1／3までの面積を地階の住宅部分の床面積から控除する。1／3を超える床面積は、容積率算定対象床面積となる（法52条3項）。

車庫等の容積率緩和は、車庫等を含めた延べ面積、地階の住宅部分の容積率緩和は、共用廊下、昇降路、車庫等を除いた住宅用途部分の床面積を対象として算定する。

基本を理解

・専用ポーチ
一住戸が専用部分として利用する半屋外部分

・共用廊下
共同住宅や貸事務所などで複数の居住者や賃借人が共同で使用する廊下

・昇降路部分の容積率緩和
昇降路部分の床面積は共同住宅に限らず、すべての用途の建築物で容積率算定面積からは緩和される

・按分
複合用途の建築物で、エレベーターや階段、ホール部分を共同で利用する場合、緩和対象となる共同住宅部分と見なせる面積を、共同住宅の専用部分と事務所や店舗などの部分の比率を使って算定すること

・共同住宅
　→p.68本文

・容積率
　→p.76本文

・車庫等
　→p.84基本を理解

容積率緩和規定

緩和内容	適用法文
地下の住宅および老人ホーム等［※1］用途分の床面積は建築物のなかにある住宅部分の合計面積の1／3まで、容積率算定面積に不算入（緩和面積の算定には、共用廊下および昇降路の床面積は含まない）	法52条3項
昇降機の昇降路の部分［※2］（小荷物専用昇降機、生産・搬送設備を除く）または、共同住宅の共用の廊下や階段の床面積は容積率算定面積に不算入	法52条6項
・駐車場、駐輪場の床面積は、延べ面積の1／5まで容積率算定面積に不算入 ・備蓄倉庫部分の床面積は延べ面積の1／50まで容積率に不算入 ・蓄電池設置部分1／50 ・自家発電設備設置部分1／100 ・貯水槽設置部分1／100 ・宅配ボックス設置部分1／100"	令2条1項4号、3項

※1：老人福祉法に基づく有料老人ホーム、特別養護老人ホーム、養護老人ホーム、軽費老人ホーム、認知症高齢者グループホーム、障害者総合支援法に基づく福祉ホーム、グループホーム、ケアホーム等（介護老人保健施設、療養病床など建築基準法上、病院、診療所と扱うものは対象としない）

※2：建物の用途に限定はなく、戸建住宅のホームエレベーターも対象。また、容積率の最低限度地域などの場合には、不算入措置は適用しない（技術的助言）

共同住宅の共用廊下・階段等の容積率不算入の例 (法52条6頁)

① 「共用の廊下・階段等」の例

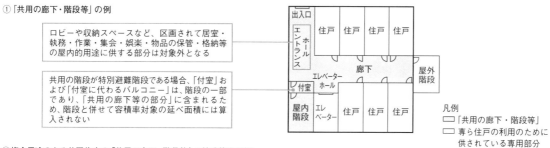

ロビーや収納スペースなど、区画されて居室・執務・作業・集会・娯楽・物品の保管・格納等の屋内的用途に供する部分は対象外となる

共用の階段が特別避難階段である場合、「付室」および「付室に代わるバルコニー」は、階段の一部であり、「共用の廊下等の部分」に含まれるため、階段と併せて容積率対象の延べ面積には算入されない

凡例
☐「共用の廊下・階段等」
☐ 専ら住戸の利用のために供されている専用部分

② 複合用途のある共同住宅の「共用の廊下・階段等」の按分算出の例

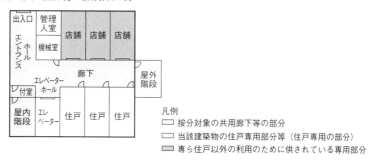

凡例
☐ 按分対象の共用廊下等の部分
☐ 当該建築物の住戸専用部分等 (住戸専用の部分)
☐ 専ら住戸以外の利用のために供されている専用部分

③ 宅配ボックスの例 (共同住宅、老人ホーム) (技術的助言 平成29年11月10日第127号)

▨：共有部分として容積率対象面積から除外

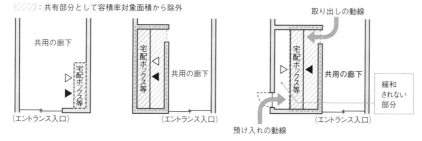

④ 宅配ボックスの例 (すべての用途) (技術的助言 平成30年9月21日第187号)

▨：延べ面積の1／100まで容積率対象面積から除外

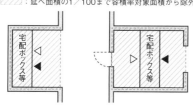
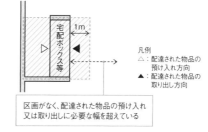

凡例
△：配達された物品の預け入れ方向
▲：配達された物品の取り出し方向

区画がなく、配達された物品の預け入れ又は取り出しに必要な幅を超えている

車庫等・住宅地下室・共用廊下等の緩和の併用例 (共同住宅)

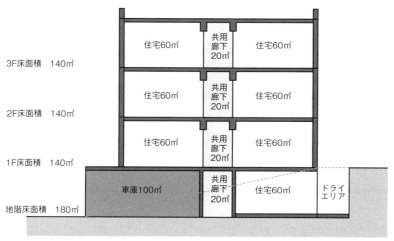

延べ面積＝140＋140＋140＋180＝600㎡

①車庫等の緩和
　緩和面積＝600×1／5＝120㎡＞車庫面積100㎡
　∴車庫の緩和面積＝100㎡

②共用廊下等の緩和
　20㎡×4＝80㎡

③地下住宅部分の緩和
　住宅用途部分の床面積＝60㎡×7＝420㎡
　緩和面積＝420㎡×1／3＝140㎡＞地下住宅部分の床面積60㎡
　∴地下住宅部分の緩和面積＝60㎡

容積率対象床面積＝600㎡－①－②－③＝360㎡

車庫等と住宅地下室の容積率緩和

「車庫等」と「地階の住宅」の床面積は、延べ面積には算入されるが、容積率の算定には緩和対象となる

自動車車庫等の容積率計算

建築物に付属する**自動車車庫や自転車置場**（車庫等）は、建築物の用途にかかわらず、**容積率算定の際、緩和の対象**となる。したがって、建築物の延べ面積には算入されるが、容積率を算出する面積には算入しない（令2条1項4号）。

ただし緩和される面積には、上限があり、敷地内にある建築物全体（車庫等も含む）の**延べ面積の1／5**までである（令2条1項4号・～令2条3項）。それを超える車庫等の床面積は、容積率算定の際、床面積に加算される。

住宅地下室の容積率計算

地階にある住宅の用途に供する部分の面積も、容積率算定の際、緩和対象となる。住宅の用途に供する部分とは、専用住宅・兼用住宅では専用住宅部分、長屋・共同住宅では住戸の専用部分、管理人室、共用の倉庫、機械室、電気室などである。地階にあるそれらの合計面積が緩和の対象となる。

この緩和規定では、住宅の用途に供する部分の**床面積の合計の1／3**を限度として容積率算定の対象床面積から控除することができる。

地階の判定条件は、令1条2号の地階の定義だけではなく、次のものも含まれる。

①建築物が周囲の地面と接する位置の平均高さにおける水平面（平均地盤面）を基準に対象階の床からの高さを測り、**天井高の1／3以上であること**

②天井高が**平均地盤面から1m以内**であること

高低差が3mを超える敷地に建築物が接していると、地盤面が複数できる。地階判定の基準となる平均地盤面の設定があいまいになると、容積率の緩和や高さの算定が環境に適合しないものとなり、**第1種低層住居専用地域**の傾斜地に大規模マンションが建つなど、不合理な問題が生じた。

そこで地盤面の算定方法などについて、土地の状況により、地方公共団体の条例で定められるようになった（法52条4・5項、令135条の15）。

基本を理解！

・車庫等
自動車車庫
バイク置場
自転車置場

・大規模マンション
総戸数が100～300戸を超える住宅用集合住宅

・容積率
→p.76本文

・専用住宅
住宅用途のみで利用するもの。1部に店舗や事務所があると兼用住宅となる

・兼用住宅
→p.68、p.14基本を理解

・長屋
→p.68本文

・共同住宅
→p.68本文

わかる法規

● 第1種低層住居専用地域
低層住宅の良好な住環境を守るための地域。14種類の用途地域の中で最も厳しい規制がかけられている

容積率の緩和規定

緩和内容	適用法文
機械室等の床面積が延べ面積に対して著しく大きい場合の、特定行政庁の許可による容積率の制限緩和。建築審査会の同意が必要	法52条14項1号
敷地の周囲に広い公園・広場・道路等の空地がある場合の、特定行政庁の許可による容積率の制限緩和。建築審査会の同意が必要	法52条14項2号
総合設計制度を利用して、公開空地を設けることなどを条件に、特定行政庁の許可による容積率の制限緩和	法59条の2
バリアフリー法の誘導基準を満たし、行政庁の計画の認定を受けて、容積率の制限緩和	バリアフリー法17条

車庫等と住宅地下室の容積率緩和の算定例

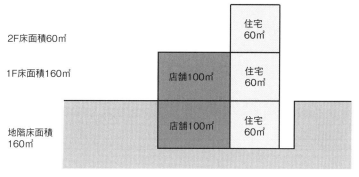

2F床面積60㎡

1F床面積160㎡

地階床面積160㎡

[地下住宅部分の緩和]
延べ面積60＋160＋160＝380㎡
住宅用途部分の床面積＝60＋60＋60＝180㎡
住宅部分の緩和面積＝180×1／3＝60㎡
≦地下住宅床面積60㎡
∴容積率対象床面積
＝(60＋160＋160)－60＝320㎡

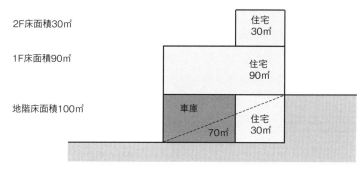

2F床面積30㎡

1F床面積90㎡

地階床面積100㎡

[車庫と地下住宅部分の緩和]
①車庫部分の緩和
延べ面積30＋90＋100＝220㎡
緩和面積＝220×1／5＝44㎡＜車庫床面積70㎡
②地下住宅部分の緩和
住宅用途部分の床面積＝30＋90＋30＝150㎡
緩和面積＝150×1／3＝50㎡
地下住宅部分の床面積30㎡＜50㎡
∴容積率対象床面積
＝(30＋90＋100)－44－30＝146㎡

容積率を緩和できる住宅地下室の例

①令1条2号による地階

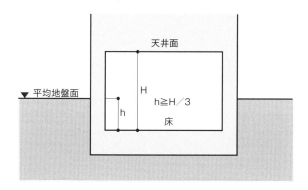

②容積不算入の対象となる地階
（天井面と地盤面との差が1m以下）

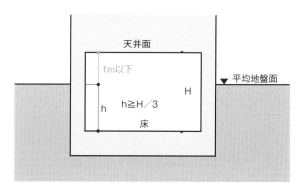

③傾斜地の地下住宅部分

h1≦1mの場合
地下1階の住宅地下室
部分は容積率算定床面
積を緩和できる

h2＞1mの場合
地下2階の住宅地下室
部分は容積率算定床面
積を緩和できない

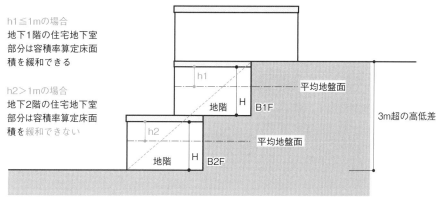

都市計画で指定される建蔽率

建蔽率は、敷地面積に対する建築物の水平投影面積（建築面積）の割合

敷地に空地を確保する建蔽率制限

敷地内に一定割合以上の**空地**を確保することで、住宅地などの日照や通風の環境を保ち、防火や避難などの安全性を備えることを目的に、都市計画で**建蔽率**が決められている。

敷地面積に対する建築物の建築面積の割合を建蔽率という。この規定は、建蔽率が小さいほど、敷地に空地ができることになる。

建蔽率を算定する際に用いる**建築面積**は、**建築物の外壁か、柱の中心線で囲まれた部分の水平投影面積**とする（令2条1項2号）。簡単に言えば、建築物を真上から見たときの輪郭の面積である。

軒や庇等が突き出ている場合は、開放されている先端から1m引いた残りの部分が建築面積に算入される。

地階の一部が地上に飛び出している場合は、飛び出している部分が**地盤面**上1m以下の範囲ならば、建築面積算入の対象にはならない。

行政庁は、**都市計画**により、**用途地域**の種別ごとに、建蔽率の最高限度を設定している（法53条）。また、複数の用途地域にまたがった敷地では、異なる建蔽率が定められている場合がある。このときは、地域ごとに建築できる建築物の建築面積を算出し、それらの建築面積の合計を全体敷地面積で除して、敷地に許容される建蔽率を算出する（法53条2項）。

細分化を防止する最低限敷地

また、建築基準法では、行政庁が都市計画で**敷地面積の最低限度**を、200㎡以下で定めることができるよう規定している（法53条の2）。これは敷地が細分化されることで、建築物の隣棟間距離が狭くなり、日照、通風、防災などにおける住環境悪化を防止するためである。

ただし建蔽率の限度が8／10である**防火地域**内の**耐火建築物**が建つ敷地などには、この規定は適用されない。

基本を理解！

・空地
　→p.56基本を理解

・水平投影面積
建築物を真上から見たときの面積。地面の傾斜によらず水平面における面積で算出する

・地盤面
　→p.25本文

・都市計画
　→p.54

・用途地域
　→p.57本文

・防火地域
　→p.142本文

・耐火建築物
　→p.122本文

バルコニーや出窓の建築面積の算定例

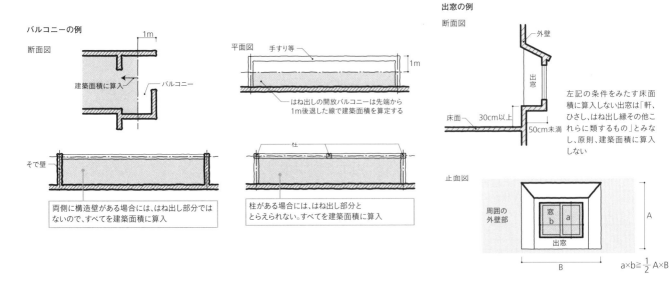

バルコニーの例
断面図
建築面積に算入
バルコニー
1m

平面図
手すり等
はね出しの開放バルコニーは先端から1m後退した線で建築面積を算定する
1m

そで壁
両側に構造壁がある場合には、はね出し部分ではないので、すべてを建築面積に算入

柱
柱がある場合には、はね出し部分ととらえられない。すべてを建築面積に算入

出窓の例
断面図
外壁
出窓
床面
30cm以上
50cm未満

左記の条件をみたす床面積に算入しない出窓は「軒、ひさし、はね出し縁その他これらに類するもの」とみなし、原則、建築面積に算入しない

正面図
周囲の外壁部
窓
b　a
出窓
A
B

$a×b≧\frac{1}{2}A×B$

建築面積の算定方法の基本

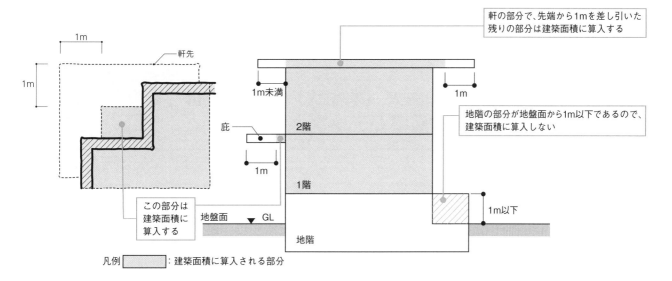

軒の部分で、先端から1mを差し引いた残りの部分は建築面積に算入する

1m未満

1m

庇

2階

1m

地階の部分が地盤面から1m以下であるので、建築面積に算入しない

1m

軒先

この部分は建築面積に算入する

地盤面　GL

1階

1m以下

地階

凡例 [　] : 建築面積に算入される部分

敷地が建蔽率の異なる地域にわたる場合の算定式

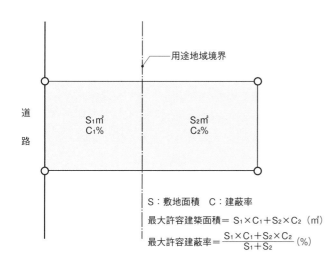

用途地域境界

道路

S_1㎡
C_1%

S_2㎡
C_2%

S：敷地面積　C：建蔽率

最大許容建築面積＝ $S_1 \times C_1 + S_2 \times C_2$ （㎡）

最大許容建蔽率＝ $\dfrac{S_1 \times C_1 + S_2 \times C_2}{S_1 + S_2}$ （%）

建蔽率の原則（法53条）

用途地域	指定容積率
第1・2種低層住居専用地域 第1・2種中高層住居専用地域 田園住居地域	30, 40, 50, 60
第1・2住居地域 準住居地域	50, 60, 80
近隣商業地域	60, 80
商業地域	80
準工業地域	50, 60, 80
工業地域	50, 60
工業専用地域	30, 40, 50, 60
無指定区域	30, 40, 50, 60, 70 ［※］

※：特定行政庁が都市計画地方審議会の議を経て指定する区域の数値

「最低限度の敷地面積」適用除外（法53条の2）

最低限敷地 ≦200㎡で設定	適用除外の建築物	①第1・2種住居地域、準住居地域、準工業地域、近隣商業地域、商業地域内で建蔽率8／10の地域で、かつ防火地域内の耐火建築物 ②公益上必要なもの(公衆便所、巡査派出所等) ③周囲に広い公園や道路などの空地を有する敷地に建つ建築物で、特定行政庁が市街地の環境を害するおそれがないと認め許可したもの ④特定行政庁が用途・構造上やむを得ないと認め許可した建築物
	適用除外の敷地	次のいずれかの既存不適格となる敷地で、その全部を1つの敷地として使用する場合 ①以前から建築物の敷地として使用されている敷地 ②以前から所有権等の権利を有する土地

建蔽率の緩和

防火（準防火）地域内の耐火（準耐火）建築物等は10%、角地は10%それぞれ建蔽率がアップ

角地の緩和条件

　敷地と道路の状況によっては、周囲に与える影響が少ないとみなされ、**建蔽率の制限が緩和**される場合がある。

　たとえば、**2つ以上の道路に接する敷地**や**角地**では、一定の条件を満たせば、建蔽率を10%加算することができる。

　角地としての敷地に求められる条件として、「敷地が接する道路の幅員（それぞれの道路の最低幅員、2つの道路の幅員を合計したときの数値、など）」「敷地の全周の長さと、これらの道路に接する部分の長さの割合」「2つの道路が交わる角度の制限」などを、各特定行政庁が条例で定めている。

　道路だけでなく、水面や公園等に敷地が接する場合も、建蔽率が緩和される場合がある。

　また、建蔽率の限度が80%以外の**用途地域**で、かつ**防火地域**内にある**耐火建築物**等については、建蔽率の制限を10%加算することができる（法53条3項）。

建蔽率が適用除外となる場合

　建蔽率の適用除外になるものに、以下のような建築物がある（法53条6項）。

①巡査派出所、公衆便所、公共用歩廊等

②公園、広場、道路、川等の内にある建築物で特定行政庁が許可したもの

　また、敷地の建蔽率が80%の用途地域で、かつ防火（準防火）地域内の耐火（準耐火）建築物等も100%で建築可能となる。

　なお、**建築物の敷地が防火（準防火）地域とそれ以外の地域にわたる場合**、その敷地内にある建築物がすべて耐火（準耐火）建築物等であれば、防火（準防火）地域内に建っていない建物も防火（準防火）地域内にあるとみなされ、前記の**緩和規定**が適用される（法53条7項、8項）。

　このほか、敷地境界線から後退して壁面線の指定を受ける場合や、**地区計画等**で壁面の位置の制限が定められている場合は、特定行政庁が許可した範囲内で建築物の建蔽率が緩和される（法53条4項、5項）。

基本を理解!

・**水面や公園等**
都市公園や広場、川や水路に敷地が面する場合や道路の反対側にそれが接する場合。緩和の対象になるかどうかは特定行政庁と協議する必要がある

・**公共用歩廊**
アーケードなどの屋根の掛かった公共用の通路

・**敷地境界線**
建築物の敷地の周囲の境界線。隣地と接する部分は隣地境界線、道路と接する部分は道路境界線となる

・**壁面線**
街区で道路に面する敷地部分に一定の距離をとり、建築物の位置を整えその環境の向上を図るために都市計画区域内で指定された壁面の後退線

・**建蔽率**
　→p.86本文

・**用途地域**
　→p.57本文

・**防火地域**
　→p.142本文

・**耐火建築物**
　→p.122本文

・**地区計画等**
　→p.56本文

関連事項

各特定行政庁が定める角地の条件
東京都

東京都建築基準法施行細則第21条
・敷地の周長の1/3以上が道路等に接し、かつ
　①2つの道路が120°未満で交わる角敷地（法42条2項道路の場合は、後退・底辺2mのすみ切りを築造）
　②間隔35m以上、幅員8m以上の2つの道路の間にある敷地
　③公園等に接する敷地で①、②に準ずるもの

神奈川県

神奈川県建築基準法施行細則第20条
・敷地の周長の3/10以上が道路等に接し、かつ
　①2つの道路が120°以下で交わる角敷地（法42条2項道路の場合は、後退・築造）（2つの道路の和が10m未満のときは底辺2mのすみ切り築造）

　②公園等に接する敷地で①に準ずるもの

京都府

京都府建築基準法施行細則第20条
・敷地の周囲の1/4以上が道路等に接し、かつ
　①2つの道路が135°以下で交わる角地、または間隔25m以下の2つの道路の間にある敷地
　②それぞれの幅員が5.5m以上、和が14m以上
　③それぞれの幅員が4m以上、敷地面積が200㎡以下
・敷地の周囲が道路で、1つの道路が8m以上

建蔽率の緩和（法53条）

種別	適用要件等	1低	2低	1中	2中	田住	1住	2住	準住	近商	商業	準工	工業	工専	無指定	適用条項
原則	①一般の敷地	30 40 50 60					50 60 80			60 80	80	50 60 80	50 60	30 40 50 60	30 40 50 60 70 [※1]	法53条1項
緩和	②角地等[※2]	① +10					① +10			① +10	① +10	① +10	① +10	① +10	① +10	法53条3項2号
	③防火（準防火）地域内の耐火（準耐火）建築物[※3]	① +10					① +10			① +10	—	① +10	① +10	① +10	① +10	法53条3項1号
	④上記②+③ [※3]	① +20					① +20			① +20		① +20	① +20	① +20	① +20	法53条3項
	防火地域内で建蔽率が80%の地域内の耐火建築物	—					制限なし 100			制限なし 100	制限なし 100	制限なし 100	—	—	—	法53条6項1号
	敷地が建蔽率制限の異なる2以上の地域・地区にわたる	それぞれの地域に属する敷地の部分の面積比の加重平均で建蔽率を算定する （上記①は敷地全体に及ぶ） 建蔽率制限を受けない区域にわたる場合、受けない部分を100%として加重平均で建蔽率を算定する														法53条2項
	敷地が防火・準防火地域の内外にわたる	敷地内の建築物がすべて耐火建築物の場合、敷地はすべて防火地域内にあるとみなされ緩和が適用される														法53条7項、8項
	建蔽率の制限を設けない建築物	巡査派出所・公衆便所・公共用歩廊[※4]等 公園・広場・道路・川等の内にある建築物[※5]														法53条6項2・3号
		壁面線の指定があり、特定行政庁が許可した建築物														法53条4項、5項

※1：特定行政庁が都市計画地方審議会の議を経て指定する区域の数値
※2：角敷地または角敷地に準ずる敷地で特定行政庁が指定するものの内にある建築物（各特定行政庁の角地指定基準に適合するもの）
※3：建蔽率80%以外の区域
※4：商店街に設けるアーケードや多雪地帯の雪除けのための「がんぎ」などが該当する
※5：特定行政庁が安全・防火・衛生上支障がないと認めて建築審査会の同意を得て許可したもの

複数の条件がある場合の建蔽率の計算例

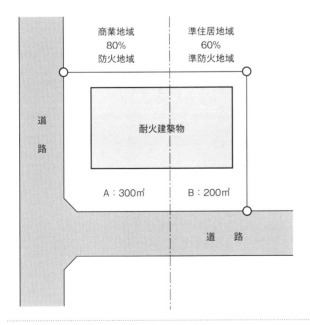

A部分の建蔽率

商業地域内で防火地域内にある耐火建築物：建蔽率制限を免除
∴100%

B部分の建蔽率

①敷地が防火地域内の内外にわたり、敷地内の建築物がすべて耐火建築物なので、敷地はすべて防火地域内にあるとみなされる：10%加算
②角地による緩和：10%加算
∴60%＋20%＝80%

●敷地全体の建築面積の限度は

最大許容建築面積＝300㎡×100%＋200㎡×80%＝460㎡

●敷地全体に対する建蔽率の限度は

$$最大許容建蔽率 = \frac{460㎡}{300㎡ + 200㎡} = 92\%$$

都市計画による高さ制限

都市計画で地域に絶対高さの最高・最低限度を一律に定めることができる

低層住居専用地域の絶対高さ制限

建築物の高さの規制方法は2つある。道路幅や隣地からの距離、真北方向の距離などをもとにして算出する**斜線型**の高さ制限と、建物の高さを地域内で一律に規制する**絶対高さ制限**である。

第1・2種低層住居専用地域または田園住居地域内では、建築物の高さは、10m(12m)以下に制限される(法55条)。この絶対高さ制限値は、行政庁ごとの都市計画で決められる。

建築物の高さは、**地盤面**から算定するが、屋上の階段室や装飾塔などの高さに算入しない建築物の部分は、**水平投影面積**が建築面積の1／8以内[次頁参照]でその部分の高さが12m（5m）以下の場合は、高さに算入しなくてもよい。

絶対高さ制限の緩和

敷地が広く、空地の大きい建物には、絶対高さ制限の緩和規定がある。

絶対高さの限度が10mの地域で、敷地面積が1,500㎡以上であり、かつ**建蔽率**の限度に空地率1割を上乗せした**空地**を有する敷地で、特定行政庁が低層住宅地の環境を害するおそれがないと認めた建築物は、高さが12mまで緩和される(令130条の10)。

また、敷地の周囲に広い公園などの空地を有する建築物や学校などの建築物で、特定行政庁が建築審査会の同意を得て許可した建築物は絶対高さの制限を受けない(法55条3項1・2号)。

高度地区に定められる最高高さと最低高さ

高さを制限する**高度地区**は**用途地域**内に指定される。行政庁が都市計画で定める高さ制限は、境界線までの真北方向の距離と**斜線勾配**による建築物の各部分の**高さの制限**や建築物の高さの**最高限度**(絶対高さ)や**最低限度**の指定である。高度地区内の真北方向への高度斜線の検討では、屋上の階段室や装飾塔などの建築物の部分も制限の対象となる(令2条6号)。

高度地区では、建築基準法に加え、都市計画による高さの規定が適用される(法58条)。

基本を理解！

・空地率
敷地の中の建築物のない部分の割合

・第1・2種低層住居専用地域、田園住居地域
→p.57

・地盤面
→p.25本文

・水平投影面積
→p.32基本を理解

・建蔽率
→p.86本文

・空地
→p.48基本を理解

・用途地域
→p.57本文

・斜線勾配
→右頁

わかる法規

● 高度地区
都市計画法で建築物の高さの限度が定められている地区。最高、最低の絶対高さが決められる場合や真北方向への斜線による制限がある

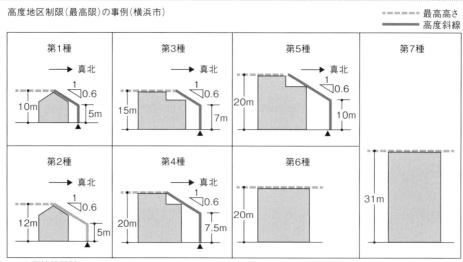

高度地区制限（最高限）の事例（横浜市）

- - - - 最高高さ
──── 高度斜線

※：▲隣地境界線

絶対高さ制限（第1・2種低層住居専用地域田園住居地域内）

種別	適用地域・敷地・建築物	建築物の高さ(H)	適用条項
原則	第1・2種低層住居専用地域 田園住居地域	H≦10mまたは12m （10mか12mかは 都市計画で定める）	法55条1項
緩和	下記をすべて満たす敷地［※1］ 敷地面積≧1,500㎡［※2］ 空地率＝$\dfrac{空地面積}{敷地面積}$≧(1－建蔽率)＋ 1／10［※3］	絶対高さ10mを 12mまで緩和	法55条2項 令130条の10
	下記をすべて満たす建築物［※4］ 地上階数≦3、軒高≦10m （住宅・共同住宅・兼用住宅）		法55条2項 昭59住街発35
	下記のいずれか［※5］敷地の周囲に広い 公園・広場・道路その他の空地のある建 築物、学校その他の建築物［※6］	絶対高さ制限を緩和	法55条3・4項

※1：特定行政庁が低層住宅に係る良好な住居の環境を害するおそれがないと認めるもの
※2：地方公共団体の規則で750㎡≦敷地面積＜1,500㎡の範囲で定めた場合は、その値
※3：建蔽率の指定のない地域：空地率≧1／10
※4：各特定行政庁が3階建て住宅の認定準則による緩和を適用している場合
※5：特定行政庁が建築審査会の同意を得て許可する場合 ※6：用途上やむを得ないもの

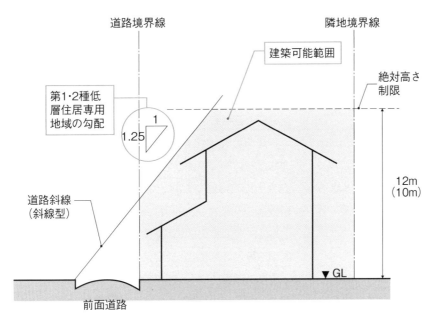

高さに算入しない建築物の部分（法92条、令2条1項6号ロ）

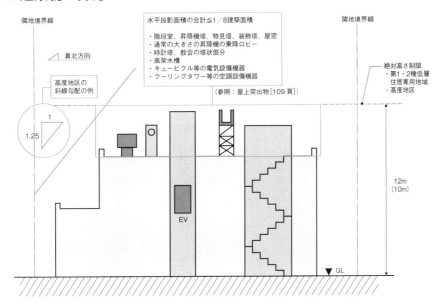

※第1、2種低層住居専用地域、田園住居地域円の場合

まちなみを作る壁面線と住環境を守る、外壁後退

壁面線は道路境界線から、外壁の後退は、道路と隣地境界線から指定される

環境を維持する外壁後退距離

第1・2種低層住居専用地域または田園住居地域内では、行政庁が**外壁の後退**距離を定める場合がある。これは敷地ごとの建築物の周囲に**空地**をとることで、地域全体の周辺の日照、採光、通風などを確保することを意図した制限である。

後退距離の制限がある場合は、道路境界線や**隣地境界線**から建物の外壁(柱)面を1.5mまたは1m以上離さなければならない。

ただし、外壁の中心線の長さの合計が3m以下の部分や、**軒高**が2.3m以下の物置等で、床面積の合計が5㎡以内の部分は、外壁後退(**セットバック**)が緩和される(法54条、令135条の20)。

壁面線による道路環境づくり

都市計画区域では、道路に面して前庭のある軒並みをつくるなど、商店街や住宅地の道路沿いの環境向上を図るために、特定行政庁が道路境界線から後退した位置に**壁面線**を指定することがある(法46条)。

壁面線の指定は、利害関係者の意見を聴取し建築審査会の同意を得て公告するなど、一定の手続きを必要とする。壁面線が指定されると、建物の壁や柱、高さ2m超の門・塀は、壁面線を超えて建築することができない。ただし、地盤面下の部分や許可を受けたアーケードの柱などは対象外である(法47条)。

特定行政庁の許可で、壁面線の指定を受けた**住居系用途地域**では、壁面線の位置までの道路幅で**容積率**を算定することができる。

この場合、道路と壁面線との間の空地が、道路と一体的に連続して確保されていること、安全上に支障のないことなどが前提となる。容積率の限度は当該幅員に0.6を乗じた値以下とし、後退部分の面積は容積率算定上の敷地面積に算入できない(法52条11・12・13項)。

また、避難上、消火上特定行政庁が必要と認めて指定した壁面線を越えない建築物や、特定防火街区整備地区に定められた壁面線を越えない建築物では、特定行政庁による建蔽率の緩和が受けられる(法53条5項)

基本を理解！

・空地
　→p.48基本を理解

・隣地境界線
　→p.88基本を理解(敷地境界線)

・軒高
　→p.32、33

・セットバック
　→p.99本文

・住居系用途地域
　→p.57わかる法規

・容積率
　→p.76本文

わかる法規

・外壁後退
道路と隣地境界線からの外壁の後退。住宅地全体の環境を確保

・壁面線
前面道路から外壁を後退すること、道路環境確保

・外壁後退　　　　　　　　・壁面線

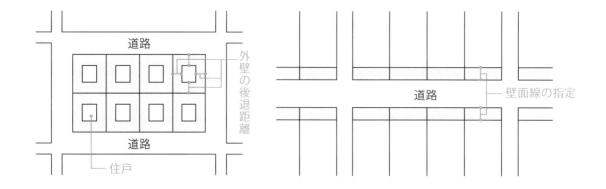

外壁後退の緩和（第1・2種低層住居専用・田園住居地域）

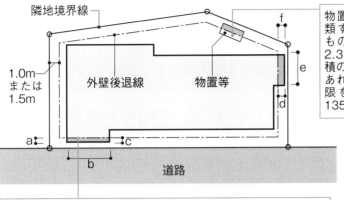

物置その他これらに類する用途に供するもので、軒の高さが2.3m以下、かつ床面積の合計が5㎡以内であれば、外壁後退の制限を緩和される（令135条の22第2号）

外壁またはこれに代わる柱の中心線の長さの合計が3m以下であれば、外壁後退の制限は緩和される（令135条の22第1号）

凡例 ▨：外壁後退の制限に触れる部分

緩和される要件（令135条の20）
1号　a＋b＋c＋d＋e＋f≦3m
2号　軒の高さ≦2.3m
　　　床面積の合計≦5㎡（物置等）

壁面線の指定（法46条、47条）

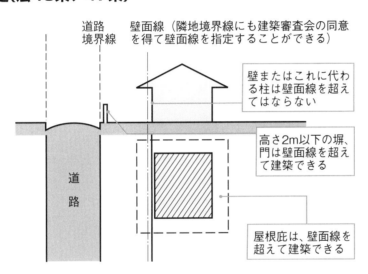

壁面線（隣地境界線にも建築審査会の同意を得て壁面線を指定することができる）

壁またはこれに代わる柱は壁面線を超えてはならない

高さ2m以下の塀、門は壁面線を超えて建築できる

屋根庇は、壁面線を超えて建築できる

壁面線が指定された場合、以下のものは壁面線を超えて建築してはならない（法47条）（地盤面下は除く）
①建築物の壁か柱
②高さ＞2mの門・塀

壁面線の指定による容積率の違い

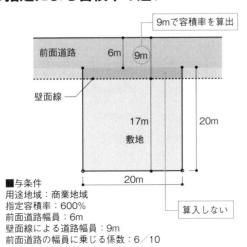

9mで容積率を算出

前面道路　6m　9m

壁面線

17m
敷地

20m

20m

算入しない

■与条件
用途地域：商業地域
指定容積率：600%
前面道路幅員：6m
壁面線による道路幅員：9m
前面道路の幅員に乗じる係数：6／10

道路幅員から算出される容積率		
❶通常の場合	通常の容積率	6m×6／10 ＝360%＜600%
	最大許容 延べ面積	400㎡×360% ＝1,440㎡
❷緩和適用の場合	通常の容積率	9m×6／10 ＝540%＜600%
	最大許容 延べ面積	340㎡×540% ＝1,836㎡

道路周辺の日照などを確保する道路斜線

道路の反対側の境界線から延ばした斜線範囲内で建築する

前面道路の反対側境界線を起点とする道路斜線

都市計画区域と準都市計画域内では、**道路斜線制限**という道路幅に応じた高さ制限があり、建築物の高さが、一定勾配の斜線の内側に収まるように規制される。(法56条1項1号)。

斜線の起点は、**前面道路の反対側境界線上**とし、高さの起点を**道路の中心線上**の高さとする。勾配は、住居系地域では1.25、それ以外の地域では1.5となる。制限高さは基点からの水平距離に勾配を乗じて求める。

また、**道路斜線制限の範囲**としては、容積率の制限に応じて前面道路の反対側の境界線から一定の適用距離が設定されている。適用距離を超えた部分は、斜線制限から除外される。道路斜線の対象となる建築物の部分は、高さに算入される部分である。屋上に突き出た階段室部分、昇降機塔、装飾塔、物見塔、建築設備などで、水平投影面積の合計が建築面積の1/8以下の場合は、屋上からの高さが12m(低層住居地域内や**日影規制**対象建築物の高さの算定等では5m)までは道路斜線の規制を受けない(令2条1項6号ロ〔110頁参照〕)。

道路斜線の対象となるその他の前面道路

法42条に規定された道路以外の部分を前面道路とみなして敷地に建築する場合、そのみなし道路から道路斜線を適用するが、以下の扱いとなる(令131条の2)。

①**土地区画整理地区**や街区の整った地区で、特定行政庁が指定した場合は、街区の接する道路を前面道路として扱う

②特定行政庁が認めた建築物については、2年以内に施行予定のない都市計画道路や**予定道路**(法68条の7第1項)を、前面道路とみなす

③**壁面線**の指定がある道路は、壁面線の位置を道路の境界線とみなす(みなし境界線)

基本を理解！

・容積率と適用距離
適用距離は道路斜線が適用される範囲で容積率によって決まる。容積率は都市計画で用途地域に設定されたものと、前面道路幅員から算定されるものの小さい方を採用する。その際、道路幅員が特定道路との関係で、容積率が緩和されたり、敷地が2以上の地域にわたる場合などは注意を要する。
適用距離を決める容積率算定は、各用途地域ごとの敷地面積に対する容積率を乗じて得たものの合計を敷地全体の面積で割って求める

・土地区画整理地区
都市計画区域内の土地で、公共施設の整備改善や宅地の利用の増進のため土地区画整理法にしたがって行われる土地の区画形質の変更をする地域

・都市計画道路
都市計画により既存道路の拡幅や、新たな築造が計画されている道路。建築に対する制限がある

・みなし境界線
2項道路などで、道路中心線から2m後退した部分をみなしの後退線として設定した敷地と道路の境界線。後退距離の算定は、接する道路ごとの最小距離で決められる

・容積率
→p.76本文

・日影規制
→p.110本文

・予定道路
→p.45

・壁面線
→p.92

道路斜線制限（法56条1項1号、法別表第3）

種別	適用地域・地区・区域	容積率の限度(S)（%）(法52条1・2・7・9項)	斜線制限が適用される距離	斜線勾配
原則	第1・2種低層住居専用地域 田園住居地域 第1・2種中高層住居専用地域 第1・2種住居地域 準住居地域	S≦200	20m	1.25
		200＜S≦300	25m（20m）[※2]	1.25 [※1] (1.5) [※2]
		300＜S≦400	30m（25m）[※2]	
		400＜S	35m（30m）[※2]	
	近隣商業地域 商業地域	S≦400	20m	
		400＜S≦600	25m	
		600＜S≦800	30m	
		800＜S≦1,000	35m	
		1,000＜S≦1,100	40m	
		1,100＜S≦1,200	45m	1.5
		1,200＜S	50m	
	準工業地域 工業地域 工業専用地域	S≦200	20m	
		200＜S≦300	25m	
		300＜S≦400	30m	
		400＜S	35m	
	第1・2種住居地域、準住居地域、準工業地域内に定められた高層住居誘導地区内の建築物　かつ住宅部分の面積≧延べ面積×2／3	－	35m	1.5
	用途地域の指定のない区域	S≦200	20m	1.25　または 1.5 [※3]
		200＜S≦300	25m	
		300＜S	30m	

※1：第1・2種中高層住居専用地域、第1・2種住居地域、準住居地域において前面道路幅員≧12mの場合で、前面道路反対側の境界線からの水平距離≧前面道路幅員×1.25の区域においては1.5

※2：カッコ内は特定行政庁が都市計画審議会の議を経て指定する区域の数値

※3：1.25か1.5かは、特定行政庁が都市計画地方審議会の議を経て定める

道路斜線制限を受ける部分と受けない部分

軒樋も建物の一部のため、道路斜線から突出してはならない

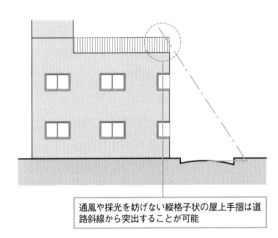

通風や採光を妨げない縦格子状の屋上手摺は道路斜線から突出することが可能

道路斜線制限の適用距離と斜線勾配

①住居系用途地域

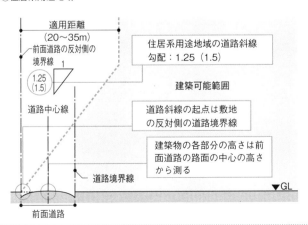

適用距離（20～35m）
前面道路の反対側の境界線
1.25(1.5) 1
道路中心線
道路境界線
前面道路
▼GL

住居系用途地域の道路斜線勾配：1.25（1.5）

建築可能範囲

道路斜線の起点は敷地の反対側の道路境界線

建築物の各部分の高さは前面道路の路面の中心の高さから測る

②住居系以外の用途地域

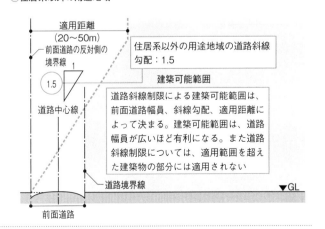

適用距離（20～50m）
前面道路の反対側の境界線
1.5 1
道路中心線
道路境界線
前面道路
▼GL

住居系以外の用途地域の道路斜線勾配：1.5

建築可能範囲

道路斜線制限による建築可能範囲は、前面道路幅員、斜線勾配、適用距離によって決まる。建築可能範囲は、道路幅員が広いほど有利になる。また道路斜線制限については、適用範囲を超えた建築物の部分には適用されない

道路が2以上ある敷地の道路斜線

一定範囲で、狭い道路の幅員を広い道路と同じとみなすことができる。広幅道路幅員適用と後退緩和は併用可

角地で受ける広い道路の斜線制限の緩和

広い道路と狭い道路の**角地**に建築する場合、狭い道路からの斜線制限で規制されると、建築物の角付近の形が形態制限上不合理である。そのため建築基準法では、**広い道路から一定の範囲は、狭い道路の幅員を広い道路と同じとみなしてよい**としている（法56条6項・令132条）。

緩和を受けられるのは、敷地が広い道路と接する境界線から、広い道路の幅員の2倍の水平距離と35mを比較して、短いほうの数値の範囲である。

広い道路とみなす幅員の**起点**は、狭い道路の敷地境界線とし、道路斜線は敷地の反対側に移動した境界線から検討する。緩和対象範囲を超えた部分では、狭い道路幅員で道路斜線がかかる。なお、狭い道路の中心線から10mを超える敷地内の範囲では、広い道路があるものとして道路斜線を適用できる。

角地以外でも受ける広い道路の斜線制限の緩和

同様の道路斜線の緩和は、角地以外でも適用される。

敷地が幅員の異なる**並行な2つの道路に挟まれている**とき、広い道路と接する境界線から、広い道路の幅員の2倍の水平距離と35mを比較し、短いほうの数値の範囲は、**広い道路があるものとして道路斜線が緩和**される。

敷地の4周が道路に接する場合、最大幅員道路以外の道路部分では、それぞれの道路の中心線から10mを超える敷地内の範囲にはすべて最大**道路幅員**があるものとみなして、斜線勾配を検討することができる。

また、建築物を敷地境界線から後退させて、後退緩和を使う場合、**前面道路**の反対側の境界線とみなす線は広い道路の緩和を受けた線よりさらにセットバックした位置となる。ただし、このとき適用距離や斜線勾配の起点はセットバック位置となることに注意する必要がある。

基本を理解！

・斜線制限
都市計画区域内において建築物の高さの限度を規定する制限のひとつ。建築物の高さは、原則として前面道路の反対側の境界線までの距離に比例した高さを限度とする。この制限が道路から斜めに建築可能範囲を規定する

・形態制限
建築基準法や地方自治体の条例などで、建築物の容積率や高さなどの具体的な形態に条件を付けること

・敷地境界線
建築主が所有している敷地と他の敷地、道路との境界線を指し、公共の道路との道路境界線と、民間同士の隣地境界とに分けられる

・道路斜線
→p.94本文

・道路幅員
→p.46、48本文

・前面道路
→p.48

道路、敷地などが変則になっている場合

①幅員が一定でない場合（1つの前面道路として取り扱う場合）

それぞれの位置の道路の反対側の境界線からの水平距離に応じて道路斜線制限が適用される。

②道路と敷地の間にほかの敷地がある場合

その道路に敷地が接している部分があるときは、原則、ほかの敷地に接するL2の部分においても、L1の部分と同様に道路斜線制限が適用される

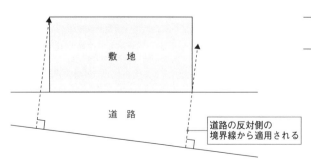

幅員の異なる4面道路に接した敷地の例

❶平面

道路幅員aによる
道路斜線制限

a>b>c>d

2a
かつ
35m以内

b

a

c

a

10m

10m

10m

d

c

b

2b　かつ
35m以内

2c　かつ
35m以内

❷立体

a

a

b

b

a

d

c

2c　かつ
35m以内

2b　かつ
35m以内

❸適用距離を含めた
立体図

適用距離

適用距離

適用距離

a

適用距離

a

a

b

a

b

d

c

2c　かつ
35m以内

2b　かつ
35m以内

並行な道路に挟まれた敷地の道路斜線の適用

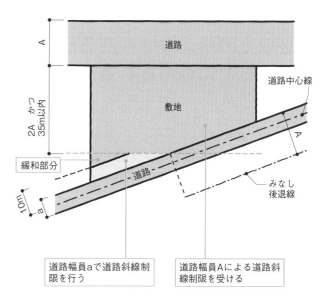

A

道路

道路中心線

敷地

2A　かつ
35m以内

A

緩和部分

道路

みなし
後退線

10m

a

道路幅員aで道路斜線制
限を行う

道路幅員Aによる道路斜
線制限を受ける

広幅員道路の幅員の狭幅員道路への適用例

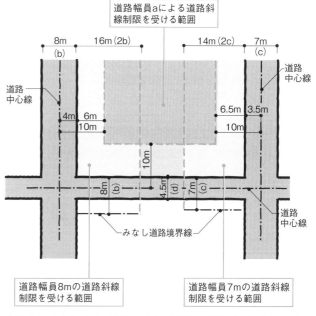

道路幅員aによる道路斜
線制限を受ける範囲

8m
(b)

16m (2b)

14m (2c)

7m
(c)

道路
中心線

道路
中心線

4m

6m

6.5m

3.5m

10m

10m

10m

4.5m

道路
中心線

みなし道路境界線

8m
(b)

7m
(c)

(d)

道路
中心線

道路幅員8mの道路斜線
制限を受ける範囲

道路幅員7mの道路斜線
制限を受ける範囲

敷地の接するすべての道路に広幅員道路の道路斜線が適用され
る。また、道路斜線は適用距離以内でのみ制限を受ける

住居系地域の斜線緩和と異なる制限地域がある敷地の道路斜線

2以上の用途地域がある敷地の斜線勾配は地域ごとに適用される

幅員12m以上の道路に接する住居系地域の道路斜線の緩和

良好な住環境を保つため、住居系地域(第1・2種低層住居専用地域、田園住居地域、**第1・2種中高層住居専用地域**、**第1・2種住居地域**、準住居地域)では、道路斜線勾配が1.25と厳しく設定されている。ただし、前面道路の幅員が12m以上の場合は、第1・2種低層住居専用地域、田園住居地域を除き、**道路斜線**の適用距離内であっても、斜線勾配が部分的に1.5に緩和される(法56条3項)。緩和される範囲は、前面道路(幅員W)の反対側の境界線から、(1.25×W)以上の範囲である。この範囲に含まれない道路寄りの部分は1.25が適用される。

建築物を**セットバック(後退)**させる場合は、適用距離と幅員測定の起点が道路の反対側の境界線からセットバック分だけ道路の外側に移動させた位置となる(法56条4項)。

2つ以上の用途地域がある敷地

建築物の敷地に、斜線制限の異なる2つ以上の用途地域がある場合は、前面道路側地域の適用距離(下図)を使う(令130条の11)。

前面道路に接する地域が1つの場合は、前面道路に接する地域の適用距離が、接していない地域にまで適用される。適用距離が2つ以上の地域にわたる場合は、それぞれの地域で定められた道路斜線勾配を採用する。

一方、前面道路に接する地域が2つ以上ある場合は、それぞれの地域で定められた適用距離と勾配を用いて、道路斜線を求める。

なお適用距離は、同じ用途地域でも**容積率**によって異なる(法別表第3)。適用距離の基準となる敷地全体の容積率は、制限が異なる地域ごとの敷地面積に対する容積率を乗じて得たものの合計を敷地全体の面積で割ったものとする(法52条7項)。

基本を理解

・道路斜線勾配
道路斜線の勾配。住居系地域は1.25、住居系地域以外は1.5

・適合距離
道路斜線が適用される範囲

・道路斜線
→p.94本文

・容積率
→p.76本文

わかる法規

● 第1・2種中高層住居専用地域
3階建て以上の集合住宅が建ち並ぶ住宅市街地を対象に、良好な居住環境を保護するために設けられた地域

● 第1・2種住居地域
住宅や商業施設、工場などが混在した市街地において、良好な住環境を保護するために設けられた用途地域のこと

広幅道路(12m以上)の場合の斜線勾配緩和(法56条3項)
(第1・2種中高層、第1・2種住居、準住居地域内)

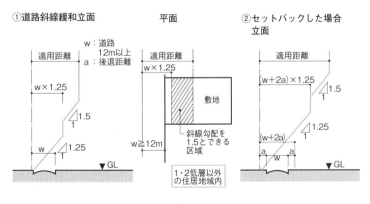

①道路斜線緩和立面　平面　②セットバックした場合立面

w:道路12m以上　a:後退距離

敷地が2以上の制限地域・区域にわたる場合の例(令130条の11)

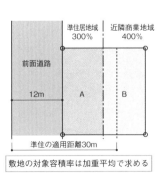

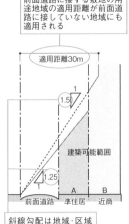

前面道路に接する敷地の用途地域の適用距離が前面道路に接していない地域にも適用される

敷地の対象容積率は加重平均で求める

斜線勾配は地域・区域の数値が適用される

セットバックによる道路斜線の緩和

敷地内のセットバック分だけ、斜線の起点が道路の反対側に移動する

後退分だけ移動する斜線の起点

道路境界線から建築物までの間の敷地に**空地**を設けると、道路周辺の環境が向上する。そのため、**道路斜線**制限が緩和される（法56条2項）。道路境界線から建築物を敷地側に後退した部分の長さを「**セットバック（後退距離）**」といい、道路境界線から建築物までの最小の水平距離で算定する。後退距離は接する道路ごと

の最小水平距離となる。

セットバックした場合の道路斜線は、後退距離分だけ道路反対側の境界線が外に移動したとみなすことができる。道路斜線と適用距離の算定する際には、後退した**みなし境界線**が起点となる。

後退部分には建築物がないことが原則であるが低い塀やポーチ部分、小さな建築物などは一定の条件で建築できる（令130条の12）。

基本を理解

・道路境界線
　→p.49、122基本を理解

・空地
　→p.48基本を理解

・道路斜線
　→p.94本文

セットバックによる緩和

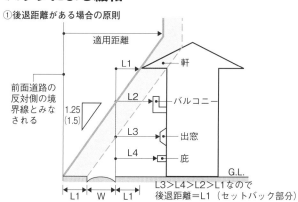

①後退距離がある場合の原則

L3>L4>L2>L1なので後退距離＝L1（セットバック部分）

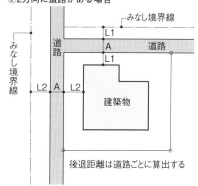

②2方向に道路がある場合

後退距離は道路ごとに算出する

セットバック部分に建築できるもの（令130条の12）

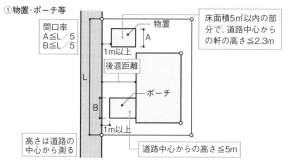

①物置・ポーチ等

間口率
A≦L／5
B≦L／5

物置

床面積5㎡以内の部分で、道路中心からの軒の高さ≦2.3m

後退距離

ポーチ

高さは道路の中心から測る

道路中心からの高さ≦5m

②1.2m以下の建築物の部分

高さは道路の中心から測る

≦1.2m

後退距離

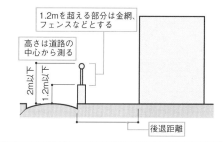

③前面道路に沿って設ける門・塀

1.2mを超える部分は金網、フェンスなどとする

高さは道路の中心から測る

2m以下　1.2m以下

後退距離

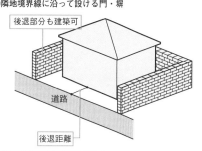

④隣地境界線に沿って設ける門・塀

後退部分も建築可

道路

後退距離

公園等による道路斜線の緩和

公園や川に接する道路の斜線制限の起点は、その反対側の境界線となる

公園等を前面道路の一部とみなす

　前面道路の反対側に公園や広場、水面その他これらに類するもの(川や水路)がある場合は、前面道路の反対側の境界線は、公園等の道路と反対側にあるとみなす(令134条1項)。これは、公園等の空地があることで、「道路斜線制限による良好な住環境の確保」を満たすという考えからである。

　同様に、敷地に接した道路が2つ以上あり、そのうち1つが公園等に接する場合も、一定範囲内で、別の道路の幅員を、公園等を含めた道路幅員があるとみなすことができる(法56条6項)。その緩和を受けられる範囲は、以下の短いほうの値である(令134条2項)。
①公園等のある道路の境界線から道路と、公園等の幅員の合計の2倍の水平距離
②35m

　また、みなし境界線の位置は、隣地斜線、日影や高度斜線の場合とは異なるので注意を要する。[108頁下表参照]

道路と敷地に高低差がある場合

　道路面が敷地より低い場合、道路斜線が厳しくなるため、一定の範囲内で緩和規定が設けられている。

　緩和対象となるのは、道路面が敷地より1m以上低い場合である。敷地の地盤面と道路の中心の高さとの高低差から1m減じた値の1／2だけ道路面が上にあるものとみなし、道路斜線制限を検討する(令135条の2第1項)。

　たとえば、敷地が道路より4m高い場合は、(4-1)÷2＝1.5となり、現況の道路より1.5m上がった位置に道路があるものと想定して道路斜線の検討をする。

　特定行政庁は、地形の特殊性により、敷地の地盤面と道路の高さの関係を別に定めることができる。したがって、高低差などの数値については、特定行政庁の細則などを確認する必要がある(令135条の2第2項)。高低差による緩和は、後退緩和と併せて受けることも可能である。

基本を理解！

・公園等
公園、広場、水面その他これらに類するもので、鉄道敷(高架)も含まれる(昭46.1.29住街発93)

・道路斜線
→p.94本文

・地盤面
→p.25本文

・特定行政庁
→p.10わかる法規

わかる法規

● みなし境界線の位置
北側斜線や日影の緩和対象に公園は含まれない。
道路水面、線路数が対象となるが、みなし境界線の位置は、反対側の境界線でなく、中心線となる

平均地盤面の異なる地盤面がある敷地の道路斜線の高さ緩和

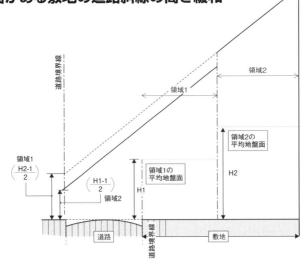

敷地内に3m以上の高低差があり、地盤面が2つある場合(領域1、領域2)でそれぞれの地域の平均地盤面が前面道路の中心線の高さより1m以上高い場合それぞれの地域ごとに高さの緩和が受けられる

公園等による道路斜線の緩和(令134条)

❶原則

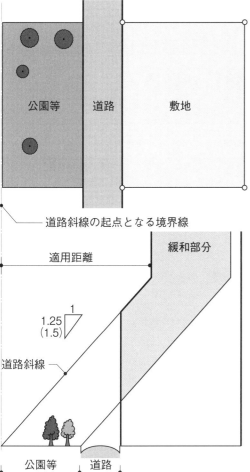

公園等 ／ **道路** ／ **敷地**

道路斜線の起点となる境界線

適用距離　　緩和部分

$\dfrac{1}{1.25}$ (1.5)

道路斜線

公園等　道路

❷2面道路と公園等による緩和(例)

道路斜線の起点となる境界線

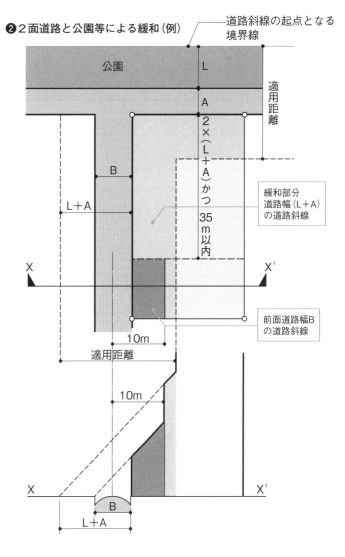

公園

適用距離

L

A

$2 \times (L+A)$ かつ 35m以内

緩和部分道路幅(L+A)の道路斜線

B

L+A

前面道路幅Bの道路斜線

X — X'

10m

適用距離

10m

X — X'

B

L+A

注: セットバックした場合は、その分だけ公園の反対側に
　　道路斜線の起点が移動し緩和される

道路が1m以上低い場合の道路斜線の緩和(令135条の2)

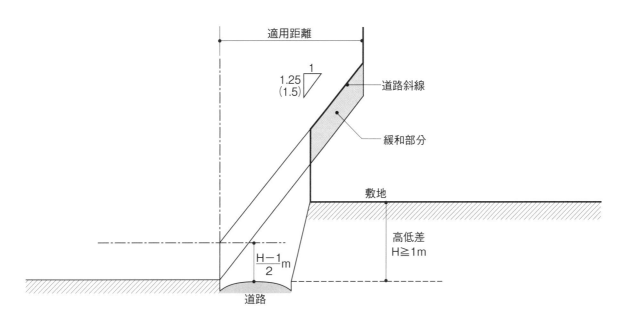

適用距離

$\dfrac{1}{1.25}$ (1.5)

道路斜線

緩和部分

敷地

高低差 $H \geqq 1m$

$\dfrac{H-1}{2}$ m

道路

採光や通風を確保する隣地斜線

隣地斜線は適用距離の制限はなく、敷地全体にかかる

用途地域で異なる基本高さ

都市計画区域・準都市計画区域内では、**隣地境界線**からも**斜線制限**がかかり、周辺の日照や、採光、通風の確保や、高い建築物が建つことで生じる閉塞感を防ぐことを目的としている。住居系地域（第1・2種中高層住居専用地域、第1・2種住居地域、準住居地域）では、当該敷地の**平均地盤面から20m**の基本高さを隣地境界線上に設定している。ただし、同じ住居系地域でも、**第1・2種低層住居専用地域、田園住居地域**は、10m（12m）の**絶対高さ制限があるので、隣地斜線制限は適用されない。**商業系・工業系の用途地域では**31m**が基本高さとなる。**用途地域**の指定がない区域は、特定行政庁が都市計画審議会の議を経て20mか31mを決める。（下図）

基本高さは、敷地の平均地盤面から算定する。敷地内の各部の制限高さは、基本高さを基準として、境界線から建築物の各部までの水平距離に**斜線勾配**（20mの地域は1.25、31mの地域は2.5）を乗じて求める。なお、隣地斜線には道路斜線のような適用距離の制限はない（法56条1項2号）。

屋上部分の階段室や**昇降機塔**、装飾塔、**物見塔**、建築設備、その他これらに類する建築物で、屋上部分の**水平投影面積**の合計が建築面積の1／8以下の場合は、屋上から12m（5m）までの部分は、高さに算入されない。そのため、これらの部分は、隣地斜線を超えて建築することが可能である（令2条1項6号）。

敷地に2つ以上の地域がある場合

敷地が隣地斜線制限の異なる2つ以上の地域にわたる場合は、**異なる地域ごとに斜線制限を適用**する（法56条5項）。ただし、隣地斜線は敷地単位で検討するため、各地域ごとのすべての範囲で斜線制限を検討する。

基本を理解！

・隣地境界線（敷地境界線）
　→p.88基本を理解

・斜線制限（斜線型高さ制限）
　→p.90、91

・平均地盤面
　→p.25本文

・用途地域
　→p.57本文

・斜線勾配
　→p.95

・昇降機塔（階数に算入しない屋上部分）
　→p.32

・物見塔（階数に算入しない屋上部分）
　→p.32わかる法規

・水平投影面積
　→p.32基本を理解

隣地境界線の後退距離

31m

隣地斜線

隣地境界線

隣地斜線制限（法56条1項2号）

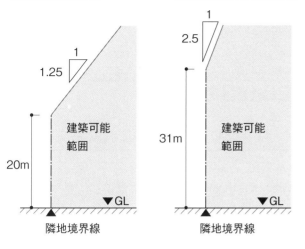

❶住居系用途地域

1.25 / 1

20m

建築可能範囲

▼GL

隣地境界線

❷住居系以外の用途地域

2.5 / 1

31m

建築可能範囲

▼GL

隣地境界線

> 隣地斜線制限には道路斜線のような適用距離がない

適用地域	立上りの基本高さ	勾配
第1種中高層住居専用地域 第2種中高層住居専用地域	H＞20m	1.25
第1種住居地域 第2種住居地域 準住居地域	H＞31m［※］	2.5［※］
近隣商業地域 商業地域 準工業地域 工業地域 工業専用地域	H＞31m	2.5
高層住居誘導地区内で、住宅用途の床面積≧延べ面積×2／3	H＞31m	2.5
用途地域の指定のない区域	H＞20m	1.25 または 2.5［※］
	H＞31m［※］	

※：特定行政庁が都市計画審議会の議を経て定める

敷地が2以上の地域・区域にわたる場合（法56条5項）

❶平面

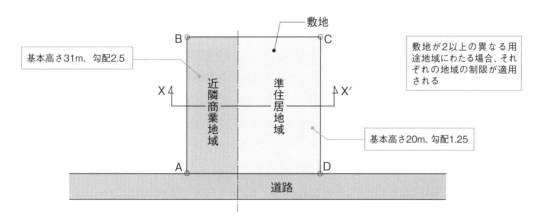

敷地

基本高さ31m、勾配2.5

近隣商業地域　準住居地域

X — X′

B C A D

道路

> 敷地が2以上の異なる用途地域にわたる場合、それぞれの地域の制限が適用される

基本高さ20m、勾配1.25

❷X－X′断面（隣地境界線CDからの隣地斜線）　❸X－X′断面（隣地境界線ABからの隣地斜線）

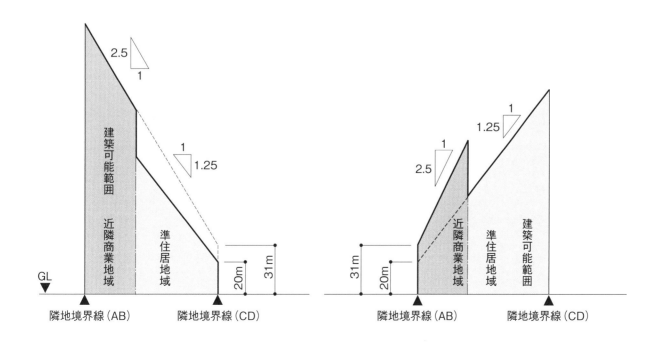

隣地斜線の緩和

隣地斜線のセットバックは、基本高さ 20m(31m) より上の最小距離で測る

隣地斜線のセットバック

　隣地斜線にも道路斜線と同様にセットバックの緩和がある。しかし、**隣地斜線**の場合、後退距離は、**道路斜線**とは異なり、住居系地域(第1・2種低層住居専用地域は除く)では建築物の地盤面からの高さ20m以上の部分、その他の**用途地域**では31m以上の部分で測定する。つまり、それ以下の部分が後退していても緩和対象にはならない。一定の高さ以上にある建築物の部分が**セットバック**している場合、後退緩和が適用される。そして**隣地境界線**から敷地の反対側に後退距離の分だけ離した**みなし境界線**上に、**地盤面**から高さ20m(31m)の起点を設けて、**斜線勾配**を適用する(下図参照)。

高低差や公園等がある場合

(1)敷地と隣地の地盤面に高低差がある場合

　基本高さの算定で緩和を受けることができ

る(令135条の3)。対象となるのは、敷地の地盤面が**隣地の地盤面より1m以上低い場合**で、隣地との高低差から1mを引いた値の1／2だけ敷地の地盤面が高い位置にあるとみなす。逆に敷地の地盤面が隣地の地盤面より高い場合には、高低差の緩和は適用されない。

(2)敷地が公園等に隣接する場合

　敷地が公園や広場、水面(水路、川)その他これらに類するものに接する場合、境界線の位置の緩和を受けられる。

　公園等がある場合、**隣地境界線がそれらの幅の1／2だけ外側にあるものとみなし**、公園等の幅員の中心線で隣地斜線を検討する。建築物に後退部分があれば、さらに緩和を受けられる。

　なお、街区内に居住する人が利用する**都市公園**(都市公園法施行令2条1項1号)のように、小規模な公園では、隣地斜線の緩和によって都市公園自体の日照阻害や閉塞感を生じさせるおそれがあるので緩和対象にならない。

基本を理解！

・隣地斜線
　→p.102本文

・道路斜線
　→p.94本文

・セットバック
　→p.99本文

・地盤面
　→p.25本文

・用途地域
　→p.57本文

・隣地境界線
　→p.88基本を理解

・みなし境界線
　→下図

・斜線勾配
　→下図

わかる法規

● **都市公園**
都市計画や記念事業として、地方公共団体又は国が設置する公園

隣地境界線の後退距離

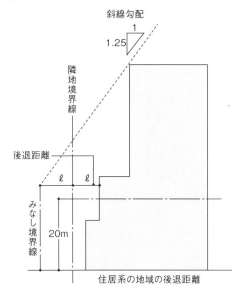

住居系の地域の後退距離

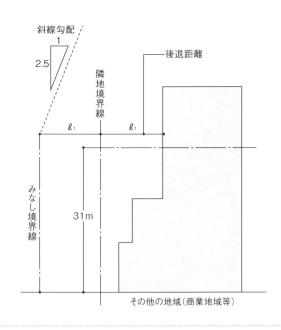

その他の地域(商業地域等)

セットバックによる隣地斜線制限の緩和

❶平面

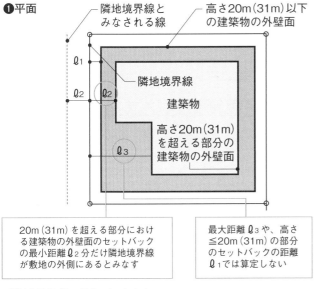

隣地境界線と
みなされる線

高さ20m（31m）以下
の建築物の外壁面

ℓ_1

ℓ_2

ℓ_2

隣地境界線

建築物

高さ20m（31m）
を超える部分の
建築物の外壁面

ℓ_3

20m（31m）を超える部分におけ
る建築物の外壁面のセットバック
の最小距離ℓ_2分だけ隣地境界線
が敷地の外側にあるとみなす

最大距離ℓ_3や、高さ
≦20m（31m）の部分
のセットバックの距離
ℓ_1では算定しない

※隣地境界線ごとに最小のものとする

❷立面

1.25
（2.5）

1

セットバック
しない場合

緩和部分

建築可能範囲

セットバックの最小距離
ℓ_2分だけ、隣地境界線が
外側にあるとみなす

20m
（31m）

▼GL

隣地境界線と
みなされる線

隣地境界線

ℓ_2 ℓ_2

高低差がある場合の隣地斜線の緩和（令135条の3）

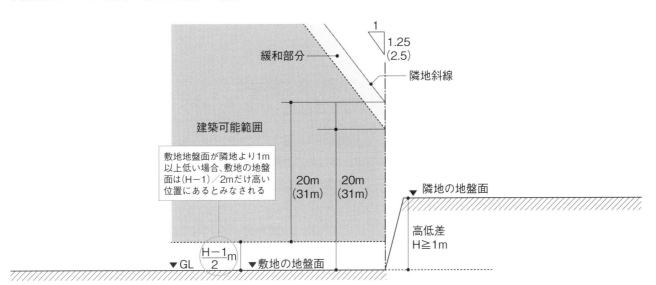

緩和部分

隣地斜線

1

1.25
（2.5）

建築可能範囲

敷地地盤面が隣地より1m
以上低い場合、敷地の地盤
面は（H−1）／2mだけ高い
位置にあるとみなされる

20m
（31m）

20m
（31m）

隣地の地盤面

$\dfrac{H-1}{2}$ m

▼GL

▼敷地の地盤面

高低差
H≧1m

敷地が公園・広場・水面等に隣接した場合の緩和（令135条の3）

❶平面

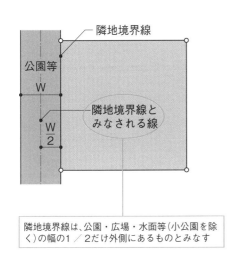

隣地境界線

公園等

W

$\dfrac{W}{2}$

隣地境界線と
みなされる線

隣地境界線は、公園・広場・水面等（小公園を除
く）の幅の1／2だけ外側にあるものとみなす

❷立面

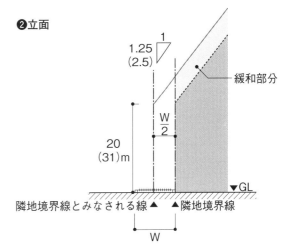

1.25
（2.5）

1

緩和部分

$\dfrac{W}{2}$

20
（31）m

▼GL

隣地境界線とみなされる線 ▲ ▲ 隣地境界線

W

住居系地域の日照を
確保する北側斜線

北側斜線は、低層住居専用地域・中層住居専用地域に適用される

真北方向への影を制限

建築物が北側に落とす影を制限するために建築物の真北側からの高さを制限している。これを**北側斜線制限**という（法56条1項3号）。

北側斜線制限では、真北方向の**敷地境界線**や**道路境界線**から建築物の各部分までの水平距離に応じて高さを制限する。ここでいう「真北」とは、磁北ではなく地理上の真北で、太陽の動きから求める方位である。

北側斜線制限の起点となる基準線は、真北方向の**隣地境界線**である。一方、境界線が道路境界線の場合は、緩和され、**前面道路**の反対側の境界線が基準線となり、その基準線上が起点となる。

規制の対象は低層・中高層専用地域

制限の対象となるのは、第1・2種低層住居専用地域、田園住居地域、第1・2種中高層住居専用地域の4**用途地域**である。

第1・2種低層住居専用地域、田園住居地域では、真北方向の境界線上に、敷地の**平均**

地盤面から5mの高さに起点を設けて、そこから真北の軸線上の水平距離に1.25の**斜線勾配**を乗じた数値が制限高さとなる。一方、第1・2種中高層住居専用地域では、斜線勾配は同じ1.25だが、斜線勾配の起点が10mとなる。

なお、これらの地域で敷地が**日影規制**地域に指定されている場合は、10m以上の建築物は日影規制を受け、日影図を作成して検討することになるので、北側斜線を検討する必要はない。

北側斜線は屋上部分も規制対象となる

北側斜線では、屋上の建築物の取扱いが道路斜線と異なる。**道路斜線**で規制されない階段室、**昇降機塔**、装飾塔、物見塔、建築設備、その他これらに類する高さに算入しない屋上部分〔32頁参照〕も北側斜線では、規制対象となる（令2条1項6号）。対象外となるのは、棟飾、トップライト、解放性の高い手摺など高さに算入されない屋上突出物の部分〔右頁参照〕である。

基本を理解！

・敷地境界線
　→p.88基本を理解
・道路境界線
　→p.88基本を理解
・隣地境界線
　→p.88基本を理解
・前面道路
　→p.49
・用途地域
　→p.57
・平均地盤面
　→p.25本文
・斜線勾配
　→p.104
・日影規制
　→p.110本文
・道路斜線
　→p.94本文
・昇降機塔
　→p.32わかる法規

・規制対象
高さに算入することになり、北側斜線制限の対象部分になること

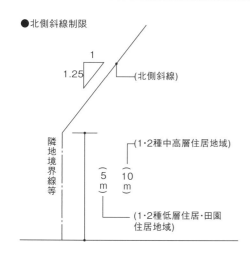

●北側斜線制限

北側斜線

北側斜線制限（法56条1項3号）

適用要件	制限内容
第1・2種低層住居専用・田園住居地域	5m＋1.25L ［※1］
第1・2種中高層住居専用地域	10m＋1.25L ［※1・2］

※1：Lは建築物の各部分から前面道路の反対側の境界線、または隣地境界線までの真北方向の水平距離

※2：日影規制が適用される場合は除外

水平距離の測り方

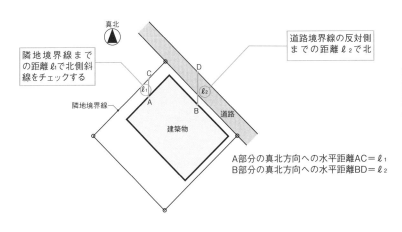

隣地境界線までの距離ℓ1で北側斜線をチェックする

道路境界線の反対側までの距離ℓ2で北

A部分の真北方向への水平距離AC＝ℓ1
B部分の真北方向への水平距離BD＝ℓ2

屋上突出等の扱い

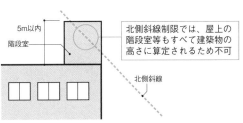

北側斜線制限では、屋上の階段室等もすべて建築物の高さに算定されるため不可

屋上突出物等の扱い（法92条、令2条1項6号ハ）

高さに含まない屋上突出物

・棟飾、箱棟
・防火壁
・採光、換気窓等の立上り部分
・パイプ、ダクトスペース等の立上り部分（ハト小屋）
・鬼瓦、装飾用工作物等
・開放性の高い手摺
・避雷針、アンテナ等
・建築物と一体的な煙突

参照：高さに算入しない屋上部分［91頁］

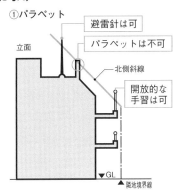

①パラペット

避雷針は可
パラペットは不可
開放的な手摺は可

②高さに含まれない階段室などがある場合

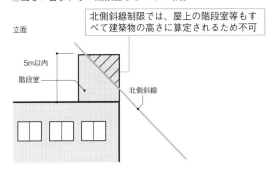

北側斜線制限では、屋上の階段室等もすべて建築物の高さに算定されるため不可

北側斜線制限と異なる高度地区の例（川崎市の場合）

① 第1種高度地区

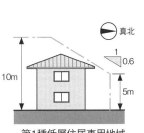

第1種低層住居専用地域
第2種低層住居専用地域

② 第2種高度地区

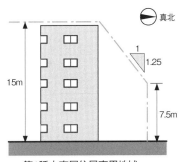

第1種中高層住居専用地域
第2種中高層住居専用地域

③ 第3種高度地区

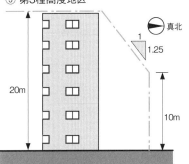

第1種住居地域、第2種住居地域、準住居地域、
準工業地域容積率200％の近隣商業地域

北側斜線の特例と緩和

北側斜線の緩和は、道路斜線、隣地斜線の緩和と異なる

水路や高低差がある場合の緩和

敷地が**北側斜線**の制限が異なる2つ以上の地域にわたる場合は、地域ごとに異なる規制値が適用される(令130条の11)。また、以下のような敷地条件では、緩和を受けることができる。

(1)北側に水路等がある場合

敷地の北側が水面(川・水路)や線路敷その他これらに類するものに接する場合は、北側斜線の起点となる境界線を、それらの幅の1／2だけ外側にあるものとみなすことができる。**みなし境界線**から真北方向の軸線上にある建築物の各部分までの水平距離をもとに建築物の高さを制限することになる。

また、水面等が**前面道路**の反対側にある場合は、北側斜線の起点となる反対側の道路境界線の位置が、道路を超えて水面等の中心(幅の1/2)に境界線があるとみなされる。

ただし、道路や隣地の**斜線制限**と異なり、公園や広場は北側斜線の緩和対象外である。これは公園や広場にも日照を確保する必要が

あるためである。

(2)敷地の高低差がある場合

敷地と隣地の**地盤面**に著しい高低差がある場合は、基準高さの緩和を受けることができる。**敷地が北側の隣地よりも1m以上低い場合**、高低差から1mを引いた値の1／2だけ、敷地の地盤面が高い位置にあるとみなす。逆に敷地が北側の隣地より高くても、緩和は受けられない。

基準高さは、当該敷地の地盤面から算定する。敷地に建築物があれば、敷地の地盤面は**平均地盤面**とする。建築物がない場合は、平均地表面を地盤面とみなす(令135条の4)。

北側斜線には後退緩和は適用されない

道路斜線や**隣地斜線**と異なり、北側斜線には、後退緩和は適用されない。したがって、建築物の各部分の高さは、各部から当該境界線までの真北方向の距離で算出した制限数値内に収めなければならない。

基本を理解！

・北側斜線
　→p.106本文
・みなし境界線
　→右頁
・前面道路
　→p.28
・斜線制限
　→下表
・地盤面
　→p.25本文
・平均地盤面
　→p.25本文
・道路斜線
　→p.94本文
・隣地斜線
　→p.102本文

北側斜線、日影、道路斜線、隣地斜線の緩和の相違点

	北側斜線	日影	道路斜線	隣地斜線
隣地が公園や広場の場合(小規模公園を除く)	緩和なし	緩和なし	公園や広場の反対側に道路斜線の起点が移動	公園や広場の幅の1/2まで隣地斜線の起点が移動
建物がセットバックしている場合	緩和なし	緩和なし	建物が道路境界からセットバックした分だけ道路斜線の起点が反対側に移動	建物の一定の高さ(20m、31m部分)がセットバックした分だけ隣地斜線の起点が移動
道路、川や水路などの水面等が隣する場合	・道路は反対側まで緩和 ・水面等、線路敷、川の中心線まで(幅1/2)の緩和	道路や水面等の合計幅員が10mを超えるかどうかで位置を判断(p.113)	川や水路などの水面等の反対側までの緩和	水面等の中心線(幅の1/2)まで道路斜線の起点が移動
敷地と1m以上の高低差がある場合	隣地が1m以上高い $\frac{H-1}{2}$ 敷地が高いものとできる	隣地が1m以上高い $\frac{H-1}{2}$ 敷地が高いものとできる	道路が1m以上低い $\frac{H-1}{2}$ 道路が高いものとできる	隣地が1m以上高い $\frac{H-1}{2}$ 敷地が高いものとできる
適用条文	法56条1項3号 令135条の4	法56条2号 令135条の12	法56条1項1号 令134条、135条の2	法56条1項2号 令135条の3

敷地が2以上の地域・区域にわたる場合の北側斜線の例（令130条の11）

①真北方向の隣地境界線側の敷地が低層住居専用地域

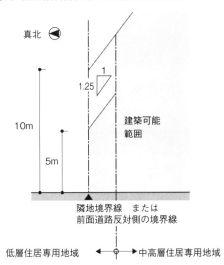

真北
1.25 / 1
10m
5m
建築可能範囲
隣地境界線　または
前面道路反対側の境界線
低層住居専用地域　◀─○─▶　中高層住居専用地域

①真北側に水路等がある場合の北側斜線の緩和

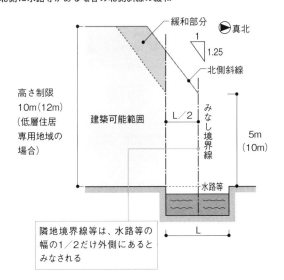

緩和部分
真北
1.25 / 1
北側斜線
高さ制限10m（12m）（低層住居専用地域の場合）
建築可能範囲
L／2
みなし境界線
5m（10m）
水路等

隣地境界線等は、水路等の幅の1／2だけ外側にあるとみなされる

②真北方向の隣地境界線側の敷地が中高層住居専用地域

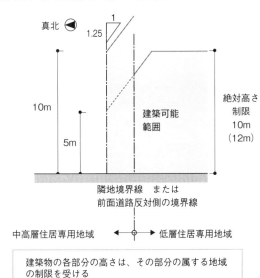

真北
1.25 / 1
10m
5m
建築可能範囲
絶対高さ制限10m（12m）
隣地境界線　または
前面道路反対側の境界線
中高層住居専用地域　◀─○─▶　低層住居専用地域

建築物の各部分の高さは、その部分の属する地域の制限を受ける

②真北側に道路と水路等がある場合の北側斜線の緩和

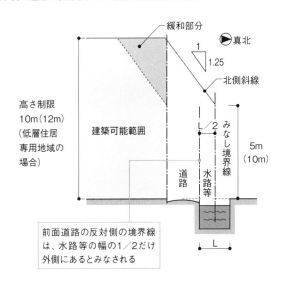

緩和部分
真北
1.25 / 1
北側斜線
高さ制限10m（12m）（低層住居専用地域の場合）
建築可能範囲
L／2
みなし境界線
道路
水路等
5m（10m）

前面道路の反対側の境界線は、水路等の幅の1／2だけ外側にあるとみなされる

高低差がある場合の北側斜線の緩和（令135条の4）

①高低差がある場合の北側斜線

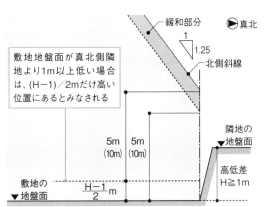

緩和部分
真北
1.25 / 1
北側斜線

敷地地盤面が真北側隣地より1m以上低い場合は、(H−1)／2mだけ高い位置にあるとみなされる

5m（10m）　5m（10m）
隣地の地盤面
敷地の地盤面
$\frac{H-1}{2}$ m
高低差 H≧1m

②北側道路の反対側隣接地と高低差がある場合の北側斜線

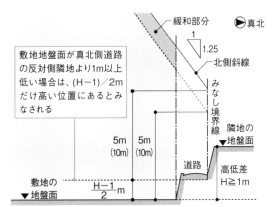

緩和部分
真北
1.25 / 1
北側斜線

敷地地盤面が真北側道路の反対側隣地より1m以上低い場合は、(H−1)／2mだけ高い位置にあるとみなされる

みなし境界線
5m（10m）　5m（10m）
隣地の地盤面
敷地の地盤面
$\frac{H-1}{2}$ m
道路
高低差 H≧1m

敷地外の日影時間を制限する日影規制

日影規制は、商業・工業・工業専用地域には適用されない

近隣の日照を確保する日影規制

日影規制とは、中高層建築物が近隣に落とす影の時間の規制である（法56条の2）。対象は敷地境界線から**水平距離で5m超10m以内と10m超の範囲**で、**冬至日の8時〜16時の8時間**（北海道では、規制時間が9時〜15時）に、建築物の影がかかる時間を制限する。日影時間の検討をするのは地面ではなく、建物の**平均地盤面から1.5m、4m、6.5m**のいずれかの水平面で用途地域によって異なる。これらの数値は、1〜3階の各階の窓の中心高さを想定したものである（法別表第4）。

日影を検討しなければならない建築物は、用途地域ごとに高さや階数で規定される。住居系地域では、高さ10mを超える建築物が規制対象となる。第1・2種低層住居専用地域、田園住居地域は、軒高7m超の建築物や地上3階建ての建築物も日影規制の対象になる。

一方、商業地域、**工業地域**、**工業専用地域**には日影規制がない。

日影規制は、都市計画区域・準都市計画区域内だけでなく、都市計画区域外でも、都道府県知事が関係市町村の意見を聴いて条例で指定する区域に定めることができる（法68条の9・令136条の2の9）。

複数の建築物や地盤面がある場合

屋上の階段室、昇降機塔等は、水平投影面積の合計が**建築面積の1／8以下で、屋上から5m以下**であれば、日影対象となる建築物の高さには含めない（令2条1項6号）。

また高低差が3mを超えて、複数の平均地盤面がある場合でも、日影の高さ算定の起点となる地盤面は、領域によらず建築物全体で1つの地盤面を算定することになる。

また、建築物が複数ある場合は、建物の1つが規制の高さを超えていれば、日影の対象となり、その他の建築物も含めて敷地単位で日影を検討しなければならない。その際平均地盤面は、複数ある建築物から算出した平均地盤面から高さを算定する（法56条の2第2項）。

規制の異なる対象区域に建築物がわたる場合の日影図

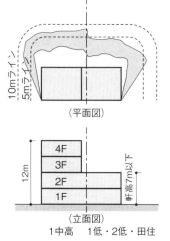

1中高部分に10m超の3階以上の建築物があるので、10m超の日影対象となる1低、2低、田住地域の日影検討も必要となり1中高部分および1低・2低・田住部分も全体の建築物で日影検討が必要となる

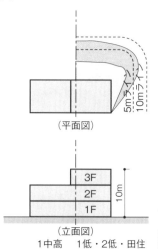

1低部分に3階以上の建築物があるので、1低部分は対象。1中高部分は、10m以下なので日影検討の対象とならない

日影規制（法56条の2、法別表第4）

地域・区域	1 低	2 低	田園住居	1 中	2 中	1 住	2 住	準商	近商	準工	無指定					
規制対象建築物	軒高>7m または地上階数≧3			建築物の高さ>10m			建築物の高さ>10m					軒高>7m または地上階数≧3			建築物の高さ>10m		
平均地盤面からの高さ	1.5m			4m、6.5m[※]			4m、6.5m [※]					1.5m			4m		
規制日影時間(h)[※] 隣地境界線からの水平距離=L（m）	①	②	③	①	②	③	①		②			①	②	③	①	②	③
5<L≦10	3(2)	4(3)	5(4)	3(2)	4(3)	5(4)	4(3)		5(4)			3(2)	4(3)	5(4)	3(2)	4(3)	5(4)
10<L2	2(1.5)	2.5(2)	3(2.5)	2(1.5)	2.5(2)	3(2.5)	2.5(2)		3(2.5)			2(1.5)	2.5(2)	3(2.5)	2(1.5)	2.5(2)	3(2.5)

注1：日影規制の対象区域・規制時間は、地方公共団体の条例で指定される　注2：高層住居誘導地区内、都市再生特別地区内の建築物には、日影規制は適用されない　注3：測定時間は冬至日の8：00～16：00（北海道地区では9：00～15：00）　※：地方公共団体の条例によっていずれかが規定される。カッコ内の数値は北海道地区に適用

日影規制の原則

①第1・2種低層住居専用地域

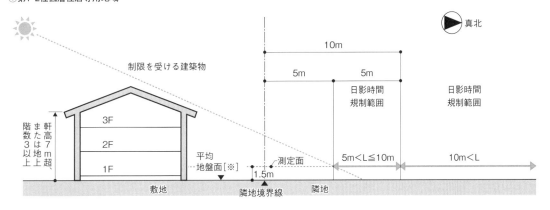

②第1・2種中高層住居専用地域、第1・2種住居地域、準住居地域、近隣商業地域、準工業地域

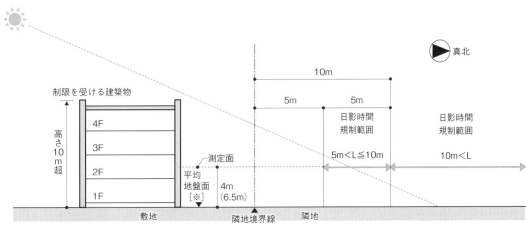

※：建築物が周囲の地面と接する位置の平均の高さ

敷地内に2以上の建築物がある場合の取扱い

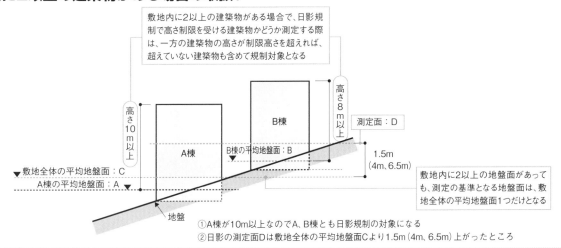

敷地内に2以上の建築物がある場合で、日影規制で高さ制限を受ける建築物かどうか測定する際は、一方の建築物の高さが制限高さを超えれば、超えていない建築物も含めて規制対象となる

敷地内に2以上の地盤面があっても、測定の基準となる地盤面は、敷地全体の平均地盤面1つだけとなる

①A棟が10m以上なのでA、B棟とも日影規制の対象になる
②日影の測定面Dは敷地全体の平均地盤面Cより1.5m（4m、6.5m）上がったところ

日影規制の緩和

日影規制の緩和は、道路等に接する部分と敷地が隣地より低い場合

敷地が低い場合と道路等に接する場合の緩和

斜線型の高さ制限と同様、日影規制も敷地の条件で、さまざまな緩和規定がある（法56条の2第3項）。

(1)敷地が隣地より低い場合

建築物のある敷地が隣地より著しく低い場合は、隣地への日影の影響が少なくなるため、地盤面の算定の緩和を受けられる（令135条の12）。

緩和対象となるのは、敷地が隣地より1m以上低い場合である。高低差から1m減じた数値の1／2だけ高い位置に、敷地の地盤面を設定することができる。

(2)敷地が道路等に接する場合

建築物のある敷地が道路・水面・線路敷等に接する場合は、敷地の境界線の位置が緩和される。道路の先に水路や線路敷がある場合はそれらの幅の合計を幅員とし道路・水面等の幅の合計が10mを超えるかどうかで異なる。

道路・水面等の幅員の合計が10m以内の場合は、境界線がそれらの幅の1／2だけ外側にあるものとみなし、道路・水面等の中心線を境界線とする。したがって、影の時間の制限を受ける範囲は、道路・水面等の中心線から外側に測定することになる。

また、道路・水面等の幅員の合計が10mを超える場合は、道路・水面等の反対側の境界線から敷地側に5m寄った位置に敷地の境界線があるとみなす。

この場合、影の時間の制限範囲となる5mの測定線は、道路・水面等の反対側の境界線上、10mの測定線は、その境界線からさらに5m外側のラインとなる（令135条の12）。

日照が必要な公園や広場

日影規制も北側斜線同様、敷地が公園や広場に接する場合は、境界線位置の緩和措置がない。これは、公園や広場は日照を必要とする空地であり、緩和によって大きな建築物が建つことで、公園等の良好な環境が阻害されるのを防ぐためである。

基本を理解

・斜線型の高さ制限
　→p.90本文

・日影規制
　→p.110本文

・地盤面
　→p.25本文

・北側斜線
　→p.106本文

・空地
　→p.48基本を理解

敷地が道路、水面等に面する場合の日影規制境界線の扱い

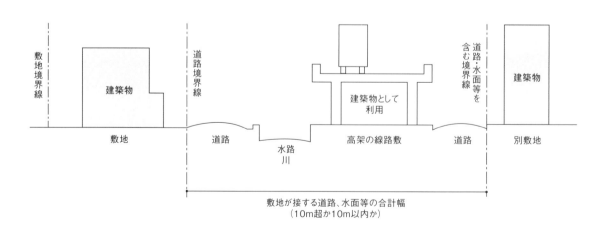

日影規制の緩和（法56条の2、令135条の12）

敷地地盤面が隣地地盤面等より1m以上低い	敷地地盤面はその高低差より1mを減じた値の1／2だけ高い位置にあるとみなす		法56条の2第3項 令135条の12第1項2号
敷地が道路・水面・線路敷等に接する	道路・水面等の幅≦10m	敷地境界線はその幅の1／2だけ外側にあるとみなす	法56条の2第3項 令135条の12第1項1号
	道路・水面等の幅＞10m	敷地境界線は道路等の反対側の境界線から5m敷地側にあるとみなす	

高低差がある場合の緩和

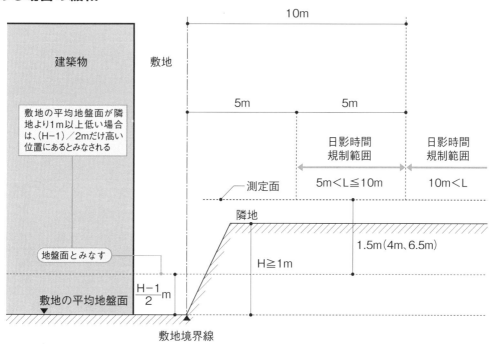

敷地が道路・水面・線路敷等に接する場合の緩和

❶道路幅員w≦10mの場合

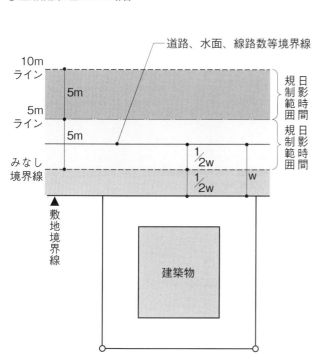

❷道路幅員w＞10mの場合

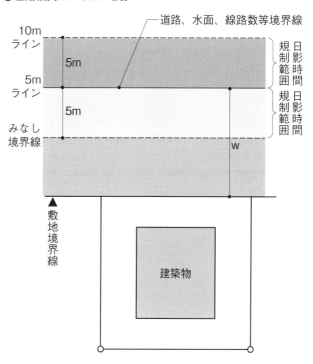

日影規制の特例

高さが10mを超える建築物の敷地が対象区域外でも 隣接地が対象区域なら日影を注意

住居系地域に影響を与える建築物は日影規制対象

商業地域や工業地域、工業専用地域内の建築物は、**日影規制の対象外**である。

ただしこれらの地域に建つ建築物でも、**住居系地域**に隣接すると、日影の影響を与えるおそれがあるため、日影の制限を受ける（法56条の2第4項）。すべての地域で、**規制対象となる**のは、高さ**10mを超える建築物**である。また1・2低層地域に隣接する場合は、10mを超えていなくても**地上3階建や軒高7m超の建築物**も検討が必要となる。測定面や日影時間は影を落とす日影制限対象区域の数値で検討する。逆に、日影制限の対象区域内に建つ建築物が、商業地域などの制限対象区域外に落とす影は規制されない。

異なる制限区域にわたる建築物

建築物が異なる制限区域にわたる場合は、区域ごとの建築物の部分で、日影規制の対象となるかを判断する（法56条の2第5項、令135条の13）。対象となれば、建築物全体でその区の**測定水平面**と**規制時間**によって、等時間日影図を作成し、検討する。

日影の許可と除外地区

日影規制の適用を受ける建築物でも、特定行政庁が土地の状況などにより周囲の居住環境を害するおそれがないと認めて、建築審査会の同意を得て許可した場合は、日影規制は適用されない（法56条の2第1項ただし書）。

また、地区・街区等によっても日影規制の適用が除外される場合がある。**都市再生特別地区**と**高層住居誘導地区**にある建築物は、日影規制区域が隣接する場合、対象区域外にある建築物とみなし日影の検討が必要になる。

一方、**特定街区**に建つ建築物は、隣接する区域等にかかわらず、日影の検討は不要である（法60条3項）。

建築物が異なる制限区域にわたる場合の日影の検討

右図の場合それぞれの地域では、建築物の各部分は日影の対象ではないが、1低、2低、田園住居地域で規制対象となる3階建が左地域に隣接するため、右側の規制地域に日影をおとす場合建築物全体で、日影規制の対象となり、検討する必要がある

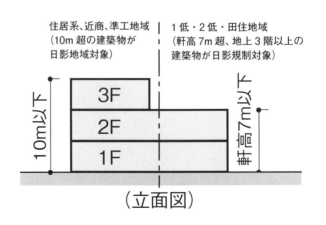

住居系、近商、準工地域
（10m超の建築物が日影地域対象）

1低・2低・田住地域
（軒高7m超、地上3階以上の建築物が日影規制対象）

（立面図）

日影規制の特例

対象区域外にある高さ10m超の建築物が冬至日に対象区域内に日影を落とす	対象区域内の建築物であるとみなされ、日影を落とす区域の規制で検討し、規制対象区域内に規制時間の日影を落とす場合は、制限を受ける		法56条の2第4項
対象建築物が日影時間制限の異なる他の対象区域に日影を落とす	対象建築物が日影を落とす区域内にあるものとして、対象建築物になるか否か判断し、対象建築物になる場合は、日影が落ちる区域ごとの規制を受ける（例：1低・2低・田住地域で軒高>7m、地上階数≧3など）		法56条の2第5項 令135条の13
建築物が制限の異なる2以上の区域にわたり、各区域内にある建築物の部分が、いずれかの区域で対象建築物となる	対象建築物となる区域	建築物全体がその区域の規制を受ける	法56条の2第5項 令135条の13
	対象建築物とならない区域	・冬至日に日影を生じなければ対象外 ・日影を生じれば建築物全体がその区域の規制を受ける	

対象区域外と対象区域が隣接する場合

①対象区域に対象外区域の建築物が影を落とす場合

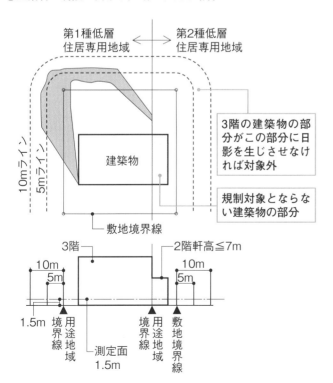

②規制対象区域に制限される日影がない場合

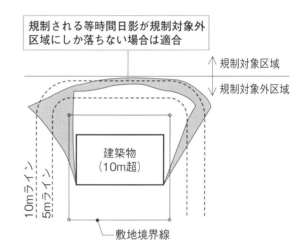

③建築物が制限の異なる区域にわたる場合

④対象建築物が他の区域に日影を生じさせる場合

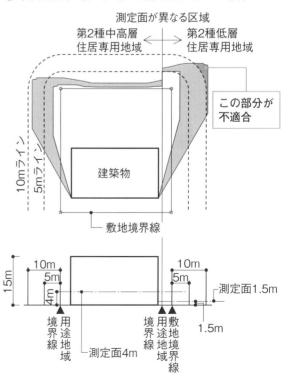

斜線制限を3次元で考える 天空率

天空率は道路、隣地、北側の斜線制限に代えて利用できる

天空率による環境の確保

道路斜線や隣地斜線、北側斜線は、建築物の2次元の断面形状で高さを制限する。これに対して建築物の周辺が同程度以上の環境を確保できるかを3次元的に判断するのが天空率である。

複数の算定位置に想定した半球上に空の割合を映し、水平投影して天空図をつくる。予定建築物の形状（計画建築物）の天空率が、斜線制限で建築可能な立体（適合建築物）の天空率以上であれば、斜線制限は適用除外となる（法56条7項）。

斜線の種類で変わる算定位置

緩和する斜線制限の種類によって、天空率の算定位置は異なる。

道路斜線緩和では、前面道路の敷地と反対側の道路境界線上に算定位置を定め、敷地が面する部分の幅を道路幅員の1／2以下の間隔で均等に配置した点とする（令135条の9）。

隣地斜線緩和では、隣地境界線に平行に外側にとる。水平距離と算定位置の間隔は、住居系用途地域で16mと8m、商業系用途地域で12.4mと6.2mである（令135条の10）。

北側斜線緩和では、第1・2種低層住居専用地域は隣地境界線から真北方向へ水平距離4m外側で、間隔は1m以上、第1・2種中高層住居専用地域では、8m外側で間隔2m以内とする（令135条の11）。

天空図の作成と緩和

天空率では、工作物以外、斜線制限では、高さに算入しない塔屋等の部分の高さも含んで検討しなければならない。

道路や隣地・北側斜線の天空率で、敷地が道路より1m以上高い場合は、高低差から1mを減じた値の1／2だけ高いとみなし、隣地より1m低い場合は、同様の算式により敷地が高いとみなす。

また隣地や北側斜線の天空率では建築物の地盤面が3mを超える場合、各領域ごとに天空率を算定することになる（令135条の10、11第3項）。

基本を理解！

・天空図
半球の上に写しとられる立体的な建築物の形などを、正射影法の投影方法により平面に反映した図

・計画建築物
敷地に計画される建築物

・適合建築物
道路斜線や隣地斜線などの検討で許容数値から求めた敷地内に最大限建てられる仮想の立体形状

・道路斜線
→p.94本文

・隣地斜線
→p.102本文

・北側斜線
→p.106本文

天空率検討の際の算定位置のとり方
（道路斜線緩和の場合）

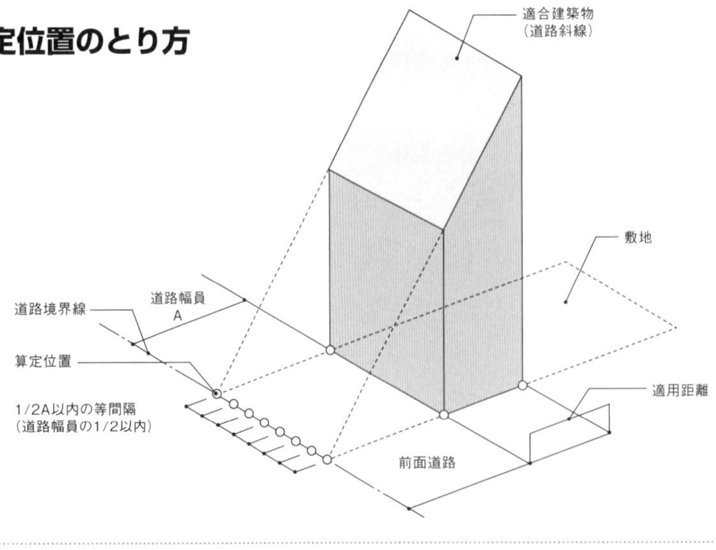

適合建築物と計画建築物の比較

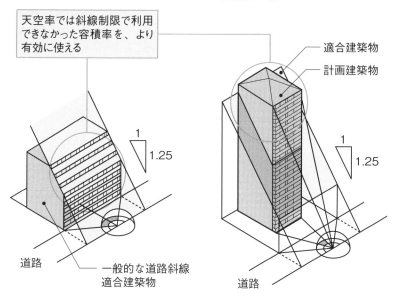

①道路斜線制限による
　建築物の例

天空率では斜線制限で利用
できなかった容積率を、より
有効に使える

②天空率適用により実現可能な
　建築物の例

適合建築物
計画建築物

1 / 1.25

1 / 1.25

道路

一般的な道路斜線
適合建築物

道路

天空図（適合建築物）

N — 適合建築物

W　　　　E

S

天空図（計画建築物）

N — 計画建築物

W　　　　E

S

天空図では、全天に対する空の
面積の割合が一目瞭然となる

天空率の検討フロー

斜線制限の算式から
適合建築物の各部の高さを設定

計画建築物の各部の高さを設定

斜線規制に適応した
算定位置の設定

天空率の算定

適合建築物の天空率計算

計画建築物の天空率計算

各天空率をすべての
算定位置で比較
計画建築物の天空率＞
適合建築物の天空率を確認

1カ所でもクリアできなければ
計画の再検討をして
再度天空率の確認

天空率の考え方

①水平投影の考え方

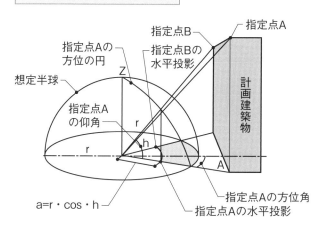

想定半球真上からの水平投影に
より、建築物の天空図を作成する

想定半球

指定点Aの
方位の円

指定点A
の仰角

指定点B
指定点A

指定点Bの
水平投影

指定点A

計画建築物

Z

r

r

h

A

a=r・cos・h

指定点Aの方位角

指定点Aの水平投影

②天空図の三斜求積による天空率の求め方（計画建築物）

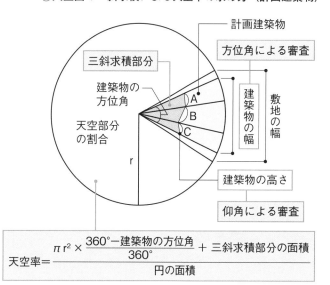

計画建築物

方位角による審査

三斜求積部分

建築物の
方位角

天空部分
の割合

A

B

C

r

建築物の
幅

敷地の
幅

建築物の高さ

仰角による審査

$$\text{天空率} = \frac{\pi r^2 \times \dfrac{360° - \text{建築物の方位角}}{360°} + \text{三斜求積部分の面積}}{\text{円の面積}}$$

建築基準法

道路・敷地・用途

形態制限

防火

避難

居室

構造

北側斜線における適合建築物
（第1・2種低層住居専用地域・田園住居地域、第1・2種中高層住居専用地域）

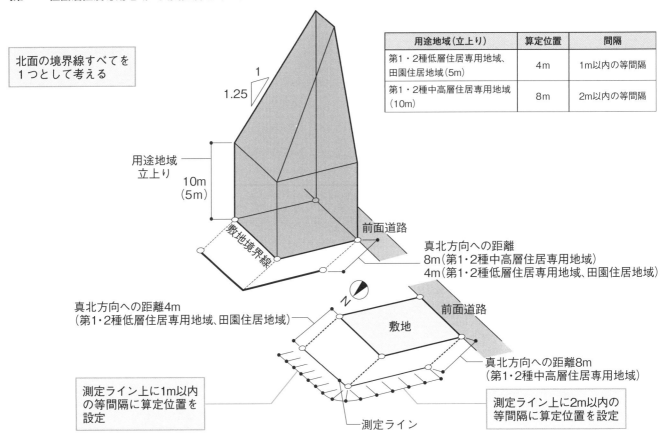

北面の境界線すべてを
1つとして考える

用途地域（立上り）	算定位置	間隔
第1・2種低層住居専用地域、田園住居地域（5m）	4m	1m以内の等間隔
第1・2種中高層住居専用地域（10m）	8m	2m以内の等間隔

用途地域
立上り

10m
（5m）

敷地境界線

前面道路

真北方向への距離
8m（第1・2種中高層住居専用地域）
4m（第1・2種低層住居専用地域、田園住居地域）

真北方向への距離4m
（第1・2種低層住居専用地域、田園住居地域）

前面道路

敷地

真北方向への距離8m
（第1・2種中高層住居専用地域）

測定ライン上に1m以内
の等間隔に算定位置を
設定

測定ライン

測定ライン上に2m以内の
等間隔に算定位置を設定

勾配が異なる地域等にわたる敷地の適合建築物（隣地斜線の場合）

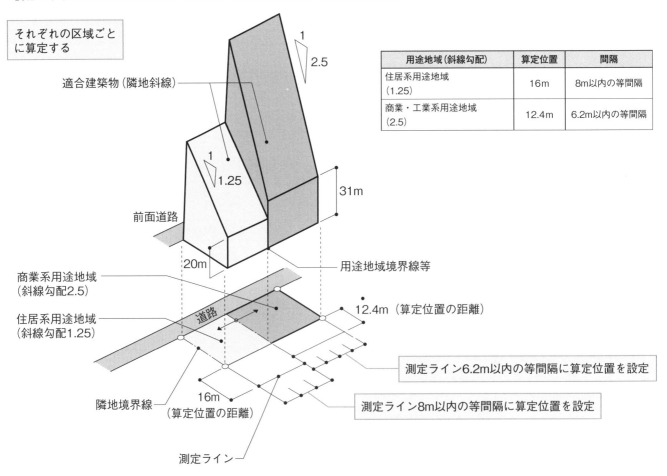

それぞれの区域ごと
に算定する

用途地域（斜線勾配）	算定位置	間隔
住居系用途地域（1.25）	16m	8m以内の等間隔
商業・工業系用途地域（2.5）	12.4m	6.2m以内の等間隔

適合建築物（隣地斜線）

31m

前面道路

20m

用途地域境界線等

商業系用途地域
（斜線勾配2.5）

住居系用途地域
（斜線勾配1.25）

道路

12.4m（算定位置の距離）

測定ライン6.2m以内の等間隔に算定位置を設定

隣地境界線

16m
（算定位置の距離）

測定ライン8m以内の等間隔に算定位置を設定

測定ライン

道路斜線の天空率で敷地内に複数の地盤面がある場合の適合建築物

・道路制限勾配が同一の場合
　区域区分は行われず、一体の適合建物を設定する
・高低差緩和は(H1-1)／2

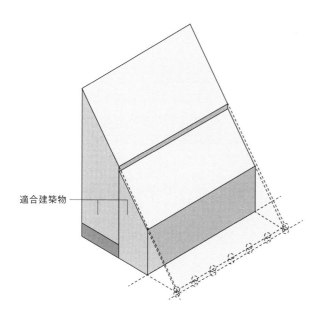

適合建築物

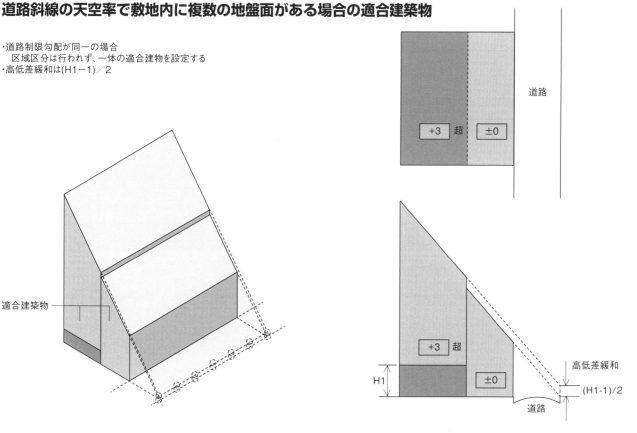

道路

+3 超　±0

+3 超

H1

±0

高低差緩和

(H1-1)/2

道路

隣地・北側斜線の天空率で敷地内に複数の地盤面がある場合の適合建築物

隣地・北側斜線における天空率では、当該建築物が周囲の地面と接する位置の高低差が3mを超える場合、高低差が3m以内となるように高低差区分区域を設定し、それぞれの区域ごとに天空率を比較する。
複数の高低差区分区域がある場合、地盤面ごとに適合建築物を想定し、算定位置を配置する。隣地の地盤面との高低差による緩和は、適合建築物の高さ、算定位置に適用される

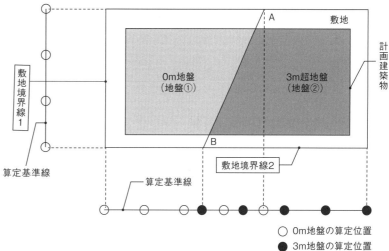

A
敷地

0m地盤
（地盤①）

3m超地盤
（地盤②）

計画建築物

敷地境界線1

算定基準線

B

敷地境界線2

算定基準線

○ 0m地盤の算定位置
● 3m地盤の算定位置

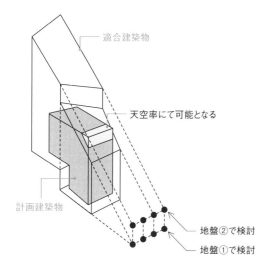

適合建築物

天空率にて可能となる

計画建築物

地盤②で検討

地盤①で検討

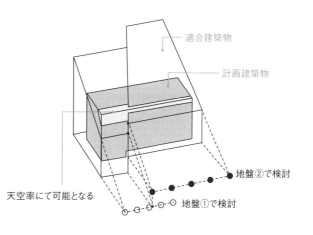

適合建築物

計画建築物

天空率にて可能となる

地盤②で検討

地盤①で検討

Column

地域の環境を確保するための建築協定

建築協定とは？

建築協定は、住宅地の環境や商店街の利便性を図るために、建築物の敷地や用途、形態、意匠などに関して地域住民などが一定の制限を設ける制度である。都市計画区域外にも定められるため、リゾート地の環境維持なども可能である（法69条）。

建築協定を行うためには、当該地域の市町村が条例で、協定の締結について定める必要がある。ただし、建築基準法を緩和することはできない。

建築協定は、土地の所有者など全員の合意を得て、特定行政庁に提出し認可を受ける。特定行政庁は、土地・建築物の利用を不当に制限せず、土地利用を増進し、土地環境を改善する場合、または協定区域の一部となることを土地の所有者等が望み、建築協定区域の隣接境界線が明確である場合、建築協定を認可しなければならない（法73条）。

建築協定の廃止

土地所有者の過半数が廃止の合意をする場合、有効期間中であっても、協定廃止を特定行政庁に申請できる。特定行政庁は、事前の公告や縦覧、公聴会等は不要だが、廃止の認可をした場合、その旨を公告する（法76条）。

建築協定の設定の特則

分譲住宅地の新規開発の場合、事業者が良好な環境を将来にわたって確保することを意図して、一者で建築協定（一人建築協定）を締結し、分譲後に土地購入者が協定に従う場合がある。

認可手続きは、対象区域に他の土地所有者や借地権者がいないこと以外は通常の建築協定と同じである。認可日から3年以内に建築協定の区域内の土地に2者以上の土地の所有者が存在することになったときに効力を発生する（法76条の3）。

建築協定の手続き

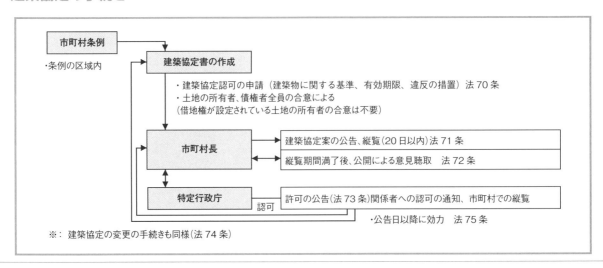

※：建築協定の変更の手続きも同様（法74条）

CHAPTER **4**

防火

火災に耐える耐火建築物

主要構造部の耐火性能は、仕様規定か性能規定で証明する

火災で倒壊しない耐火建築物

耐火建築物とは、屋内からの火災や周囲で発生した火災に対して、火災が終了するまでの間、倒壊するほどの変形や損傷などがなく、延焼もしないで、耐える建築物である（法2条1項9号の2イ）。

建築基準法の耐火建築物は、主要構造部（防火・構造耐力上主要な、壁、柱、床、梁、屋根、階段）に次のいずれかの条件が必要となる。

①例示仕様の耐火構造であること（平12建告1399号）

②耐火性能の技術基準に適合すること（令108条の3）

なお、①と②のいずれの場合でも、外壁の開口部で、延焼のおそれのある部分には、両面に遮炎性能をもつ防火設備を設けなければならない（令109条、109条の2）。

耐火性能の技術基準

耐火性能の技術基準によって、性能を証明する方法は2つある。

1つは、告示に従った耐火性能検証法により、主要構造部の性能が所定の基準に適合することを確かめる方法である（ルートB）（令108条の3第1項1号）。

この場合、主要構造部ごとに、火災の継続時間よりも屋内・外の保有耐火時間のほうが長いことを、告示に規定された方法で算定して証明する（平12建告1433号）。

もう1つの検証方法は、個別の条件で耐火性能を検証して国土交通大臣の認定を受ける方法である（ルートC）（令108条の3第1項2号）。

個別認定による方法では、建築物の構造や建築設備、用途に応じて、主要構造部や開口部の性能を高度な評価法により確かめる。具体的には、屋内で発生した火災の加熱と、周囲の火災による火熱に対して、主要構造部等が一定の性能（非損傷性、遮熱性、遮炎性）を保てることを実験データなどで検証して、国土交通大臣の認定を受けなければならない。

基本を理解！

・例示仕様
国交省告示に指定された仕様

・開口部
採光、換気、通行、透視などの役目を果たすことを目的とした建物の壁や屋根、床などのくり抜かれた部分

・保有耐火時間
建築物の部位の単位の耐火性能から計算される火災に耐えられる時間。この時間と火災の継続時間を比較し、耐火性能を検証する

・耐火構造
→p.124本文

・非損傷性
→p.124本文

・遮熱性
→p.124本文

・遮炎性
→p.124本文

・耐火性能
→p.124本文

・防火設備
→p.136本文

耐火建築物

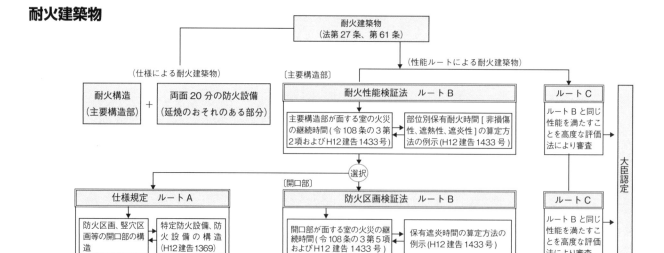

※ルートAは、主要構造部を令107条に例示された方法で耐火性能をもたせる方法

耐火建築物(法2条9号の2)

主要構造部		延焼のおそれがある部分の外壁開口部

耐火構造 (例示仕様　または　認定仕様) (法2条9号の2イ(1)、令107条) (平12建告 1399号)	仕様に適合	**＋**

耐火性能検証法 (法2条9号の2イ(2)、令108条の3) ・告示にもとづく耐火性能検証（ルートB） ・個別条件で耐火性能検証を行い 　大臣認定（ルートC）	技術的 基準に適合

法2条9号の2ロに規定する防火設備
令109条：防火戸その他の防火設備
令109条の2：遮炎性能に関する技術基準
　　　　　　(両面20分の性能)

主要構造部の性能に関する技術基準(令108条の3)

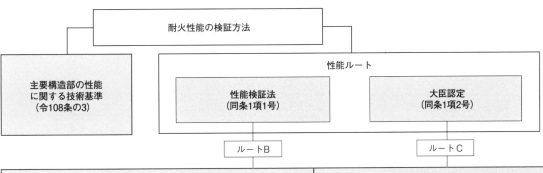

耐火性能の検証方法

主要構造部の性能 に関する技術基準 (令108条の3)	性能ルート

	性能検証法 (同条1項1号)	大臣認定 (同条1項2号)

ルートB　　　　　　　　　　　ルートC

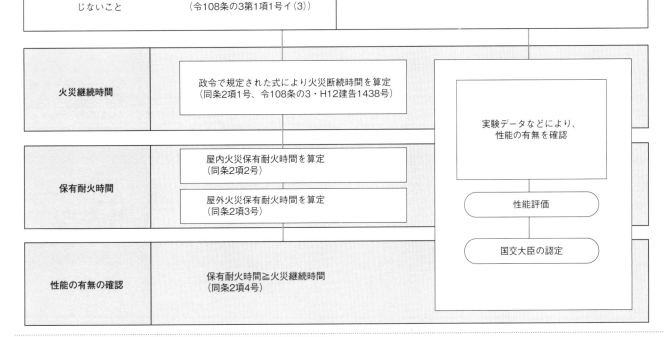

	室内で発生が予測される火災 (法2条9号の2イ(2)(i))	周囲の火災(30分／1時間[延焼のおそれのある部分]) (法2条9号の2イ(2)(ii))
	適合させなければならない性能 ①非損傷性：構造耐力上主要な部分が支障のある損傷を生じないこと 　　　　　　(令108条の3第1項1号イ(1)) ②遮熱性：壁、床の加熱面以外の面の温度が一定以上上昇しないこと、 　　　　　内装仕上不燃　　　　(令108条の3第1項1号イ(2)) ③遮炎性：外壁、屋根は屋外に火災を出す原因となるき裂等の損傷を生 　　　　　じないこと　　　　(令108条の3第1項1号イ(3))	適合させなければならない性能 ①外壁の非損傷性　　　　　　　　　　(令同条1項1号ロ(1)) ②外壁の遮熱性(屋内に面するもの) 内装仕上げ不燃材料 　　　　　　　　　　　　　　　　　(同条1項1号ロ(2))
火災継続時間	政令で規定された式により火災断続時間を算定 (同条2項1号、令108条の3・H12建告1438号)	実験データなどにより、 性能の有無を確認
保有耐火時間	屋内火災保有耐火時間を算定 (同条2項2号) 屋外火災保有耐火時間を算定 (同条2項3号)	性能評価 国交大臣の認定
性能の有無の確認	保有耐火時間≧火災継続時間 (同条2項4号)	

非損傷性・遮熱性・遮炎性を持つ耐火構造

階によって火災に耐えなければならない時間が決まっている

耐火性能の3つの技術基準

耐火構造とは、主要構造部が一定の時間の火熱に対して耐火性能をもち、倒壊しない構造である。その構造方法は、平12建告1399号に例示されている。耐火性能とは、建築物が損傷したり延焼しない性能で、非損傷性・遮熱性・遮炎性の3つの技術基準からなり、主要構造部ごとに耐火時間が決められる。

(1)非損傷性

非損傷性とは、建築物の荷重を支える主要構造部が火熱によって、変形、溶融、破壊するほどの損傷を受けるのを防ぐ性能である。耐火時間は、建築物の階数で決まる。上階からの避難を考慮し、下階ほど耐火要求時間は長くなる。建築物の最上階から数えた階数が4以内の場合、壁、柱、床、梁の各部は1時間、5以上14以内の階では2時間、15階以上では、柱と梁に3時間、壁と床に2時間の耐火時間が求められる。

階数の算定では、地階の部分も算入する。また、階数に算入されないペントハウス部分の耐火時間は、最上階と同じ1時間となる。屋根と階段に求められる耐火時間は、階によらず30分である（令107条1項1号）。

(2)遮熱性

遮熱性とは、内壁・外壁・床の加熱によって、それ以外の面が可燃物燃焼温度以上になり、屋内の他の部分へ延焼するのを防ぐ性能である。壁・床に対しては1時間の耐火時間が求められる。延焼のおそれのある部分以外の外壁（非耐力壁）は、耐火時間は30分に緩和される（令107条1項2号）。

(3)遮炎性

遮炎性とは、屋内に発生する通常の火災で、屋外へ火炎を出す亀裂や損傷が外壁・屋根に生じない性能である。耐力壁や延焼のおそれのある部分の外壁には1時間の耐火時間が、それ以外の外壁と屋根は30分の耐火時間が要求される（令107条1項3号）。

基本を理解！

・耐火要求時間
耐火建築物の主要構造部に規定された耐火性能の時間30分から3時間が規定されている（右頁）

・ペントハウス
建築基準法上、屋上にある昇降機塔、物見塔などの部分をいい、それらの部分の水平投影面積が建築面積の1／8以下の場合は高さに算入しない
→p.32本文

・主要構造部
→p.122本文

・階数
→p.32本文

・延焼のおそれのある部分
→p.140、141

・耐力壁
→p.228基本を理解

📖 **わかる法規**

● 可燃物燃焼温度
可燃物燃焼温度とは、壁の加熱面と反対側に可燃物が付着していても燃焼に至ることがないという温度。H12建告1432号においては、可燃物燃焼温度を平均160℃、最高200℃と規定している。
火災により屋外や屋内が1000℃以上に温度が上昇しても、防火材料の裏面では、一定時間、可燃物燃焼温度以下であることが必要である

階に含まれる建物の部位の耐火性能範囲と名称

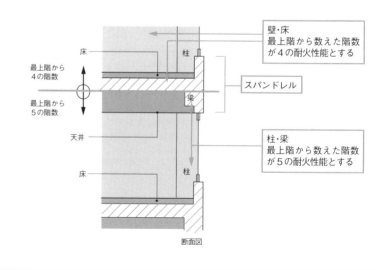

床
最上階から4の階数
最上階から5の階数
天井
床
柱
梁
柱

壁・床
最上階から数えた階数が4の耐火性能とする

スパンドレル

柱・梁
最上階から数えた階数が5の耐火性能とする

断面図

耐火性能と耐火時間(令107条)

性能		対象部位	耐火時間
非損傷性	建築物の荷重を支える主要構造部が火熱により、変形、溶融、破壊するほどの損傷を受けるのを防ぐ性能 (令107条1項1号)	耐力壁、床	1～2時間 (最上階からの階数で算定)
		柱、梁	1～3時間 (最上階からの階数で算定)
		屋根、階段	30分
遮熱性	内壁、外壁、床の加熱によって、可燃物燃焼温度以上になり、屋内の他部分へ延焼をするのを防止するための性能(令107条1項2号)	壁、床	1時間
		非耐力壁(外壁)で延焼のおそれのある部分以外、軒裏	30分
遮炎性	外壁、屋根が、屋内に発生する通常の火災で、屋外へ火炎を出す亀裂、損傷を生じない性能 (令107条1項3号)	外壁の延焼のおそれのある部分	1時間
		非耐力壁(外壁)で延焼のおそれのある部分以外、屋根	30分

非損傷性に関する階数と耐火時間の関係(令107条1項1号)

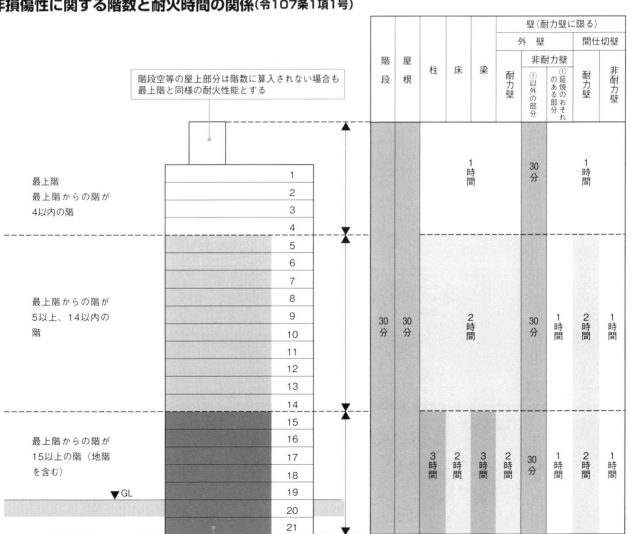

告示にある耐火構造仕様

壁（抜粋・平12建告1399号）

①鉄筋コンクリート造、鉄骨鉄筋コンクリート造、鉄骨コンクリート造

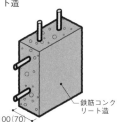

鉄筋コンクリート造

100（70）

2時間耐火：厚さ100mm以上（鉄骨に対してはかぶり厚さ30mm以上）1時間耐火：厚さ70mm以上

②軸組を鉄骨造とし、その両面を鉄網モルタルで覆ったもの

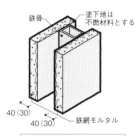

鉄骨
塗下地は不燃材料とする
鉄網モルタル
40（30）
40（30）

2時間耐火：塗厚40mm以上
1時間耐火：塗厚30mm以上

③軸組を鉄骨造とし、その両面をコンクリートブロック、れんが、石で覆ったもの

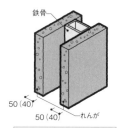

鉄骨
れんが
50（40）

2時間耐火：厚さ50mm以上
1時間耐火：厚さ40mm以上

④高温高圧蒸気養生された軽量気泡コンクリート製パネル

軽量気泡コンクリート製パネル（ALC板）
75

2時間耐火：厚さ75mm以上

⑤鉄材によって補強されたコンクリートブロック造、れんが造、石造

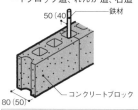

鉄材
50（40）
コンクリートブロック
80（50）

2時間耐火：肉厚と仕上げ材料の厚さの合計80mm以上、かつかぶり厚さ50mm以上1時間耐火：肉厚50mm以上、かぶり厚さ40mm以上

⑥コンクリートブロック造、無筋コンクリート造、れんが造、石造

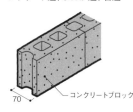

コンクリートブロック
70

1時間耐火：肉厚と仕上げ材料の厚さの合計70mm以上

⑦下地に木材または鉄材両面に強化石膏ボードを2枚以上張ったもの

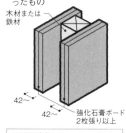

木材または鉄材
強化石膏ボード2枚張り以上
42〜
42〜

1時間耐火：厚さ42mm以上

⑧木材または鉄材の下地に強化石膏ボード2枚とケイ酸カルシウム板を両面張りしたもの

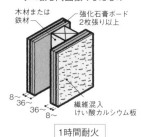

木材または鉄材
強化石膏ボード2枚張り以上
繊維混入けい酸カルシウム板
8〜
36〜
36〜
8〜

1時間耐火

柱（抜粋・平12建告1399号）

①鉄筋コンクリート造、鉄骨鉄筋コンクリート造、鉄骨コンクリート造

鉄筋コンクリート造

3時間耐火：小径400mm以上［※1］
2時間耐火：小径250mm以上［※2］
1時間耐火：厚さの規定なし

※1：鉄骨に対してはかぶり厚さ60mm以上

②鉄骨を鉄網モルタル、コンクリートブロック、れんが、石で覆ったもの

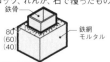

鉄骨
鉄網モルタル
80（60）（40）

3時間耐火：
小径400mm以上、鉄網モルタルの場合は塗厚80mm以上［※3］
2時間耐火：
小径250mm以上、3時間耐火の被覆厚さから20mmを引いた厚さ以上
1時間耐火：
3時間耐火の被覆厚さから40mmを引いた厚さ以上

※2：鉄骨に対してはかぶり厚さ50mm以上

③鉄材によって補強されたコンクリートブロック造、れんが造、石造

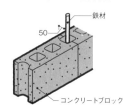

鉄材
50
コンクリートブロック

1時間耐火：
かぶり厚さ50mm以上

※3：コンクリートブロック、れんが・石の場合は厚さ90mm以上

床（抜粋・平12建告1399号）

①鉄筋コンクリート造、鉄骨鉄筋コンクリート造

鉄筋コンクリート造
100（70）

2時間耐火：厚さ100mm以上
1時間耐火：厚さ70mm以上

※1：鉄骨に対してはかぶり厚さ60mm以上

②鉄材の両面を鉄網モルタル、または鉄網コンクリートで覆ったもの

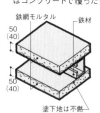

鉄網モルタル
鉄材
50（40）
50（40）
塗下地は不燃材料とする

2時間耐火：塗厚さ50mm以上
1時間耐火：厚さ40mm以上

※2：鉄骨に対してはかぶり厚さ50mm以上

梁（抜粋・平12建告1399号）

①鉄筋コンクリート造、鉄骨鉄筋コンクリート造、鉄骨コンクリート造

鉄筋コンクリート造

3時間耐火：厚さの規定なし［※1］
2時間耐火：厚さの規定なし［※2］
1時間耐火：厚さの規定なし

②床面から梁下端までの高さが4m以上の小屋組

小屋組（天井なし）
梁：鉄骨
4m
床

1時間耐火：直下に天井がないもの、または直下に不燃材料または準不燃材料でつくられた天井があるもの

屋根（抜粋・平12建告1399号）

①鉄筋コンクリート造、鉄骨鉄筋コンクリート造

鉄筋コンクリート造

30分耐火：厚さの規定なし

②鉄網コンクリート、もしくは鉄網モルタルで葺いたもの等

鉄網コンクリート

30分耐火：
鉄網コンクリートもしくは鉄網モルタルでふいたもののほか、鉄網コンクリート、鉄網モルタル、鉄材で補強されたガラスブロック、もしくは網入りガラスで造られたもの。厚さの規定なし

階段（抜粋・平12建告1399号）

③高温高圧蒸気養生された軽量気泡コンクリート製パネル

軽量気泡コンクリート製パネル（ALC板）

30分耐火：厚さの規定なし

鉄造

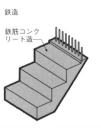

鉄筋コンクリート造

30分耐火：厚さの規定なし

一定時間、火災に耐える準耐火建築物

準耐火建築物は3種類、すべて延焼のおそれのある部分に防火設備（両面20分の遮炎性能）が必要である

3種類の準耐火建築物

準耐火建築物は、耐火建築物ほどではないが、一定の耐火性能が求められる。準耐火建築物には、次の3種類がある。

①「主要構造部＝準耐火構造」＋「延焼のおそれのある部分の開口部＝防火設備」

②「外壁＝耐火構造」＋「屋根＝不燃」＋「延焼のおそれのある部分の開口部＝防火設備」

③「柱・梁＝不燃材料」＋「屋根＝不燃」＋「延焼のおそれのある部分の外壁＝防火構造」＋「延焼のおそれのある部分の開口部＝防火設備」

①は法2条9号の3イに規定されることから「イ準耐」といわれ、主に木造建築物に用いられる。

②は法2条9号の3ロと、それを受けた令109条の3第1号で規定されることから「ロの1準耐」、③は法2条9号の3ロと令109条の3第2号で規定されることから「ロの2準耐」といわれ、主に鉄骨造に使われる。

それぞれの耐火性能

①は、壁、柱、床、梁、階段などの主要構造部を石膏ボードなどで防火被覆し、耐火性能をもたせて、準耐火構造の仕様とする方法で耐火時間によって45分準耐火（令107条の2）と、1時間準耐火などがある（令元国交告195号）。

一方②③は、主要構造部の各部に準耐火構造を採用していないが、同等の耐火性能をもつとされる建築物である（下図参照）。

②の外壁耐火型（自立する外壁とした耐火構造）は、外壁や柱の鉄筋コンクリート造やALCを外壁とし、鉄骨柱を耐火被覆した建築物などがそれにあたる。

延焼のおそれのある部分の屋根には、内部火災に対して20分の遮炎性が求められる（平12建告1367号）。③の軸組不燃型（柱、梁、屋根を不燃材料）は、3階以上の床や直下の天井に30分の非損傷性と遮炎性を要する（平12建告1368号）。

基本を理解！

・遮炎性
火災を通さない性能

・耐火性能
→p.124本文

・主要構造部
→p.122本文

・準耐火構造
→p.128本文

・開口部
→p.122基本を理解

・防火設備
→p.136本文

・耐火構造
→p.124本文

・不燃材料
→p.134・135

・防火構造
→p.132本文

・非損傷性
→p.124本文

準耐火建築物（法2条9号の3）

主要構造部		
イ準耐 層間変形角 ≦1/150 （令109条 の2の2）	イ−1 1時間準耐火 特定準耐火 [＊]	令元国交告195号 ・1時間準耐火建築物 ・大規模木造建築物の準 耐火構造の主要構造部 の仕様
	イ−2 45分準耐火	令107条の2 （準耐火構造の主要構造部の仕様） 平12建告1358号
ロの1準耐❶		外壁耐火型（令109条の3第1号・ 平12建告1367号）
ロの2準耐❷		軸組不燃型（令109条の3第2号・ 平12建告1368号）

＋

延焼のおそれのある部分の外壁開口部
防火設備：平12建告1360号によるものか 国交大臣による認定品［136・137頁参照］ （法2条9号の2ロ、令109・109条の2）

＊火災終了時間または特定避難時間が1時間以上の建築物

令109条の3の規定による準耐火建築物

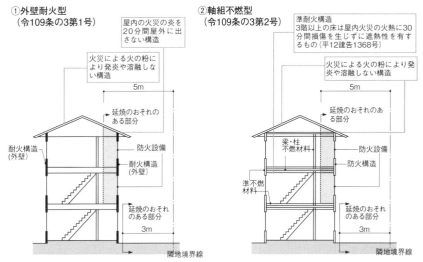

①外壁耐火型
（令109条の3第1号）

屋内の火災の炎を20分間屋外に出さない構造

火災による火の粉により発炎や溶融しない構造

5m

延焼のおそれのある部分

耐火構造（外壁）

防火設備

耐火構造（外壁）

延焼のおそれのある部分

3m

隣地境界線

②軸組不燃型
（令109条の3第2号）

準耐火構造
3階以上の床は屋内火災の火熱に30分間損傷を生じずに遮熱性を有するもの（平12建告1368号）

火災による火の粉により発炎や溶融しない構造

5m

延焼のおそれのある部分

梁・柱不燃材料

防火設備

防火構造

準不燃材料

延焼のおそれのある部分

3m

隣地境界線

通常の火災による延焼を抑止する準耐火構造

準耐火構造には、45分準耐火と1時間以上の準耐火技術基準がある

延焼を抑制する準耐火性能

準耐火構造は、主に木造建築物などで通常の火災による火熱に一定時間耐える耐火性能(非損傷性・遮熱性・遮炎性)を有する構造である。準耐火構造は主要構造部(壁・柱・床・梁・屋根・階段)ごとの、構造方法の例示(平12建告1358・令元国交告195号)と、構造集成材等の燃えしろ設計や個別に国交大臣の認定を受けた仕様がある(法2条7の2号)。

準耐火構造に求められる基本的な性能は、耐火構造が建築物の倒壊防止性能を求められるのに対して、延焼抑制性能である。

45分準耐火と1時間以上の特定準耐火

(1)45分準耐火

45分準耐火性能の技術基準では、主要構造部の非損傷性能に求められる時間は、屋根・階段で30分、その他の部分で45分である。

軒裏に求められる遮熱性能は、延焼のおそれのある部分で45分、それ以外では外壁と同様30分である(令107条の2)。

(2) 1時間準耐火

1時間の準耐火性能は、令元国交告195号の2に規定されている。

延焼のおそれのある部分以外の外壁と軒裏、階段では30分、それ以外の主要構造部の部分では1時間が、それぞれ要求される。同条には屋根や階段の耐火時間は規定されていないが、準耐火性能の技術基準(令107条の2)を受けて30分となる。

(3)特定準耐火構造

大規模木造建築物等(法21条)を防火、準防火地域(法61条)につくる場合、規模に応じて75分、90分準耐火構造にすることになる[下表]。準耐火構造では「燃えしろ設計」と併用することができる。

基本を理解！

・倒壊防止性能
(とうかいぼうしせいのう)
建築物が崩れ落ちないための性能

・延焼抑制性能(えんしょうよくせいせいのう)
建築物の内部から外に火が燃え広がらないことと、隣地境界線からの火災に対して安全であること

・燃えしろ設計
準耐火構造として利用できる方法。木造の柱や梁にあらかじめ火災時に燃えると予測される厚みを計算に加算する方法

・非損傷性
　→p.124本文

・遮熱性
　→p.124本文

・遮炎性
　→p.124本文

・主要構造部
　→p.122本文

・耐火構造
　→p.124本文

準耐火構造特定準耐火構造の耐火時間
(令107条の2、平12建告1358号、令112条第2項、令元国告第195号、令元国交告193号、令元国交告第194号)

単位：分

要件 / 部分		壁					柱	梁	床	屋根	軒裏		階段	関係法令
		耐力壁		非耐力壁										
		間仕切壁	外壁	間仕切壁	外壁 延焼のおそれ あり	外壁 延焼のおそれ なし					延焼のおそれ あり	延焼のおそれ なし		
45分準耐火	非損傷性	45	45	—	—	—	45	45	45	30	—	—	30	平12告第1358号
	遮熱性	45	45	45	45	30	—	—	45	—	45	30	—	
	遮炎性	—	45	—	45	30	—	—	—	30	—	—	—	
1時間準耐火	非損傷性	60	60	—	—	—	60	60	60	30	—	—	30	令元告第195号
	遮熱性	60	60	60	60	30	—	—	60	—	60	30	—	
	遮炎性	—	60	—	60	30	—	—	—	30	—	—	—	
75分準耐火	非損傷性	75	75	—	—	—	75	75	75	30	—	—	30	令元告第193号
	遮熱性	75	75	75	75	30	—	—	75	—	75	30	—	
	遮炎性	—	75	—	75	30	—	—	—	30	—	—	—	
90分準耐火	非損傷性	90	90	—	—	—	—	—	—	30	—	—	30	法61条 令第136条の2 令元告第194号
	遮熱性	90	90	90	90	30	—	—	—	—	90	30	—	
	遮炎性	—	90	—	90	30	—	—	—	30	—	—	—	

45分準耐火構造の耐火時間（令107条の2、平成12建告1358号）

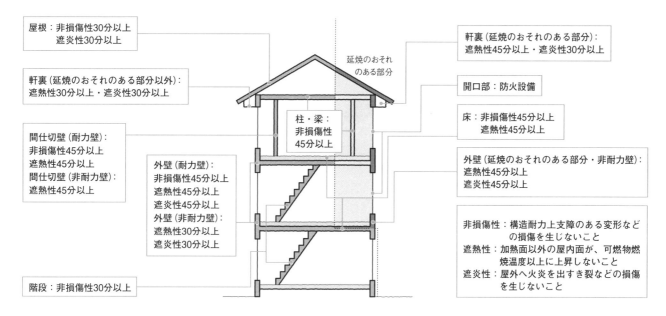

屋根：非損傷性30分以上
遮炎性30分以上

軒裏（延焼のおそれのある部分以外）：
遮熱性30分以上・遮炎性30分以上

間仕切壁（耐力壁）：
非損傷性45分以上
遮熱性45分以上
間仕切壁（非耐力壁）：
遮熱性45分以上

外壁（耐力壁）：
非損傷性45分以上
遮熱性45分以上
遮炎性45分以上
外壁（非耐力壁）：
遮熱性30分以上
遮炎性30分以上

階段：非損傷性30分以上

柱・梁：
非損傷性
45分以上

延焼のおそれ
のある部分

軒裏（延焼のおそれのある部分）：
遮熱性45分以上・遮炎性30分以上

開口部：防火設備

床：非損傷性45分以上
遮熱性45分以上

外壁（延焼のおそれのある部分・非耐力壁）：
遮熱性45分以上
遮炎性45分以上

非損傷性：構造耐力上支障のある変形など
の損傷を生じないこと
遮熱性：加熱面以外の屋内面が、可燃物燃
焼温度以上に上昇しないこと
遮炎性：屋外へ火炎を出すき裂などの損傷
を生じないこと

1時間準耐火構造の耐火時間（令元国交告195号）

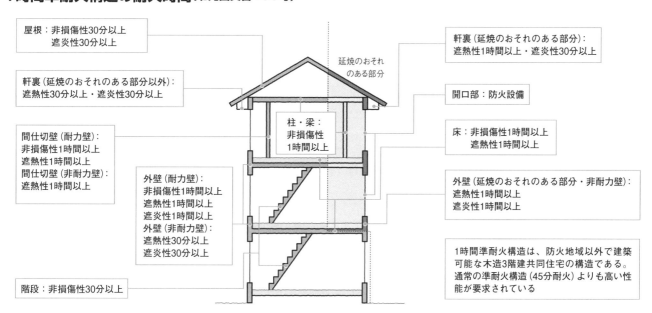

屋根：非損傷性30分以上
遮炎性30分以上

軒裏（延焼のおそれのある部分以外）：
遮熱性30分以上・遮炎性30分以上

間仕切壁（耐力壁）：
非損傷性1時間以上
遮熱性1時間以上
間仕切壁（非耐力壁）：
遮熱性1時間以上

外壁（耐力壁）：
非損傷性1時間以上
遮熱性1時間以上
遮炎性1時間以上
外壁（非耐力壁）：
遮熱性30分以上
遮炎性30分以上

階段：非損傷性30分以上

柱・梁：
非損傷性
1時間以上

延焼のおそれ
のある部分

軒裏（延焼のおそれのある部分）：
遮熱性1時間以上・遮炎性30分以上

開口部：防火設備

床：非損傷性1時間以上
遮熱性1時間以上

外壁（延焼のおそれのある部分・非耐力壁）：
遮熱性1時間以上
遮炎性1時間以上

1時間準耐火構造は、防火地域以外で建築
可能な木造3階建共同住宅の構造である。
通常の準耐火構造（45分耐火）よりも高い性
能が要求されている

大規模木造建築物の主要構造部に1時間準耐火が適用される際のその他条件

①地上階≦3

階数が
3以下

地階

②延べ面積≦3,000㎡

③倉庫・自動車車庫の用途以外

④道路を除く建物周囲に3m以上の通路

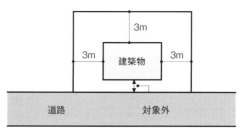

3m

3m　建築物　3m

道路　　　対象外

または

・200㎡以内ごとに1時間準耐火構造の壁・防火設備で防火区画
・外部の開口部の上階の開口部に延焼のおそれがある場合の庇等

避難時対策建築物・耐火構造建築物

延焼のおそれのある部分の防火設備に求められるのは片面20分の準遮炎性能

避難時対策建築物

耐火建築物等とする特殊建築物を規定した法27条1項には、耐火建築物以外に避難時対策建築物(令110条1号・平27国交告255号第1)と耐火構造建築物(令110条2号)が規定されている。両者とも、各主要構造部に求める耐火性能(非損傷性、遮熱性、遮炎性)は耐火構造、準耐火構造と同様であるが延焼の恐れのある部分に求められる防火設備の性能は片面20分である(令110条の2・3)。

耐火建築物は、主要構造部に対して一律に耐火時間を求めているのに対し、**避難時対策建築物**は、通常の火災時に建物内にいるすべての人が地上まで避難する間、倒壊、延焼を防止するための技術基準で時間が決められる。その時間を特定避難時間といい、それに基づく構造が避難時倒壊防止構造(準耐火構造)である。

特定避難時間の下限値は45分であり、その場合、45分準耐火構造と同等の性能を持つことになる。特殊建築物の主要構造部には用途と階、面積に応じて耐火性能が求められる[右頁参照]。各時間の準耐火構造建築物(45分・1時間)と各時間の避難時対策建築物は同等に扱われ、鉄骨造などの軸組不燃基準、外壁耐火基準に適合した建築物は1時間準耐火建築物として扱われる。

木3共や**木3学**のうち一定の基準に適合するものは、1時間の準耐火性能の仕様が規定されている[150・151頁参照]。

耐火構造建築物は、主要構造部は耐火建築物と同じ耐火仕様であるが、延焼のおそれのある部分の防火設備は、耐火建築物が両面20分の防火設備であるのに対し片面20分の仕様である。

小規模特殊建築物の耐火除外

3階建てで、その用途の床面積の合計が200㎡未満の特殊建築物の一部は、耐火建築物としなくてもよい(法27条1項)。

その際、就寝施設のある病院や児童福祉施設、共同住宅などは警報設備が必要となる(令110条の4・5)。また竪穴区画も防火設備の仕様が一般の区画よりも簡易な仕様になる(令112条11項)。

基本を理解！

・木3共
　→p.150、151本文

・木3学
　→p.150、151本文

・警報設備
自動火災報知設備または特定小規模施設用自動火災報知設備(令110条の5)

・簡易な仕様
一般の竪穴区画部には、両面20分間の遮炎性能、遮煙性能の防火設備以上の性能が要求される。
小規模特殊建築物の場合、10分間防火設備に緩和される

集会場や学校・体育館などの用途は、規模により耐火構造建築物や避難時対策建築物としなければならない

耐火建築物等としなければならない特殊建築物（法27条、法別表第1、令110条の4・5、115条の3～116条）

項	用途	その用途のある階	その用途の床面積の合計	耐火性能の要求	準耐火性能の要求
（一）	劇場・映画館・演劇場	主階が1階	客席の床面積合計≧200㎡（屋外観覧席≧1,000㎡）	耐火構造建造物以上	―
	観覧場・公会堂・集会場	用途≧3階			
（二）	病院・診療所（有床）・ホテル・旅館・下宿・共同住宅・寄宿舎・児童福祉施設等（有料老人ホーム・老人福祉施設等を含む）	用途≧3階 [※1]	―	耐火構造建築物以上	―
		用途＝2階	2階の部分の用途≧300㎡（病院・診療所は2階に病室のあるもの）	避難時対策建築物以上（45分準耐火構造）（ロ-1、ロ-2）	
	地上3階建ての下宿・共同住宅・寄宿舎	3階部分のすべてが当該各用途で、防火地域以外に限る	―	避難時対策建築物以上・木三共（1時間準耐火構造）（平27国交告255号第1 第1項2号）	
（三）	学校・体育館・博物館・美術館・図書館・ボウリング場・スキー場・スケート場・水泳場・スポーツの練習場	用途≧3階 階数≧4（地階を除く）	―	耐火構造建築物以上	―
		―	≧2,000㎡	避難時対策建築物以上（45分準耐火構造）（ロ-1、ロ-2）	
		用途＝3階 階数＝3（地階を除く）	―	避難時対策建築物以上・木三学（1時間準耐火構造）（平27国交告255号第1 第1項3号）	
（四）	百貨店・マーケット・展示場・キャバレー・カフェー・ナイトクラブ・バー・ダンスホール・遊技場・公衆浴場・待合・料理店・飲食店・物販店（床面積＞10㎡）	用途≧3階の階	―	耐火構造建築物以上	―
		―	≧3,000㎡		
		用途＝2階	≧500㎡	避難時対策建築物以上（45分準耐火構造）（ロ-1、ロ-2）	
	（一）～（四）の小規模建築物	用途＝3階 階数＝3	＜200㎡	（一）（三）（四）　―	
				（二）[※2]　警報設備（令元国交告198号）を設置した場合は耐火性能の要求なし	
（五）	倉庫	用途≧3階	≧200㎡	耐火建築物	―
		―	≧1,500㎡	準耐火建築物（イ-2、ロ-1、ロ-2）（45分）以上	
（六）	自動車車庫・自動車修理工場・映画スタジオ・テレビスタジオ	用途≧3階	―	耐火建築物	
		―	≧150㎡	準耐火建築物（イ-2、ロ-2）（45分）以上	
	危険物の貯蔵上・処理場（法27条2項）	危険物の数量の限度（令116条）	―	準耐火建築物以上	

凡例は下記。
・耐火建築物：延焼のおそれのある部分の防火設備（両面20分の遮炎性能））
・耐火構造建築物、特定避難時間倒壊等防止建築物：延焼のおそれのある部分の防火設備（片面20分の準遮炎性能）
・準耐火建築物：延焼のおそれのある部分の防火設備（両面20分の遮炎性能）
・イ-2：45分準耐火構造
・ロ-1：外壁耐火型準耐火建築物
・ロ-2：軸組不燃型準耐火建築物
※1：たとえば共同住宅では3階以上の階を共同住宅の用途に供した場合、耐火建築物としなければならない。一方、たとえ3階建てでも1、2階のみが共同住宅で3階が事務所などの用途に供される場合、耐火建築物としなくてもよい。また上表で、「その用途のある階」とは床面積の大小にかかわらない。そのため、3階建て診療所（有床）で3階部分が診療所の看護婦休憩所などがあっても、その部分は「診療所の用途に供する部分」なので、耐火建築物にしなければならない
※2：患者の収容施設、入所者の寝室のあるもの

通常の火災による延焼を防ぐ
防火構造と準防火構造

防火構造は、周囲の延焼に対する
非損傷性と遮熱性のみを外壁に求める性能である

火熱に30分耐える防火構造

防火構造とは、建築物の周囲で発生する通常の火災による延焼を防ぐために、外壁または軒裏に必要とされる構造のことである。

耐火構造や**準耐火構造**では、外部の火災に対する性能だけでなく、内部で発生する火災に対しても、**非損傷性**、**遮熱性**、**遮炎性**が要求されたが、防火構造では、周囲の延焼に対する**非損傷性と遮熱性だけが必要**となる。したがって防火構造には床や柱、内壁などの規定はない。準防火地域内で、延焼のおそれのある部分にある木造建築物等の外壁や軒裏などが制限対象となる。

防火構造とするためには、耐力壁である外壁に、周囲の火熱に対して30分間、溶融や損傷のない**非損傷性**をもたせる必要がある。そのほかの外壁と軒裏には30分間、屋内に面する加熱面以外の面の温度が**可燃物燃焼温度**以上に上昇しない**遮熱性**が要求される(令108条)。

火熱に20分耐える準防火構造

準防火性能をもつ外壁の構造を、**準防火構造**という。屋根の不燃化を要求される市街地に建つ木造建築物などは、外壁で延焼のおそれのある部分に準防火性能が必要になる。

準防火性能とは、従来の「**土塗壁**同等」と規定された構造が有する性能の延長にあるものである。

準防火構造は、周囲で発生する通常の火災による延焼の抑制効果を期待して、屋内外の下地や仕上げの材料、厚さの仕様が例示されている(平12建告1362号)。

準防火構造とするためには、周囲の火熱に対して、耐力壁である外壁は20分間、溶融や損傷のない**非損傷性**が要求される。

また、耐力壁ではない外壁では、屋内に面する加熱面以外の面の温度が、火災が発生してから20分間、可燃物燃焼温度以上に上昇しない**遮熱性**が求められる(令109条の6)。

基本を理解！

・不燃化
不燃材でつくる、覆うまたは葺くなどして不燃性能を持つようにすること

・土塗壁
日本古来の土蔵に見られる土で壁を塗り込める方法。長期に渡って水分を含む壁の性質により、火災に強いとされてきた
　　→p.146

・耐火構造
　　→p.124・125
・準耐火構造
　　→p.128・129
・非損傷性
　　→p.124本文
・遮熱性
　　→p.124本文
・遮炎性
　　→p.124本文

わかる法規

● 可燃物燃焼温度
→p.124わかる法規

関連事項

防火構造の構造方法(平12国交告1359号)

・外壁の防火構造
屋外側と屋内側の両面の仕様を合わせた一セットで防火構造となる。告示では、下地が不燃の場合と木造等の場合の2種類に大きく分けられている。屋内側は共通で、9.5mm以上のせっこうボードを貼るか、グラスウール等を充填して木材等を貼る。屋外側は、不燃下地では15mm以上の鉄網モルタル塗りで良いが、木下地の場合は、20mm以上の鉄網モルタルを塗らなければならない

・軒裏の防火構造
防火構造の外壁を屋根面まで立ち上げることで、軒裏の防火構造はみたされる。屋内側の小屋裏部分や2階床部分の内壁側が、施工上せっこうボードなどで貼り上げることが出来ない場合は、告示では以下のような仕様にしなければならない。
・鉄網モルタル20mm以上
・モルタル+タイル合計厚25mm以上
・12mm以上の石膏ボード+亜鉛鉄板
また、告示以外の仕様の、外壁や軒裏で使用する建築材料には、各メーカーが大臣の個別認定を取得した材料もある

準防火構造の構造方法(平12国交告1362号)
防火構造と同様に、屋外側と屋内側の両面の仕様をあわせた一セットで準防火構造となる。
屋内側は、防火構造の仕様と同様の、9.5mm以上のせっこうボードを貼るか、グラスウール等を充填して木材等を貼る。屋外側は、準不燃下地に亜鉛鉄板等貼りが例示されている

防火・準防火構造の外壁仕様(平12建告1359号・1362号)

防火構造 (平12建告 1359号)	耐力壁	①準耐火構造(耐力壁である外壁)			
		間柱・下地が不燃材料	次の防火被覆 を設けた構造	屋内側	②石膏ボード(厚さ≧9.5mm) ③グラスウール(厚さ≧75mm)か 　ロックウール充填 　＋合板か構造用パネル、 　パーティクルボード、木材(厚さ≧4mm)
				屋外側	④鉄鋼モルタル塗り(塗厚さ≧15mm) ⑤木毛セメント板、または石膏ボード 　＋モルタル、または漆喰塗り(厚さ≧10mm) ⑥木毛セメント板 　＋モルタル、または漆喰塗り 　＋金属板 ⑦モルタル塗り＋タイル張り 　(合計厚さ≧25mm) ⑧セメント板、または瓦＋モルタル塗り 　(合計厚さ≧25mm) ⑨岩綿保温板(厚さ≧25mm) 　＋亜鉛鉄板張り ⑩石膏ボード(厚さ≧12mm) 　＋亜鉛鉄板
		間柱・下地が不燃材料 以外	次の防火被覆 を設けた構造 [※3]		⑪土蔵造 ⑫土塗真壁造(塗厚さ≧40mm)[※2]
				屋内側	上記の②、または③ ⑬土塗壁(塗厚さ≧30mm)
				屋外側	上記の⑦～⑩ ⑭木毛セメント板、または石膏ボード 　＋モルタル、または漆喰塗り(厚さ≧15mm) ⑮鉄網モルタル塗り、または木摺漆喰塗り 　(塗厚さ≧20mm) ⑯土塗壁(塗厚さ≧20mm、下見板張りを含む) ⑰下見板(厚さ≧12mm) 　(屋内側は塗厚さ≧30mmの土塗壁に限る)
	非耐力壁	上記の②～⑰のいずれか ⑱準耐火構造			
準防火構造 (平12建告 1362号)	耐力壁	⑲防火構造 ⑳土塗真壁造(塗厚さ≧30mm)			
		木造建築物等	次の防火被覆 を設けた構造	屋内側	上記の②、または③
				屋外側	㉑土塗壁(裏塗りなし、下見板張りを含む) ㉒表面に亜鉛鉄板を張ったもの 　(下地は準不燃材料) ㉓石膏ボードか木毛セメント板を表面に張ったもの(準不燃 　材料＋表面を防水処理) ㉔アルミニウム板張りペーパーハニカム芯パネル
	非耐力壁	上記の⑲～㉔			

※1：⑬と⑰を組み合わせた場合、土塗り壁と間柱、桁との取合部分にチリ決りを設ける
※2：裏塗りしないものは、間柱の屋外側のチリ≦15mmか、間柱の屋外側に木材(厚さ≧15mm)を張ったものに限る
※3：真壁造の場合の柱・梁を除く

防火・準防火性能(令108条・109条の6)

性能		部位		
		外壁(耐力壁)	外壁(非耐力壁)	軒裏
防火性能 (令108条)	非損傷性(周囲で発生する通常の火災)	30分	―	―
	遮熱性(周囲で発生する通常の火災)	30分	30分	30分
準防火性能 (令109条の6)	非損傷性(周囲で発生する通常の火災)	20分	―	―
	遮熱性(周囲で発生する通常の火災)	20分	20分	―

防火材料と耐水材料

防火性能継続時間は、不燃材料20分、準不燃材料10分、難燃材料5分

不燃性能の技術基準

建築物で起きた初期火災の災害を防ぐように、仕上げや下地に使われる建築材料には、不燃性能が求められる(令108条の2)。建築材料の不燃性能は、次の3つの要件で検証される。

①燃焼しないこと
②防火上有害な変形、溶融、き裂その他の損傷を生じないこと
③避難上有害な煙またはガスを発生しないこと

建築基準法では、不燃性能をもつ建築材料を「**不燃材料**」「**準不燃材料**」「**難燃材料**」の3種類に分けて、それぞれの技術基準を定めて例示している(平12建告1400号・1401号・1402号)。

いずれの材料も、①〜③のすべての不燃性能を満たさなければならない点では同じである。ただし、それぞれに要求される性能の継続時間が異なる。

不燃材料は、通常の火災で加熱されたとき、加熱開始後20分間、前記の①〜③の性能を維持するとして告示に例示された材料と、国土交通大臣が個別に認定したものがある。ただし、外部の仕上げ材料の場合は、①と②のみでも、不燃材料として認められる(法2条9号、令108条の2)。

準不燃材料は、加熱開始後10分間(令1条5号)、難燃材料の場合は、加熱開始後5分間(令1条6号)、それぞれ①〜③の要件を満たすとして告示に例示された材料と、個別に認定される材料がある。

水に対して腐食しない耐水材料

れんがや石、人造石、コンクリート、アスファルト、陶磁器、ガラスなど、長期間水に浸っても、容易に壊れたり、腐食したりしない材料を**耐水材料**という(令1条4号)。

耐水材料は、通常、外壁などに使用されることが多い。このほか、改良便槽の隔壁などを耐水材料とするよう建築基準法で規定している(令31条)。

基本を理解!

・不燃性能
通常の火災によって材料が加熱された時に、①一定時間、燃焼せず、②有害な、変形・溶融・亀裂・その他の損傷を生じず、③避難に有害な、煙やガスなどを発生しない性能

・改良便槽
(かいりょうべんそう)
便所の下に便壺を置いた汲取便所を、貯留槽と汲取槽に分けて、一定期間貯留させて、し尿を自壊させて病原菌を根絶させる構造の便所

・隔壁
便槽と貯留槽、くみ取槽を隔てる壁。便槽部分の天井、底、周壁とともに漏水しないように耐水性をもたせる必要がある

関連事項

防火材料と建築基準法の緩和規定

建築基準法では、内装を制限することで、以下のような緩和が可能となる。

①内装を下地とも準不燃材料にしたり、下地とも不燃材料にすることで、高層区画の面積を緩和(令112条6,7項)
②竪穴区画の緩和として、下地とも不燃材料を内装に使うことで、避難階とその直上、直下の階の2層分の吹き抜けが可能(令112条9項1号)
③準耐火構造等で、居室から階段までの内装の仕上げを準不燃化することで、直通階段までの歩行距離を10m緩和

緩和規定で注意しなければならないのは、①、②のように下地、仕上げとも規制されるのか、③のように仕上げのみ規制されるかという点である。

排煙設備でも不燃材料が要求される事例

①50cmの天井からの垂れ壁は不燃材料で造り、または覆われたものでなければならない(令126条の2)
したがって、ガラスのように単独で不燃材料となるものか、木下地の上にアルミなどの不燃材料を貼ったものということになる。クロスなどの場合は、下地を準不燃材にするなど「下地+仕上げ」の大臣認定となっているので注意を要する
②排煙設備の告示緩和で、居室の排煙を緩和する場合、床面積100㎡の区画とともに、内装の「仕上げの準不燃化」や「下地+仕上げの不燃化」が要求される(平12建告1436号)

・不燃材料の個別認定
(NM−)と番号で表される

・準不燃材料の個別認定
(QM−)と番号で表される

不燃材料・準不燃材料・難燃材料の関係

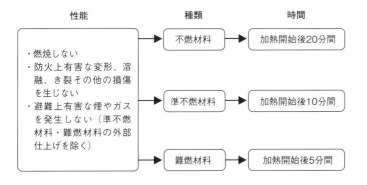

性能	種類	時間
・燃焼しない ・防火上有害な変形、溶融、き裂その他の損傷を生じない ・避難上有害な煙やガスを発生しない(準不燃材料・難燃材料の外部仕上げを除く)	不燃材料	加熱開始後20分間
	準不燃材料	加熱開始後10分間
	難燃材料	加熱開始後5分間

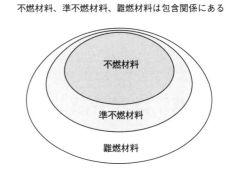

不燃材料、準不燃材料、難燃材料は包含関係にある

防火材料と耐水材料の例示仕様
(令1条1項4号、平12建告1400号・1401号・1402号)

<table>
<tr><th colspan="2">材料</th><th>例示</th><th>関連法規</th></tr>
<tr><td rowspan="3">防火材料</td><td>不燃材料</td><td>①コンクリート
②れんが
③瓦
④陶磁器質タイル
⑤繊維強化セメント板
⑥ガラス繊維混入セメント板(厚さ≧3mm)
⑦繊維混入ケイ酸カルシウム板(厚さ≧5mm)
⑧鉄鋼
⑨アルミニウム
⑩金属板
⑪ガラス
⑫モルタル
⑬しっくい
⑭石
⑮石膏ボード(厚さ≧12mm、ボード用原紙の厚さ≦0.6mmのものに限る)
⑯ロックウール
⑰グラスウール板</td><td>平12建告1400号</td></tr>
<tr><td>準不燃材料</td><td>①不燃材料のうち国土交通大臣が定めたもの
　(準不燃材料には不燃材料も含まれる)
②石膏ボード(厚さ≧9mm、ボード用原紙の厚さ≦0.6mmに限る)
③木毛セメント板(厚さ≧15mm)
④硬質木片セメント板(厚さ≧9mm、かさ比重≧0.9のものに限る)
⑤木片セメント板(厚さ≧30mm、かさ比重≧0.5のものに限る)
⑥パルプセメント板(厚さ≧6mm)</td><td>平12建告1401号</td></tr>
<tr><td>難燃材料</td><td>①準不燃材料のうち国土交通大臣が定めたもの
　(難燃材料には準不燃材料、不燃材料も含まれる)
②難燃合板(厚さ≧5.5mm)
③石膏ボード(厚さ≧7mm、ボード用原紙の厚さ≦0.5mmのものに限る)</td><td>平12建告1402号</td></tr>
<tr><td colspan="2">耐水材料</td><td>①れんが
②石
③人造石
④コンクリート
⑤アスファルト
⑥ガラス
⑦陶磁器</td><td>令1条1項4号</td></tr>
</table>

遮炎性能を持つ防火設備

防火設備には20分間の遮炎性能が必要である

火災の拡大を抑える

火災時に、火炎の拡大を抑える設備を**防火設備**という。防火設備の構造方法は、平12建告1360号に例示されている。防火戸やドレンチャーのほか、延焼を遮るかたちで設置された外壁やそで壁、塀、庇なども防火設備とみなされる(令109条)。

外壁の開口部の防火設備

外壁の**延焼のおそれのある部分**にある出入口扉や窓、換気口等の開口部に必要な**防火設備**には、遮炎性能(両面20分)や準遮炎性能(片面20分)が求められる。

耐火・準耐火建築物では当該の防火設備に、屋内・外の火炎に耐えられるように**両面に20分の遮炎性能**が要求され避難時対策建築物には片面20分の準遮炎性能が求められる。

防火・準防火地域の延焼のおそれのある部分では、耐火建築物や耐火性能検証による建築物、準耐火建築物は、両面20分の防火設備、延焼防止建築物は基本的に片面20分の防火設備であるが、物販店舗は片面30分、卸売市場の上屋や機械製作工場は、片面20分の防火設備である。防火設備の周囲は不燃材料でなければならないため、木枠は取り付けられない。また障子などを設ける場合は、15cm超離さなければならない。

防火設備の種類

防火区画の防火設備には、常時閉鎖式と、普段は開放し、熱や煙を感知して閉鎖する随時閉鎖式がある。

常時閉鎖式は、手で開けるため3㎡以内に大きさが制限されている。また手を離すと自然に閉じなければならない。**随時閉鎖式**は、大きさに制限はないが、避難経路に設置する場合は、一部をくぐり戸とする(昭48建告2563号)。

区画の種類で設置する防火戸が異なる。**面積区画**には、両面1時間の遮炎性能をもつ**特定防火設備**が必要で、随時閉鎖式の**感知方式**は、**煙か熱**とする。**竪穴区画**には、一部の小規模建築物を除き両面20分の遮炎性と遮煙性能をもつ防火設備が要求される[右頁表参照]。随時閉鎖式の感知方式は煙としなければならない(昭48建告2564号)。

関連事項

防火区画に遮煙性能が要求される場合(令112条19項2号)

以下のような区画には、遮煙性能が必要となる。遮煙性能は、防火設備にも特定防火設備にも要求される場合がある

- 竪穴区画に使われる防火設備、特定防火設備(令112条10,11,12項)
- 竪穴区画の緩和をした避難階からの直上、直下階で、下地及び仕上げ材を不燃材とする部分とそれ以外の部分を区画する場合の防火設備(令112条11項)
- 面積緩和する場合の高層区画に使われる防火設備、特定防火設備(令112条7,8,9,10項)
- 異種用途区画に使われる防火設備、特定防火設備(令112条18,19項)

- 避難階段、特別避難階段及び付室に使われる防火設備、特定防火設備(令123条1項6号)
- 非常用エレベーターの乗降ロビーに使われる特定防火設備(令129条の13の3、3項第3号)

・防火戸
扉やシャッターなどの形がある。また常に閉まっている場合と壁や天井裏に収納され、災害時に閉鎖されるタイプがある

・ドレンチャー
火災発生時に延焼が広がるのを防ぐために、壁などに水を噴射し、膜を作ることで防火する。初期火災を消火するスプリンクラーとは異なる

・そで壁
建物から外部へ突き出して設けられる壁。構造上以外に、目隠し、防火、防音あるいは集合住宅の各戸の分離などの目的をもつ

・遮炎性能・準遮炎性能
建築物の周囲で発生する火災に対して、加熱開始後20分間、屋内側に火炎を出さないこと

・常時閉鎖式
普段から閉まった状態であり、開放してもドアクローザー等により、自動的に閉鎖する建具

・随時閉鎖式
普段は壁や天井内に収納されて開放しているが、災害時には、自動的に閉まる建具

・くぐり戸
壁や戸や扉の一部に付けてある出入り用の小さな戸

・特定防火設備
→p.138、139本文

・遮煙性能
煙を遮断する性能。枠の形や個別の認定で検証される

[表]防火設備の種類

防火設備	遮炎性能	両面20分	・耐火・準耐火建築物、延焼防止建築物 ・耐火検証法による準延焼防止建築物 ・耐火検証法による防火構造	法2条9号の2ロ 令109条の2 平27国交告255号
		両面30分	物販店舗用途の延焼防止建築物	令元国交告194号
	準遮炎性能	片面20分	・避難時倒壊防止構造 ・準延焼防止建築物（耐火検証法以外） ・防火構造（外壁・軒裏） ・卸売市場の上屋、機械製作工場等	令110条1号 令110条の3 令137条10第4号 令元国交告196号
	—	10分	階数3、延べ面積＜200㎡の病院、児童福祉施設等で居室にスプリンクラーがある場合の竪穴部分の開口部	令112条11項 令2国交告198号
	T：固有通常火災終了時間 T：特定避難時間	T≦45分 45分＜T≦60分 60分＜T≦75分 75分＜T≦90分	・火災時倒壊防止構造の防火区画 ・避難時倒壊防止構造の防火区画	法21条1項 令元国交告193号1号3項 「固有通常火災終了時間防火設備」 平27国交告255号第1第3項 「特定避難時間防火設備」

① 鉄製の戸（鉄板厚さ0.8mm以上1.5mm未満）

鉄製（鉄板⑦0.8以上1.5未満）

② 鉄骨コンクリート製、または鉄筋コンクリート製の戸（厚さ35mm未満）

鉄骨コンクリート製または鉄筋コンクリート製⑦35未満

③ 土蔵造の戸（厚さ150mm未満）

土蔵造⑦150未満

④ 鉄と網入りガラスで造られた戸

網入りガラス

鉄製（鉄板⑦0.8以上1.5未満）

⑤ 骨組に防火塗料を塗布した木材製とし、屋内面に厚さ12mm以上の木毛セメント板、または厚さ9mm以上の石膏ボードを張り、屋外面に亜鉛鉄板を張った戸

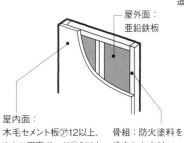

屋外面：亜鉛鉄板

屋内面：木毛セメント板⑦12以上、または石膏ボード⑦9以上

骨組：防火塗料を塗布した木材

⑥ 開口面積≦0.5㎡の開口部に設ける戸で、防火塗料を塗布した木材、および網入りガラスで造られたもの

網入りガラス

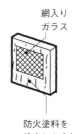

防火塗料を塗布した木材

防火設備とみなすそで壁・塀の基準（令109条2項）

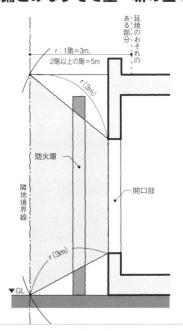

r：1階=3m、2階以上の階=5m

延焼のおそれのある部分

防火塀

隣地境界線

開口部

r（3m）

▼GL

防火設備とみなすそで壁、塀等の条件
① 外壁開口部と隣地境界線等との間にあり、延焼のおそれのある部分を遮る耐火構造、準耐火構造、防火構造
② 開口部の四隅から描いた、1階では3m、2階以上の階では5mの半径の球と隣地境界線等との交点で囲まれた範囲をすべて遮ることができるもの

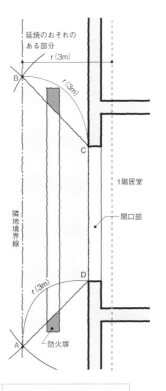

延焼のおそれのある部分

r（3m）

B

C

1階居室

開口部

隣地境界線

D

A

防火塀

ABCDのなかに設けた防火塀（耐火構造等）は防火設備とみなす

隣地境界線と道路境界線の交点Oから描いた半径rの円弧とAOB部分にある防火そで壁（耐火構造等）は防火設備とみなす

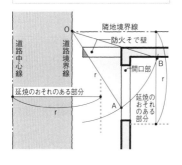

O

隣地境界線

防火そで壁

道路中心線

道路境界線

B

r

A

延焼のおそれのある部分

r

延焼のおそれのある部分

r

外壁から道路境界線まで延びている防火そで壁があれば、開口部は隣地境界線から影響を受けない

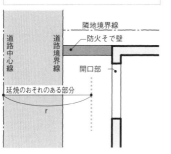

隣地境界線

防火そで壁

道路中心線

道路境界線

開口部

延焼のおそれのある部分

r

屋内で発生した火災の延焼を防ぐ特定防火設備

特定防火設備には両面1時間以上の遮炎性能が必要である

特定防火設備の性能

　面積区画や高層区画、異種用途区画などの防火区画に設ける開口部などには、特定防火設備が必要となる（令112条）。

　防火区画の種類によって開口部に設置する防火設備の性能はかわる。

　特定防火設備は、通常の火災の際、加熱開始後1時間、加熱面以外の面に火炎を出さない遮炎性能を有する構造でなければならない。告示に例示された仕様（平12年建告1369号）と、国土交通大臣により個別に認定された製品の2種類がある。

　特定防火設備は、常時閉鎖しているか、火災による煙や急激な温度上昇で自動的に閉鎖しなければならない（令112条19号1項）。

　また、非常用エレベーターの乗降ロビーや避難階段の出入口、竪穴区画、異種用途区画のように、高い安全性が求められる区画では、煙を防ぐ遮煙性能も要求される（令112条19号2項、昭48建告第2564号）。

区画貫通部からの延焼防止

　防火区画等を給水管や配電管が貫通すると、貫通部から延焼する可能性が生じる。そのため管と防火区画との隙間は、モルタルなどの不燃材料で埋めなければならない（令112条20項）。また、貫通処理の構造も3種類の規定がある（令129条の2の4）。

①貫通部の前後1m部分を不燃材料でつくる

②管径や厚み、材質を告示仕様とする（平12建告1422号）

③区画の耐火時間（20分・45分・1時間の[界壁]）に適合した国交大臣認定の熱膨張耐火材料などの仕様とする

　区画を貫通するダクトは、内部を防火ダンパーで遮炎および遮煙しなければならない。この場合の特定防火設備等は、煙と熱のいずれかに反応して閉鎖する機構とする。ダンパーに要求される耐火性能は、防火設備は20分、特定防火設備は1時間で、それぞれ鉄板の厚みが異なる（令112条17項）。

基本を理解！

・熱膨張耐火材
火災と同時に膨張し高断熱層を瞬時に形成する材料で、設備配管の貫通部の塞ぎなどに使われる

・ダクト
風洞。空調などの気体を通す金属製の筒

・防火ダンパー
火災の拡大を防ぐため、風道が耐火構造等の建物の防火区画を貫通するところに設置され、風道内の温度上昇した場合に自動的に閉鎖するダンパーをいう。
鉄板厚さ1.5mm以上の板。また、煙を防ぐ、防火防煙ダンパーは火災による煙の発生した場合も閉鎖する

関連事項

個別認定品の記号
・EA（60分特定防火設備）
・EB（両面20分防火設備）
・EC（片面20分防火設備）

告示による防火設備の仕様（平12建告1360号）

特定防火設備	遮炎性能	両面75分	火災時対策建築物（準耐火構造、階数4）で、200㎡以上に防火区画する部分に設ける	法21条 令109条の5第1号 令元国交告193号
		両面60分	準耐火・耐火建築物の防火区画部に設ける。竪穴区画や異種用途区画部には、遮煙性能も必要となる	令112条 昭48建告2564号

特定防火設備の仕様（令109条、令112条、平12建告1369号）

遮炎性能60分（両面）	面積区画や高層区画、異種用途区画等の防火区画の開口部等に設ける

①鉄製の戸（鉄板厚さ1.5mm以上）

鉄製（鉄板ア1.5以上）

取付枠：不燃材料

②鉄骨コンクリート製、または鉄筋コンクリート製の戸（厚さ35mm以上）

鉄骨コンクリート製　ア35以上

鉄筋コンクリート製　ア35以上

③土蔵造の戸（厚さ150mm以上）

土蔵造　ア150以上

④骨組を鉄製とし、両面にそれぞれ厚さ0.5mm以上の鉄板を張った戸

両面：鉄板ア0.5以上

骨組：鉄製

取付枠：不燃材料

⑤スチールシャッター

ア1.5以上

このほかの仕様
(1)令109条2項の防火設備とみなされるそで壁などで防火構造のもの
(2)鉄製で鉄板厚さ1.5mm以上の防火ダンパー
(3)開口面積≦100㎠の換気孔に設置する鉄板、モルタル板などでつくられた防火覆い
(4)地面からの高さ≦1mの換気孔に設置する網目≦2mmの金網

区画貫通部の処理（令112条15項）

①配管が防火区画を貫通する場合

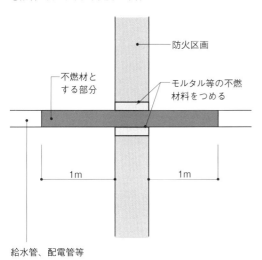

防火区画

不燃材とする部分

モルタル等の不燃材料をつめる

1m　1m

給水管、配電管等

②ダクトが防火区画を貫通する場合

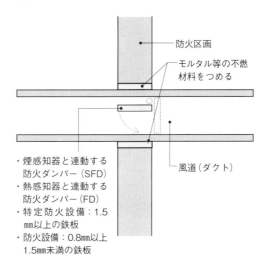

防火区画

モルタル等の不燃材料をつめる

・煙感知器と連動する防火ダンパー（SFD）
・熱感知器と連動する防火ダンパー（FD）
・特定防火設備：1.5mm以上の鉄板
・防火設備：0.8mm以上1.5mm未満の鉄板

風道（ダクト）

特定防火設備と同等とみなされるアトリウム（法112条3項、令2国交告522号）

❶水平方向に輻射熱の影響を及ぼさない場合

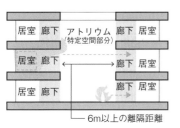

居室　廊下　アトリウム（特定空間部分）　廊下　居室
居室　廊下　廊下　居室
居室　廊下　廊下　居室

6m以上の離隔距離

❷火災が上階の非火災区画の高さに届かない場合

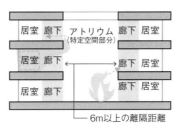

居室　廊下　アトリウム（特定空間部分）　廊下　居室
居室　廊下　廊下　居室
居室　廊下　廊下　居室

6m以上の離隔距離

❸アトリウム以外で水平方向に火災が到達しない場合

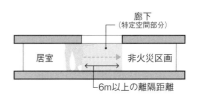

廊下（特定空間部分）

居室　非火災区画

6m以上の離隔距離

延焼のおそれのある部分についての制限

延焼のおそれのある部分は、隣地境界線や同一敷地内の2以上の建築物間に発生する

延焼のおそれのある部分とその構造

延焼は、敷地境界線や建築物相互の距離と関係する。建築基準法では、建築物の火災時に火熱の影響を受ける範囲を**延焼のおそれのある部分**として規定している(法2条6号)。

1階では、隣地境界線や道路中心線から**3m以下**、2階以上では**5m以下**の距離にある建築物の部分が延焼のおそれのある部分と規定されている。同一敷地内に2つ以上の建築物(延べ面積500㎡超)がある場合は、**相互の外壁間の中心線から**前記の距離の部分になる。

制限されるのは延焼のおそれのある部分にある外壁や軒裏で、**防火構造**とし、開口部は、**防火設備**としなければならない。

建築物が公園や広場、河川、海、耐火構造の壁その他これらに類するものに面している場合は、火災による延焼の危険性が低いので、その面に関しては、延焼のおそれがないものとして扱う。

防火の規制地域と準耐火の構造別で異なる規制

防火地域と準防火地域内では、すべての建築物で、延焼のおそれのある部分にある外壁の開口部に片面20分の準遮炎性能の防火設備が必要となる(法61条)。

準防火地域内にある地上2階、延べ面積500㎡以下の木造建築物等は、延焼のおそれのある部分にかかる外壁や軒裏を防火構造とする。また、附属する2m超の門、塀は不燃材料等でつくらなければならない。(令元国交告194号)

法22条区域内の延焼のおそれのある部分では、木造建築物等の**外壁**を**準防火構造**(法23条)にする。

また、建築物が耐火・準耐火建築物、避難時対策建築物、火災時対策建築物である場合、それらの延焼のおそれのある部分は、外壁を防火構造等、開口部を防火設備にしなければならない。

基本を理解！

・軒裏
屋根延長部のひさし裏側部分で、外壁と接する。木造建築の場合、規制対象となる

・そこ他これらに類するもの
敷地内の不燃材でできた付属建築物のうち以下のもの
　自転車置場
　小規模な物置[※]
　小規模なゴミ置場[※]
　受水槽上屋
　浄化槽上屋
　ポンプ室
(※開口部は防火設備)
参考：建築物の防火避難規定の解説

・令元国交告194号
・不燃材料でつくるか覆う
・厚さ24mm以上の木材でつくる
・土塗壁で塗厚30mm以上とする

2棟ある場合の延焼のおそれのある部分(法2条6号)の計算例

$\theta = 15$

$d_1 = [2.5, 3(1-0.000068 \times 15^2]$
　$= 2.95m$
$d_1' = \max[2.5, 3(1-0.000068 \times 30^2]$
　$= 2.82m$

$d_2 = [4, 5(1-0.000068 \times 15^2]$
　$= 4.92m$
$d_2' = \max[4, 5(1-0.000068 \times 30^2]$
　$= 4.69m$

▨ ：延焼のおそれのある部分

$H = 6m + 10 + 5\sqrt{[1-(2.5/4.92)^2]}$
　$= 20.31m$

建築物

$d_1 = 2.95m$　$d_1' = 2.82m$

隣地境界線等②
隣地境界線等①
75° 60°
30° 15°

ほかの建築物
H=6m

建築物

$d_2 = 4.92m$　$d_2' = 4.69m$

2.5m
隣地境界線等②
隣地境界線等①
75° 60°
30° 15°

ほかの建築物
H=6m

建築物
2階以上
1階

建築物

ほかの建築物

2.5m
4.92m
2.55m

20.31m

ほかの建築物
6m

延焼のおそれのある部分（法2条6号）

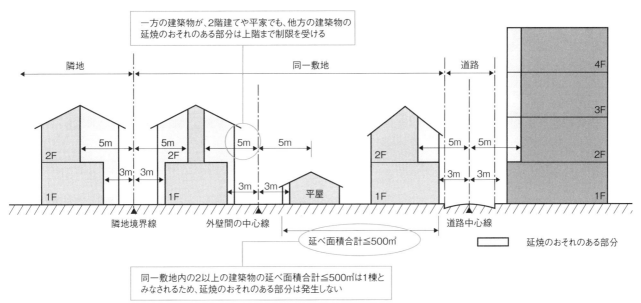

一方の建築物が、2階建てや平家でも、他方の建築物の延焼のおそれのある部分は上階まで制限を受ける

隣地　　　同一敷地　　　道路

隣地境界線　　外壁間の中心線　　道路中心線

延べ面積合計≦500㎡

□ 延焼のおそれのある部分

同一敷地内の2以上の建築物の延べ面積合計≦500㎡は1棟とみなされるため、延焼のおそれのある部分は発生しない

公園等に面する場合の延焼のおそれのある部分（法2条6号）

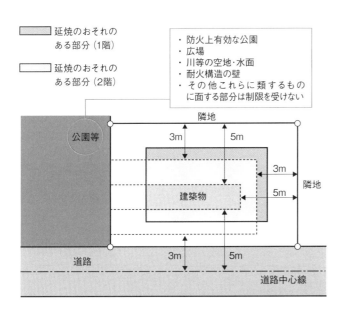

▨ 延焼のおそれのある部分（1階）

□ 延焼のおそれのある部分（2階）

・防火上有効な公園
・広場
・川等の空地・水面
・耐火構造の壁
・その他これらに類するものに面する部分は制限を受けない

同一敷地内の2以上の建築物の外壁間の中心線の設定例（法2条6号）

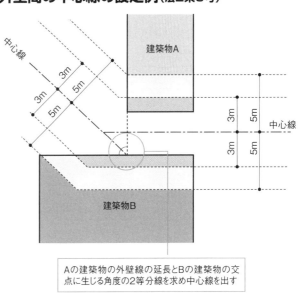

Aの建築物の外壁線の延長とBの建築物の交点に生じる角度の2等分線を求め中心線を出す

隣地境界線と正対しない壁面の緩和（令2国交告197号）

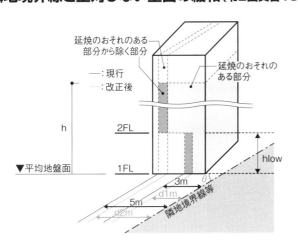

延焼のおそれのある部分の算出式

①隣地境界線等からの水平距離d（m）

1階部分：$d_1 = \max[2.5, 3(1 - 0.000068\theta^2)]$

2階部分：$d_2 = \max[4, 5(1 - 0.000068\theta^2)]$

d_1（m）, d_2（m）：隣地境界線からの水平距離

θ：外壁面と隣地境界線等の最小の角度

②他の建築物から延焼が影響する地盤面からの垂直距離h（m）

hlow＜5m の場合：$h = hlow + 5 + 5\sqrt{1 - (s/dfloor)^2}$

hlow≧5m の場合：$h = hlow + 10 + 5\sqrt{1 - (s/dfloor)^2}$

hlow（m）：他の建築物の高さ

s（m）：建築物から隣地境界線等までの最小距離

dfloor（m）：①の隣地境界線等からの最大の距離

防火地域内の建築物の制限

防火地域内では、延焼のおそれのある部分の外壁には防火設備が必要

防火地域内の制約と緩和

防火地域は、中心市街地や駅前などの商業施設などが密集した商業地域や**近隣商業地域**に定められることが多い。防火地域内にある建築物は、防火機能を高める必要から用途や規模、構造によってさまざまな制約を受ける（法61条、令136条の2、令元国交告194号）。

たとえば、地階を含む階数が3以上か、延べ面積100㎡を超える建築物は**耐火建築物**か**延焼防止建築物**、そのほかの建築物は**準耐火建築物**または準延焼防止建築物とする。

屋根は不燃材料で**つくるか葺き**（法62条）、延焼のおそれのある部分では、外壁の開口部に**防火設備**を設ける必要がある（法61条）。

また、看板や広告塔などの工作物で建築物の屋上に設ける場合や、高さ3mを超えるものは不燃材料でつくるか、覆う必要がある（法64条）。

防火上の規制を受けない建築物

防火地域内であっても、次のものは防火上の規制を受けない（令元国交告194号）。

①延べ面積50㎡以下の平屋に付属する建築物で、外壁・軒裏を**防火構造**で延焼のおそれのある部分の外壁の間口部を片面20分防火設備としたもの

②卸売市場の上家・機械製作工場で、**主要構造部**は不燃材料で延焼のおそれのある部分の外壁の開口部を片面20分防火設備としたもの

③不燃材料でつくるか覆ったものか厚さ24mm以上の木材でつくられたものが塗厚30mm以上の土塗壁の高さ2m超の門・塀

④高さ2m以下の門・塀

また、民法の規定と異なり、建築基準法では外壁が耐火構造である建築物は、外壁を隣地境界線に接して設けることができる（法63条）。

基本を理解！

・片面20分の防火設備
（令137条の10第4号）

・隣地境界線
敷地が隣地と接する部分
→p.88基本を理解

・耐火建築物
→p.122本文

・延焼防止建築物
→p.148

・準耐火建築物
→p.127本文

・つくるか葺き
→p.144、基本を理解

・防火設備
→p.136本文

・防火構造
→p.132本文

・主要構造部
→p.122本文

わかる法規

● 近隣商業地域
用途地域の一つで、近隣の住民が日用品の買物をする店舗等の、業務の利便の増進を図る地域

容積率が高く高密度な地域

大規模な建築物が建ち並ぶ地域

中心市街地や駅前など、都市計画で賑わいを求める地域は、建築物の密度を高くし、同時に防火地域に指定するなどして防火性能を高めている

[表1] 防火地域の建築物の制限(法61条、令136条の2)

地域	階数	延べ面積(S)	建築物の構造制限	適用条項
防火地域	≦2階	S≦100㎡	耐火建築物・準耐火建築物・延焼防止建築物・準延焼防止建築物	法61条 令136条の2
		S>100㎡	耐火建築物・延焼防止建築物	
	≧3階(地階を含む)	—	耐火建築物・延焼防止建築物	
適用除外	—	S≦50㎡	平屋の附属建築物で、外壁・軒裏が防火構造の場合	令元国交告194号 令137条の10 第4号
			①高さ>2mの門・塀で、不燃材料でつくるか、覆われたもの、厚さ24mm以上の木材でつくったもの、土塗り真壁造で塗厚30mm(表面木材を含む)等 ②高さ≦2mの門・塀	
			卸売市場の上家や機械製作工場で、主要構造部が不燃材料、延焼のおそれのある部分の外壁の開口部が防火設備(片面20分)の場合	

[表2] 防火・準防火地域内の屋根・外壁の開口部
(法62条、平12建告1365号、令元国交告194・196号)

地域	適用部位	適用条件	制限内容	適用条項
防火地域 準防火地域	屋根	すべての建築物	①不燃材料でつくるか、葺く	法62条 ・令136条の2の2 ・平12建告1365号 令元国交告194号
			②準耐火構造とする(屋外面は準不燃材)	
			③耐火構造とする(屋外面は準不燃材) +屋外面 [※2] に断熱材 [※3] および防水材 [※4]	
		不燃性物品の倉庫等 [※1] で屋根以外の主要構造部が準不燃材料でつくられたもの	上記①〜③	
			④難燃材料でつくるか、葺く	
	外壁の開口部	地域内の建築物	延焼のおそれのある部分に防火設備等を設置[※5]	法61条 令元国交告194号 令元国交告196号

※1：スポーツの練習場、不燃性の物品を扱う荷さばき場、畜舎等、難燃性を有する客席を設けた観覧場等 (平28国交告693号)
※2：屋根勾配≦30°
※3：ポリエチレンフォーム、ポリスチレンフォーム、硬質ポリウレタンフォームなどで、厚さ50mm以下
※4：アスファルト防水工法、改質アスファルトシート防水工法、塩化ビニル樹脂系シート防水工法、ゴム系シート防水工法、塗膜防水工法
※5：防火戸、ドレンチャー、そのほか火炎を遮る設備

防火・準防火地域内の屋根の仕様(平12建告1365号)

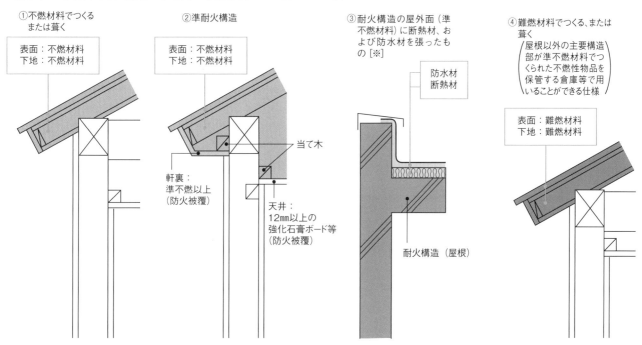

①不燃材料でつくる または葺く
表面：不燃材料
下地：不燃材料

②準耐火構造
表面：不燃材料
下地：不燃材料
当て木
軒裏：準不燃以上(防火被覆)
天井：12mm以上の強化石膏ボード等(防火被覆)

③耐火構造の屋外面(準不燃材料)に断熱材、および防水材を張ったもの [※]
防水材
断熱材
耐火構造(屋根)

④難燃材料でつくる、または葺く
屋根以外の主要構造部が準不燃材料でつくられた不燃性物品を保管する倉庫等で用いることができる仕様
表面：難燃材料
下地：難燃材料

※：ポリエチレンフォーム、ポリスチレンフォーム、硬質ポリウレタンフォームなどで、厚さ50mm以下。
　　アスファルト防水工法、改質アスファルトシート防水工法、塩化ビニル樹脂系シート防水工法、ゴム系シート防水工法、塗膜防水工法

準防火地域内の建築物の制限

地上4階建または延べ面積1500㎡以上の建築物は、耐火建築物か延焼防止建築物としなければならない

火災の拡大を防ぐ準防火地域

準防火地域は、防火地域に準じて火災が拡大しないことを目的に都市計画で定められた地域である(法61条)。

防火地域内に建てられる建築物は、原則、耐火及び準耐火性能が求められるが、準防火地域では、**耐火性能**が求められる規模は、「地上4階建て以上」か「延べ面積1500㎡超」である。また、**準耐火性能**が求められる規模は「延べ面積500㎡超、1500㎡以下」である。「地上3階建て」の建築物は、準耐火性能か、政令で定める技術基準に適合させる。その基準の一つに「開口木3」がある(令元国交告194号)。

準防火地域内の建築物の制約

準防火地域内で、**延焼のおそれのある部分**にある木造建築物等の外壁、軒裏は、**防火構造**とする。また、3m以内の延焼のおそれのある部分にある高さ2m超の門・塀は、**不燃材料**でつくるか、覆うなど延焼防止性能が求められる(令元国交告194号)。

「屋根を**不燃材料**でつくるか葺く」「延焼のおそれのある部分では、外壁の開口部に防火設備を設ける」「外壁が耐火構造ならば、外壁を隣地境界線に接して設けることができる」などの基準は、**防火地域**と同様である(法61〜63条)。

また、準防火地域内でも、主要構造部を不燃材料とし、延焼のおそれのある部分の外壁開口部を片面20分防火設備とした卸売市場の上家や機械製作工場は、防火上の構造規制を受けない。

複数の地域にまたがる建築物の防火規定

1つの建築物が、防火地域と準防火地域など、複数の地域(**法22条区域**も含む)にまたがって建つ場合は、制限の厳しい地域の規定が建築物全体に適用される(法24条・65条)。敷地に複数の地域があるが、建築物が1つの地域に属している場合は、建築物の属する地域の制限しかかからない。

また、建築物が**防火壁**で区画されている場建築物とみなすことができる。(参照p.146)

基本を理解！

・開口木3
準防火地域で、敷地境界に近い外壁の開口部の面積を制限し、準耐火建築物ではない木造3階建建築物が建てられる基準。敷地境界からの距離と各外壁見付面とその面の開口部を規制した木造3階建であることから、「開口木3」といわれる。

・つくるか葺く
屋根の仕様で、下地、仕上げともつくるか外面を覆うこと

・耐火性能
　→p.124本文

・準耐火性能
　→p.128本文

・延焼のおそれのある部分
　→p.140本文

・防火地域
　→p.142本文

・防火構造
　→p.133本文

・不燃材料
　→p.134、135

・法22条区域
　→p.146本文

・防火壁
　→p.154、155

木造建築物等

延焼のおそれのある部分にある軒裏：防火構造

延焼のおそれのある部分にある2m超の塀：不燃材料(24㎜以上の木材等)

住居系用途地域など比較的容積率が低い、中小の建築物が混在する地域に都市計画で指定されるのが準防火地域

[表1] 準防火地域の建築物の構造制限（法61条、令136条の2、令元国交告194号）

地域	階数	延べ面積（S）	建築物の構造制限	適用条項
準防火地域	≦2階（地階を除く）	S≦500㎡	制限なし ただし、木造建築物等で外壁・軒裏の延焼のおそれのある部分は防火構造等	法61条 令136条の2
		500㎡＜S≦1,500㎡	耐火・準耐火建築物・準延焼防止建築物	
		S＞1,500㎡	耐火建築物・延焼防止建築物	
	＝3階（地階を除く）	S≦500㎡	耐火・準耐火建築物、準延焼防止建築物、または令136条の2に規定する木造3階建ての技術的基準に適合する建築物	
		500㎡＜S≦1,500㎡	耐火・準耐火建築物・準延焼防止建築物	
		S＞1,500㎡	耐火建築物・延焼防止建築物	
	≧4階	—	耐火建築物・延焼防止建築物	
適用除外	—		①高さ＞2mの門・塀で、不燃材料でつくるか、覆われたもの。または、土塗り真壁造で塗り厚さが30mm以上（表面の木材含む）、厚さ24mm以上の木材でつくったもの。 ②高さ≦2mの門・塀	令元国交告194号第4の3号、4号第7
			卸売市場の上家、機械製作工場で主要構造部が不燃材料、かつ延焼のおそれのある部分の外壁開口部が20分防火設備の場合	

[表2] 防火地域・準防火地域の規制対象建築物の規模 （法61条、令136条の2、令元国交告194号）

階数 ＼ 面積	防火地域			準防火地域		
	50㎡以下	100㎡以下	100㎡超	500㎡以下	500㎡超 1,000㎡以下	1,500㎡超
4階以上	耐火建築物 延焼防止建築物			耐火建築物 延焼防止建築物		
3階建て				準耐火建築物 準延焼防止建築物		
2階建て	準耐火建築物 準延焼防止建築物			（木造）防火構造 [※1] 延焼防止性能（その他）片面防火設備 [※2]20分 延焼防止性能		
平屋	附属建築物 外壁・軒裏：防火構造 外部開口部：片面20分防火設備 [※2]					

※1：延焼のおそれのある部分、外壁・軒裏
※2：延焼のおそれのある部分

屋根、外壁に性能が求められる法22条区域

法22条区域内では、屋根に不燃性能、延焼のおそれのある部分の木造の外壁は準防火性能が求められる

屋根の構造を制限する法22条区域

防火・準防火地域以外の市街地でも、火災による延焼防止の目的で、すべての建築物の屋根の構造を規制する区域がある。建築基準法22条に規定されていることから、一般に法22条区域と呼ばれる。また、屋根の不燃化が図られている区域のため、屋根不燃区域ともいう。

法22条区域は、**防火地域**や**準防火地域**とは異なり、都市計画区域外であっても関係市町村の同意を得ることで、特定行政庁が指定することができる。

屋根の構造は、不燃材料でつくるか葺くなどの告示に例示された構造方法（平12建告1365号）とするか、国土交通大臣の個別認定を受けたものとしなければならない（令109条の5、平12建告1361号）。

ただし、茶室や東屋その他これらに類する建築物か、延べ面積が10㎡以下の物置、納屋などの屋根は、**延焼のおそれのある部分**でなければ、構造規制が免除される。

延焼のおそれのある部分の規制

法22条区域内のすべての建築物は、屋根の構造以外にも、延焼のおそれのある部分の外壁の構造規制を受ける（法23条）。規制対象となるのは、主要構造部が可燃物でつくられた木造建築物等である。外壁の構造は、土塗壁同等の**準防火性能**（耐力壁は20分の非損傷性、それ以外は20分の遮熱性）以上とする。

また、階数1で間仕切壁のない**開放的な簡易建築物**や、**膜構造建築物**を法22条区域につくる場合、屋根は不燃材料とする必要があるが、150㎡未満の開放車庫は、延焼のおそれのある部分の柱や梁等のみを不燃材料とすればよい。さらに、3千㎡以内の膜構造のスポーツ練習場や不燃性の物品倉庫などは、延焼のおそれのある部分の柱や梁、外壁膜だけを不燃材料とすればよい[71頁参照]。

基本を理解！

・東屋
屋根と簡単な壁だけの建築物。主に休憩や待合いに使われ、公園などで見かける

・土塗壁（つちぬりかべ）
竹で編んでつくった下地に、ワラスサ・砂などを混ぜた土を塗った壁。各地で入手しやすい粘土が用いられてきたため、さまざまな仕上・工法がみられる。調湿性・断熱性・防火性などに優れている
→p.132

・防火地域
→p.142本文

・準防火地域
→p.144本文

・延焼のおそれのある部分
→p.140本文

・準防火性能
→p.132本文

・開放的な簡易建築物
簡易な構造の建築物のひとつ →p.70、71

・膜構造建築物
簡易な構造の建築物のひとつ →p.70、71

建築物が、防火・準防火地域・法22条区域の内外にわたる場合（法24・65条）
厳しい地域の制限を受ける

①防火地域−準防火地域にわたる場合

防火地域

建築物　建築物

防火地域の制限を受ける

防火地域外で防火壁で区画

準防火地域の制限を受ける

準防火地域

②防火地域−指定のない区域にわたる場合

準防火地域・22条区域

建築物　建築物

準防火地域・法22条区域の制限を受ける

準防火・22条地域外で防火壁で区画

制限を受けない

地域指定なし

③準防火地域−指定のない区域にわたる場合

準防火地域

建築物　建築物

準防火地域の制限を受ける

準防火地域内で防火壁で区画

準防火地域の制限を受ける

地域指定なし

法22条区域内の制限(法22〜24条、令109条の8)

適用部分	適用建築物	制限内容	適用条文
屋根	すべての建築物[※1]	①不燃材料でつくるか、葺く	法22条 令109条の8
		②準耐火構造(屋外面は準不燃材料)	
		③耐火構造＋屋外面に断熱材、および防水材	
	屋根以外の主要構造部が準不燃材料の不燃性物品の倉庫等[※2]	上記の①〜③	
		難燃材料でつくるか、葺く	
外壁	木造建築物等	延焼のおそれのある部分を土塗り壁または準防火構造[※3]とする	法23条

※1：茶室、東屋その他これらに類する建築物、または延べ面積≦10㎡の物置、納屋その他これらに類する建築物の屋根の延焼のおそれのある部分以外は適用対象外
※2：スポーツの練習場、不燃性の物品を扱う荷さばき場、畜舎など
※3：平12建告1362号

法22条区域内の木造建築物で延焼のおそれのある部分の外壁の例(平12建告1362号)

①土塗り壁(裏塗りをしないもの、下見板を張ったものを含む)

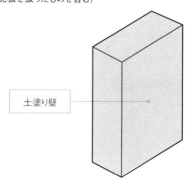

土塗り壁

②下地：準不燃材料、表面：亜鉛鉄板

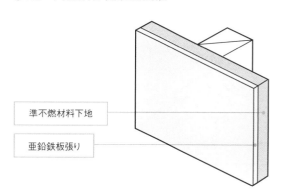

準不燃材料下地

亜鉛鉄板張り

③石膏ボード、または木毛セメント板(準不燃材料で、表面を防水処理したもの)を表面に張ったもの

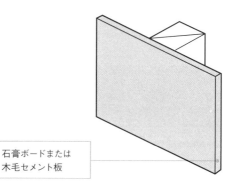

石膏ボードまたは木毛セメント板

④アルミニウム板張りペーパーハニカム芯(パネルハブ)パネル

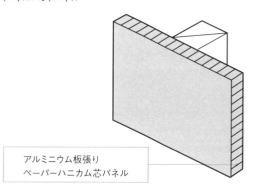

アルミニウム板張りペーパーハニカム芯パネル

上図のそれぞれの室内側は、厚さ9.5mm以上の石膏ボード張り、または厚さ75mm以上のグラスウール、もしくはロックウールを充填した上に厚さ4mm以上の合板等を張ったものとする

延焼防止・準延焼防止建築物

防火・準防火地域内の建築物は、延焼防止建築物・準延焼防止建築物とすることができる

延焼防止建築物・準延焼防止建築物

防火地域や準防火地域内につくられる建築物は、用途や規模、構造によって耐火や準耐火建築物にしなければならない(法61条)。耐火建築物としにくい木造建築物等の場合は、用途や規模に応じて、内部の柱・壁を1時間や45分、外壁や軒裏の耐火性能を90分や75分の準耐火構造、防火設備の遮炎性能を30分や20分、さらに防火区画を100㎡や500㎡以下とすることで建築が可能になる。

このように耐火性能と同等の延焼防止性能を持った建築物を延焼防止建築物(令136条の2第1項1号ロ)といい、準耐火性能と同等の延焼防止性能を持った建築物を準延焼防止建築物という(令136条の2第1項2号ロ)。

これらは他の木造準耐火建築物と同様に地上部で層間変形角を1／150以下としなければならない(令109条の2の2)。

また、敷地境界等までの距離に応じた外壁の開口率や延焼防止性能は、用途や規模に応じて構造方法が規定されている(令元国交告194号第2・第4)。

延焼防止建築物の例

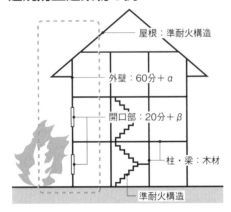

屋根：準耐火構造
外壁：60分＋α
開口部：20分＋β
柱・梁：木材
準耐火構造

層間変形角≦1／150としなければならない(令109条の2の2)

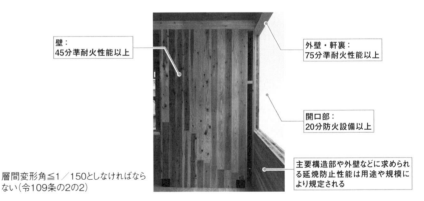

壁：45分準耐火性能以上

外壁・軒裏：75分準耐火性能以上

開口部：20分防火設備以上

主要構造部や外壁などに求められる延焼防止性能は用途や規模により規定される

延焼防止建築物の基準(令元告194号)

用途	主要構造部などへの要求性能			条件となる仕様				
	外殻		内部					
	外壁、屋根の軒裏	外壁開口部の設備※1	間仕切壁、柱など	階数	延べ面積	外壁開口部の開口率	SP※4設置	区画面積
共同住宅、ホテル等(法別表第1 (2)項用途)	90分間準耐火構造	20分間防火設備(両面)※2	60分間準耐火構造	3以下	3,000㎡以下	セットバック距離sに応じて開口率を制限 s≦1m⇒0.05 1m<s≦3m ⇒s/10－0.05 3<s⇒0.25	要	100㎡以下
物販店舗	90分間準耐火構造	30分間防火設備(両面)※3						500㎡以下
事務所／劇場等／学校等／飲食店(法別表第1 (1) (3) (4)項用途(物品販売店以外)	75分間準耐火構造	20分間防火設備(両面)※2						500㎡以下
卸売市場の上屋機械製作工場等	主要構造部：不燃材料等で作られたものその他これに類する構造 防火設備：20分間防火設備(片面)							
一戸建ての住宅	75分間準耐火構造	20分間防火設備(両面)※2	45分準耐火構造		200㎡以下			竪穴部分：準耐火構造の床壁、10分間防火設備

＊1 外壁の開口部で延焼のおそれのある部分に設ける防火設備
＊2 令109条の2に規定する防火戸(防火設備に通常の火災による火熱が加えられた場合に、加熱開始後20分間当該加熱面以外の面に火炎を出さないもの)
＊3 令元告194号第2第4項に規定する防火戸(鉄板または鋼板で厚さ1mm以上のもの等)
＊4 スプリンクラー設備(水道直結型を除く)、水噴霧消火設備、泡消火設備等

準延焼防止建築物の基準（令元告194号第4）

用途・規模	項目	基準
準防火地域内にある近いを除く階数が3で、延べ面積500㎡以下の建築物	外壁の構造および枠組壁工法の耐力壁の構造	準耐火構造とするか、または防火構造とし外壁の屋内側に厚さ12㎜以上のせっこうボード等の防火被覆を設け、取り合い等の部分を外壁の内側への炎の侵入を有効に防止できることができる構造とすること（当て木の設置等）
	開口部の面積	隣地境界線等＊1または道路中心線からの水平距離が5m以下の部分にある外壁の開口部は、隣地境界線等または道路中心線からの水平距離に応じて開口部の面積が制限される
	主要構造部である柱・梁の構造	準耐火構造とするか、または木造で原則として柱・梁の小径を12cm以上とすること
	床＊2またはその直下の天井、トラスの直下の天井の構造	準不燃材料で造る（3階以上の床は準耐火構造等とする）、または12㎜以上のせっこうボード等の防火被覆を設け、取合い等の部分を他の床の内部への炎の侵入を有効に防止することができる構造とすること（当て木の設置等）
	屋根またはその直下の天井の構造	屋根の室内側または屋根直下の天井に12㎜以上＋9㎜以上のせっこうボード等の防火被覆を設け、取合い等の部分を屋根内部または天井裏への炎の侵入を有効に防止できることができる構造とすること（当て木の設置等）
	軒裏の構造	防火構造とすること
	3階部分の区画	3階の室の部分とそれ以外の部分を間仕切壁または戸（ふすま、障子を除く）で区画されていること
	開口部の構造	片面20分の防火設備。ただし隣地境界線から1m以内の開口部は常時閉鎖、はめごろしの20分（両面）防火設備等
50㎡以下の平屋の附属建築物		外壁、軒裏：防火構造 外壁開口部設備＊2：20分間防火設備（片面）＊4
卸売市場の上屋または機械製作工場等		主要構造部：不燃材料等で造られたものその他これに類する構造 外壁開口部設備＊2：20分間防火設備（片面）＊4

＊1 隣地境界線またはその建築物と同一敷地内の他の建築物（合計500㎡いないである場合を除く）との外壁間の中心線
＊2 最下階の床を除く
＊3 外壁開口部で延焼のおそれのある部分に設ける防火設備
＊4 令137条の10第4号に規定する防火設備（第109条に規定する防火設備であって、これに建築物の周囲において発生する通常の火災による火熱が加えられた場合に、
加熱開始後20分間当該加熱面以外の面（屋内に面するものに限る）に火炎を出さないもの）
※：上表の用途・規模については、耐火性能検証法による告示適合構造あたは大臣認定構造で、外壁開口部設備＊3として20分間防火設備（両面）を設置したものも対象

準防火地域における防火構造等の建築物の基準（令元告194号第5、6）

規模	構造	延焼のおそれのある部分の外壁・軒裏の構造等	外壁開口部設備＊2
500㎡以下かつ2階以上	木造建築物等＊1 （耐火、準耐火建築物を除く）	防火構造	20分間防火設備（片面）
	上記以外	制限なし	20分間防火設備（片面）

＊1 主要構造部のうち、自重または積載荷重を支える部分が木材、プラスチック等の可燃材料で造られたもの。
＊2 外壁開口部で延焼のおそれのある部分に設ける防火設備
※：上表の木造建築物等については、耐火性能検証法による告示適合構造または大臣認定構造で、外壁開口部設備＊2として20分間防火設備（両面）を設置したものも対象

木造3階建ての防火制限

「特殊建築物の用途・規模」と「防火地域等」の両方から防火制限がかかる

防火地域の木3の規制

防火地域内では地上3階建ての建築物は耐火性能をもたせなければならない。木造の場合、耐火建築物とすることが難しい。準防火地域で木造3階建ての戸建住宅をつくる場合は、45分の準耐火性能をもった建築物としなければならないが、開口部を制限することで同等の準耐火性能とみなされる「開口木3」とすることもできる(令元国交告194号)。

しかし、延べ面積が500㎡超の建築物は、準耐火建築物等としなければならない。

準防火地域内の木3の共同住宅

特殊建築物の防火制限に従えば、地上3階建ての共同住宅は耐火性能をもたせなければならない。しかし、防火地域以外で、一定の要件を満たせば、1時間準耐火性能の木造3階建ての共同住宅「木3共」をつくることができる。

木3共は、3階部分のすべての用途が共同住宅・下宿または寄宿舎で、一定の技術基準(平27国交告255号)が必要となる(右頁)。

防火規制のない地域の木3の学校等

学校や博物館、美術館、図書館、スポーツの練習場などの用途の地上3階建ての建築物は、鉄骨造等を使わなくとも1時間準耐火構造の性能を満たせば主要構造部を木造とできる(令2国交告174号)。木造3階建ての学校(通称 木3学)をつくるには、基本的に隣地と建物間を3m以上確保し、延焼のおそれのある位置に防火設備を設ける(右頁)。

3m幅の通路を緩和するには、1時間準耐火構造の壁で200㎡以下に防火区画をし、上階の窓への延焼を防ぐために、下階の窓の上に庇を設置するなどする。

防火設備を緩和するには、教室の天井の不燃化などの方法がある。ただし、準防火地域など地域の防火規制で、規模に応じて耐火建築物が要求されることもある。

基本を理解

・開口木3
準防火地域内の木造3階建住宅で、敷地の境界線から一定距離以内にある開口部の大きさを小さく制限して、主要構造部を木造とすることを可能とした仕様の呼称。
現在は階数3以下で延べ面積3000㎡(一戸建住宅は200㎡)以下で開口部の制限が求められる仕様(令元国交告194号第2第1号)となっている

木造3階建て共同住宅

屋外階段

屋外廊下

3階部分の用途：共同住宅

避難上有効なバルコニー

主要構造部：1時間準耐火構造

4m

防火地域以外であれば、木造3階建ての共同住宅ができる。条件は隣地境界に距離を3m以上確保することなど

木3共の基準 (平27国交告255号第1第2号)

・防火地域以外の地域で3階建て（地階を除く）
・3階の用途：下宿・共同住宅・寄宿舎

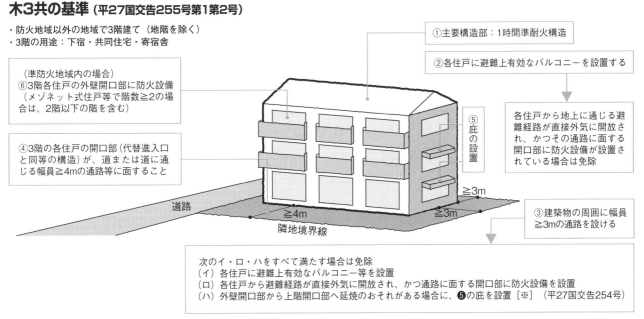

① 主要構造部：1時間準耐火構造

② 各住戸に避難上有効なバルコニーを設置する

各住戸から地上に通じる避難経路が直接外気に開放され、かつその通路に面する開口部に防火設備が設置されている場合は免除

（準防火地域内の場合）
⑥ 3階各住戸の外壁開口部に防火設備
（メゾネット式住戸等で階数≧2の場合は、2階以下の階を含む）

④ 3階の各住戸の開口部（代替進入口と同等の構造）が、道または道に通じる幅員≧4mの通路等に面すること

⑤ 庇の設置

③ 建築物の周囲に幅員≧3mの通路を設ける

次のイ・ロ・ハをすべて満たす場合は免除
（イ）各住戸に避難上有効なバルコニー等を設置
（ロ）各住戸から避難経路が直接外気に開放され、かつ通路に面する開口部に防火設備を設置
（ハ）外壁開口部から上階開口部へ延焼のおそれがある場合に、❺の庇を設置［※］（平27国交告254号）

※：ただし、延べ面積＞1,000㎡の場合、令128条の2第1項による幅員≧1.5mの通路が必要

木3学の基準 (平27国交告255号第1第3号・第3)

・地上3階建て
・3階の用途：学校・スポーツ練習場・美術館等

⑥ 窓の防火措置
次のイ・ロ・ハ・ニのいずれかを満たす場合、開口部の防火設備は免除される
（平27国交告255号第3）
（イ）天井を不燃化した室の外壁にある
（ロ）スプリンクラーを設置した室の外壁にある
（ハ）高さ≦0.3mの開口部である
（ニ）開口面積≦0.2㎡の開口部である

① 主要構造部：
1時間準耐火構造
（平27国交告273号）

② となりの建物に近く、延焼のおそれのある位置にある窓に防火措置を施す（令110条の2）

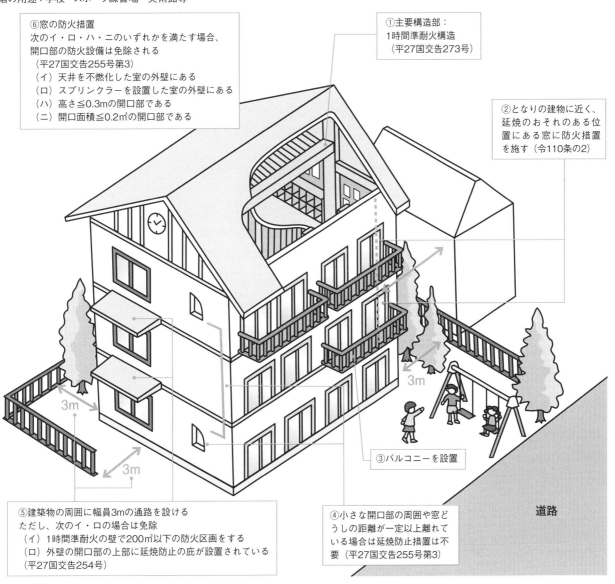

③ バルコニーを設置

④ 小さな開口部の周囲や窓どうしの距離が一定以上離れている場合は延焼防止措置は不要（平27国交告255号第3）

⑤ 建築物の周囲に幅員3mの通路を設ける
ただし、次のイ・ロの場合は免除
（イ）1時間準耐火の壁で200㎡以下の防火区画をする
（ロ）外壁の開口部の上部に延焼防止の庇が設置されている
（平27国交告254号）

道路

大規模木造建築物の構造制限

地上4階建て以上、高さ16m超や延べ面積3,000m²超の大規模な木造建築物は構造が制限される

火災時対策建築物

主要構造部に木材やプラスチック等の可燃材料を用いた大規模な木造等建築物は、階数や高さによって火災に対する構造制限がかかる。地上3階建て以上の倉庫や車庫は耐火建築物とする必要があるが、他の用途の特殊建築物の場合、主要構造部を通常火災終了時間に基づく火災時倒壊防止構造（準耐火構造）にできる（令109条の5）。仕様は告示で定められている（令元国交告193号第1）[右頁参照]。

①通常火災終了避難時間に基づく準耐火構造の基準（同告示第1第1号）

②地上4階建て以下か、高さ16m超

主要構造部を、通常火災終了時間耐える防火被覆型か、燃えしろ設計による準耐火構造とする。地上4階建ての場合、柱・壁・防火区画（200m²以内）は75分、階段の竪穴区画は90分の準耐火構造とし、スプリンクラー等の消火設備や、建物周囲に幅員3m以上の敷地内通路を設ける（同告示第1第2号）。

主要構造部に求められる非損傷性・遮熱性・遮炎性は、建物用途、消火に対する措置、防火区画の設置状況などに応じて通常火災終了時間が決められる。屋根・階段は下限値が30分、その他の部分の下限値は45分とされる。

③地上3階建て以下、高さ16m超

建物の周囲に幅員3m以上の敷地内通路を確保し、庇等により上階開口部への延焼を防ぎ、200m²以内に防火区画した1時間準耐火構造の建築物とする（同告示第1第3号）。

④地上2階建て以下、高さ16m超

外壁・軒裏を防火構造とし、床に30分の防火性能を持たせ、内装制限が必要（同告示第1第4号）。

構造制限規制対象外となる空地

大規模木造建築物の延焼を防止できる空地が建築物の周囲にある場合、火災に対する構造制限が免除される（法21条1項ただし書）。

具体的には、建築物の各部分からその高さ以上の長さの水平距離が周囲に確保できる場合に緩和が適用される[右頁下図参照]（令109条の6）。

壁・柱・梁・軒裏：
準耐火構造
（70分、60分、30分）

200m²以内ごとに
防火区画

建築物の階数や高さにより、主要構造部や外壁に求められる耐火性能が規定される

火災時対策建築物の構造

建築物の区分	制限内容	適用条項
・壁、柱、床、はり、屋根の軒裏を火災時倒壊防止構造とする（通常火災終了時間に基づく構造［令109条の5第1号］） ・H>16m	①床面積100㎡以内等ごとに防火区画する（スプリンクラー設備等設置、内装制限で防火区画面積緩和）、②給水管等の防火区画貫通部の処理が基準に適合する、③換気等設備の風道の防火区画貫通部の処理や点検口が基準に適合する、④2階以上に居室がある場合、直通階段は特別避難階段等の仕様とする、⑤一定以上の外壁の開口部に上階延焼抑制防火設備を設ける、⑥居室に自動火災報知設備を設置する、⑦居室の開口部のある部分から道まで3m以上の通路がある、⑧用途地域が定められていない敷地の場合、スプリンクラー設備を設置する	法21条1項 令元国交告193号 第1第1号［※1］
・壁、柱、床、はり、屋根の軒裏を75分準耐火構造とする ・地上階≦4 ・H>16m （倉庫、自動車車庫以外の用途）	①200㎡以内ごとに防火区画する（常時閉鎖式75分防火設備等の区画で500㎡以内）、②防火区画ごとにスプリンクラーを設置する、③給水管等の防火区画貫通部の処理が基準に適合する、④換気等設備の風道の防火区画貫通部の処理や点検口が基準に適合する、⑤天井仕上げを準不燃材とする、⑥2階以上に居室がある場合、直通階段は特別避難階段等の仕様とする、⑦一定以上の外壁の開口部に防火設備を設置する、⑧居室に自動火災報知設備を設置する、⑨居室の開口部のある部分から道まで3m以上の通路がある、⑩避難経路は外部に開放されているか排煙設備を設置する、⑪敷地が用途地域内である	法21条1項 令元国交告193号 第1第2号［※1］
・壁、柱、床、はり、屋根の軒裏を1時間準耐火構造とする ・地上階≦3 （倉庫、自動車車庫以外の用途）	いずれかの基準に適合する ①道に接する部分以外の周囲に3m以上の通路を設ける ②・200㎡以内ごとに防火区画する 　・上階開口部への延焼防止の庇（準耐火構造の床や外壁の防火構造等）を設ける	法21条1項 令112条2項 令元国交告193号 第1第3号［※1］ 令元国交告195号 （1時間準耐火構造）
・防火壁等の設置を要しない建築物 ・地上階≦2 （倉庫、自動車車庫以外の用途）	①外壁及び軒裏を防火構造、1階の床及び2階の床を30分準耐火構造とする、②地階の主要構造部を耐火構造または不燃材料でつくる、③火気使用室とその他の部分を防火区画する、④各室、各通路の壁（床から1.2m以下の部分を除く）、天井（屋根）の内装を難燃材とするか、自動式のスプリンクラー設備と排煙設備を設ける、⑤炎の侵入から防火措置された柱梁の接合部をもつ火災時倒壊防止構造とする、⑥防火被覆を除く部分で構造耐力上必要な軸組である	令46条2項1号イ・ロ 令115条の2第1項 第4～6・8・9号 令元国交告193号第1第4号 ［※1］ 平12建告1368号 （床または天井の防火措置）

※1：令2国交告173号により改正

その他の大規模木造建築物等の構造

建築物の規模	制限内容	適用条項
延べ面積［※］>1,000㎡	・外壁、軒裏で延焼のおそれのある部分を防火構造、屋根を不燃材料でつくるか、葺く ・1,000㎡以内ごとに防火壁で区画する	法26条 （防火壁・防火床）
延べ面積>3,000㎡	・耐火構造とする ・3,000㎡以内ごとに壁等（90分準耐火構造）で区画する	法21条2項2号 平27国交告250号 （壁等の措置）

※：同一敷地内に2以上の建築物がある場合、その延べ面積の合計

敷地内に設けられる延焼防止上有効な空地（令109条の6）

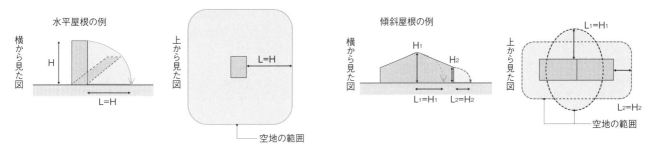

大規模木造建築物の防火制限

大規模木造建築物等は床面積 1,000㎡以内ごとに防火壁や防火床で区画する

防火壁・防火床

　床面積1千㎡を超える大規模木造建築物等では、火災の拡大を防ぐために、自立する防火壁や防火床で1千㎡以内ごとに区画しなければならない（法26条）。

　防火壁や防火床には、過熱状態で自立して倒壊しない性能、延焼を防ぐ袖壁や不燃の庇、区画周囲の防火構造や防火設備などが求められる。防火壁に開口部がある場合は一定の遮炎性能をもつ特定防火設備とする。防火床の貫通部分は特定防火設備による区画と、耐火構造の壁による竪穴区画が必要となる。

　延べ面積が1千㎡を超える木造建築物等は、延焼の恐れのある部分にかかる外壁や軒裏を防火構造とし、屋根を不燃材料とする。敷地内に複数の木造建築物があるときは、それらの延べ面積の合計が1千㎡を超える場合にそれぞれの部分がその対象となる（法25条）。

壁等による別棟区画

　木造建築物等は床面積3千㎡以内になるように「壁等」で区画が必要である。「壁等」とは、90分の非損傷性、遮熱性、遮炎性がある壁や防火設備、耐火構造のコア部分で自立性があり、延焼を防止できる突き出し部分を持つ構造などである。これには、いくつかの仕様がある（平27国交告250号）。

> **基本を理解！**
>
> ・自立する防火壁
> 古来連続して建てられる木造建築物では住戸等の境界壁部分に、屋根の上に張り出して（うだつ）火災の延焼の目的等で土塗壁等が設けられた。
> 防火壁はこの形態を基本として、ブロック造や、コンクリート造の壁のように、それだけで構造的に自立することが基本である。
> いわゆる防火区画とは異なる

防火壁・防火床の構造

防火壁の構造	適用条項
以下のすべてを満たすこと ①木造建築物の場合、無筋コンクリート造・組積造のものは禁止 ②自立する耐火構造のもの（防火壁） ③支持する耐力壁や柱・梁は耐火構造とする（防火床）	法26条 令113条 1項2・3号 令元国交告197号

防火壁・防火床の免除

適用対象	適用条件	適用条項
①耐火・準耐火建築物	次のいずれか ①主要構造部が不燃材料、その他これに類する構造のもの ②大断面木造建築物の場合 ・階数（地階を除く）≦2 ・2階部分の床面積≦1階部分の床面積×1／8 ・外壁・軒裏を防火構造とし、かつ1階の床および2階の床に平12建告1368号の防火措置をしたもの ・地階の主要構造部を耐火構造、または不燃材料でつくる ・火気使用室とその他の部分を防火区画すること ・各室、各通路の壁（床から1.2m以下の部分を除く）、天井（屋根）の内装を難燃材料とする、またはスプリンクラー設備等で自動式のものおよび排煙設備を設けること ・接合部の防火措置、火災時の構造の安全性を確認すること	法26条 ただし書 令115条の2
②卸売市場の上家・機械製作工場等で火災の発生のおそれの少ない用途		
③スポーツ施設［※］で火災のおそれの少ないもの		
④畜舎・堆肥舎・水産物の増殖場・養殖場の上家で、周辺状況等により避難・延焼防止上支障がないものとして平6建告1716号の基準に適合するもの		

※：体育館・屋内テニスコート・水泳場等天井の高い大空間を有し、可燃物が少ないもの（昭62住指発396号）

防火壁の構造

防火壁の仕様

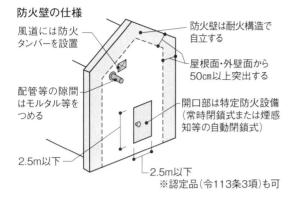

- 風道には防火ダンパーを設置
- 防火壁は耐火構造で自立する
- 屋根面・外壁面から50cm以上突出する
- 配管等の隙間はモルタル等をつめる
- 開口部は特定防火設備（常時閉鎖式または煙感知等の自動閉鎖式）
- 2.5m以下
- 2.5m以下
- ※認定品（令113条3項）も可

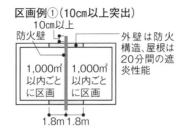

区画例①（10cm以上突出）
- 10cm以上
- 防火壁
- 1,000㎡以内ごとに区画
- 1,000㎡以内ごとに区画
- 外壁は防火構造、屋根は20分間の遮炎性能
- 1.8m 1.8m

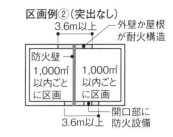

区画例②（突出なし）
- 3.6m以上
- 外壁か屋根が耐火構造
- 防火壁
- 1,000㎡以内ごとに区画
- 1,000㎡以内ごとに区画
- 3.6m以上
- 開口部に防火設備

防火床の構造

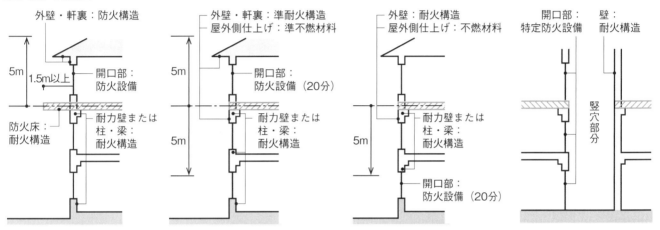

- 外壁・軒裏：防火構造
- 5m / 1.5m以上
- 開口部：防火設備
- 防火床：耐火構造
- 耐力壁または柱・梁：耐火構造

- 外壁・軒裏：準耐火構造
- 屋外側仕上げ：準不燃材料
- 5m
- 開口部：防火設備（20分）
- 耐力壁または柱・梁：耐火構造
- 5m

- 外壁：耐火構造
- 屋外側仕上げ：不燃材料
- 5m
- 耐力壁または柱・梁：耐火構造
- 開口部：防火設備（20分）

- 開口部：特定防火設備
- 壁：耐火構造
- 竪穴部分

壁等の構造（平27国交告250号）

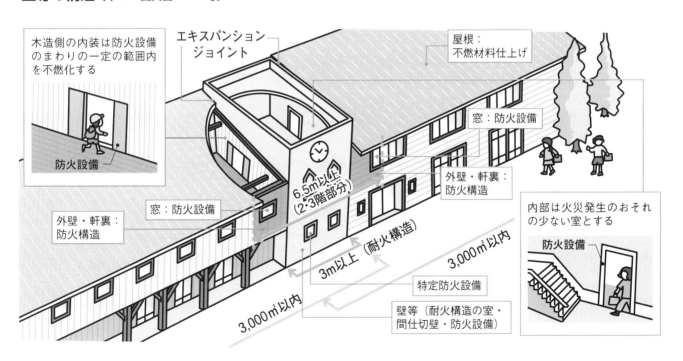

- 木造側の内装は防火設備のまわりの一定の範囲内を不燃化する
- 防火設備
- エキスパンションジョイント
- 屋根：不燃材料仕上げ
- 窓：防火設備
- 外壁・軒裏：防火構造
- 窓：防火設備
- 外壁・軒裏：防火構造
- 6.5m以上（2・3階部分）
- 3m以上（耐火構造）
- 3,000㎡以内
- 3,000㎡以内
- 3,000㎡以内
- 特定防火設備
- 壁等（耐火構造の室・間仕切壁・防火設備）
- 内部は火災発生のおそれの少ない室とする
- 防火設備

特殊建築物の構造制限

特殊建築物は、廊下幅、階段、排煙設備、非常用照明、内装制限に注意

特殊建築物の防火規定

防火規定のかかる**特殊建築物**とは、不特定多数の人が集まる施設や、宿泊、就寝を伴う施設、火災に対して危険度の高い施設などの建築物である。それらに対しては一般の用途の建築物よりも防火・避難の制限が厳しくなる。法別表第1にある特殊建築物は、**耐火・準耐火建築物や**避難時対策建築物としなければならない。いずれが要求されるかは、その用途で使用する階と、その用途部分の面積で決まる（法27条、令115条の3）。

法別表第1で倉庫と自動車車庫の用途は耐火建築物か準耐火建築物、他の用途は耐火構造築物、避難時対策建築物とする。

たとえば、集会場や病院、ホテル等は、地上3階以上にその用途がある場合は、面積によらず耐火構造建築物とする。一方、倉庫を耐火建築物としなければならないのは、3階以上に倉庫部分があり、その面積が200㎡以上の場合である。

また、劇場、映画館などは、その主階が1階にない場合は耐火構造建築物としなければならない（法27条1項4号）。

床面積が150㎡以上の自動車車庫は、準耐火建築物にすることが求められる。その場合、**イ準耐**と**軸組不燃型**の準耐火建築物は認められるが、外壁耐火の準耐火建築物は、内部の**防火性能**が十分でないため、認められない（法27条2項、令115条の4）。

火薬や**消防法**に規定する危険物、マッチ、可燃ガスなどを限度以上の数量で扱う貯蔵場や処理場は、準耐火建築物以上にしなければならない（法27条3項3号、令116条）。

特殊建築物の避難施設と防火設備

特殊建築物には、廊下、階段、出入口などの避難施設の寸法等の規定がある。消火栓、**スプリンクラー**、貯水槽など消火設備に関する技術基準も参照しなければならない。また、定期報告や工事中の使用制限など、一般の建築物以上の規制がかかる。

基本を理解！

・外壁耐火
外壁部分を一定の耐火構造にすることで、準耐火構造と同等の準耐火性能を有しているとみなされる仕様

・耐火建築物
→p.122、123

・準耐火建築物
→p.127本文

・避難時対策建築物
建築物の用途や規定によって、決められた時間に倒壊しないで、在館者のすべてが地上まで避難できるように、構造や設備、内装の対策がとられた建築物。その構造を避難時対策準耐火構造という
→p.130

・イ準耐
→p.127本文

・軸組不燃型
→p.127本文

・防火性能
→p.133下表

わかる法規

● **消防法**

「火災を予防し、警戒し及び鎮圧し、国民の生命、身体及び財産を火災から保護するとともに、火災又は地震等の災害に因る被害を軽減し、もつて安寧秩序を保持し、社会公共の福祉の増進に資すること」を目的とする法律。
建物の条件に応じて、避難はしごや緩降機などの避難器具の設置や、防火管理者の選任、防災計画・作成などを義務づけている。また、避難経路を確保するため、階段やろうかなどに荷物を置きっぱなしにすることを禁止している。
東京消防庁や各地の消防局には、火災を予防するため、人の出入りの多い建物を立ち入り検査する権限が与えられており、建築物や危険物施設などに立ち入り、消防設備などの維持・管理状況の検査を行う

● **スプリンクラー**

天井に設置して、火災の際初期消火のために、水に高圧をかけ飛沫にしてノズルから散布する装置

● **特殊建築物（法2条2号）**

特殊建築物は、以下のような用途の建築物で、住宅など通常の建築物に比べ、避難・防火上の制限が厳しくなっている

分類	施設
不特定・多数の人が利用する施設	学校、体育館、劇場、観覧場、集会場、展示場、百貨店、市場、ダンスホール、遊技場など
多数の人が就寝・飲食を行う施設	病院、ホテル、旅館、共同住宅、寄宿舎、下宿など
危険物を取り扱う施設	工場、倉庫、自動車車庫、危険物の貯蔵庫など
近隣への影響が特に大きい施設	と畜場、火葬場、汚物処理場など

特殊建築物が関係する規定
（法12・24・87条、90条の2、令119・120・126条、126条の2、126条の4、128・129条）

規定対象	制限内容	条文
特殊建築物で特定行政庁が指定するもの	定期報告（特殊建築物で特定行政庁が指定するものの所有者は、建築士等の調査により、特定行政庁に報告しなければならない）	法12条
用途変更後に特殊建築物となるもの	用途変更（既存の建築物の用途を変更して、特殊建築物にする場合は、確認申請を提出し、工事完了後、建築主事に届け出なければならない）	法87条
工事中の特殊建築物等	特定行政庁は、工事中の建築物が防火上、避難上著しく支障がある場合は、建築主事等に猶予期限をつけて、使用制限などの措置をとる	法90条の2
小学校、中学校、高等学校または中等教育学校における児童用または生徒用のもの。病院における患者用のもの、共同住宅の住戸もしくは住室の床面積の合計が100㎡を超える階における共用のもの	廊下の幅	令119条
病院、診療所（患者の収容施設があるものに限る）、ホテル、旅館、下宿、共同住宅、寄宿舎、児童福祉施設等の居室	居室から直通階段までの歩行距離	令120条
劇場、映画館、演芸場、観覧場、公会堂、集会場その他これらに類するもので政令で定めるもの。病院、診療所（患者の収容施設があるものに限る）、ホテル、旅館、下宿、共同住宅、寄宿舎、児童福祉施設等の居室。学校、体育館、博物館、美術館、図書館、ボウリング場、スキー場、スケート場、水泳場、またはスポーツの練習場。百貨店、マーケット、展示場、キャバレー、カフェー、ナイトクラブ、バー、ダンスホール、遊技場、公衆浴場、待合、料理店、飲食店または物品販売業を営む店舗（床面積が10㎡以内のものを除く）	手摺の高さや屋上広場	令126条
	排煙設備	令126条の2
	敷地内の避難通路	令128条
上欄特殊建築物の居室	非常用照明	令126条の4
劇場、映画館、演芸場、観覧場、公会堂、集会場その他これらに類するもので政令で定めるもの。病院、診療所（患者の収容施設があるものに限る）、ホテル、旅館、下宿、共同住宅、寄宿舎、児童福祉施設等の居室。百貨店、マーケット、展示場、キャバレー、カフェー、ナイトクラブ、バー、ダンスホール、遊技場、公衆浴場、待合、料理店、飲食店、または物品販売業を営む店舗（床面積が10㎡以内のものを除く）	内装制限	令129条

4種類ある防火区画

防火区画には、面積区画・高層区画・竪穴区画・異種用途区画がある

種類によって内容が異なる防火区画

建築物の内部で火災が発生したときに、火災を一定の範囲内にとどめて拡大を防ぐために、**耐火構造**の床、各階の床から床までの耐火構造の壁、そしてそれらの開口部部分に設けられた**防火設備**(防火戸・防火シャッターなど)を用いて行う区画を**防火区画**という。

防火区画は、耐火・準耐火建築物、延焼防止・準延焼防止建築物・避難時対策建築物・火災時対策建築物で必要となる。

防火区画には、内部の延焼を防ぐために一定の面積ごとに区画する「**面積区画**」、危険度の高い11階以上の高層階の延焼を防ぐための「**高層区画**」、煙突状の部分などで上に広がりやすい火炎を、横に広がらないように吹き抜け部分で閉じ込める「**竪穴区画**」、店舗や駐車場など、他と危険度の異なる特殊建築物の間を区画する「**異種用途区画**」の4種類がある。

それぞれの区画によって、区画しなければならない面積や火災に耐える時間に適合した区画の構造、防火設備の性能や種類が異なる。

スパンドレル部分の規制

また、防火区画だけでなく、防火区画を構成する壁や床と接する外壁の部分の仕様も規制される。これは、外側から、上階や隣の区画に延焼することを防ぐためである。

そのため防火区画の床が接する外壁の上下方向の部分(スパンドレル)は、準耐火構造の90cm以上の腰壁をつくるか50cm以上突き出した庇や床としなければならない。

壁の場合も、接する外壁を左右方向部分に90cm以上**準耐火構造**とするか、50cm以上準耐火構造の**そで壁**を突き出し、延焼を防がなければならない。その範囲に開口部を設ける場合は、防火設備とする必要がある(令112条16・17項)。

基本を理解！

・スパンドレル
防火区画の床や壁、防火設備などが外壁と接する部分は、火災時に他の区画に延焼しないように、上下階の床部分に耐火構造の腰壁や垂れ壁をつけなければならない。(令112条10,11項)その部分をスパンドレルという。他の方法として、そで壁やひさしの形状の延焼防止の方法も認められている

・腰壁(こしかべ)
腰の高さに相当する90cm程度の高さに張られた壁のこと

・耐火構造
→p.124本文

・防火設備
→p.136

・準耐火構造
→p.132、133

・そで壁
→p.137

防火区画と接する外壁(令112条16・17項)

①外壁面から50cm以上突出した
　準耐火構造以上の防火壁を設ける

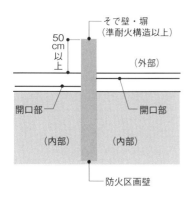

②外壁の部分を90cm以上の
　準耐火構造とする

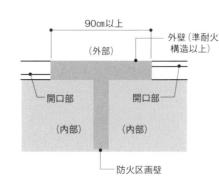

③スパンドレルの部分の開口部は
　防火設備とする

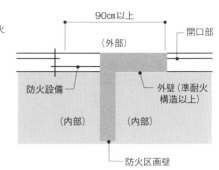

防火区画の種類（令112条）

区分	対象建築物など	区画面積・部分 [※1]	区画方法 床・壁	区画方法 防火設備	適用除外・緩和	適用条項（令112条）
面積区画	主要構造部が耐火構造 延焼防止建築物	≦1,500㎡ごと	準耐火構造（1時間耐火）	特定防火設備[※2]	用途上区画できない部分（劇場・映画館・演芸場・観覧場・公会堂・集会場の客席、体育館・工場など）	1項 2項
	準耐火建築物（1時間以上） 準耐火建築物（軸組不燃） 大規模木造建築物（令129条の2の3第1項1号の仕様） 避難時対策建築物（1時間以上） 火災時対策建築物（1時間以上）	≦1,000㎡ごと			体育館、ボウリング場、工場などで、天井・壁の室内に面する部分の仕上げを準不燃材料以上としたもの ／ 階段室・昇降機の昇降路（乗降ロビーを含む）で、準耐火構造（1時間以上）の床・壁・特定防火設備で区画した部分	5項
	準耐火建築物（45分耐火） 準耐火建築物（外壁耐火） 火災時対策建築物（45分） 準延焼防止建築物	≦500㎡ごと				4項
		防火上主要な間仕切壁	準耐火構造	—		
高層区画	11階以上の部分の内装仕上げ（下地とも）　不燃材料	≦500㎡ごと	耐火構造	特定防火設備[※2]	11階以上の階段室・昇降路（乗降ロビーを含む）の部分、廊下等・共同住宅の住戸（床面積合計≦200㎡）で、耐火構造の床・壁・特定防火設備で区画された部分	9項
	準不燃材料	≦200㎡ごと				8項
	—	≦100㎡ごと		防火設備[※2]		7項
竪穴区画	地階か3階以上の階に居室　準耐火構造以上	メゾネット住戸 吹抜け 階段 昇降機の昇降路 ダクトスペース 上記に類する部分	準耐火構造（耐火構造を含む）	防火設備[※2]（遮煙性能）	・用途上区画できない部分（劇場・映画館などの客席部などで、壁[h>1.2m]・天井を下地とも不燃材料で仕上げたもの）・直接外気に開放されている廊下・バルコニーなどと接続する竪穴部分（共同住宅の開放片廊下に接続する階段室など）・竪穴区画である階段室内には公衆便所、公衆電話所の設置可 ・避難階とその直下階、または直上階の2層のみに通じる吹抜けで、壁・天井を仕上げ・下地とも不燃材料としたもの ・戸建住宅、長屋、共同住宅の住戸（階数≦3、かつ延べ面積≦200㎡）	11項
防火区画と接する外壁	床、庇等（突出寸法≧50cm）		準耐火構造	—	異種用途区画、竪穴区画の防火区画部分と接する外壁[※4]	16項 ・ 17項
	そで壁（突出寸法≧50cm）		準耐火構造	—		
	腰壁（スパンドレル）（防火区画[床]を含んで90cm以上） 外壁（防火区画[壁]を含んで90cm以上）		準耐火構造	防火設備[※3]		
異種用途区画	耐火要求のある特殊建築物（法27条）	該当する用途の相互間部分を区画	準耐火構造（1時間耐火）	防火設備[※2]（遮煙性能）	主たる用途と従属的用途の関係で（デパートの一角の喫茶店など）、自動車車庫・倉庫などの用途以外は一定の要件を満たす場合に区画を免除されることがある（『建築物の防火避難規定の解説』日本建築行政会議）	18項 令2国交告第250
		区画緩和	・ホテル、児童福祉施設等、飲食、物販の用途 ・同一階にあること ・各室に警報設備を設置			

※1：スプリンクラー・水噴霧・泡などの自動消火設備を設置した部分の床面積は、その1／2を免除できる
※2：常時閉鎖式。随時閉鎖式の場合は、煙感知器、熱感知器に連動する
※3：法2条9号の2ロ
※4：取合いについては特定行政庁の解釈による

面積区画と高層区画

耐火建築物等は、1,500㎡、準耐火建築物等は500㎡か1,000㎡以内で面積区画する

火災の拡大を防ぐ面積区画

大規模な耐火・準耐火建築物の内部の火災拡大を防ぐために、一定の面積で建物を防火区画する。これを**面積区画**という(令112条1～6項)。1層だけでなく、吹抜け部を介して複数層にわたって区画される場合もある。

耐火建築物か、法の要求によらない任意の準耐火建築物は、1,500㎡以内ごとに区画しなければならない。ただし、劇場や映画館、集会場の客席など、用途上区画することが難しいものは免除される。

法の規定の要求から外壁耐火とした法定準耐火建築物(ロー1)や、45分準耐火建築物の場合は、500㎡以内ごとに1時間準耐火構造の壁や床、特定防火設備で区画する必要がある。防火上主要な間仕切壁がある場合は、45分準耐火構造の壁を小屋裏か天井裏まで到達させる。

法の要求により軸組不燃構造とした法定準耐火建築物(ロー2)や1時間準耐火建築物は、1,000㎡以内ごとに1時間準耐火構造の壁や床、特定防火設備で区画しなければならない。

また、体育館や工場等の用途の建築物や階段室、乗降ロビーを含む昇降路は、準不燃材料以上の内装とすれば準耐火建築物の区画が1,500㎡まで緩和される。

11階以上の面積区画が高層区画

高層階での火災の拡大を抑えるために、11階以上の高層部分で、防火区画が規定されている。これを**高層区画**という(令112条7～10項)。

高層区画は、100㎡以内で、耐火構造の床・壁と防火設備で面積区画しなければならない。

ただし、内装の下地・仕上げともに準不燃材料とし、特定防火設備で区画すれば、面積区画は200㎡まで緩和される。さらに内装を下地・仕上げとも不燃材料とすれば500㎡の面積での防火区画が可能となる。

なお、高層区画も他の区画と同様に自動式のスプリンクラー設備、**水噴霧消化設備**、**泡消火設備**などを設置した場合の床面積の算定は、2倍に緩和される。

面積区画の方法の例

①≦1,500㎡で区画する場合(令112条第1項)
主要構造部を耐火構造としたもの
準耐火構造または同等の準耐火建築物(法2条9の3)
延焼防止建築物(令136条の2第1号ロ)
準延焼防止建築物(令136条の2第2号ロ)

以下①、②、③とも共通で下記の条件で防火区画面積が緩和される。自動消火設備を設置した部分の1／2に相当する床面積を区画面積から除くことができる

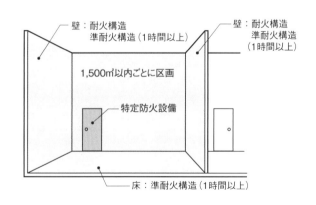

壁：耐火構造 準耐火構造(1時間以上)
壁：耐火構造 準耐火構造(1時間以上)
1,500㎡以内ごとに区画
特定防火設備
床：準耐火構造(1時間以上)

面積区画の方法の例

②≦1,000㎡で区画する場合（令112条5項）
令109条の5第1号（通常火災終了時間1時間以上）

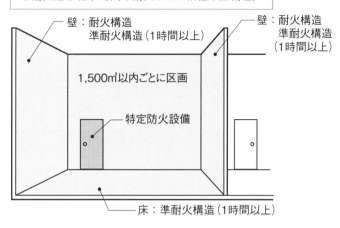

準耐火建築物（1時間準耐火または軸組不燃構造）

壁：耐火構造 準耐火構造（1時間以上）

壁：耐火構造 準耐火構造（1時間以上）

1,500㎡以内ごとに区画

特定防火設備

床：準耐火構造（1時間以上）

③≦500㎡で区画する場合（令112条4項）
令109条の5第1号（通常火災終了時間1時間未満）

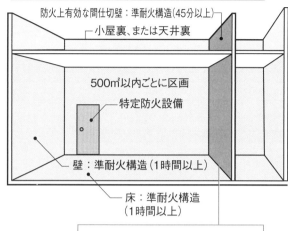

法の規定により主要構造部を準耐火構造（45分）、または準耐火構造（外壁耐火）とした建築物

防火上有効な間仕切壁：準耐火構造（45分以上）

小屋裏、または天井裏

500㎡以内ごとに区画

特定防火設備

壁：準耐火構造（1時間以上）

床：準耐火構造（1時間以上）

防火上主要な間仕切壁は、小屋裏または天井裏に達していること

高層区画の方法の例

①500㎡区画とできる

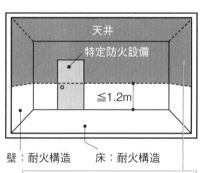

天井
特定防火設備
≦1.2m

壁：耐火構造　床：耐火構造

内装不燃
壁・天井の室内に面する部分の下地、仕上げは不燃材料（床から1.2m以下の部分、廻り縁、窓台などを除く）

②200㎡区画とできる

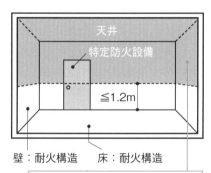

天井
特定防火設備
≦1.2m

壁：耐火構造　床：耐火構造

内装準不燃
壁・天井の室内に面する部分の下地、仕上げは準不燃材料（床から1.2m以下の部分、廻り縁、窓台などを除く）

③100㎡区画とする

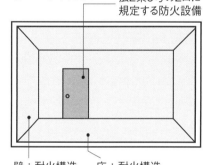

法2条9号の2ロに規定する防火設備

壁：耐火構造　床：耐火構造

面積区画の緩和

①一般的な面積区画

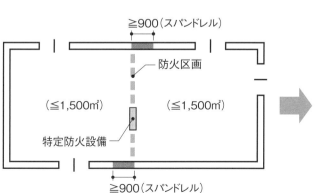

≧900（スパンドレル）

防火区画

（≦1,500㎡）　（≦1,500㎡）

特定防火設備

≧900（スパンドレル）

②スプリンクラー設備、水噴霧消火設備、泡消火設備等の自動式のものを設置した場合の面積区画

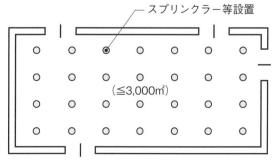

スプリンクラー等設置

（≦3,000㎡）

竪穴区画と異種用途区画

竪穴区画と異種用途区画の防火設備には遮煙性能が必要である

縦方向の延焼を抑える竪穴区画

火災時に延焼が広がりやすい吹抜けや階段など、縦につながる部分から、横への延焼を抑えるための縦の区画を**竪穴区画**という(令112条11〜15項)。竪穴区画が必要となるのは、**主要構造部**が**準耐火構造**以上で、地階または3階以上の階に居室のある建築物である。

壁穴区画する部分は、**メゾネット住戸**、吹抜け、階段、エレベーター、パイプシャフトなどの部分で準耐火構造の床や壁、**遮煙性能**をもつ防火設備(20分遮炎)で区画する。ただし、主要構造部が耐火構造の場合は、**耐火構造**の床、壁で区画しなければならない。

竪穴区画が緩和されるのは以下の4つの場合である。

①竪穴区画内にあり、その内部からのみ出入りする公衆便所など

②劇場や映画館など、用途上区画することが難しい部分。内装は下地・仕上げとも**準不燃材料**とする

③避難階から直上階か直下階にのみに通じる吹抜きで内装は下地・仕上げとも**不燃材料**

とした部分

④階数3以下で延べ面積200㎡以内の戸建住宅、共同住宅のメゾネット住戸などの吹抜き部分。

また、階数3で200㎡未満の法別表第1(い)欄(二)項の用途の壁穴区画の方法は簡易となる(右頁)

異種用途区画は異なる用途の防火区画

建築物の一部に、別表第1(い)欄の**特殊建築物**の用途の部分があり、耐火等の要求がでる規模の場合、防火上その部分と他の部分とを区画する。これが**異種用途区画**である(令112条18項)。

耐火等の要求できる規模や階は、131頁の表の通りである(法27条)。たとえば、準耐火要求がでる150㎡以上の車庫とその他の部分や、3階が200㎡以上の倉庫で、耐火要求が出る場合、耐火とする倉庫の部分とそのほかの部分は異種用途区画することになる。他の部分と1時間準耐火構造の床、壁、特定防火設備で区画する。

なお、異種用途区画の防火・**特定防火設備**は、遮煙性能を必要とする(令112条19項)。

基本を理解!

・パイプシャフト
配管用スペースのひとつ。多層建築物の各階を貫通して開けられている縦方向の防火区画で、建築設備用各種配管を集中的に収納する

・主要構造部
　→p.122本文

・準耐火構造
　→p.128本文

・メゾネット住戸
　→p.68本文

・遮煙性能
　→p.136基本を理解

・耐火構造
　→p.124本文

・準不燃材料
　→p.134、135

・不燃材料
　→p.134、135

・特殊建築物
　→p.22、23

・特定防火設備
　→p.138本文

エレベーターシャフトの竪穴区間

階段部分の竪穴区間

駐車場とその他の部分を異種用途区画

竪穴区画（令112条11～15項）

主要構造部が準耐火構造で、地階、または3階以上に居室のある建築物が対象
※ロ−1・ロ−2の準耐火建築物は、準耐火構造でないことから対象外

避難階からその直上階、または直下階のみに通じる吹抜け、階段の部分で、壁・天井の室内に面する部分の仕上げ、下地が不燃材料であるものについては、竪穴区画が免除される

竪穴区画内からのみ出入りできる公衆便所・公衆電話所などは、竪穴区画部と区画をする必要がない

劇場などの建築物の部分で用途上やむを得ない場合は、室内に面する壁（床面からの高さが1.2m以下の部分を除く）、および天井の仕上げ、下地ともに準不燃材料でつくった部分は、竪穴区画を免除される

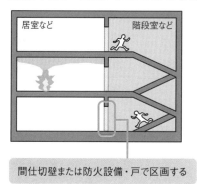

（図中のラベル）ダクトスペース／階段／メゾネット住宅／公衆便所／吹抜け／劇場、集会場、工場等（用途上区画できない場合）／4F／3F／2F／1F／BF

▨：竪穴区画：準耐火構造の壁・床、または法2条9号の2のロに規定する防火設備で区画する部分
▨：竪穴区画免除部分

階数3、延べ面積＜200㎡の小規模建築物の竪穴区画（令112条12・13項）

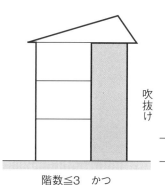

居室など／階段室など

間仕切壁または防火設備・戸で区画する

項	3階の用途 （法別表第1（い）欄（2）項）	求められる区画		
		間仕切壁	防火設備または戸（遮煙性能）	
			①スプリンクラー設備等を設けた建築物	②左記①以外の建築物
12項	病院、診療所（患者の収容施設があるものに限る）、児童福祉施設等（入所する者の寝室があるものに限る）	設置	防火設備（10分間遮炎性能の設置）	防火設備（20分間遮炎性能の設置）
13項	児童福祉施設等（上記以外の通所用途のもの）	設置	戸の設置（障子、ふすま以外）	
	ホテル、旅館、下宿、共同住宅、寄宿舎	設置	戸の設置（障子、ふすま以外）	

戸建住宅などでの竪穴区画免除（令112条11項2号）

①戸建住宅

吹抜け

階数≦3　かつ
延べ面積≦200㎡

②共同住宅のメゾネット住戸

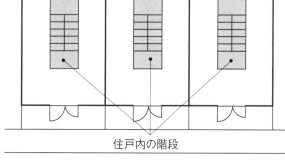

住戸内の階段

階数≦3　かつ
各住戸の床面積の合計≦200㎡

階数≦3、かつ延べ面積≦200㎡の戸建住宅、または階数≦3、かつ各住戸の床面積の合計≦200㎡の長屋、共同住宅の住戸の吹抜け、階段、昇降機の昇降路などは、竪穴区画を免除される

異種用途区画（令112条18項）

劇場、映画館、演芸場の場合、主階は1階にあり、3階以上にその用途はないが、客席の床面積の合計が200㎡以上の場合は、耐火性能が要求されその他の部分と異種用途区画をする必要がある

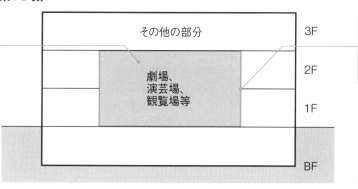

その他の部分／劇場、演芸場、観覧場等／3F／2F／1F／BF

異種用途区画
1時間耐火構造
＋特定防火設備
（遮煙性能）

異種用途区画が必要となる場合としては、以下のものがある耐火要求のある特殊建築物（法27条）とほかの部分

界壁・間仕切壁・隔壁の防火性能と遮音性能

界壁・間仕切壁・隔壁は、準耐火構造の壁で小屋裏まで区画する

延焼を防ぐ界壁や間仕切壁の規定

建築基準法には**防火区画**や**防火壁**のほかにも、火災の延焼を防ぐための規定がある。共同住宅や長屋の住戸間に設ける「**界壁**」や、学校、病室、診療所などに設ける「**防火上主要な間仕切壁**」、小屋組が木造の建築物や渡り廊下の小屋裏に設ける「**隔壁**」の構造の規定である。これらは主に小屋裏で延焼が広がるのを防ぐ目的がある。

(1)界壁

長屋・共同住宅の各住戸を区画する間仕切壁を**界壁**という（令114条1項）。

界壁は、**耐火建築物**ならば**耐火構造**、**準耐火建築物**やその他の建築物ならば**準耐火構造**か耐火構造とし、小屋裏か強化天井にまで達するようにする。界壁は各住戸に設置し、**遮音性能**（法30条）も必要となる。

(2)防火上主要な間仕切壁

防火上主要な間仕切壁には、避難経路を確保する目的がある（令114条2項）。学校ならば教室間に限らず、教室と廊下、階段等の避難経路を区画する。病室や児童福祉施設等、ホテル、旅館、下宿、寄宿舎の就寝室は、3室以下かつ100㎡以下（1つの室が100㎡超は可）に区画し、病室や就寝室と避難経路も区画する。また厨房等の火気使用室とその他の部分も防火上主要な間仕切壁を配置し区画し

なければならない。

強化せっこうボード2枚張りでその厚さの合計が36㎜以上の天井（強化天井）のある階や自動スプリンクラー設備等の設置部分には緩和が適用される[167頁]。

小規模な建築物や部分では防火上主要な間仕切壁を一定の条件で免除できる。100㎡以内の準耐火構造の区画、住宅用火災警報器の居室等への設置、50cm幅の避難経路が条件となる。既存戸建住宅など寄宿舎やグループホームなどに改修する際などに使われる。

(3)隔壁

隔壁とは、木造小屋組み部分の区画である（令114条3項）。建築面積が300㎡を超える大規模木造建築物は、基本的には、桁行方向に12m以内の桁行間隔で小屋裏に準耐火構造の隔壁を設けなければならない。ただし、建築物が耐火建築物であったり、自動消火設備を設けるなどの一定の条件を満たせば、小屋裏隔壁は免除される。

区画貫通部の延焼防止処理

ダクトなどが界壁等を貫通する場合、防火区画部と同様に、貫通部分に延焼を防ぐ処理が必要となる。具体的には、貫通部に45分間の遮炎性能をもつ防火ダンパーを設置し、周囲はモルタルなどで充填しなければならない。

関連事項

遮音性能

界壁を隔てた音源からの音を聞いたとき、どのくらい音が小さくなったかを透過損失（単位：db）で表される。透過損失は、入射音と透過音の差である。建築物の2室間の遮音性能を評価する尺度として「遮音等級」が設定されており、マンションやホテルの遮音性能は、この遮音等級「D値」が尺度となる

共同住宅の界壁の性能

建築基準法の第30条から、共同住宅と長屋の住戸間の壁（界壁）は、火災の延焼を防ぐための防火性能を持つだけでなく、声や音が伝わらないように遮音性を合わせて持たなければならない。この点が、他の防火上主要な間仕切壁や隔壁と性能的に異なる点である。
国交大臣認定の遮音防火認定を取得した壁では、ボードを両面2重張りとした上、壁体内にグラスウールを充填するなどして施工することになる

基本を理解！

・間仕切壁
室と室の間を床から天井まで仕切る壁。界壁の場合、床から上階の床まで仕切るのが基本である

・桁行方向（けたゆきほうこう）
一般的には、建物の長手方向。切り妻屋根では棟や母屋の方向と桁の方向は一致する

・桁行間隔
木造建築物で、屋根の棟の方向が桁行方向となる。桁の直角方向に梁がかかり、その上の小屋裏部分が隔壁となる。延焼防止のために隔壁と隔壁の間の寸法が規制される。なお、桁行き方向と直角方向が梁間方向となる

・自動消火設備
無人で自動的に火災を感知し消火する設備

・ダクト
空調、換気、排煙などの気体を運ぶ薄板で作られた風洞

・防火ダンパー
火災が発生した際ダクト内の延焼を防ぐために自動的に閉鎖する弁

・防火区画
→p.158本文

・防火壁
→p.155本文

・長屋
→p.68本文

・共同住宅
→p.68本文

・耐火建築物
→p.122本文

・耐火構造
→p.124本文

・準耐火建築物
→p.127本文

・準耐火構造
→p.128本文

共同住宅の界壁(令114条1項)

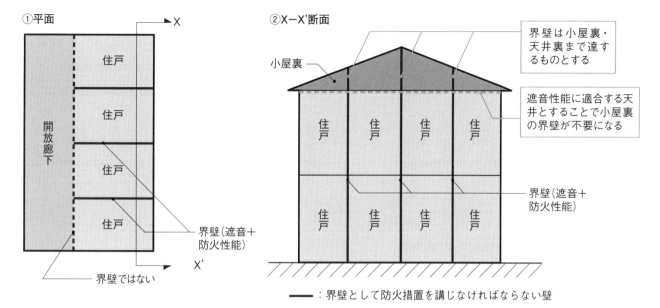

①平面

住戸
住戸
住戸
住戸

開放廊下

→ X

界壁(遮音＋防火性能)

X'

界壁ではない

②X－X'断面

小屋裏

住戸 住戸 住戸 住戸

住戸 住戸 住戸 住戸

界壁は小屋裏・天井裏まで達するものとする

遮音性能に適合する天井とすることで小屋裏の界壁が不要になる

界壁(遮音＋防火性能)

━━━ ：界壁として防火措置を講じなければならない壁

防火上主要な間仕切壁の例

①学校の場合

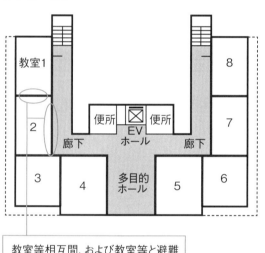

教室1

2

3 | 4 | 多目的ホール | 5 | 6

便所 便所
EVホール
廊下 廊下

8

7

教室等相互間、および教室等と避難経路間は、すべて準耐火構造（耐火構造を含む）の壁で区画する

②病院の場合

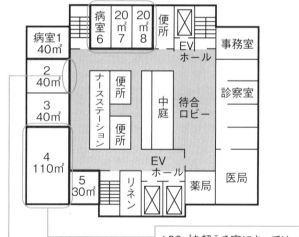

3室以下、かつ100㎡以下で区画する

病室6 | 20㎡7 | 20㎡8 | 便所 | EVホール | 事務室

病室1 40㎡ | ナースステーション | 便所 | 中庭 | 待合ロビー | 診察室

2 40㎡ | 便所

3 40㎡

4 110㎡ | EVホール | 薬局 | 医局

5 30㎡ | リネン

各病室と避難経路間は、すべて準耐火構造(耐火構造を含む)の壁で区画する

100㎡を超える室にあっては、100㎡以下に区画する必要はない。ただし、避難経路との区画は必要

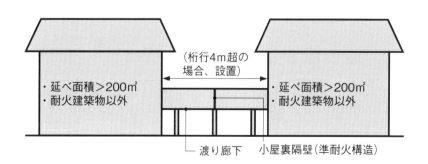

▨：避難経路
：防火上必要な間仕切壁

隔壁の例

①建築面積＞300㎡の木造建築物の小屋裏隔壁（令114条3項）（小屋裏木造の場合）

小屋裏隔壁（準耐火構造）

桁行12m以内ごとに設置

②渡り廊下の小屋裏隔壁（令114条4項）（小屋裏木造の場合）

（桁行4m超の場合、設置）

・延べ面積＞200㎡
・耐火建築物以外

・延べ面積＞200㎡
・耐火建築物以外

渡り廊下　小屋裏隔壁（準耐火構造）

建築基準法　道路・敷地・用途　形態制限　防火　避難　居室　構造

界壁を防火上主要な間仕切壁を強化天井とする方法例(共同住宅)

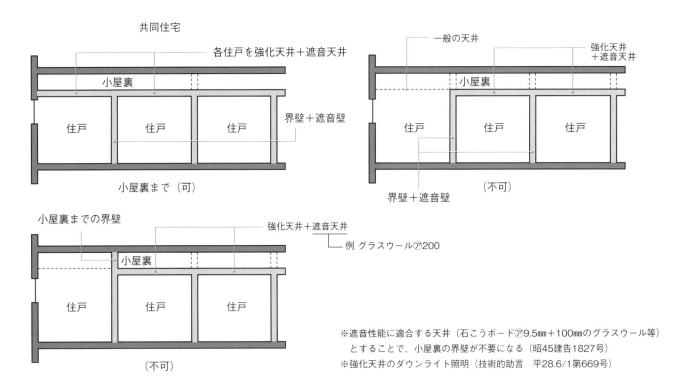

共同住宅

各住戸を強化天井＋遮音天井

小屋裏

住戸　住戸　住戸

界壁＋遮音壁

小屋裏まで（可）

一般の天井

強化天井
＋遮音天井

小屋裏

住戸　住戸　住戸

界壁＋遮音壁

（不可）

小屋裏までの界壁

強化天井＋遮音天井

例 グラスウール⑦200

小屋裏

住戸　住戸　住戸

（不可）

※遮音性能に適合する天井（石こうボード⑦9.5mm＋100mmのグラスウール等）
とすることで、小屋裏の界壁が不要になる（昭45建告1827号）
※強化天井のダウンライト照明（技術的助言 平28.6/1第669号）

界壁の遮音性能の例(法30条、令22条の3、昭45建告1827号)

適用基準			制限内容			適用条項
住戸の界壁 (共同住宅・長屋)			遮音上有効な構造とし、小屋裏または天井裏まで達せしめる			法30条、令22条の3
		構造	厚さ (cm)	仕上げの仕様 (cm)		適用条項
界壁の遮音構造	下地等を有しない構造	鉄筋コンクリート造 鉄骨鉄筋コンクリート造 鉄骨コンクリート造	≧10	—		昭45建告 1827号
		無筋コンクリート造 れんが造・石造 コンクリートブロック造	肉厚＋ 仕上げ≧10	—		
		軽量コンクリートブロック	b₁＋b₂ ≧5	両面にモルタル≧1.5　または プラスター≧1.5　または しっくい塗り≧1.5		
	下地等を有する構造	堅固な構造の下地等	下地＋ 仕上げ≧13 の大壁	両面鉄網モルタル塗り≧2.0 または 両面木ずりしっくい塗り≧2.0		
		堅固な構造の下地等	下地＋ 仕上げ≧13 の大壁	両面モルタル塗りの上に タイル張り≧2.5		
		堅固な構造の下地等	下地＋ 仕上げ≧13 の大壁	両面木毛セメント板張り　または 石膏ボード張りの上に 両面モルタルまたはしっくい塗り≧1.5		
		内部に次の材料を張る 厚さ≧2.5cmのグラスウール （かさ比重≧0.02） または 厚さ≧2.5cmのロックウール （かさ比重≧0.04）	厚さ≧10 （仕上げ材の厚 さは含まない）	石膏ボード≧1.2または岩綿保温板≧2.5 または木毛セメント板≧1.8の上に、亜鉛 めっき鋼板≧0.09を張る		
				石膏ボード (厚さ≧1.2) 2枚張り		

注：このほかには次のものがある（厚さと仕上げの単位は㎝）
【下地を有しない構造】①土蔵造：厚さ≧15　②気泡コンクリート：厚さ≧10で、両面モルタルまたはプラスターまたは漆喰塗り仕上げ≧
1.5　③木片セメント板（かさ比重≧0.6）≧8で、両面モルタルまたはプラスターまたは漆喰塗り仕上げ≧1.5　④鉄筋コンクリート製パネル（重
さ≧110kg／㎡）≧4で、木製パネル仕上げ≧5kg／㎡　⑤土塗真壁造（4周に空隙のないもの）≧7
【下地を有する構造】堅固な構造の下地等（下地＋仕上げ≧13の大壁）で、両面セメント板張りまたは瓦張りの上にモルタル塗り≧2.5

界壁・間仕切壁・隔壁(令112条3項・令114条)

適用建築物・部分		対象部分	構造	緩和条件・適用条項
界壁	長屋・共同住宅	各住戸間の壁	主要構造部の耐火時間による（耐火構造の場合は耐火壁、1時間準耐火構造の場合は1時間準耐火壁、45分耐火構造の場合は45分準耐火壁）	小屋裏・天井裏および壁（遮音性能［※］が必要）／令114条1項
防火上主要な間仕切壁	学校	教室等相互を区画する壁、および教室等と避難経路（廊下、階段等）を区画する壁、および火気使用室を区画する壁		小屋裏・天井および壁／令114条2項
	病院・診療所（有床）・児童福祉施設等・ホテル・旅館・下宿・寄宿舎（グループホーム、貸しルームを含む）	就寝に利用する室等の相互間の壁で3室以下、かつ100㎡以下（1室が100㎡超は可）に区画する壁、および避難経路を区画する壁、および火気使用室を区画する壁		
	マーケット（連続式店舗）	店舗相互間の壁のうち重要なもの、および火気使用室とその他の部分を区画する壁		
小屋裏隔壁	建築面積＞300㎡、かつ小屋組が木造の建築物	木造の小屋組		小屋組の桁行間隔≦12mごとに設ける 令114条3項
	それぞれの延べ面積＞200㎡の建築物（耐火建築物以外）をつなぐ渡り廊下（小屋組が木造）	渡り廊下の木造小屋組		小屋組の桁行間隔＞4mの場合に設ける 令114条4項
給水管・配電管		貫通部	45分遮炎性能	令114条5項
ダクト			特定防火設備	令129条の2の5第7項

※：音の振動数125～2,000Hzに対して、透過損失25～50dB

界壁・防火上主要な間仕切壁・隔壁の緩和要件(平28国交告694号、昭45建告1827号)

適用部分	対象部分		
小屋裏隔壁	下記のいずれかに該当する建築物 ①主要構造部が耐火構造であるか、または耐火性能に関する技術的基準に適合するもの ②各室、および各通路の壁（＞床から1.2m）・天井（屋根）の内装を何年材料としたもの ③自動消火設備、および排煙設備を設けたもの ④畜舎等で避難上・延焼防止上支障ない物として、平6建告1882号に適合するもの ⑤準耐火構造の隔壁で区画されている小屋裏の部分で直下の天井が強化天井である場合（令114条3項）		
・界壁 ・防火上主要な間仕切壁	・200㎡以内で防火区画 ・スプリンクラー設備を設置	界壁の場合	スプリンクラーの初期消火によって延焼拡大を防止
		＋遮音性能 （石こうボード9.5mm ＋グラスウール100mm （かさ比重0.016以上） またはロックウール （かさ比重0.03以上））	
	・全体が強化天井である場合 （令114条2項）		強化天井（強化石膏ボードを重ね張りし、総厚さ36mm以上を確保したもの）
	下記①～③に適合する小規模建築物等（平26国交告860号） ①「居室の床面積の合計を100㎡以内ごとに準耐火構造の壁・防火設備で区画」または居室の床面積の合計が100㎡以内の階 ②各居室に煙感知式の住宅用防災機器または自動火災報知設備を設置 ③「居室に屋外への出口等［※］がある」または「居室に屋外への出口等［※］まで8m（内装不燃化の場合は16m）で行ける間仕切り等で区画された通路への出口がある」		連動型住宅用火災報知機による火災情報の迅速な伝達

※：屋外への出口等とは、次のいずれかを満たす出口。①道路に面している②道路や空地に通ずる幅員50cm以上の通路に面する③準耐火構造の壁や両面20分の防火設備で区画された部分に避難できる

内装制限

床上 1.2 m以下の腰壁部分が、内装制限を受けないのは、居室部分で、廊下は対象外

壁・天井仕上げ材料の制限

初期の火災拡大の防止と避難の安全性確保の目的で、居室と避難経路の天井(天井がない場合は屋根)、壁の仕上げ材料に内装制限がある。ただし、通常の扉や家具は対象とならない。対象は、特殊建築物、階数3以上の建築物、延べ面積1千㎡超の建築物、無窓の居室(令128条の3の2)、火気使用室である。

学校等の内装制限を受けない用途であっても、排煙上の無窓居室がある場合、その居室と避難経路部分は内装制限を受けることになる。

対象部分では、壁と天井を防火材料(不燃材・準不燃材・難燃材料)で仕上げなければならない(法35条の2)。

免除される部分は、居室内の1.2m以下の腰壁部分(注)や床、廻り縁や窓台である。このほか、自動式のスプリンクラーや水噴霧消火設備、泡消火設備などと、排煙設備(令126条の3)を併せて設ける場合も、内装制限は免除される(令128条の7)。

(注)
避難経路となる廊下や階段の腰壁は基本的に内装制限がかかる。スプリンクラーを設置し、天井を準不燃材としたり、排煙設備を設けた場合は、免除となり木材等を貼ることができる

戸建住宅の火気使用室における内装制限の緩和(平21国交告225号)

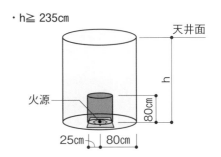
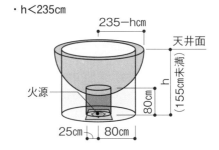

・h≧235cm

・h<235cm

注：hはコンロ加熱部中心点から天井までの距離
注：火源がコンロの場合、1口4.2kW以下の調理専用のものに限る

■：内装・下地とも特定不燃材料[※]
□：内装・下地とも特定不燃材料またはそれに準ずる
▨：不燃材料(厚さ12.5mm以上の石膏ボードなど)

防火材料とは？

防火材料とは、不燃性能(燃焼しない・防火上有害な変形や損傷を生じない・有害な煙やガスを発生しない)をもつ建築材料のこと。不燃性能が有効に持続する時間によって3つに分類される。

・不燃材料──加熱開始後20分有効
・準不燃材料──加熱開始後10分有効
・難燃材料──加熱開始後5分有効

※：平12建告1400号で定められた不燃材料の1部で、アルミ、ガラスを除く、コンクリート、鉄、12mm以上の強化石膏ボードなどの材料

内装制限の代替措置の考え方

	(階) 非火災室への煙拡散防止		(全館) 非火災階への煙拡散防止
	火災室(居室)	非火災室(廊下等)	
内装制限	居室に面する部分は難燃材[※3]	廊下等に面する部分は準不燃材	【煙拡散防止】竪穴区画する(別途要求される)
居室部分の緩和[※1、2、3]	【煙発生抑制】床面積100㎡以下 【煙拡散防止】天井高さ3.0m以上、間仕切壁＋防火設備で区画*	廊下等に面する部分は準不燃材	【煙拡散防止】竪穴区画する(別途要求される)
建物規模による緩和[※2、3]	【煙発生抑制】延べ面積500㎡以下、スプリンクラー設備等を設置		【早期避難】警報設備の設置、階数制限(避難階or直上階) 屋外出口の設置(歩行距離を制限) [※4]
天井準不燃による緩和[※1、2]	【煙発生抑制】スプリンクラー設備等を設置＋内装制限(天井準不燃)		【煙拡散防止】竪穴区画する(別途要求される)
排煙設備による緩和[※1]	*【煙発生抑制】スプリンクラー設備等を設置 【煙拡散防止】排煙設備を設置*		【煙拡散防止】竪穴区画する(別途要求される)

※1：内装制限を適用除外とする居室・廊下等の部分に限る
※2：調理室、無窓居室を除く
※3：劇場、病院、児童福祉施設(通所利用を除く)等の用途を除く
※4：「建築基準法施行令の一部を改正する政令等の施行について(技術的助言)」(令2国住指第4658号)

内装制限（令128条の5）

No.	用途・室		対象建築物の構造・規模			内装制限個所（壁および天井）		適用条項
			耐火建築物(イ)	準耐火建築物	その他	居室等（用途に供する部分）	廊下、階段など[※1]	
①	特殊建築物	劇場、映画館、演芸場、観覧場、公会堂、集会場	客室の床面積合計≧400㎡	客席の床面積合計≧100㎡	客席の床面積合計≧100㎡	難燃材料[※5、※10] （3階以上に居室がある場合 天井：準不燃材料）	準不燃材料	1項
②		病院、診療所（患者の収容施設のあるもの）、ホテル、旅館、下宿[※2]、共同住宅[※2]、寄宿舎[※2]、児童福祉施設等[※3]	3階以上の床面積合計≧300㎡[※4]	2階部分の床面積合計≧300㎡[※4]	床面積の合計≧200㎡			
③		百貨店、マーケット、展示場、キャバレー、カフェー、ナイトクラブ、バー、ダンスホール、遊技場、公衆浴場、待合、料理店、飲食店、物販店（物品加工修理業を含む）[床面積＞10㎡]	3階以上の床面積合計≧1,000㎡	2階部分の床面積合計≧500㎡	床面積の合計≧200㎡			
④		自動車車庫、自動車修理工場	すべて			準不燃材料	準不燃材料	2項
⑤		地階、または地下工作物内の居室等で①〜③の用途に供するもの	すべて					3項
⑥	大規模建築物 (1)〜(3)を除く 　(1) 学校等（スポーツ施設を含む） 　(2) 100㎡以内ごとに防火区画され、特殊建築物（法別表第1（い）欄）の用途でない、高さ31m以下の居室 　(3) ②の用途の高さ31m以下		階数≧3で、延べ面積＞500㎡ 階数＝2で、延べ面積＞1,000㎡ 階数＝1で、延べ面積＞3,000㎡			難燃材料[※5、※10] [適用除外※6]	準不燃材料	4項
⑦	すべての建築物	排煙上の無窓居室[※7]	床面積＞50㎡ （天井高＞6mを除く）			準不燃材料	準不燃材料	5項
⑧		採光上の無窓居室、法28条1項ただし書の温湿度調整作業室	すべて （天井高＞6mを除く）					
⑨	火気使用室[※9]	住宅、兼用住宅[※8]（階数≧2の最上階以外）	—	階数≧2の建築物の最上階以外の階		準不燃材料	—	6項
⑩		住宅以外の建築[※8]		すべて				
⑪	（内装制限適用除外）用途：劇場、映画館、病院、児童福祉施設、自動車車庫等 　・床面積100㎡以内（間仕切＋防火設備で区画した天井高3m以上の居室） 　・避難階又は直上階で警報器を設置した延べ面積500㎡以下＋スプリンクラー設備 　・スプリンクラー設備＋天井準不燃 　・スプリンクラー設備＋排煙設備						7項 令2 国交告 第251号

注：地下街の場合、地下道は、下地とも不燃材料としなければならないなどの規定がある（令128条の3）
　　（イ）1時間準耐火基準含

※1：居室（用途に供する部分）から地上に通じる主たる廊下、階段などの通路
※2：準耐火建築物（1時間準耐火構造）の場合は、耐火建築物の部分とみなす（令128条の4第1項1号表）
※3：児童福祉施設、助産所、身体障害者社会参加支援施設（補装具製作施設および視聴覚障害者情報提供施設を除く）、保護施設（医療保護施設を除く）、婦人保護施設、老人福祉施設、有料老人ホーム、母子保健施設、障害者支援施設、地域活動支援センター、福祉ホーム、障害者福祉サービス事業（生活介護、自立訓練、就労移行支援、就労継続支援を行う事業に限る）（令19条）
※4：床面積合計100㎡（共同住宅は200㎡）以内ごとに準耐火構造の床・壁、または防火設備で区画されたものを除く（令129条1項本文）
※5：居室の壁で、床から1.2m以下は制限なし
※6：床面積の合計100㎡以内ごとに準耐火構造の床・壁、または防火設備（遮煙、常時、随時[煙感]）で区画された、法別表第1（い）欄の用途でない部分の居室で、耐火建築物、または準耐火建築物（イ準耐）の高さ31m以下の部分を除く（令129条4項本文）
※7：天井、または天井から80㎝以内の部分にある開放可能な開口部の面積の1/50未満の居室
※8：主要構造部を耐火構造としたものを除く（令128条の4第4項）
※9：調理室、浴室、乾燥室、ボイラー室、作業室等で、かまど、こんろ、ストーブ、内燃機関等の火気使用設備、または器具を設置したもの
※10：難燃材料に準ずる仕上げ
　　1) 天井の内装仕上げは準不燃材料（平12告示第1439号）
　　2) 壁の内装仕上げは木材、合板、構造用パネル、パーティクルボード、繊維版（これらの表面に不燃性を有する壁張り下地用のパテを下塗りした上に壁紙を貼ったものを含む。）でし、これらの表面に火災伝播を著しく助長する溝等が設けられていないこと
　　3) 木材の取付方法　t：木材厚
　　　・t＜10mm　難燃材料の壁に直接取り付け
　　　・10≦t＜25mm　壁の内部での火災伝播を有効に防止することができるよう配置された柱、間柱等の垂直部材およびはり、胴縁等の横架材（相互の間隔が1m以内に配置されたものに限る。）取り付けまたは難燃材料の壁に直接取り付け
　　　・25mm≦t　制限なし

Column

主要構造部と構造耐力上主要な部分

建築基準法には、「主要構造部」と「構造耐力上主要な部分」という、似たような用語がある。ただし、これらが指すものは、それぞれ異なる。

①主要構造部

建築基準法のなかで、建築物に耐火建築物の規定や防火上の制限に使われる用語である。損傷すると構造的に影響が大きく、建築物の変形、溶融、破壊につながると考えられる部分を指す。

②構造耐力上主要な部分

建築基準法の構造規定の条文で主に使われる用語。建築基準法施行令1条3号に定義されている。建物自体を支え、台風や地震などの外力による振動や衝撃に耐える部分を指す。

■ 小梁の扱い

主要構造部には小梁は含まれないため、耐火建築物の耐火被覆の対象を検討するうえで問題になることがある。

ただし、耐火被覆の不要なのは「構造上重要でない」部分である。つまり、対象除外となるのはすべての小梁ではなく、「構造上重要でない小梁」だけだと考えるべきである。

■ 品確法の「構造耐力上主要な部分」

住宅の品質確保の促進等に関する法律（品確法）では、「構造耐力上主要な部分」に10年間の瑕疵担保責任が義務付けられている。このときに「構造耐力上主要な部分」は、建築基準法とは異なり、以下のものを指す。すなわち、住宅の基礎、基礎杭、壁、柱、小屋根、土台、斜材（筋かい、方杖、火打材その他これらに類するもの）、床材、屋根版、横架材（梁、桁その他これらに類するもの）で、その住宅の自重もしくは積載荷重、積雪荷重、風圧、土圧、水圧、地震その他の振動・衝撃を支えるものである（品確法94条・令5条）。

主要構造部と構造耐力上主要な部分の比較

用語	対象	対象外	適用条項
主要構造部	壁・柱・床・梁・屋根・階段	・左記以外 ・構造上重要でない最下階の床、間仕切壁、間柱、付け柱、揚げ床、最下階の床、廻り舞台の床、小梁、庇、局所的な小階段、屋外階段その他これらに類する建築物の部分なども対象外	法2条5号
構造耐力上主要な部分	・基礎、基礎杭、壁、柱、小屋組み、土台、斜材（筋かい、方杖、火打材その他これらに類するもの）、床版、屋根版または横架材（梁、桁その他これらに類するもの）で、建築物の自重や積載荷重、積雪荷重、風圧、土圧、水圧、地震力、その他の振動・衝撃に対して建築物を支える重要な構造部分 ・上記の部材の接合部（継手・仕口）	・左記以外	令1条3号

CHAPTER **5**

避難

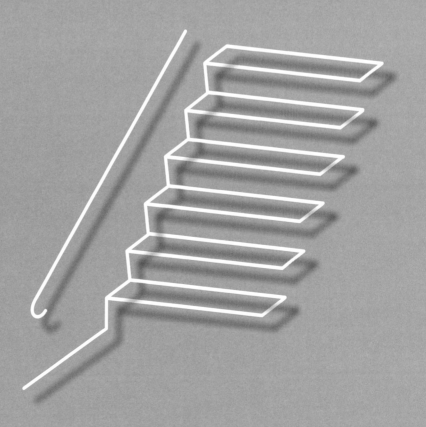

階段の基準寸法

階段の幅・踏面・けあげ・踊場・手摺各部の寸法は、用途・床面積で定められている

階段の幅と高さ

建築物での上下の移動を安全に行えるよう、階段の**幅**や**踏面**、**けあげ**、**踊場**の各寸法、**手摺**の設置が、建築基準法で定められている。各寸法は、建築物の用途、直上階の床面積、2方向避難に利用される屋外直通階段かどうか、などによって異なる(令23条)。

一般住宅では、階段の基準は、幅75cm以上、けあげ23cm以下、踏面15cm以上である。学校や劇場などにある、不特定多数の人が使用する階段は、幅員は広く勾配は緩やかになるように規定されている(令129条の9)。

階段の幅が3mを超える場合は、けあげ15cm以下、踏面が30cm以上の緩い勾配の階段でないかぎり、階段中央に手摺が必要となる。ただし、高さ1m以下の階段の部分には、この規定は適用されない(令25条3・4項)。

階段を直線状の直階段とする場合、階高が、学校や劇場などでは3m、その他の建築物では4m超であれば、踏幅1.2m以上の踊場を設

けなければならない。

またエレベーター機械室への階段は、別途踏面・けあげの基準がある(令129条の9)。

手摺と踊場の位置

階段の安全性を確保するためには、階段幅や踏面、けあげの寸法を守るだけでなく、**手摺の設置**も必要となる。

階段や踊場の両側に側壁がある場合でも、少なくとも片側には実際に手で握れる手摺を設けなくてはならない。側壁・手摺は階段の両側に必要で、片側だけに壁と手摺を設けてもう一方に何もつくらないとすることはできない(令25条1・2項)。

階段幅を算定する際、手摺部分の寸法は、10cm以内の場合は考慮しなくてよい(令23条3項)。

階段の代わりに**傾斜路(スロープ)**を設ける場合は、床面を滑りにくくして、その勾配を1／8以下にしなければならない。傾斜路の幅や手摺の規定は、階段に準じる(令26条)。

基本を理解！

・屋外直通階段
屋外階段のうち、直接避難階又は地上まで通ずる避難に使われる階段を屋外直通階段といい、幅員90cmにしなければならない。その他の屋外階段の幅員は60cm以上でよい

・直階段
踊り場の寸法が要求されるのは折り返しや、かね折れのない、まっすぐな直階段。階段には他にらせん階段がある

手摺
階段には手摺を設置する

屋外避難階段
屋外に開放された直通階段で、階段の周囲2以内に開口部の制限がある(参照P.181)

段板部分の踏面、蹴上の寸法は建築物の用途と階の床面積等により規制される

階段の一般的形態（令23条、令元国交告202号）

階段の種類	階段・踊場の幅	けあげ	踏面	踊場位置	直階段の踊場の踏幅
① 小学校・義務教育学校（前期）の児童用	≧140cm	≦16cm（≦18cm）	≧26cm	高さ≦3m ごと	≧120cm
② 中学校・義務教育学校（後期）・高等学校・中等教育学校の生徒用、物品販売店（[物品加工修理業を含む]床面積＞1,500㎡）、劇場・映画館・公会堂・集会場などの客用	≧140cm	≦18cm（≦20cm）	≧26cm（≧24cm）		
③ 地上階用（直上階の居室の床面積合計＞200㎡）地階・地下工作物内用（居室の床面積合計＞100㎡）	≧120cm	≦20cm	≧24cm	高さ≦4m ごと	
④ 住宅（共同住宅の共用階段を除く、メゾネット内専用は含む）	≧75cm	≦23cm	≧15cm		
⑤ ①〜④以外の階段	≧75cm	≦22cm（≦23cm）	≧21cm（≧19cm）		
階数≦2、延べ面積＜200㎡	≧75cm	≦23cm	≧15cm		
⑥ 昇降機の機械室用	—	≦23cm	≧15cm	—	—
⑦ 屋外階段：避難用直通階段（令120、121号）[※1]	≧90cm ≧75cm[※2]	上記①〜⑤に準ずる			
⑧ 屋外階段：その他の階段	≧60cm				

注1：踏面はその水平投影距離で測る
注2：直階段（まっすぐに昇降する階段）の踊場の踏幅は120cm以上必要
注3：階段（高さ＞1mのものに限る）には手摺を設ける
注4：踊場の両側に壁がない階段（高さ＞1mのものに限る）は手摺を設置する
注5：階段幅＞3m（高さ＞1mに限る）の場合、中間に手摺を設置する（けあげ≦15cm、かつ踏面≧30cmの場合は不要）
注6：階段に代わる傾斜路の場合、勾配≦1／8、かつ粗面仕上げとする
注7：（　）内は同等以上に昇降を安全に行うことができる階段の寸法（平26国交告709号）
　　　（a）両側に手摺を設置（b）階段面など滑りにくい材料で仕上げる
※1：木造は不可。ただし防腐措置を講じた準耐火構造は可（令121条の2）。
※2：①〜④以外の階段

階段の算定方法

①けあげ・踏面の算定の原則

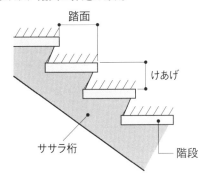

②踊場の設置の原則

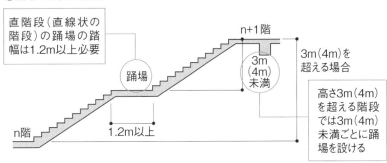

注：カッコ内の数値は上表①、②、⑥以外の階段の場合

階段幅の算定方法（令23条2・3項）

①回り階段の取扱い

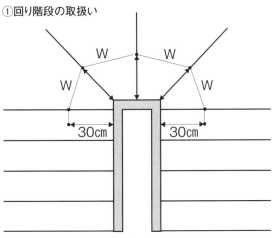

回り階段の踏面は内側から30cmの位置で測る

②手摺等の突出部分と昇降設備の取扱い

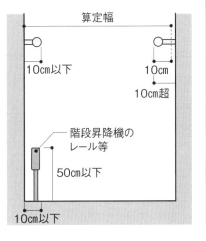

手摺等の突出が10cm以下の場合、そのまま階段の幅を算定できる。10cm超の場合、手摺などの突端から10cmまでの部分はないものとみなし、その部分から幅を算定できる。また、階段昇降機のレールなどは、高さ50cm以下のものに限り、幅10cmを限度にないものとみなして幅を算定できる

直通階段までの歩行距離

居室から直通階段までの歩行距離は2階以上の各階で制限される

安全に避難できる直通階段までの歩行距離

建築基準法では、避難階（地上）まで続く階段を**直通階段**といい避難施設としている。

直通階段とは、安全に外部に通じる階や地上まで各階で途切れることなく続く階段のことである。屋内では避難階まで、屋外では直接地上まで、到達できるように設置しなければならない。

居室がある階には、避難用の直通階段を設け、さらに短時間に避難できるように居室から直通階段までの**歩行距離**が制限されている（令120条）。

歩行距離は、居室が15階以上か否かと、建築物の用途や**主要構造部**の不燃化の有無、内装の準不燃化の有無で決まる。制限が最も厳しいのは、**有効採光面積**が床面積の1／20とれない「**無窓居室**」と、法別表第1い欄(4)項に規定された百貨店や店舗などの用途の居室である。これらの場合、主要構造部の構造によらず、歩行距離は30m以下としなければならない。

15階以上の高層階では、一般階の距離よりも10m厳しくなる。一方、主要構造部を不燃材料以上でつくり、居室や避難経路の内装を準不燃材料とした場合、歩行距離はそれぞれの規定値よりも10m緩和される。

最も遠い位置を基準とする歩行距離の算定

歩行距離は、居室部分の最も遠い位置から検討する。2以上の階段がある場合は、短いほうの距離で判定する。

歩行距離は、同一階での算定が原則である。ただし、主要構造部が**準耐火構造**である**メゾネット型共同住宅**で、専用部分が2・3階にわたり、1階のみに出入口がある場合は、歩行距離は、最上階の居室から出入口のある階の直通階段までの距離となる。このときの歩行距離は、40m以下としなければならない（令120条4項）。

歩行距離を満たせない場合は、直通階段を増やすなどの措置が必要である。

重複距離は直通階段までの法定歩行距離の1/2以下となる。また、階段までの避難経路は、教室等を経由できない。

居室の避難経路として、屋内階段の階段室を経由して、2方向避難をすることはできない。

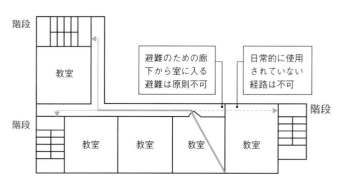

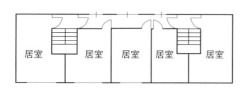

→（ℓ）　令120条1項による歩行距離
─（ℓ'）　令121条3項による重複距離
--→ ×　通常の歩行経路に該当しないもの

（参考：建築物の防火避難規定の解説）

直通階段までの歩行距離(令120条)

適用建築物	主要構造部		準耐火構造・不燃材料				左欄以外の構造	適用条項
	階		14階以下（避難階を除く）		15階以上			
	居室、避難経路（廊下・階段など）の壁（床面からの高さ≦1.2mを除く）・天井（天井がない場合は屋根）の室内に面する部分の仕上げ		準不燃材料	左欄以外	準不燃材料	左欄以外		
・特殊建築物（法別表第1（い）欄(1)～(4)項） ・階数3以上の建築物 ・採光上の無窓居室のある階 ・延べ面積＞1,000㎡の建築物	①	採光上の無窓居室						令120条
	②	百貨店・マーケット・展示場・キャバレー・カフェー・ナイトクラブ・バー・ダンスホール・遊技場・公衆浴場・待合・料理店・飲食店・物販店（10㎡超）の主たる用途に供する居室	≦30+10m=40m	≦30m	≦30m	≦30-10m=20m	≦30m	
	③	病院・診療所（有床）・ホテル・旅館・下宿・共同住宅・寄宿舎・児童福祉施設等（有料老人ホーム・老人福祉施設等）の主たる用途に供する居室	≦50+10m=60m	≦50m	≦50m	≦50-10m=40m	≦30m	
	④	①～③以外の居室	≦50+10m=60m	≦50m	≦50m	≦50-10m=40m	≦40m	
	⑤	メゾネット式共同住宅［※1］	≦40m［※2］					令120条4項

※1：主要構造部が準耐火構造以上で、1住戸が2～3階のもの
※2：廊下への出入口のない階の居室の一番奥から直通階段までの距離

歩行距離の算定方法
（2以上の直通階段）

居室③からの歩行距離

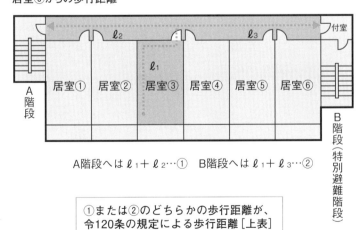

A階段へは ℓ₁＋ℓ₂…①　B階段へは ℓ₁＋ℓ₃…②

①または②のどちらかの歩行距離が、令120条の規定による歩行距離［上表］以下で、かつ重複距離ℓ₁が規定歩行距離の1／2以下でなければならない

直通階段にならない階段

3～5階の階段が避難階段（1～3階の階段）まで連続していないため、直通階段にはならない

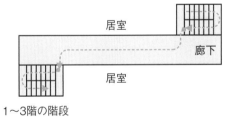

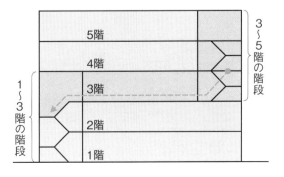

2以上の直通階段が必要な建築物

特殊な用途のある階や6階以上の階に居室がある場合は原則2方向に直通階段が必要である

避難時の混乱を避けるための2方向の直通階段

劇場や大きな物販店などの不特定多数の人が利用する施設や、病院や**共同住宅**など就寝室をもつ施設などでは、避難時の混乱が予想される。そのため、**直通階段**を2つ設け、災害の際に、2階以上の階では一方が使えなくても他方を利用して地上や避難階まで安全に避難できるようにする(令121条)。2つの直通階段は、対称方向に設けて、**2方向への避難経路**を確保できるように設ける。

病室や共同住宅、ホテルの宿泊室などの特殊な用途のある階や5階以下の階では、その階の病室などの床面積に応じて、**2以上の直通階段**が必要となる。

直通階段の設置数の判定は、各階の用途や居室の床面積に応じて行うが、延べ床面積が1500㎡超の物品販売店の売場や劇場の客席などのある階や、6階以上の階では、その用途に供する階の面積に関係なく、2以上の直通階段の設置が必要になる。

屋外避難階段と避難上有効なバルコニー

6階以上に居室がある場合は、原則として2方向に直通階段を設置しなければならないが、その階の居室の延べ面積が100㎡以下で、屋外避難階段を1つ設け、さらに避難上有効なバルコニーや屋外通路を各階に設置すれば、2方向避難が確保されているとみなされる。一方、5階以下の階では、直通階段の設置数を決める居室の床面積の合計が100㎡以下であれば直通階段は1カ所でよい。避難階の直上階(一般に2階)では、当該床面積は200㎡まで緩和される(令121条1項6号)。

建築物の**主要構造部**が**不燃材料**か**準耐火構造**の場合は、各階で規定された居室の床面積の合計は2倍まで緩和される(令121条2項)。

また、屋外の直通階段は、準耐火構造で防腐処理をしたもの以外は、木造にはできない(令121条の2)。

基本を理解!

・屋外避難階段
屋外直通階段のうち、5階以上の階、地下2階以下の階に通ずる避難階段のこと。屋外直通階段よりも、階段室周囲の開口部や出入口の規制が厳しくなる(→p.181)

・防腐処理
木材の腐朽を防ぐ方法として、防虫防腐剤加圧注入や、燻煙乾燥の防虫防腐処理がある

・共同住宅
　→p.68本文

・直通階段
　→p.174本文

・避難上有効なバルコニー
　→下図(左)

・屋外通路
　→下図(右)

・主要構造部
　→p.122本文

・不燃材料
　→p.134、135

・準耐火構造
　→p.128本文

避難上有効なバルコニーの例

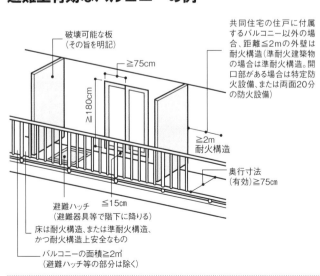

破壊可能な板
(その旨を明記)

≧75cm

≧180cm

共同住宅の住戸に付属するバルコニー以外の場合、距離≦2mの外壁は耐火構造(準耐火建築物の場合は準耐火構造。開口部がある場合は特定防火設備、または両面20分の防火設備)

≧2m
耐火構造

奥行寸法
(有効)≧75cm

避難ハッチ
(避難器具等で階下に降りる)

≦15cm

床は耐火構造、または準耐火構造、かつ耐火構造上安全なもの

バルコニーの面積≧2㎡
(避難ハッチ等の部分は除く)

屋外通路の例

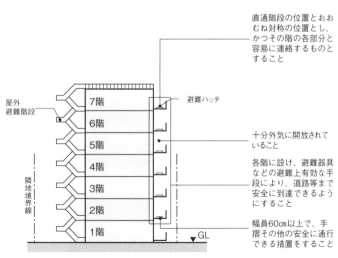

直通階段の位置とおおむね対称の位置とし、かつその階の各部分と容易に連絡するものとすること

避難ハッチ

屋外避難階段

7階
6階
5階
4階
3階
2階
1階

隣地境界線

GL

十分外気に開放されていること

各階に設け、避難器具などの避難上有効な手段により、道路等まで安全に到達できるようにすること

幅員60cm以上で、手摺その他の安全に通行できる措置をすること

2以上の直通階段(令121条)

		適用用途・階	対象階(避難階以外の階)	居室(左記用途)の床面積の合計		適用条項(令121条)
				主要構造部が耐火構造・準耐火構造・不燃材料	左記以外	
原則(2カ所設置)	①	劇場・映画館・演芸場・観覧場・公会堂・集会場、物販店(床面積合計>1,500㎡)	客席・集会室・売場等のある階	規模等によらずすべてに適用		1項1号・2号
	②	キャバレー・カフェー・ナイトクラブ・バー等	客席・客室等のある階	すべてに適用[※1の緩和あり]		1項3号
	③	病院・診療所	病室のある階	>100㎡	>50㎡	1項4号
		児童福祉施設等	主たる用途に供する居室のある階			
	④	ホテル・旅館・下宿	宿泊室のある階	>200㎡	>100㎡	1項5号
		共同住宅	居室のある階			
		寄宿舎	寝室のある階			
	⑤	①～④以外の階 ≧6階	居室のある階	すべてに適用[※2の緩和あり]		1項6号
		≦5階(地階を含む[※]) 避難階の直上階	居室のある階	>400㎡	>200㎡	
		上記以外の階	居室のある階	>200㎡	>100㎡	
緩和(1カ所設置で可)	※1	≦5階	避難上有効なバルコニー・屋外通路等を設置、かつ屋外避難階段、または特別避難階段を設置	≦200㎡	≦100㎡	1項3号かっこ書
			避難階の直上階、または直下階			1項3号
	※2	≧6階 ①～③以外の用途に供する階	避難上有効なバルコニー・屋外通路等を設置、かつ屋外避難階段、または特別避難階段を設置	≦200㎡	≦100㎡	1項6号

※：地下2階の場合は避難階段、地下3階以下の場合は特別避難階段とする

2以上の直通階段の重複距離

重複距離は直通階段までの規定歩行距離の半分以下に押さえる

スムーズな2方向避難

安全な避難のために、居室の各部分から、**2方向の避難経路**を確保する。そのために2以上の**直通階段**を廊下の両端などのできるだけ対称の位置に設けることが望ましい。しかし、平面計画上、2つの階段の位置が同じ方向となり、居室から廊下を経由してそれぞれの階段に向かう避難経路に、重複する区間が生じることがある。この区間を**重複距離**という。

重複距離が長いと、1つの経路で避難する人の数が多くなりすぎるため、2方向に安全な避難経路を確保するという目的から外れてしまう。そのため重複距離は、令120条で規定された居室から**直通階段**までの歩行距離の半分以内になるようにしなければならない(令121条3項)。

避難経路は居室から廊下を通って直通階段までが原則である。歩行距離を満たしても、廊下から再び、居室を通って階段に到達するような経路は、避難安全性に問題がある。

また2方向避難には、1つの階段が使えない場合、もう1つの階段で避難経路を確保する目的があるため、階段室の一部を通過して、他の階段へ到達する経路も望ましくない。

直通階段以外の安全経路

重複距離を満たせない居室を計画する場合でも、直通階段への重複区間を経由しない「別の安全な避難経路」が確保されていれば、重複距離の制限を受けない。ここでいう別の安全経路とは、居室から重複区間を経由せずに利用できる**避難上有効なバルコニーや屋外通路**である(令121条3項)。

避難上有効なバルコニーや、外壁面に沿って設けられた屋外通路には、タラップなどの避難設備を設置し、地上まで直接到達できるようにしなければならない。

基本を理解

・屋外通路

避難上有効なバルコニーと同様の避難設備。幅員60cm以上の外壁面に沿って設けられる屋内とつながる通路で、直通階段やタラップ等で安全な場所に通ずる通路

・タラップ

上下避難に用いるはしごや階段状の避難器具

・避難設備

火災などの災害が発生したときに、避難のために使われる機械器具や設備。避難器具と誘導灯・標識に分類される

・避難経路(避難施設)
→p.176本文

・直通階段
→p.174本文

2以上の直通階段の歩行経路の重複距離(令121条)

適用建築物	主要構造部		準耐火構造・不燃材料				左欄以外の構造	適用条項
	階		14階以下(避難階を除く)		15階以上			
	居室、避難経路(廊下・階段など)の壁(床面からの高さ ≦1.2mを除く)・天井(天井がない場合は屋根)の室内に面する部分の仕上げ		準不燃材料	左欄以外	準不燃材料	左欄以外		
特殊建築物(法別表第1(い)欄(1)〜(4)項)・階数3以上の建築物・採光上の無窓居室のある階・延べ面積＞1,000㎡の建築物	①	採光上の無窓居室	≦20m	≦15m	≦15m	≦10m	≦15m	令121条3項
	②	百貨店・マーケット・展示場・キャバレー・カフェー・ナイトクラブ・バー・ダンスホール・遊技場・公衆浴場・待合・料理店・飲食店・物販店(10㎡超)の主たる用途に供する居室						
	③	病院・診療所(有床)・ホテル・旅館・下宿・共同住宅・寄宿舎・児童福祉施設等(有料老人ホーム・老人福祉施設等)の主たる用途に供する居室	≦30m	≦25m	≦25m	≦20m	≦15m	
	④	①〜③以外の居室	≦30m	≦25m	≦25m	≦20m	≦20m	

重複距離の考え方

居室①からの歩行距離

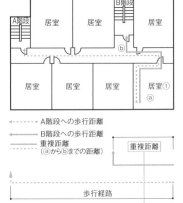

◄----► A階段への歩行距離
◄―――► B階段への歩行距離
――― 重複距離(ⓐからⓑまでの距離)

2以上の直通階段を設ける場合、それぞれの階段への歩行距離の重なっている部分(重複部分)の距離が、令120条の規定する歩行距離の1／2の値[左表参照]を超えないようにしなければならない

避難階の出口までの歩行距離

避難階のの歩行距離は、「居室から出口まで」と「階段から出口まで」

避難階の歩行距離は他階の2倍

　避難階では、上階から階段で避難してきた人と避難階の人が、出口までスムーズに到達できなければならない。したがって建築基準法の規定には、階段から屋外の出口の1つまでの歩行距離と、避難階にある居室から屋外の出口までの歩行距離がある(令125条1項)。

　対象となる建築物や階・居室は、**直通階段**の設置義務がある、次の4種類である。

①法別表第1い欄(1)項から(2)項までの特殊建築物

②階数3以上の建築物

③採光上の無窓の居室のある階

④延べ面積が1000㎡超の建築物

　避難階の階段出口から屋外の出口までの歩行距離は、他階の直通階段までの歩行距離の制限(令120条)と同じである。

　一方、避難階の各居室から屋外の出口までの歩行距離は、他階の歩行距離の2倍まで緩和される。

　また、居室と避難経路の内装を準不燃材料とした場合、歩行距離を規定値より10m長くとることができる。

> **基本を理解！**
>
> ・避難階
> 　直接地上に出入口のある階(令13条)
>
> ・直通階段
> 　→p.174本文
>
> ・採光上の無窓の居室
> 　採光上無窓の居室が避難階の上階にある場合、避難階の階段から出口までの距離は上階の居室の種類によらず、避難階の居室の種類に応じた距離とする(建築物の防火避難規定の解説Q&A)
> 　→p.224

避難階の歩行距離(令125条1項)

階段から出口及び居室から出口までの距離

適用建築物		主要構造部	居室、避難経路の壁(>FL＋1,200)、天井仕上げ	階段から出口までの歩行距離	居室(※2)から出口までの歩行距離	適用条項
①	採光上の無窓居室及びその階にある階段	準耐火構造・不燃材料	準不燃材料以上	≦40m	≦80m	
			—	≦30m	≦60m	
		上記以外	—	≦30m	≦60m	
②	百貨店・マーケット・展示場・キャバレー・カフェー・ナイトクラブ・バー・ダンスホール・遊技場・公衆浴場・待合・料理店・飲食店・物販店(>10㎡)の主たる用途に供する居室及び階段	準耐火構造・不燃材料	準不燃材料以上	≦40m	≦80m	令125条1項
			—	≦30m	≦60m	
		上記以外		≦30m	≦60m	
③	病院・診療所(有床)・ホテル・旅館・下宿・共同住宅・寄宿舎・児童福祉施設等[※1]の主たる用途に供する居室及び階段	準耐火構造・不燃材料	準不燃材料以上	≦60m	≦120m	
			—	≦50m	≦100m	
		上記以外		≦30m	≦60m	
④	①～③以外の用途の居室及び階段	準耐火構造・不燃材料	準不燃材料以上	≦60m	≦120m	
			—	≦50m	≦100m	
		上記以外		≦40m	≦80m	

※1：児童福祉施設・助産所・身体障害者社会参加支援施設(補装具製作施設・視聴覚障害者情報提供施設を除く)・保護施設(医療保護施設を除く)・婦人保護施設・老人福祉施設・有料老人ホーム・母子保健施設・障害者支援施設・地域活動支援センター・福祉ホーム・障害福祉サービス事業(生活介護、自立訓練、就労移行支援または就労継続支援を行う事業に限る)
※2：避難上有効な開口部のある居室は除く

避難階における屋外への出口までの歩行距離(令125条1項)

避難階

A：階段　B：屋外への出口から最も遠い居室の隅
C：屋外への出口

> A－C(階段から屋外への出口) ≦令120条に定める距離
>
> B－C(居室から屋外への出口) ≦令120条に定める距離×2

避難階段と特別避難階段

5階以上か地下2階に通じる階段は避難階段に、15階以上・地下3階以下は特別避難階段に！

安全性を高めた特別避難階段の要件

高層階や地下に通じる**直通階段**は、避難時に階段に滞在する時間が長くなるため、内装の**不燃化**を図り、より安全な区画としなければならない。

このように安全な区画とした階段を**避難階段**という。また、消防隊の消火活動や避難時の人の滞留のために付室を階段室の前に設けて、さらに階段の安全度を高めたものを**特別避難階段**という。5階以上の階か地下2階に通じる直通階段は避難階段に、15階以上の階か地下3階以下の階に通じる直通階段は特別避難階段にしなければならない。

3階以上の階に物販店(合計床面積1500㎡超)の一部がある建築物では、各階の売場から避難階まで2以上の避難階段か、特別避難階段が必要となる。

また、次の場合は直通階段を、必ず特別避難階段としなければならない(令122条3項)。

①5階以上14階以下の売場の階に通じる直通階段のいずれか1つ
②15階以上の売場に通じる直通階段のすべて

なお、屋上広場がある場合は、2以上の避難階段が屋上広場まで通じていなければならない(令122条2項)。

避難階段の緩和要件

5階以上の階や地下2階以下の階がある場合でも、各部分の階の床面積の合計がそれぞれ100㎡以下で、**主要構造部**が**不燃材料**以上であれば、避難階段の設置は免除される(令122条1項)。

建築物全体が小さく**防火区画**されている場合も、避難階段や特別避難階段の設置が緩和される。その要件は、主要構造部が**耐火構造**で、床面積の合計が100㎡(**共同住宅**の住戸は200㎡)以内ごとに耐火構造の床、壁、**特定防火設備**で区画した場合である。ただし耐火構造で防火区画された避難経路や階段等の竪穴区画部分は面積の基準はない。

基本を理解！

- 直通階段
  →p.174本文
- 不燃化
  下地および仕上げとも不燃材料とすること
- 主要構造部
  →p.122本文
- 不燃材料
  →p.134、135
- 防火区画
  →p.158本文
- 耐火構造
  →p.124本文
- 共同住宅
  →p.68本文
- 特定防火設備
  →p.138本文

避難階段・特別避難階段の設置を要する建築物(令117・122条)

適用対象		対象階	対象階に通じる直通階段		適用条項
			避難階段	特別避難階段	
設置	①次のいずれか(②を除く) ・特殊建築物(法別表第1(い)欄(1)～(4)項) ・階数3以上の建築物 ・採光上の無窓居室のある階 ・延べ面積>1,000㎡の建築物	≧15階	×	○	令117条 令122条1項
		≧5階	○	○	
		≦地下2階	○	○	
		≦地下3階	×	○	
	3階以上に物販店の用途に供する部分のある建築物 (床面積合計>1,500㎡)	各階の売場 および屋上広場	○ [※1]	○ [※1]	令122条2項
		≧15階の売場	× [※1]	○ [※1]	令122条3項
		≧5階の売場	○ (1以上特別避難階段が必要)[※1]		
適用除外	②主要構造部 耐火構造・準耐火構造・不燃材料	5階以上の階の床面積合計 ≦100㎡			令122条1項
		地下2階以下の階の床面積合計 ≦100㎡			
	②主要構造部 耐火構造	床面積合計 ≦100㎡(共同住宅の住戸は200㎡)ごとに防火区画[※2]したもの			

凡例：○=可　×=不可
※1：直通階段を2以上設けなければならない
※2：耐火構造の床・壁、特定防火設備(直接外気に接する階段室に面する開口部で、0.2㎡以下の鉄製網入りガラス戸のものも含む)で区画したもの

避難階段の設置緩和の例

①床面積＞1,500㎡の物販店の例

2以上の直通階段を設置すべきかを判断するための床面積の算定には、倉庫・事務室・管理用スペースなどの部分の床面積も対象となる。左図では650㎡＋650㎡＋300㎡＝1,600㎡＞1,500㎡となり、売場については2以上の直通階段を設けなければならない

②開放片廊下型の5階建て共同住宅の例

床面積100㎡（共同住宅の住戸にあっては200㎡）以内ごとに耐火構造の床、もしくは壁、または特定防火設備で区画されている場合は、避難階段の設置が免除される

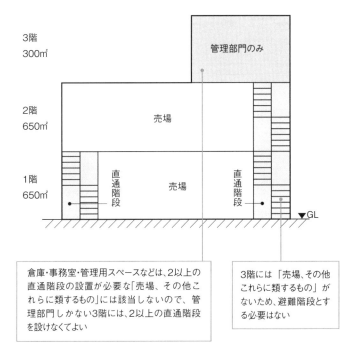

倉庫・事務室・管理用スペースなどは、2以上の直通階段の設置が必要な「売場、その他これらに類するもの」には該当しないので、管理部門しかない3階には、2以上の直通階段を設けなくてよい

3階には「売場、その他これらに類するもの」がないため、避難階段とする必要はない

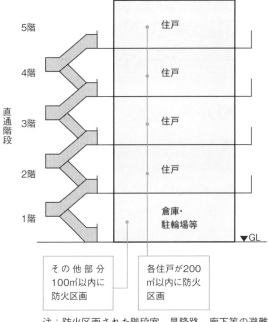

その他部分100㎡以内に防火区画

各住戸が200㎡以内に防火区画

注：防火区画された階段室、昇降路、廊下等の避難経路には面積の制限はない

避難階段の構造基準（令123条1・2項）

部位		構造基準
屋内避難階段	階段	耐火構造とし避難階まで直通させる
	階段室	①耐火構造の壁で囲む ②天井（屋根）・壁は、仕上げ・下地ともに不燃材料とする ③窓その他の採光上有効な開口部または予備電源を有する照明設備を設ける ④屋外に面する壁に設ける開口部［※1］は階段室以外の開口部、および階段室以外の壁および屋根から90cm以上の距離に設ける［※2］ ⑤屋内に面する壁に設ける窓は、おのおの1㎡以内のはめ殺しの防火設備とする
	出入口に通じる戸	①常時閉鎖式か煙に反応する自動閉鎖式の遮煙性能をもつ防火戸（令112条14項2号） ②避難の方向に開くものとする
屋外避難階段	階段	①耐火構造とし、地上まで直通させる ②階段に通じる出入口以外の開口部［※1］から2m以上の距離に設ける
	階段に通じる出入口の戸	屋内から階段に通じる出入口の戸は、屋内避難階段の「階段に通じる出入口の戸」と同様のものとする

屋内側の壁に設けられる開口部は法2条9号の2口に規定する1㎡以内のはめ殺しの防火設備

耐火構造の壁　屋内　天井と壁の下地・仕上げとも不燃材料

50cm以上

採光窓、または予備電源付き照明設備

屋外　耐火構造の階段

90cm以上

屋内　耐火構造の壁

法2条9号の2口に規定する防火設備（常時閉鎖式、または随時閉鎖式で煙感知器もしくは熱煙複合式感知器連動自動閉鎖）で、避難方向に開き、遮煙性能付き

屋外

耐火構造の階段

2m以内は、階段に通じる出入口以外の開口部を制限

一般開口部　屋内

2m

法2条9号の2口に規定する防火設備（常時閉鎖式、または随時閉鎖式で煙感知器もしくは熱煙複合式感知器連動自動閉鎖）で、避難方向に開き、遮煙性能付き

階段部分に設けられる開口部は、法2条9号の2口に規定する1㎡以内のはめ殺しの防火設備

※1：開口面積1㎡以内のはめ殺しの防火設備を除く
※2：外壁面から50cm以上突出した準耐火構造の庇、床、そで壁、その他これらに類するもので防火上有効に遮られている場合を除く（令112条10項ただし書）

特別避難階段に求められる構造

特別避難階段（階段室＋付室・バルコニー）には、床面積の規制がある。

用途で変わる特別避難階段の床面積

特別避難階段は、付室やバルコニー部分も含めて、避難の際に人が滞留する安全な区画としなければならない。そこで建築基準法では、特別避難階段の**階段室**と付室（またはバルコニーの場合は床の部分）の**合計床面積**を、対象階ごとの居室の床面積の規定割合以上にするよう定めている（令123条3項12号）。

階段室等の床面積の規制対象の階は、災害の際に危険度が高い15階以上と地下3階以下の階である。

その必要床面積を算定するための各階の居室の床面積算定割合は、建築物の用途により2種類ある。

1つは、法別表第1い欄(1)項(劇場、映画館、集会場など)と(4)項(百貨店、マーケット、遊技場など)の**特殊建築物**であり、階段室と付室（またはバルコニー)の合計床面積は、これらの用途に供する居室の床面積の8／100以上にしなければならない。

もう1つはその他の用途の場合で、階段室と付室（またはバルコニー)の合計床面積が、各用途に供する居室の床面積の3／100以上になるよう計画しなければならない。

物販店の避難階段等の幅員

合計床面積が1,500㎡超となる**大型の物販店**は、避難時の大きな混乱が想定される。そのため、階ごとの避難階段や特別避難階段に必要となる幅員の合計値が、別途定められている（令124条1項1号)。

各避難階段等の合計幅員は、物販店の用途に供する階の直上階以上の階の最大の床面積(㎡)に0.6を乗じた数値以上としなければならない。

ただし、避難階段等が地上階の1フロアか2フロアだけの地上階専用のものである場合は、合計幅員の算定の際には、実際の幅員の1.5倍あるものとみなすことができる（令124条2項）。

またこのとき、屋上広場がある場合は、屋上も階とみなして算定の対象としなければならない（令124条3項）。

基本を理解！

・付室
避難時に、階段室をより安全な区画とするための前室。特別避難階段の付室の場合、耐火構造の壁や遮煙性能をもった出入口、排煙設備、非常照明などが必要となる

・特別避難階段
　→p.180本文

・特殊建築物
　→p.22、23

・避難階段
　→p.180本文

関連事項

大型物販店（1,500㎡超）の幅員の規定
大型物販店には、以下のような階段や出入り口の規定がある
・各階の避難階段等の幅員の合計
・各階の避難階段等の出入り口の幅員の合計
・避難階の屋外への出口の幅員の合計

特別避難階段の付室等の床面積（15階以上の階、地下3階以下の階）（令123条3項12号）

居室の用途	階段室、付室・バルコニー[注]の床面積の合計	適用条項
劇場・映画館・演芸場・観覧場・公会堂・集会場・百貨店・マーケット・展示場・キャバレー・カフェー・ナイトクラブ・バー・ダンスホール・遊技場・公衆浴場・待合・料理店・飲食店・物販店（床面積＞10㎡）	その階の居室の床面積の合計×8／100	令123条3項12号
上記以外	その階の居室の床面積の合計×3／100	

注：付室またはバルコニー床面積を行政庁によっては最低3〜5㎡以上と指導する場合がある

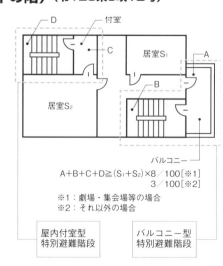

A＋B＋C＋D≧(S₁＋S₂)×8／100[※1]
3／100[※2]

※1：劇場・集会場等の場合
※2：それ以外の場合

屋内付室型特別避難階段　　バルコニー型特別避難階段

特別避難階段の構造基準（令123条3項）

	構造基準
階段	① 耐火構造とし、避難階まで直通させる ② 階段室と屋内とは、バルコニー、または外気に向かって開くことができる窓・排煙設備を有する付室を通じて連絡させる ③ 階段室・バルコニー・付室は、耐火構造の壁で囲む ④ 階段室および付室の天井・壁は、下地・仕上げとも不燃材料とする ⑤ 階段室には、付室に面する窓その他の採光上有効な開口部または予備電源を有する照明設備を設ける ⑥ 階段室・バルコニー・付室の屋外に面する壁に設ける開口部［※1］は、ほかの開口部、耐火構造以外の壁・屋根から90cm以上の距離で、延焼のおそれのある部分以外の部分に設ける［※2］ ⑦ 階段室には、バルコニーおよび付室に面する部分以外に屋内に面して開口部を設けない ⑧ 階段室のバルコニー、または付室に面する部分に窓を設ける場合は、はめ殺し戸とする ⑨ バルコニーおよび付室には、階段室以外の屋内に面する壁に出入口以外の開口部を設けない
出入口の戸	① 屋内からバルコニー、または付室に通じる出入口には特定防火設備を、バルコニー、または付室から階段室に通じる出入口には防火設備を設ける ② 常時閉鎖式、または随時閉鎖式で煙感知器もしくは熱煙複合式感知器連動自動閉鎖で、避難方向に開くもの
15階以上または地下3階以下の階に通じるもの	15階以上、または地下3階以下の各階の階段室およびこれと屋内とを連絡するバルコニー、または付室の床面積［※3］の合計は、その階の居室が法別表第1（い）欄（1）、または（4）項に掲げる用途である場合、その階の居室の床面積に、居室では8／100、その他の居室では3／100を乗じたものの合計以上とする

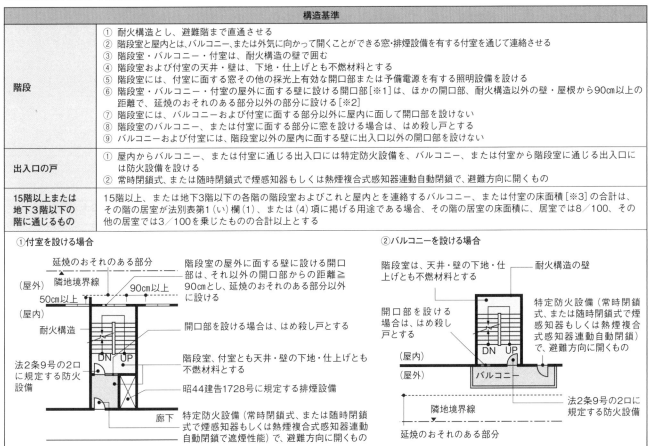

①付室を設ける場合

延焼のおそれのある部分
隣地境界線
（屋外）　90cm以上
50cm以上
（屋内）
耐火構造
法2条9号の2ロに規定する防火設備
DN　UP
廊下

階段室の屋外に面する壁に設ける開口部は、それ以外の開口部からの距離≧90cmとし、延焼のおそれのある部分以外に設ける
開口部を設ける場合は、はめ殺し戸とする
階段室、付室とも天井・壁の下地・仕上げとも不燃材料とする
昭44建告1728号に規定する排煙設備
特定防火設備（常時閉鎖式、または随時閉鎖式で煙感知器もしくは熱煙複合式感知器連動自動閉鎖で遮煙性能）で、避難方向に開くもの

②バルコニーを設ける場合

階段室は、天井・壁の下地・仕上げとも不燃材料とする
耐火構造の壁
開口部を設ける場合は、はめ殺し戸とする
特定防火設備（常時閉鎖式、または随時閉鎖式で煙感知器もしくは熱煙複合式感知器連動自動閉鎖）で、避難方向に開くもの
（屋内）
（屋外）
DN　UP
バルコニー
隣地境界線
延焼のおそれのある部分
法2条9号の2ロに規定する防火設備

※1：開口面積1㎡以内のはめ殺しの防火設備を除く　※2：令112条10項ただし書に規定する場合を除く　※3：バルコニーで床面積がないものは、床部分の面積

物販店（＞1,500㎡）の避難階段・特別避難階段及び出入口の幅（令124条、125条3項）

区分	適用部分	階段・出入口の必要幅		適用条項
		地上階	地下階	
原則	各階における避難階段・特別避難階段の幅の合計	$\geq \dfrac{その階の直上階のうち床面積が最大の階の床面積}{100㎡} \times 0.6m$		令124条1項
	各階における避難階段・特別避難階段へ通じる出入口幅の合計	$\geq \dfrac{その階の床面積}{100㎡} \times 0.27m$	$\geq \dfrac{その階の床面積}{100㎡} \times 0.36m$	
	避難階における屋外への出入口幅の合計	$\geq \dfrac{床面積が最大の階の床面積}{100㎡} \times 0.6m$		令125条3項
	屋上広場	階とみなす		令124条3項
緩和	地上階において1つの階、または2つの階で専用する避難階段・特別避難階段の幅員およびこれらに通じる出入口の幅の合計	1.5倍あるとみなす		令124条2項

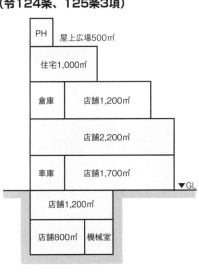

PH
屋上広場500㎡
住宅1,000㎡
倉庫　店舗1,200㎡
店舗2,200㎡
車庫　店舗1,700㎡　▼GL
店舗1,200㎡
店舗800㎡　機械室

● 地上階における各階の避難階段の幅の合計W

$$W \geq \dfrac{2,200㎡}{100㎡} \times 0.6m = 13.2m$$

● 地下階における各階の避難階段の幅の合計W

$$W \geq \dfrac{1,200㎡}{100㎡} \times 0.6m = 7.2m$$

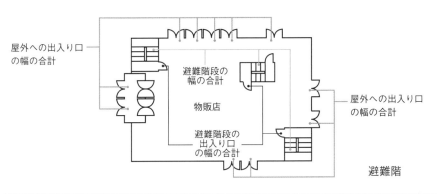

屋外への出入り口の幅の合計
避難階段の幅の合計
物販店
屋外への出入り口の幅の合計
避難階段の出入り口の幅の合計
避難階

出口と屋上の手摺

非常口は避難方向に開き、解錠方法を示さなければならない

避難方向に開く出口扉

不特定多数の人が集まる劇場や映画館、集会場などでは、客席部分の**出口扉の開閉方向**に規制がある。客席からの避難に使われる戸は外側に開かなければならない（令118条）。

同様に、**避難階段**や**特別避難階段**に通じる戸の開閉方向にも規制があり、各階で避難方向に開くようにする。つまり、1階などの避難階では外部側に、その他の階では階段の内側に、それぞれ開かなければならない（令123条1項6号）。

また、**屋外避難階段**へ通じる各階からの出口や、避難階段から屋外への出口、火災の際に非常口となる戸の施錠装置は、鍵を使わずに開けられるものとする。さらに、解錠方法を表示する必要がある（令125条の2）。

物販店の出入口の幅

物販店（合計床面積1,500㎡超）では、階段の**出入口の合計幅員**も規定されている。各階に複数ある避難階段等の出入口の幅員の合計は、その階の床面積（㎡）に、地上階は0.27、地階は0.36をそれぞれ乗じて求めた幅（cm）以上としなければならない（令124条1項2号）。

同様に避難階の屋外出口の合計幅員の制限もある。**必要合計幅員**は、物販店の用途のある最大の階の床面積（㎡）に0.6を乗じて算出した数値（cm）以上とする（令125条3項）。

屋上とバルコニーの手摺

5階以上の階に売場（1,500㎡超の物販店）がある場合は、屋上広場を設け、階とみなして避難計画を行う（令125条4項・126条2項）。その際、屋上広場の周囲には高さ1.1m以上の手摺壁等を設置しなければならない（令126条）。

なお、法別表第1の特殊建築物や階数3以上の建築物、無窓居室を有する階、延べ面積1,000㎡超の建築物で2階以上の階に適用される**手摺の基準**は、この数値が参照される。

基本を理解！

・解錠方法（令125条の2）
適用対象：①屋内から屋外避難階段に通じる各階の戸、②避難階段から屋外に通じる出口の戸、③維持管理上、常時鎖錠状態にある火災その他の非常時に使用する避難階の出口の戸
・屋内から鍵を使わずに解錠できるものとする
・施錠装置の構造や解錠方法の表示の基準は国土交通大臣が定める
・戸の近くの見やすい場所に解錠方法を表示する

・避難計画
どの経路を通ってどこまで避難すればよいのか、災害弱者の避難はどのようにするのかなどについて事前に取り決めておくもの

・避難階段
→p.180本文

・特別避難階段
→p.180本文

・屋外避難階段
→p.181

劇場等の客席からの出口・屋外への出口
（令118条、125条2項）

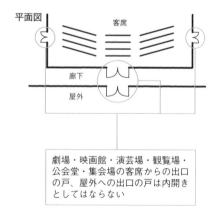

劇場・映画館・演芸場・観覧場・公会堂・集会場の客席からの出口の戸、屋外への出口の戸は内開きとしてはならない

大規模物販店の避難階における屋外への出口の幅
（令125条3項）

大規模物販店（床面積合計＞1,500㎡）の屋外への出口の幅の合計≧0.6（m）×床面積最大の階の床面積／100（㎡）
避難階段が複数ある大規模物販店（床面積合計＞1,500㎡）の場合は、屋外への出口の幅は原則として出口Aと出口Bの幅の合計で算定する

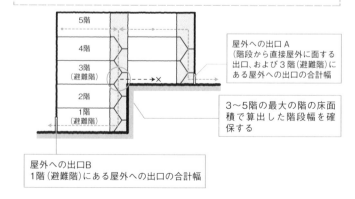

屋外への出口A
（階段から直接屋外に面する出口、および3階（避難階）にある屋外への出口の合計幅

3〜5階の最大の階の床面積で算出した階段幅を確保する

屋外への出口B
1階（避難階）にある屋外への出口の合計幅

廊下の幅員

居室の合計床面積 200㎡（地階は 100㎡）超の階の共用廊下幅は制限される

最短寸法で求める廊下の幅員

廊下の幅員は、壁面から壁面までの最短寸法で算定する。柱形などが突出している場合は、柱面から反対側の壁までの最短寸法が幅員となる。廊下の両側に居室がある中廊下型は、片側に居室がある片廊下型と比べて、廊下の必要幅員が広く規定されている。

用途や規模で決まる廊下の幅員

次の用途・規模の各建築物は、廊下幅員の最低限度が規制される（令117条・119条）。
①法別表第1（い）欄(1)～(4)項の**特殊建築物**（劇場、集会場、病院、**共同住宅**、学校、体育館、百貨店、遊技場等）
②**階数**3以上の建築物
③**採光上の無窓居室**がある階
④延べ面積1000㎡超の建築物

また、学校の児童・生徒用の廊下や病院の患者用の廊下の幅員は、用途によって規制さ

れ、面積によらずに決まる。ただし児童・生徒用の幅員なので、同じ建築物でも職員専用廊下には適用されない。

共同住宅や寄宿舎は、共用廊下を利用する階の住戸や住室の合計床面積が、100㎡を超える場合に幅員が制限される。

これらの用途以外の建築物では、居室の合計床面積が地上階で200㎡を超える階、地階は100㎡を超える階で、それぞれ共用廊下の幅員が制限される。

3室以下の居室の廊下幅員

一般用途の居室の場合、**3室以下の居室**のためだけの専用廊下は、幅員規定が緩和される。

また、建築物が開口部のない**耐火構造**の床または壁で区画されている場合は、それぞれ別棟の建築物の部分とみなし、部分ごとに居室の面積を算定し、廊下幅員を設定できる（令117条2項）。

なお、廊下幅員には、建築物の**不燃化**等による算定面積の緩和規定はない。

基本を理解！

- ・特殊建築物
  →p.22本文
- ・共同住宅
  入口や廊下、階段などを複数の住戸で共用する集合住宅→p.68
- ・階数
  →p.32本文
- ・採光上の無窓居室
  →p.224本文
- ・共用廊下
  多数の人が常に利用する廊下
- ・専用廊下
  共用廊下が多数の人が常に利用するのに対し、専用廊下は、個別あるいは限定した人に利用が限られる
- ・開口部
  出入口や窓、設備の貫通部などのこと
- ・耐火構造→p.124本文
- ・不燃化→p.180
- ・別棟の規定
  令117条2項
  平28国交告695号
  廊下、階段、出入口の規定をそれぞれ別の建築物としてみなすことができる区画の方法

幅員の測り方

廊下の幅は、「通行に必要な有効寸法」で規定されるため、柱形などが壁から突出している場合、柱面からの最小寸法で算定する

廊下の幅員規定（令117条・119条）

適用対象 （令117条）	廊下の種類	廊下の幅員		適用条項
		両側居室 （中廊下）	その他 （片廊下）	
次のいずれか・特殊建築物（法別表第1（い）欄(1)～(4)項）・階数3以上の建築物・採光上の無窓居室のある階・延べ面積＞1,000㎡の建築物	小学校の児童用中学校・高等学校・中等教育学校の生徒用	≧2.3m	≧1.8m	令119条
	病院の患者用			
	共同住宅の住戸・住室の床面積合計＞100㎡の階の共用のもの	≧1.6m	≧1.2m	
	地上階：居室の床面積合計＞200㎡（3室以下の専用のもの除く）			
	地階：居室の床面積合計＞100㎡（3室以下の専用のものを除く）			

「3室以下の専用廊下」の考え方

片側居室の廊下の考え方

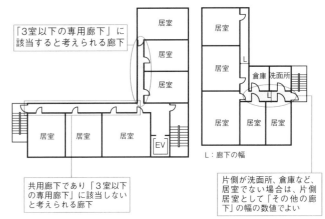

「3室以下の専用廊下」に該当すると考えられる廊下

共用廊下であり「3室以下の専用廊下」に該当しないと考えられる廊下

L：廊下の幅

片側が洗面所、倉庫など、居室でない場合は、片側居室として「その他の廊下」の幅の数値でよい

注：児童・生徒用、患者用の専用廊下と、共同住宅の住戸・住室の床面積の合計が100㎡超の階における共用廊下は除く

災害救助のための非常用進入口

非常用進入口は 4㎡以上のバルコニー、その代替進入口は直径 1m 以上の円が内接する窓等

中高層建築物の非常用進入口

中高層建築物の場合、災害時の救助のために消防隊が外部から建築物内に進入できる設備が必要となる。これらの設備を「**非常用進入口**」「**代替進入口**」（以下、進入口）という。

進入口の設置が義務付けられるのは、3階以上の階で、4m以上の道などに面した外壁である。建築物の外壁が、「**道**」と「**道に通じる幅員4m以上の通路**」の両方に面する場合、いずれかの側に進入口を設置すればよい（令126条の6）。

また、消防活動をより迅速に行うため、進入口は外壁面の一定長さごとに複数設けなければならない。バルコニーをもち、足場が確保されている非常用進入口の場合、建築物のなかへの進入が容易なので、40m以内に1カ所設置する。一方、代替進入口は10m以内ごとに1カ所の設置が必要になる。

階の高さが31mを超える階は、一般のはし

ご車が届かないため、進入口の設置義務はない。

非常用エレベーターの設置で緩和

高さ31mを超える建築物で、非常用エレベーターが設置されている場合は、非常用エレベーターを使っての消防活動が可能なため、31m以下の部分でも進入口の設置は**免除**される。

また、進入口を設けると周囲に著しい危害を及ぼすおそれのある階（放射性物質や細菌、爆発物を扱う階や変電所など）や、進入口を設けることが用途の目的に反する階（冷蔵倉庫、留置所、拘置所など）は、直上・直下の階から進入可能ならば、進入口は設置しなくてよい（平12建告1438号）（下表）。

このほか、共同住宅で、各住戸に進入可能なバルコニーや廊下、階段がある場合（昭46住建発78・85号）や消防車両の進入や移動に支障のないスタジアムなどの高い開放性のある大空間の場合も非常用進入口は免除される。（下右図）。

●非常用進入口等の設置の緩和（令126条の6カッコ書）

次のもので、それぞれの階の直上階または直下階から進入できるものは、非常用の進入口等の設置が緩和されます。
①不燃性の物品の保管など火災の発生のおそれの少ない用途に供する階
②特別の理由により屋外からの進入を防止する必要がある階

屋外からの進入を防止する必要がある特別な理由
（平12建告1438号）

①進入口を設けることにより、周囲に著しい危害をおよぼすおそれがある場合	イ	放射性物質、有毒ガスその他の有毒物質を取り扱う建築物
	ロ	最近、病原菌その他これらに類するものを取り扱う建築物
	ハ	爆発物を取り扱う建築物
	ニ	変電所
②進入口を設けることにより、その目的の実現が図られない場合	イ	冷蔵庫
	ロ	留置所、拘置所その他、人を拘禁することを目的とする用途
	ハ	美術品収蔵庫、金庫室その他これらに類する用途
	ニ	無響室、電磁遮蔽室、無菌室その他これらに類する用途

●開放性の高いアトリウム
（令126条の6第3号）

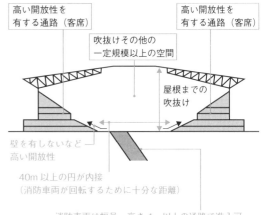

高い開放性を有する通路（客席）

吹抜けその他の一定規模以上の空間

屋根までの吹抜け

壁を有しないなど高い開放性

40m以上の円が内接（消防車両が回転するために十分な距離）

・消防車両は幅員・高さ4m以上の通路で進入可（平28国交告786号）
・通路の内装は準不燃材料
・通路は道または幅員4m以上の空地に通じること

非常用進入口の構造例（令126条の6・126条の7）

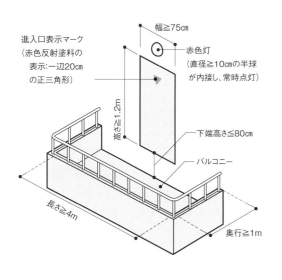

進入口表示マーク
（赤色反射塗料の
表示：一辺20cm
の正三角形）

幅≧75cm

赤色灯
（直径≧10cmの半球
が内接し、常時点灯）

幅≧1.2m

下端高さ≦80cm

バルコニー

長さ≧4m

奥行≧1m

> 建築物の高さ31m以下の部分にある3階以上の各階には、道、または道に通じる長さ4m以上の通路等に面する外壁面に設置する

非常用進入口の配置の例

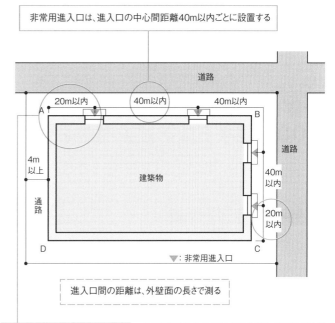

> 非常用進入口は、進入口の中心間距離40m以内ごとに設置する

道路

20m以内　40m以内　40m以内

A　　　　　　　　　　　　　　　　B

道路

4m
以上

40m
以内

通路

建築物

20m
以内

D　　　　　　　　　　　　　　　　C

▽：非常用進入口

> 進入口間の距離は、外壁面の長さで測る

> 建築物の外壁端部から進入口までの距離は20m以下とするのが一般的である

> 非常用進入口は、道路に面する壁面（A－B－C間）、または通路に面する壁面（A－D間）のいずれかに設置すればよい

代替進入口の構造例（令126条の6）

①大きさ

高さ≧1.2m

≧1m

幅≧75cm

直径1mの円が
内接できる

> はめ殺し窓の場合、網入ガラスでないものとする。網入りガラス入りで引違い、回転窓などは進入を防げる構造には該当しない

②床面からの
高さ

1.2m
以下

> 建築物の高さ31m以下の部分にある3階以上の各階には、道、または道に通じる幅員4m以上の通路等に面する外壁面に設置する

③手摺やベランダ
のある場合

1.2m以上

ℓ≧1.2m

ℓ：手摺などがある場合
の進入可能な有効寸法

代替進入口の配置の例

> 代替進入口は、法令規定上、道路に面する壁面（A－B－C間）、または通路に面する壁面（A－D間）のいずれかに設置すればよいとされる

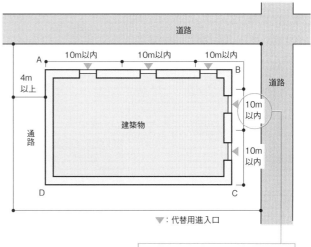

道路

A　10m以内　10m以内　10m以内

B

道路

4m
以上

10m
以内

通路

建築物

10m
以内

D　　　　　　　　　　　　　　　　C

▽：代替用進入口

> 代替進入口は、壁面長10m以内ごとに1カ所配置すればよい

排煙設備の設置

一部に特殊建築物がある場合、建築物の延べ面積が500㎡超ならば排煙設備が必要

排煙設備は防煙壁＋排煙口

火災によって発生する煙や有毒ガスは、避難を困難なものにするため、煙やガスが天井に沿って広がるのを防ぐ設備が必要である。このような設備を排煙設備という。

排煙設備は、間仕切壁や垂れ壁などの煙をためる防煙壁と、煙を外部に排出するための排煙口の総称である。

防煙壁は、床面積500㎡以下になるように設置する。一方、排煙口は、区画内の最も遠い位置から30m以内で天井面から80cm以内に設け、防煙区画に溜まった煙を速やかに外部へ排出する（令126条の2）。

排煙設備が必要な建築物

排煙設備は、建築物全体で設置が義務付けられる場合と、居室単位で設置が義務付けられる場合の2つがある。

建築物全体が排煙設備の設置対象となるのは次の2種類の建築物である。
①不特定多数の人の利用する、法別表第1い欄(1)～(4)項に規定された用途（劇場、集会場、病院、共同住宅、学校、体育館、百貨店、遊技場等）を一部に含む特殊建築物で、延べ面積が500㎡超のもの
②階数が3以上で、延べ面積が500㎡超の建築物

これらの建築物の場合、居室はもちろん、避難経路となる廊下や倉庫などの非居室も含めて建築物全体に排煙設備が必要となる。

一方、居室単位で排煙設備の設置義務があるものは、次の居室である。
①天井から下方80cm以内にある排煙に有効な開口部の面積が床面積の1／50未満の排煙上の無窓居室
②延べ面積1千㎡超の建築物の居室で、床面積が200㎡を超えるもの
③階数3以上、または延べ面積200㎡超の住宅で、換気上有効な面積が1／20以上とれない換気上の無窓居室（平12建告1436号4号）

これら居室の場合、排煙設備の検討は、居室単位で行う。

天井面から50cm以上垂下げた網入りガラスが防煙壁で、500㎡以内に煙の流動を防ぐように防煙区画を形成

50cm以上

防煙壁：ガラスの垂れ壁

延べ床面積500㎡を超える商業施設

排煙設備の設置が必要な建築物・居室（令126条の2第1項）

種別	延べ面積S	設置対象	適用条項
①	S>500㎡	特殊建築物（法別表第1（い）欄（1）〜（4）項（5・6項の倉庫、車庫等は①の対象外）	令126条の2第1項
②		階数≧3の建築物	
③	S>1,000㎡	床面積>200㎡の居室	
④	すべて	排煙上の無窓居室（有効排煙面積[※]<居室の床面積×1／50）	

※：開放できる部分は天井または天井から下方80cm以内を対象

適用基準別の設置対象の例（参考：建築物の防火避難規定の解説 2012）

①延べ面積＞500㎡の特殊建築物の例

建築物の一部が法別表第1（い）欄（1）〜（4）項の場合、建物全体が特殊建築物とみなされ、延べ面積＞500㎡であれば、建物全体に排煙の検討が必要となる

2F 店舗＝特殊建築物
∴建築物全体＝特殊建築物

延べ面積＝1,200㎡>500㎡
∴上表「種別①」により、原則的に建築物のすべての部分について排煙の検討が必要

②延べ面積＞500㎡、階数≧3の建築物の例

延べ面積＝600㎡>500㎡
階数＝3（階数は地階を含めて算定）
∴上表「種別②」により、原則的に建築物のすべての部分について排煙の検討が必要

③延べ面積＞1000㎡、階数＝2、床面積＞200㎡の居室、または排煙上の無窓の居室の例

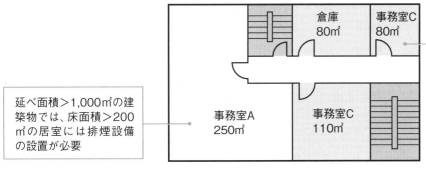

200㎡以下の居室は排煙設備が不要であるが、排煙上の無窓居室になれば、その床面積に関わりなく、排煙設備の設置が必要

延べ面積＞1,000㎡の建築物では、床面積＞200㎡の居室には排煙設備の設置が必要

事務室A：250㎡>200㎡
∴上表「種別③」により排煙設備の設置を要する
事務室C：排煙上の無窓居室
∴排煙設備の設置を要する

④令126条の2第1項かっこ書[※]による排煙免除

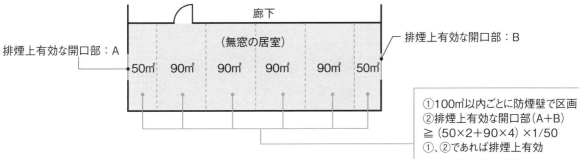

排煙上有効な開口部：A
排煙上有効な開口部：B

①100㎡以内ごとに防煙壁で区画
②排煙上有効な開口部（A＋B）
≧（50×2＋90×4）×1/50
①、②であれば排煙上有効

--------- ：防煙壁

※：建築物（延べ面積＞500㎡、階数≧3）の高さが31m以下の部分で、防煙壁で100㎡以内に区画された居室

防煙壁・防煙区画・排煙口

床面積 500㎡以内ごとに防煙壁で区画し、防煙区画内の各部から 30 m以内に排煙口を設ける

防煙区画と防煙壁

火災の際には、発生した煙や有毒ガスの拡大を防ぎ、速やかに建物外に排出しなければならない。そのため、建築基準法では、煙や有毒ガスを500㎡以内ごとの区画に閉じ込めて、その区画に設けた排煙口から外部に排煙するよう規定している。この区画を防煙区画という(令126条の3)。

防煙区画の役目を果たすのは、防煙壁と防火区画である。防煙壁とは、間仕切壁と、天井から50㎝以上下方に突き出た垂れ壁のことである。防煙壁は、下地を不燃材料でつくるか、仕上げを不燃材料で覆わなければならない。

防火区画は、準耐火構造以上の床・壁、両面とも1時間以上の火炎に耐える特定防火設備で構成される。

排煙口の規定

防煙区画内に設ける排煙口についても細かく規定されている。

排煙口の位置は、煙などを外部へ速やかに排出できるように、区画内の最も遠い位置から30m以内に設置しなければならない。同時に煙を天井近くで排出し、避難への影響を軽減するために、排煙口は天井面か天井面から80㎝以内の排煙上有効な部分に設けなければならない。

ただし、天井高が3m以上の場合は、排煙口の位置の緩和規定がある。この場合、床面からの高さが2.1m以上かつ、天井の高さの1／2以上の部分を排煙上有効な部分とみなすことができる(平12建告1436号)。

実際に発生した煙を外に排出する排煙方法に関しては、「自然排煙」と「機械排煙」の2種類がある。

自然排煙は、開閉する窓を利用するもので、外部に面した窓が排煙口とみなされる。

一方、機械排煙は、火災時に煙や有毒ガスを排出するためにだけ独立して設けられる排煙口とダクト、排煙機が一体化した設備の総称である。機械排煙の場合は、オペレータで開く不燃の回転扉などが、排煙風道につながる排煙口となる。

基本を理解！

・80㎝以内の排煙上有効な部分(参考p.193)

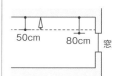

上記の場合、50㎝の排煙の垂れ壁で他の排煙区画を形成しているので、有効な排煙室にはならない

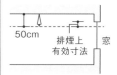

・オペレータ

排煙装置を動作させる押ボタン等の見やすい位置で、取付高さの基準がある(p.192、p.193)

排煙窓

オペレータ

防煙区画

防煙壁

排煙上有効な排煙口は防煙壁の下端より上方にある部分

平均天井高さ3m以上の場合：排煙口は床面からの高さが2.1m以上、かつ天井高さの1／2以上の位置が有効

不燃の防煙壁で囲まれた区画が防煙区画で、それぞれの防煙区画のなかには溜まった煙を外に排出する排煙口が必要

排煙設備設置のフロー（令126条の2）

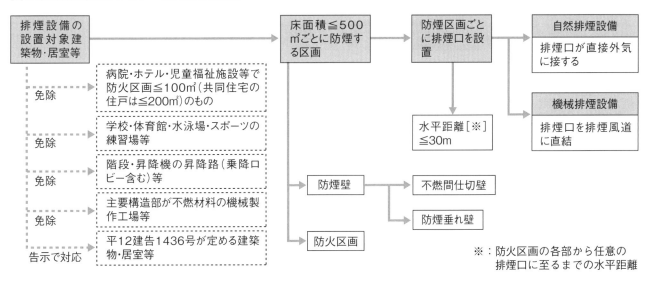

防煙壁の構造例（令126条の2）

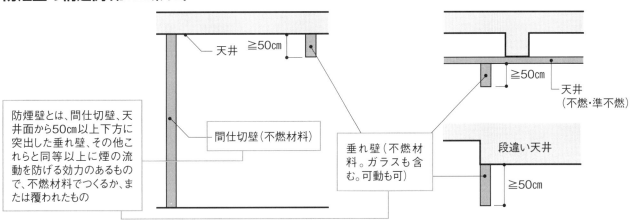

防煙壁とは、間仕切壁、天井面から50cm以上下方に突出した垂れ壁、その他これらと同等以上に煙の流動を防げる効力のあるもので、不燃材料でつくるか、または覆われたもの

防煙区画と排煙口の配置（令126条の3）

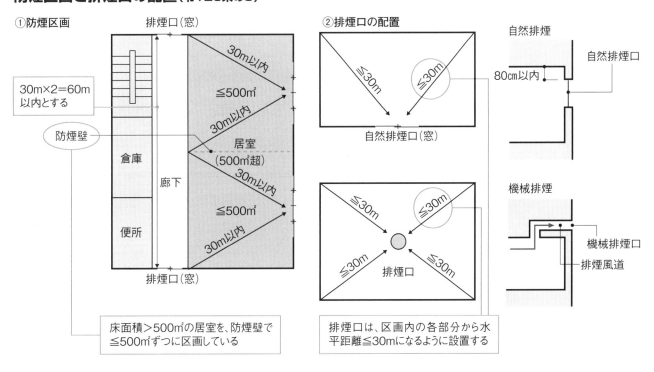

機械排煙設備の構造

機械排煙設備は予備電源を備えた排煙機で火災時に煙を排出する専用設備

機械排煙の構造と排煙口

　排煙口と排煙ダクト、予備電源をもった排煙機で構成された設備を**機械排煙設備**という。火災時に、煙感知器の信号か手動装置で排煙口を開き、排煙機を起動させてダクトを通して屋外に煙を排出する装置である。機械的な排気で内圧が低くなるため、ほかの区画へ煙が漏れることを防ぐ効果も期待できる。

　排煙口の位置は自然排煙と同様である。天井高3m未満の場合は天井から80cm以内に、防煙垂れ壁で区画する場合はその下端より上方に設置する。天井高3m以上の場合は、床面から高さ2.1m以上、かつ天井高の半分以上の位置に設ける。また平面的には、防煙区画の各部分から30m以内としなければならない。

排煙ダクトと防火ダンパー

　排煙設備に接続される排煙ダクト等は、保安上必要な強度や容量、気密性が求められる。

ダクト内の煙の熱で延焼を引き起こさないように、ダクトを断熱し、可燃物と離して設置しなければならない。耐火構造の壁や床を貫通する場合は、断熱された不燃材料とし、貫通部の隙間を不燃材料で埋める。

　排煙口の操作は、原則として**手動**により行う。開放装置は、高さ80cm以上150cm以下の位置に取り付け、その近くに操作方法を表示する。高さ31mを超える建築物と、合計床面積が1,000㎡を超える地下街に設ける排煙設備については、中央管理室から遠隔操作できなければならない（令126条の3第11号）。

　排煙口が開放されると、排煙が自動的に始まる。風量は、120㎡／分、または当該防煙区画の床面積に1㎡／分を乗じた能力以上（複数の防煙区画がある場合は、最大防煙区画の床面積×2㎡／分）のいずれか大きいほうの排出能力が必要である。

　また、電動機で駆動する排煙機は、予備電源をもたなければならない（令126条の3第10号）。

機械排煙設備（令126条の3、平16国交告1168号）

排煙風道の構造（小屋裏・天井裏・軒裏内）		不燃材料でつくり、かつ有効に断熱されたもの（平16国交告1168号）	左記に加え、木材等の可燃材料から15cm以上離すように設置
		金属等の断熱性を有しない不燃材料でつくり、断熱性を有する不燃材料で覆い、有効に断熱されたもの（平16国交告1168号）	
		防煙壁を貫通する場合、風道と防煙壁の隙間をモルタル等の不燃材料で埋める	
		風道に接する場合、その接する部分を不燃材料でつくる	
排煙機	設置	排煙機を設ける	
	能力	1つの排煙口の開放に伴い、自動的に作動する、排煙容量 ≧120.／分、かつ ≧防煙区画の床面積×1.／分（2以上の防煙区画に係る排煙：防煙区画の最大床面積×2.／分以上）	
排煙口の位置		≦500㎡ごとに防煙壁で区画し、その防煙区画内の各部分から水平距離 ≦30mとなるように設置	
		「天井」または「天井から 80cm以内の壁（最も短い垂れ壁のせいが80cmに満たない場合はその寸法）」	
		天井高 ≧3mの場合：床面からの高さ ≧2.1m、かつ天井高 ×1／2以上の壁の部分（平12告示1436号）	
その他	予備電源	電源が必要な排煙設備には予備電源を設ける	
	中央管理	高さ＞31mで非常用エレベーターのある建築物、または各構えの床面積合計＞1,000㎡の地下街での排煙設備の制御・作動状態の監視は、中央管理室で行うことができるものとする	

機械排煙設備の構造の例

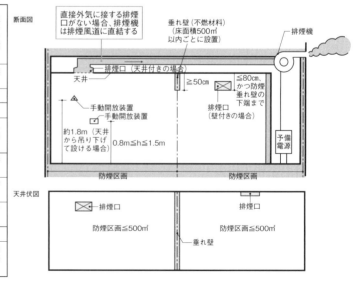

窓を利用した自然排煙設備

自然排煙設備は、天井から80㎝部分の開放面積を居室床面積の1／50以上にする

煙の浮力を利用する自然排煙設備

自然排煙は、煙等の浮力を利用した排煙方法である。直接外気に開放される窓は自然排煙設備となる。

ただし、開放できる窓のすべての部分が排煙上有効な部分と認められるわけではない。煙などは上昇して広がるという性質をもつため、室の上部から排煙しなければならない。このことから、建築基準法では、天井面から80㎝以内の部分を基本的に「排煙上有効な部分」とみなしている。この範囲にある窓等の開口部分が有効となる。

自然排煙の場合、直接外気に面する排煙口の有効開口面積は、防煙区画された部分の床面積の1／50以上なければならない(令126条の3)。また、自然排煙では煙の流れを意図的に制御できない。高層建築物などで風が強い場合は、外気が排煙口から流入するおそれなどもあるので注意が必要である。

窓の形状と位置で異なる排煙能力

引違い窓の場合は、片方開放させても半分開放されない部分が残るため、排煙上有効部分は開口面積の半分となるように、窓の開放方法や位置で排煙能力が異なる。

天井から50㎝の防煙垂れ壁で防煙区画されている場合は、天井から80㎝の部分でも防煙垂れ壁の下から煙が広がるおそれがある。そのため、排煙上有効な部分は天井から50㎝の部分に制限される。

窓等が床から高い位置にあり、開閉できないときは、プッシュボタンなどの手動開放装置を取り付けて操作することになる。手動開放装置は、壁や柱に取り付ける場合は床面から0.8～1.5mの高さに、天井から吊り下げる場合は床面からおおむね1.8mの高さに、それぞれ設置しなければならない。

また開放装置の近くには、見やすい方法で使用方法を表示する必要がある(令126の3条5号)。

基本を理解！

・有効開口面積
天井面より80㎝以内の排煙上有効な開口面積。内倒し、外倒しなどの場合は角度により有効開口面積は小さくなる

・手動開放装置
排煙設備の開放を手動で行う装置

・開口部分
実際に窓等で開放される部分

・排煙口
→p.190本文

・防煙垂れ壁
→p.190

・防煙区画
→p.190本文

自然排煙設備(令126条の3、平12建告1436号)

排煙口の位置	≦500㎡ごとに防煙壁で区画し、その防煙区画内の各部分から水平距離≦30mとなるように設置	
	「天井」または「天井から80㎝以内の壁(最も短い垂れ壁のせいが80㎝に満たない場合はその寸法)」	
	天井高≧3mの場合：床面からの高さ≧2.1m、かつ天井高×1／2以上の壁の部分(平12建告1436号)	
開口面積	排煙上有効な開口面積≧防煙区画の床面積×1／50	
開放装置 設置	人力で作動する手動開放装置を設ける	
開放装置 位置	壁に設ける場合、80㎝≦床面からの高さ≦1.5m	左記に加え、見やすい方法で使用方法を表示
	天井から吊り下げる場合、床面からおおむね1.8mの高さ	

自然排煙設備の構造例

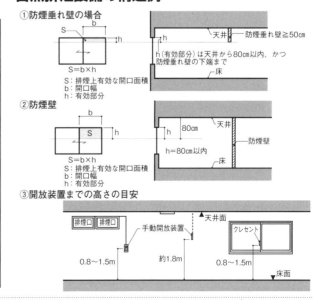

①防煙垂れ壁の場合
S：排煙上有効な開口面積
b：開口幅
h：有効部分
S＝b×h
h(有効部分)は天井から80㎝以内、かつ防煙垂れ壁の下端まで
防煙垂れ壁≧50㎝
天井
床

②防煙壁
S：排煙上有効な開口面積
b：開口幅
h：有効部分
S＝b×h
h＝80㎝以内
80㎝
天井
防煙壁
床

③開放装置までの高さの目安
排煙口 排煙口
手動開放装置
天井面
クレセント
0.8～1.5m 約1.8m 0.8～1.5m
床面

排煙設備の免除

免除方法には、建築物全体を面積区画する方法と、部分的に告示仕様に合わせる方法がある

排煙設備の規制対象外と免除

火災の発生するおそれが少なく、避難上問題となる高さまで煙が降下しないような、畜煙性能が高い大空間などは、排煙設備設置の対象外となる。

対象外となる用途は、学校、体育館、ボウリング場、スキー場、スケート場、水泳場、スポーツ練習場などである。また、機械製作工場や不燃性の物品を保管する倉庫などで主要構造部が不燃材料でつくられたものや、その他これらと同等以上に火災発生のおそれの少ない構造の建築物も規制対象外である(令126条の2ただし書)。ただし、規制対象外となるスポーツ練習場でも、観覧場として利用するものや遊戯場などと一体利用される部分には排煙設備が免除されない。

階段や昇降路および乗降ロビー、配管スペースなども排煙設備が免除されるが、その部分は他と防煙区画されている必要がある。

規制対象建築物でも、準耐火構造の床や壁、防火設備で床面積100㎡以内に防火区画した部分や、同様の方法で200㎡以内に防火区画した共同住宅の住戸部分は、排煙設備が部分的に免除される。

また、①内装の準不燃化と避難経路や居室に面する扉を防火戸とする、②内装を下地とも不燃化し100㎡以内で小区画とする、③小規模な保育園等で居室から10m以内で避難経路を確保するなどの排煙設備を免除する告示もある(平12建告1436号第4ハ)。

既存建築物の排煙規定

排煙設備規定が適用されない既存建築物を一体的に増築する場合は、基本的には、既存部分にも排煙設備の規定が適用される。

ただし、この場合でも、既存部分と増築部分を開口部のない準耐火構造の床、壁、遮煙性能をもった常時閉鎖式などの防火設備で区画すれば、排煙規定上それぞれ別の建築物とみなされ、既存部分に排煙設備規定は適用されない(令126条の2第2項)。

基本を理解！

・機械製作工場
火災の発生のおそれの少ない用途で主要構造部を不燃材料とした工場の部分
　・鋼材製品の製作、加工工場
　・不燃性物品の加工工場

・不燃性の物品を保管する倉庫
火災の発生のおそれの少ない用途で主要構造部を不燃材料とした倉庫等の部分。その他これらに類する用途として
　・生鮮食料品の卸売市場部分
　・無人の独立した機械室駐車場や立体駐車場

・防煙区画
　→p.190

排煙告示平12建告1436号4ニ(1)

準不燃材

居室または避難経路に面する開口部：防火設備

居室または避難経路に面する開口部：防火設備

排煙設備の免除 (令126条の2・126条の3、平12建告1436号)

建築基準法
道路・敷地・用途
形態制限
防火
避難
居室
構造

		適用基準					適用条項
免除対象	病院・診療所(有床)・ホテル・旅館・下宿・寄宿舎・児童福祉施設等		防火区画≦100㎡ [※1]				令126条の2第1項1号
	共同住宅の住戸		防火区画≦200㎡ [※1]				
	学校・体育館・ボウリング場・スキー場・スケート場・水泳場・スポーツの練習場						令126条の2第1項2号
	階段・昇降機の昇降路(乗降ロビーを含む)						令126条の2第1項3号
	主要構造部が不燃材料の機械製作工場・不燃物品保管倉庫、その他同等以上に火災の発生のおそれの少ない構造のもの						令126条の2第1項4号
	住宅・長屋の住戸	階数≦2 かつ 床面積≦200㎡		有効換気面積≧居室の床面積×1／20			平12建告1436号第4イ
	児童福祉施設等、博物館、美術館、図書館、特殊建築物以外の用途	用途のある階≦2 居室〜屋外への出口≦10m (他の居室の経由不可)		屋外通路(幅50cm以上の道につながる通路)に面した戸や掃出し窓 屋外通路までタラップ等で避難できる外気に開放されたバルコニー [下図①]			平12建告1436号第4(ロ)
	自動車車庫、危険物の貯蔵場・処理場、通信機械室、繊維工場			不燃性ガス消火設備・粉末消火設備を設置			平12建告1436号第4ハ

	高さ	室等の種別	区画面積	区画方法	内装制限	開口部	適用条項
免除対象	≦31m	居室	≦100㎡	防煙区画 [※2]	—	—	令126条の2第1項かっこ書
		室 [※3]	—	—	準不燃材料	防火設備	平12建告1436号第4ニ(1)
		室 [※3]	≦100㎡	防煙区画 [※2]	—	—	1436号第4ニ(2)
		居室 [※3]	≦100㎡	防煙区画 [※1]	準不燃材料	防火設備	1436号第4ニ(3)
		居室 [※3]	≦100㎡	—	不燃材料(下地とも)	—	1436号第4ニ(4)
	>31m	室	≦100㎡	耐火構造の床・壁	準不燃材料	防火設備	平12建告1436号第4ホ

			適用条項
免除概要	常時開放排煙口	1つの防煙区画内の排煙設備は開放装置のないガラリ等の常時開放可	平12建告1436号第1号
	500㎡の防煙壁不要	劇場・映画館等の客席、体育館、工場等の用途で天井高≧3m。内装準不燃500㎡／分以上かつ1㎥／㎡・分の機械排煙	平12建告1436号第2号
	排煙口位置	天井高≧3mの場合の排煙口位置 ①≧2.1m ②≧天井高の1／2	平12建告1436号第3号
	防煙区画	設置免除部分を除き、床面積≦500㎡ごとに防煙壁で区画	令126条の3第1号
	排煙口の設置	防煙区画された部分ごとに、区画内の各部分から水平距離≦30mになるように排煙口を設置	令126条の3第3号
	自然排煙設備	排煙口は直接外気に接するようにする	
	機械排煙設備	排煙口が直接外気に接しないときは、排煙風道に直結する	
その他	排煙上の別棟扱	開口部のない準耐火構造の床・壁、常閉式・煙感知式防火戸で区画された部分 [下図②]	令126条の2の2項

※1：準耐火構造の床・壁、法2条9号の2口に規定する防火設備で区画とした部分
※2：防煙壁は、間仕切壁や天井面から下に50cm以上突き出した垂れ壁で不燃材料でつくるか、覆われたもの。その他これらと同等以上に煙の流動を妨げる効力のあるものも可
※3：法別表第1(い)欄の特殊建築物の主たる用途に供する地上階部分で、地階を除く

①小規模児童福祉施設の排煙免除例
（平12建告1436号第4ロ）

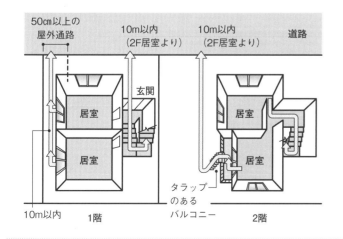

②防火区画により別棟扱いの例1
（令126条の2第2項、昭48建告2563・2564号）

階数3だが防火区画のため各階の延べ面積450㎡
＜500㎡となり排煙設備が不要の建築物となる

非常用照明設備

災害時の停電でも避難できるように非常用照明を設置する

非常用照明の必要照度

一定の用途・規模の建築物では、災害時の停電でも、照度を確保し初期避難ができるよう、非常用照明の設置が義務付けられている。

非常用照明とは、主電源が切れても予備電源で最低30分間以上点灯し、床面で1lx（蛍光灯は2lx）以上の平均照度を維持できる性能をもつ設備である（昭45建告1830号）。設置の対象となるのは、特殊建築物の居室や、**階数**が3以上で延べ面積500㎡超の建築物の居室、延べ面積1,000㎡超の建築物の居室、そして採光上有効な窓面積の合計が床面積の1／20未満の**採光上の無窓居室**である。設置箇所は各居室と地上まで通じる廊下や階段などの屋内避難経路である（令126条の4・126条の5）。

避難経路には必ず設置

管理体制が明確な学校や水泳場などのスポーツ練習場用途の建築物、**長屋**や**戸建住宅**などでは、非常用照明の設置が免除される。

また、非常用照明の設置義務のある建築物の居室でも、自力行動を期待できない病院の病室や、特定の少人数の継続使用する下宿の宿泊室、寄宿舎の寝室、共同住宅の住戸では、設置が免除されるが、**共用廊下**などの避難経路部分には非常用照明を設置しなければならない。ただし、採光上有効に直接外気に開放された通路や**屋外避難階段**は免除される。

居室は出口までの距離で設置免除

採光上の無窓居室でない場合、屋外への出口まで30m以内で避難できる避難階の居室や直上・直下階で、階段等の出口まで、20m以内で避難できる避難階の居室は、非常用照明を設置しなくてもよい。

また避難経路が一定の条件を満たす30㎡以下の居室は同様に免除される（次頁）。ただしこれらの場合も、避難経路には設置が必要である（平12建告1411号）。

基本を理解！

・非常用照明
災害時に停電しても30分以上点灯する照明設備。蛍光灯と白熱灯、LEDがある。点灯の際、避難経路他の床面の明るさは、蛍光灯の場合は2lxその他は1lx要求される

・寄宿舎
学校や工場、事務所などの学生や社員が共同で生活する施設で、食堂や浴室、トイレなどが共用であり、管理人がいる施設。寮と同義で建築基準法では共同住宅の用途とは異なる

・階数→p.32本文
・採光上の無窓居室→p.224
・長屋→p.68本文
・戸建住宅→p.68本文
・共同住宅→p.68本文
・共用廊下→p.185
・屋外避難階段→p.181

非常用照明

誘導灯（消防設備）

事務室

非常用照明装置（令126条の4、平12建告1411号）

	適用対象	設置部分		免除部分	適用条項
原則	・特殊建築物（法別表第1（い）欄（1）～（4）項） ・階数≧3　かつ　延べ面積＞500㎡ ・採光上の無窓居室［※1］ ・延べ面積＞1,000㎡	居室（または無窓居室） 居室（または無窓居室）から地上に通ずる廊下・階段等の避難通路［※2］		採光上有効に直接外気に開放された通路［※3］	令126条の4
免除	戸建住宅、長屋・共同住宅の住戸、病院の病室、下宿の宿泊室、寄宿舎の寝室等、学校、体育館、ボウリング場、スキー場、スケート場、水泳場、スポーツの練習場［※4］	—		すべての部分	令126条の4第1～3号
	避難階の居室［※5］	避難経路（歩行距離≦30m）		居室	
	避難階の直上階・直下階の居室［※5］	避難階の経路	歩行距離≦20m	居室	
		屋外避難階段への経路			

①避難階の緩和

居室Ⓐ Ⓒ Ⓓは居室の各部から屋外出口までの歩行距離≦30mで避難上支障がないので緩和。
居室Ⓑには30m超の部分があるためこの居室のすべてを対象として非常用照明装置の設置が必要

②避難階直上・直下階の緩和

避難階の直上・直下の居室から避難階における屋外出口（屋外避難階段）までの歩行距離≦20mで避難上支障がない場合・緩和

③30㎡以下の居室の緩和

地上に至るまでの避難経路において照度を確保（非常用の照明装置の設置など）

・床面積が30㎡以下の居室で、地上への出口を有するもの
・床面積が30㎡以下の居室で、地上まで通ずる部分が次の①又は②に該当するもの
　①非常用の照明装置が設けられたもの
　②採光上有効に直接外気に開放されたもの

適用条項：令126条の4第4号　平12建告1411号

※1：有効採光面積＜居室の床面積×1／20
※2：廊下に接するロビー、通り抜け避難に用いる場所なども含まれる。通常照明装置が必要な部分
※3：開放片廊下や屋外階段など
※4：観客席のある体育館、スポーツ施設は免除されない。ただし、防煙区画されたボウリング場のレーン部分は免除
※5：避難上支障がなく、居室に採光上有効な開口部（≧床面積×1／20）があること

非常用照明装置の構造（令126条の5、昭45建告1830号）

照明方法	直接照明方式
照度	床面の水平面照度≧1lx 蛍光灯等の放電灯による非常用照明装置は、平常時で2lx程度が望ましい（昭45建告1830号）
照明器具	照明器具（照明カバー・電球・内蔵電池等を含む）の主要な部分は難燃材料でつくるか、覆う 蛍光灯：ラピッドスタート型または即時点灯性回路に接続したスターター型とする 白熱燈：2重コイル電球、ハロゲン電球とする 高輝度放電燈：即時点灯型の高圧水銀ランプとする
予備電源	下記等を満たす予備電源を設ける ・30分点灯容量の蓄電池があること（別置型・照明器具内蔵型などあり） ・常用の電源が断たれた場合に自動的に切り替わり、常用電源の復旧時にも自動切替えできるもの ・蓄電池・交流低圧の屋内幹線で開器器に非常用の照明装置を表示
その他	詳細は昭45建告1830号による

敷地内の避難通路

建築物の出入口や屋外避難階段から道まで屋外に幅員1.5m以上の敷地内通路を確保する

幅員1.5mの敷地内通路が求められる建物

建築物の出口や屋外階段が、敷地の奥にあり避難経路が狭いと、安全に避難できず消火・救助活動にも支障をきたす。そこで建築基準法では、建築物の用途や規模に応じて、建築物の主な出入口や**屋外避難階段**から道や**空地**までに1.5m以上の幅員の**敷地内通路**(階数3以下、述べ面積200㎡未満は90cmの幅員)を屋外に確保するよう定めている(令128条)。

対象建築物は以下の4種類である。

①劇場、映画館、集会場、病院、ホテル、**共同住宅**、学校、体育館、スポーツ練習場、百貨店、展示場、10㎡超の店舗等(法別表第1い欄(1)～(4)項の**特殊建築物**)

②**階数**が3以上の建築物

③採光(1／20)・排煙(1／50)の無窓居室のある建築物

④延べ面積1,000㎡超の建築物(2以上ある場合は、各延べ面積の合計)

大規模木造建築物等に必要な幅員3m以上の敷地内通路

主要構造部の一部が木造で、延べ面積1,000㎡超の建築物は、その周囲(道や**隣地境界線**に接する部分以外)に3m以上の幅員で、敷地の接する道まで、敷地内通路が必要となる(令128条の2第1項)。

床面積1,000㎡以内の木造等の建築物が敷地内に2棟以上ある場合、隣接する建築物の合計面積が1,000㎡を超えると、建築物相互間に3m以上の通路を設ける(同条2項)。

一方、木造等の建築物と耐火建築物等との間には通路幅の制限はない。しかし、木造等の建築物の床面積の合計を算出し、3,000㎡を超える場合は、3,000㎡ごとにその周囲に3m以上の敷地内通路が必要となる(同条3項)。

敷地内通路を横切って、通行などに利用されている幅3m以下の渡り廊下がある場合は、交差部分に、幅2.5m以上、高さ3m以上の開放部分を設けなければならない(同条4項)。

基本を理解

・大規模木造建築物
延べ面積1,000㎡超の主要構造部の一部が木造の建築物。鉄骨造などと併用される場合もある

・屋外避難階段
→p.181

・空地
→p.48基本を理解

・共同住宅
→p.68本文

・特殊建築物
→p.23

・階数
→p.32本文

・主要構造部
→p.122本文

・隣地境界線
→p.142基本を理解

・耐火建築物等
 ・耐火建築物
 ・準耐火建築物

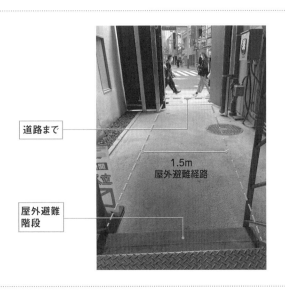

道路まで

1.5m
屋外避難経路

屋外避難階段

道路まで
幅1.5m

主な出入り口からの
屋外避難階段

敷地内通路の設置（法35条、令128条）

適用対象	適用条件	通路幅	設置内容	適用条項
特殊建築物	法別表第1（い）欄（1）〜（4）項の用途	≧1.5m [※]	屋外避難階段、屋外への出口（令125条1項）から道・公園・広場等の空地に通じる通路を敷地内に設置（出口が道路等に直接面していれば通路幅の制限はない）	法35条 令128条
中高層建築物	階数≧3			
無窓居室	採光上（1／20）、または排煙上（1／50）の無窓居室を有する建築物			
大規模建築物	延べ面積合計＞1,000㎡			
小規模建築物	階数≦3 延べ面積＜200㎡	≧90cm		

※小規模建築物で階数≦3または延べ面積＜200㎡の建築物は≧90cm

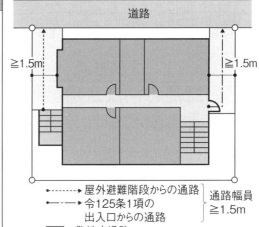

階数≧3の建築物の場合

屋外避難階段からの通路
令125条1項の出入口からの通路
□：敷地内通路
通路幅員 ≧1.5m

大規模木造等の敷地内通路（令128条の2）

適用対象	適用条件	通路幅	設置内容	適用条項
大規模木造建築物 [※]	1棟の延べ面積＞1,000㎡	≧3m [条件1]	建築物の周囲に設置（道に接する部分を除く）	令128条の2 第1項
	2棟以上で延べ面積の合計＞1,000㎡	≧3m [条件2]	1,000㎡以内ごとに区画し、その周囲に設置（道・隣地境界線に接する部分を除く）	令128条の2 第2項
	延べ面積合計＞3,000㎡	≧3m	3,000㎡以内ごとに、相互の建築物の間に通路を設置（道・隣地境界線に接する部分を除く）	令128条の2 第3項 ただし書
	条件1：1棟で延べ面積≦3,000㎡	≧1.5m	隣地境界線に接する部分の通路のみ	令128条の2 第1項ただし書
	条件2：耐火・準耐火建築物が1,000㎡以内ごとに区画された建築物を相互に防火上有効に遮っている場合		通路設置を適用除外	令128条の2 第3項
	通路を横切る渡り廊下		廊下の幅≦3m 通路幅≧2.5m 通路高さ≧3m通行・運搬以外の用途に供しないこと	令128条の2 第4項

注：表中の各通路は、敷地の接する道路まで達することとする（令128条の2第5項）
※：耐火構造の壁・特定防火設備で区画した耐火構造の部分の面積は、床面積から除く（令128条の2第1項）

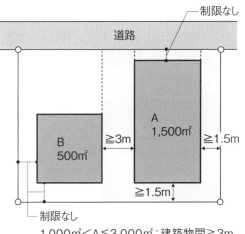

①木造等の建築物（延べ面積＞1,000㎡）の周囲の通路幅（令128条の2第1項）

制限なし
道路
B 500㎡
A 1,500㎡
≧3m
≧1.5m
≧1.5m
制限なし

1,000㎡＜A≦3,000㎡：建築物間≧3m
隣地間≧1.5m
□：敷地内通路

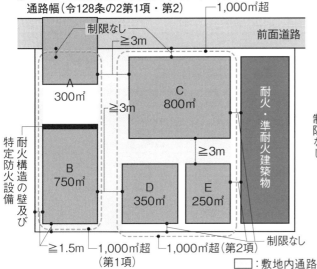

②木造等の建築物（延べ面積≦1,000㎡）の周囲の通路幅（令128条の2第1項・第2項）

制限なし
1,000㎡超
≧3m
前面道路
A 300㎡
C 800㎡
≧3m
≧3m
耐火・準耐火建築物
特定防火設備
耐火構造の壁及び
B 750㎡
D 350㎡
E 250㎡
≧1.5m
1,000㎡超（第1項）
1,000㎡超（第2項）
制限なし
□：敷地内通路

注：延べ面積の合計＞1,000㎡の場合、規制あり

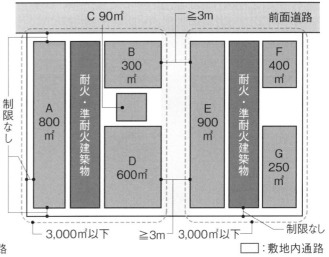

③木造等の建築物と準耐火建築物の混在（令128条の2第3項）

C 90㎡
≧3m
前面道路
制限なし
A 800㎡
耐火・準耐火建築物
B 300㎡
E 900㎡
耐火・準耐火建築物
F 400㎡
D 600㎡
G 250㎡
3,000㎡以下
≧3m
3,000㎡以下
制限なし
□：敷地内通路

注：木造等の建築物の延べ面積の合計＞3,000㎡の場合、規制あり

避難安全検証法

区画避難の検証と階避難の検証、全館避難の検証では、それぞれ緩和される項目が異なる

避難安全性能の検証は2つのルート

建築物の避難施設や防火区画などに関する規定は、数値や構造仕様で定められた規定(仕様規定)のほかに、避難安全検証法のような性能規定もある。一般に、一律に定められた仕様規定を「ルートA」と呼ぶ。これに対して、告示による検証法を「ルートB」、煙流動解析等を加えて検討し、大臣認定を受ける方法を「ルートC」という。

告示による検証法(ルートB)は、政令や告示で定められた計算式で安全性を検証するものである。安全性が確認されれば、内装材料や排煙設備、防火区画などの条件が緩和される。

検証法には、一の階の防火区画(令112条18項第2号)された部分で検証する「区画避難安全検証法」、特定階だけを検証をする「階避難安全検証法」と、建築物全体を検証する「全館避難安全検証法」の3つがあり、それぞれで除外できる避難規定が異なる(次頁表)。

階避難の検証は、まず、居室ごとに火災が発生したと仮定し、床上1.8mまで煙が降下するまでの時間に在室者が居室外に避難できるかを検討する(居室避難)。次に、その階のすべての人が直通階段の1つに避難を完了する時間内に、煙やガスが避難上支障のある高さ(階段出入口は1.8m)まで降下しないことを検証する。階ごとならば、別のルートの検証も選択できる。

全館避難安全検証法では、各階の階避難と各火災室における地上までの歩行時間、地上への出口の通過時間の合計時間内に、煙やガスが階段や直上階へ流入しないことを検証する。

大臣認定による検証

大臣認定による検証法(ルートC)とは、告示の方法では避難時間を満たさない場合などに、高度な方法で安全性を確認するものである。ルートB・Cで避難の安全性が確認できた場合は、一部の排煙口や防煙垂れ壁などの排煙設備や、居室から直通階段までの歩行距離、内装制限等が緩和される。

基本を理解！

・居室
すべての居室は火災室となる。火災の発生のおそれの少ない室は以下のようなものである。
- ・空調機械室
- ・ポンプ室
- ・冷蔵室
- ・機械式駐車場
- ・エントランスホール
- ・車路
- ・浴室
- ・化粧室

なお、火災の発生のおそれの少ない室は天井、壁のすべての内装を準不燃材以上とする
(平12建告1440号)
参考：建築物の防火避難規定の解説)

在館者密度と各居室の用途の例(令2国交告510号)

居室の種類		在館者密度(人／㎡)	用途の特徴	その他これらに類するものの例
住宅の居室		0.06	居室を目的とするもの	下宿・寄宿舎の居室
住宅以外の建築物における寝室	固定ベッドの場合	ベッド数／床面積	専ら就寝をすることを目的とするもの	ホテル・旅館の各室、宿直室、仮眠室
	その他の場合	0.16		
事務室、会議室、その他		0.125	事務の執務に使われるもの。事務室に隣接して設けられた打合せなどに利用されるもの(貸会議室は除く)	学校の教員室・職員室、飲食店の厨房、マーケット等の調理作業室、リフレッシュコーナー、社長室、役員室、応接室、中央管理室、防災センター
教室		0.7	主に机と椅子を並べて使うもの。	小規模の会議室、研修室
百貨店または物品販売業を営む店舗	売場の部分	0.5	商品の間を自由に移動できるもの。店舗内の通路を含む	マーケット、遊技場、ゲームセンター
	売場に附属する通路の部分	0.25	連続式店舗の共用の通路部分	ショッピングモールの通路部分
飲食店		0.7	主に、テーブルと椅子を並べて、飲食に利用するもの	料理店、レストラン、喫茶店、コーヒーショップ、喫茶室、ティーラウンジ、キャバレー、カフェ、ナイトクラブ、バー、ダンスホール、カラオケルーム
劇場、映画館、演芸場、観覧場、公会堂、集会場、その他	固定席の場合	座席数／床面積	特に不特定多数の人が高密度で利用するもの	イベントホール、大会議室、式場、宴会場、会議場、ディスコ、ライブハウス
	その他の場合	1.5		
展示室その他		0.5	展示の周囲を自由に回遊できるもの	図書館、博物館、美術館、ギャラリー、ショールーム

駐車場の階全体の避難安全性を検証する場合は、駐車場の在館密度は0.125人／㎡(車路の部分は除く)または2人／台とする。設備機械室等は点検者等を想定し、0.01人／㎡とする。倉庫業を営む倉庫、アトリウム(可燃物を置くもの等)は、駐車場と同様に取り扱うものとする。実数から在館者密度を求める場合も、一般的にはこの表の値の近似値を採用し、告示で定められた値を下回る方の値を採用することはできない。
※1室に複数の用途が混在する場合は、各用途に利用される部分の床面積に、それぞれの用途の在館者密度を乗じて在館者数をもとめ、合計数を採用する

避難安全性能の検証ステップ

```
            避難安全の確保の目的
```

仕様基準（ルートA）	仕様基準の性能検証による証明 （＝避難安全検証法）
避難施設、排煙設備、内装、防火区画 等の仕様基準	ルートB：告示による検証法 ルートC：高度な検証法 （緩和対象となる仕様規定：表）

避難安全検証法適用上の注意点

注意事項	・対象建築物は主要構造部が準耐火構造・不燃材料または特定避難時間倒壊等防止建築物の階であること ・病院、老人ホーム、児童福祉施設など自力で避難することが困難な用途への適用は原則不可 ・1つの階で、部分的に避難検証を省略して一部だけを緩和することはできない
避難安全検証で 緩和されないもの	・面積区画　　　　　　　　　　　　　　・避難階段の設置 ・2以上の直通階段の設置　　　　　　　・階段の踏面、けあげ寸法 ・直通階段までの重複距離

[表] 避難安全検証法による適用除外（令128条の6、令129条、129条の2）

○：避難安全検証法により適用除外となる

項目	条	項	号	規定の概要	区画避難	階避難	全館避難
防火 区画	令112	5	－	11階以上の100㎡区画	－	－	○
		9	－	竪穴区画	－	－	○
		12・13	－	異種用途区画	－	－	○
避難 施設	令119	－	－	廊下の幅	－	○	○
	令120	－	－	直通階段までの歩行距離	－	○	○
	令123	1	1・6	屋内避難階段の耐火構造の壁・防火設備	－	－	○
		2	2	屋外避難階段の防火設備	－	－	○
		3	1・2	特別避難階段の付室の構造など	－	○	○
			3	特別避難階段の耐火構造の壁	－	－	○
			10・12	特別避難階段の付室に通ずる出入口の特定防火設備［※1］・付室などの床面積	－	○	○
	令124	1	1	物品販売業を営む店舗における避難階段等の幅	－	－	○
			2	物品販売業を営む店舗における避難階段への出口幅	－	○	○
屋外へ の出口	令125	1	－	屋外への出口までの歩行距離	－	－	○
		3	－	屋物品販売業を営む店舗における屋外への出口幅	－	○	○
排煙 設備	令126の2	－	－	排煙設備の設置	○	○	○
	令126の3	－	－	排煙設備の構造	○	○	○
内装 制限	令128の5	－	－	特殊建築物の内装制限（2、6、7項［※2］、および階段に係る規定を除く）	○	○	○

※1：屋内からバルコニー、または付室に通じる出入口に限る
※2：調理室・車庫・階段は対象外。自動式スプリンクラーと排煙設備による内装制限の除外規定あり

居室避難（令129条の6、令2国交告509号）

ステップ1：居室避難（火災室からの避難）の検証			
計測時間	内訳	計算時の検討項目	イメージ
居室外への避難終了時間	①避難開始するまでの時間 ＋ ②出口までの歩行時間 ＋ ③出口の通過時間	・在館者密度 ・室の大きさ ・歩行速度 ・有効出口幅 ・有効流動係数	居室
居室内の煙降下時間	煙やガスが避難上支障のある高さまで降下するのに要する時間	・可燃物量（積載、内装） ・室の大きさ ・煙等発生量 ・有効排煙量 ・防煙区画および排煙効果係数	避難上支障のある高さ1.8m　煙・ガス　出火室

検証：居室外への避難終了時間≦居室の煙降下時間

区画避難安全検証法（令129条の6、令2国交告509号）

ステップ2：区画避難（火災室を含む防火区画内からの避難）の検証			
計測時間	内訳	計算時の検討項目	イメージ
区画外への避難終了時間	①避難開始するまでの時間 ＋ ②出口までの歩行時間 ＋ ③出口の通過時間	・在館者密度 ・室の大きさ ・歩行速度 ・有効出口幅 ・有効流動係数	避難上支障のある高さ1.8m　煙・ガス　防火区画
区画内の煙降下時間	煙やガスが避難上支障のある高さまで降下するのに要する時間	・可燃物量（積載、内装） ・室の大きさ ・煙等発生量 ・有効排煙量 ・防煙区画および排煙効果係数	出火室

検証：区画外への避難終了時間≦区画の煙降下時間

階避難安全検証法（令129条、令2国交告510号）

ステップ2：階避難（出火階からの避難）の検証			
計測時間	内訳	計算時の検討項目	イメージ
直通階段への避難終了時間	①避難開始するまでの時間 ＋ ②直通階段までの歩行時間 ＋ ③階段への出口の通過時間	・在館者密度 ・室、廊下等の大きさ ・歩行速度 ・階段への出口幅 ・有効流動係数	
避難経路の煙降下時間	出火室から直通階段への出口を有する室に通じる経路ごとの各室で、次の時間を合計して最小値を求める。 ・煙やガスが限界煙層高さまで降下するのに要する時間	・可燃物量（積載、内装） ・室、廊下等の大きさ ・煙等発生量 ・区画の遮煙性能 ・有効排煙量 ・防煙区画および排煙効果係数	煙・ガス　出火室　廊下　階段　避難上支障のある高さ1.8m

検証：階の避難終了時間≦階煙降下時間

全館避難安全検証法(令129条の2、令2国交告511号)

> ステップ1：各階ごとに階避難安全検証法で検証

> ステップ2：全館避難(建築物全体からの避難)の検証

計測時間	内訳	計算時の検討項目	イメージ
地上または屋上広場への避難終了時間	①避難開始するまでの時間 ＋ ②地上の出口または屋上広場までの歩行時間 ＋ ③地上への出口の通過時間	・在館者密度 ・室、廊下、階段等の大きさ ・歩行速度 ・屋外への出口幅 ・有効流動係数	
直通階段または他の階への煙流入時間	出火室から直通階段への出口を有する室、または竪穴に面する室に通じる経路ごとの各室で、次の時間を合計して最小値を求める。 ・煙やガスが限界煙層高さまで降下するのに要する時間	・可燃物量(積載、内装) ・室、廊下等の大きさ ・煙等発生量 ・区画の遮煙性能 ・有効排煙量 ・防煙区画および排煙効果係数	

検証：全館の避難終了時間≦全館煙降下時間

階ごとの検証例

ルートA
(仕様規定に適合)で検証

ルートB
(階避難安全検証法による検証)で検証

ルートC
(高度な検証法による大臣の認定)で検証

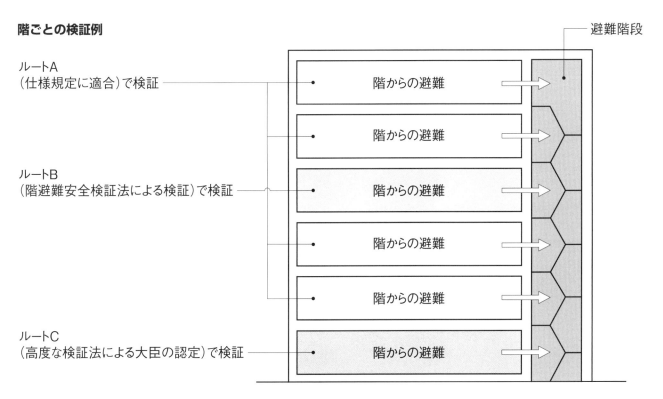

階ごとに避難安全性能を検証する場合は別ルートでの検証が可能

非常用エレベーター

31m超の建築物は設置が必要。ただし、床面積・階数制限・小区画化で緩和措置あり

非常用エレベーターの設置と構造

高さ31m超の建築物には、原則、火災時に消防隊が消火・救出作業に使用する非常用エレベーターを設置しなければならない(法34条2項)。

非常用エレベーターは停電時でも運転できるよう予備電源を設け、60m／分以上の定格速度が必要である。また、消火作業がしやすいように、扉が開いたまま昇降させる装置や、かごを呼び戻す装置を設け、避難階かその直上・直下階の乗降ロビーと中央管理室からそれらを操作できるようにしなければならない。

また、非常用エレベーターの設置台数は、31mを超える部分の階の最大の床面積によって決まる。

なお、高さ31m超の建築物であっても、31mを超える部分の階数制限と耐火構造による100㎡以内の防火区画化で設置が緩和される。また、31mを超える部分の各階の合計床面積が500㎡以下の場合も緩和される。

乗降ロビーの構造

非常用エレベーターには、各階で耐火構造の床・壁、遮煙性能をもった特定防火設備で防火区画された乗降ロビーが必要になる。乗降ロビーは、安全な区画であることが期待される。そのため、内装を仕上げ、下地とも不燃材とし、外部に面した2㎡以上の自然排煙窓か機械排煙設備と予備電源をもつ照明設備を設けなければならない。また、乗降ロビーは円滑な消防活動のために、非常用エレベーター1基について10㎡以上の床面積を確保して、屋内消火栓、連結送水管の放水口などの消防設備を備える必要がある。

さらに、避難階では、非常用エレベーターの出入口(乗降ロビーがある場合はその出入口)から屋外への出口の1つまでの歩行距離は30m以下としなければならない。

乗降ロビーは構造上設置が難しい避難階やその直上・直下階などでは設置が免除される(令129条の13の3)。

基本を理解！

・扉が開いたまま昇降させる消防活動上扉が開いた状態になるのでその扉には遮煙、防火性能が期待できないため壁穴区画は乗降ロビーまで含めて考えることになる

・乗降ロビー設置が免除される条件
  ・避難階
  ・階の用途が階段室、設備機械室等であるか、主要構造部が不燃構造以上の機械製作工場、不燃性の物品の倉庫のみで直上か直下階に非常用ELVの乗降ロビーがある場合
  ・当該階以上の合計床面積≦500㎡
  ・避難階の直上か直下の階
  ・他の非常用ELVの乗降ロビーがある居室のない地階
  ・1500㎡以下で他の非常用ELVの乗降ロビーと連絡している階(3000㎡増毎に非常用ELVの乗降ロビー各1ケ所増)

機械式排煙設備

特定防火設備

非常用エレベーター

特定防火設備による区画位置

乗降ロビー：10㎡以上

乗降ロビーは、特定防火設備と耐火構造の壁で囲み、10㎡以上とし、排煙設備と非常用照明等を設置する

非常用エレベーターの基準と乗降ロビーの一般的構造
（法34条、令129条の13の2、129条の13の3、平成12建告1428号、平28国交告697号）

		基準の内容		
設置基準		高さ>31mの建築物		
非常用ELV設置の緩和基準	高さ>31mの部分が次のいずれかに該当するとき	①階段室・機械室・装飾塔・物見塔等		
		②各階の床面積の合計≦500㎡		
		③階数≦4、かつ主要構造部が耐火構造で、防火区画[※]≦100㎡		
		④機械製作工場・不燃性物品保管倉庫等で、主要構造部が不燃材料		
エレベーターの必要台数	高さ>31mの階で最大の床面積:S	S≦1,500㎡	≧1台	
		S>1,500㎡	3,000㎡以内を増すごとに上記に1台追加	

※：耐火構造の床・壁、もしくは特定防火設備（常時閉鎖式、または随時閉鎖式で煙感知器もしくは熱煙複合式感知器連動自動閉鎖）、廊下に面する1㎡以内の防火設備

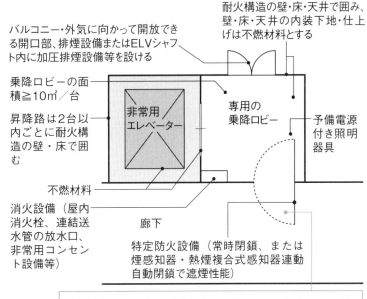

耐火構造の壁・床・天井で囲み、壁・床・天井の内装下地・仕上げは不燃材料とする

バルコニー・外気に向かって開放できる開口部、排煙設備またはELVシャフト内に加圧排煙設備等を設ける

乗降ロビーの面積≧10㎡／台

昇降路は2台以内ごとに耐火構造の壁・床で囲む

非常用エレベーター

専用の乗降ロビー

予備電源付き照明器具

不燃材料

消火設備（屋内消火栓、連結送水管の放水口、非常用コンセント設備等）

廊下

特定防火設備（常時閉鎖、または煙感知器・熱煙複合式感知器連動自動閉鎖で遮煙性能）

特別避難階段の付室を兼ねない乗降ロビーの出入口の戸は、消火・救助時の使用を考慮し、両方向に開くことが望ましい（『建築物の防火避難規定の解説』日本建築行政会議）

上記のほかにも、非常用エレベーターは、構造や設置方法などを、令129条の13の3にある規定に適合させなければならない

31m超部分の床面積と台数の関係

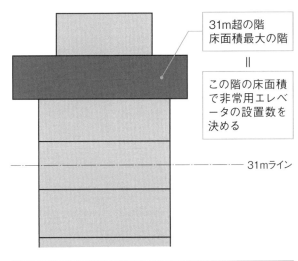

31m超の階床面積最大の階
＝
この階の床面積で非常用エレベータの設置数を決める

31mライン

31m超部分の床面積最大階の床面積S(㎡)	台数
S≦1,500	1
1,500<S≦4,500	2
4,500<S≦7,500	3
7,500<S≦10,500	4

注：台数＝（S－1,500）／3,000＋1（小数点以下切り上げ）

高さ>31mの部分の取扱い

階の途中にある31mのラインが階の高さの1／2未満になるとその階は31m超の階として階数・面積に算定する

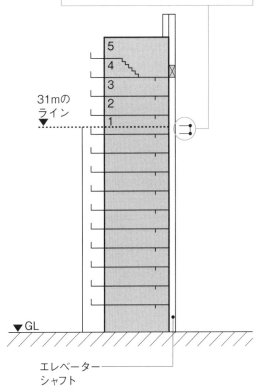

31mのライン

▼GL

エレベーターシャフト

昇降機

エレベーター、小荷物専用昇降機、エスカレーターが昇降機

エレベーターの構造

建築基準法が構造を規定している昇降機には、エレベーター、小荷物専用昇降機、エスカレーターがある。

エレベーターは、主要な支持部分の構造が、次の基準に適合するかを確認する（令129条の4）。

①昇降で摩損、疲労破壊のおそれのある部分は昇降時の衝撃などで損傷を生じないこと

② ①以外の部分は、昇降や安全装置の動作時に損傷を生じないこと

③ 地震時に釣合おもりの脱落防止や、震動に対して構造耐力上安全であること

このほかにも、昇降路の頂部やピット部に確保する距離や、かごに生じる垂直方向の加速度9.8m／S^2、水平方向の加速度5m／S^{2}をそれぞれ感知してかごを制止したり、昇降路の出入口がすべて閉じなければ昇降させない安全装置の規定がある（令129条の10）。

小荷物専用昇降機は、水平投影面積と天井高でエレベーターと区分される。小荷物専用昇降機の要件は、水平投影面積が1㎡以内で、かつ天井高が1.2m以下である。また昇降路の壁、囲い、出入戸は他の昇降機と同様、原則として難燃材料とする（令129条の13）。

エスカレーターの構造

エスカレーターは幅員を1.1m以下とし、手摺がつかみやすいように、踏段の端から手摺の中心までを25㎝以下とする。踏段の積載荷重は、踏段面の水平投影面積（㎡）に2千600N／㎡を乗じて算出する。安全のために、人や物が踏段に挟まったときなどに、加速度1・25m／S^{2}を超えないような制動装置や、昇降停止装置を取り付ける。

勾配は、30°以下とし、50m以下の範囲内で勾配をもとに国土交通大臣が定めた速度以下としなければならない。また、地震の震動等によって、脱落するおそれのないように防止策を講じるか、大臣認定を受けたものとしなければならない（令129条の12）。

・エレベーターシャフト内写真

巻上機（最上部に機械室がなく、ピット部に巻上機を設置している例は多い）

・エスカレーターの機械室

均合おもり

かご

昇降路

エスカレーターの機械室

主要な支持部分

エレベーターは、かごを吊る主要な支持部分、かご、昇降路、駆動装置、制御器、安全装置などの規定がある

エレベーターの構造基準（令129条の3〜129条の10）

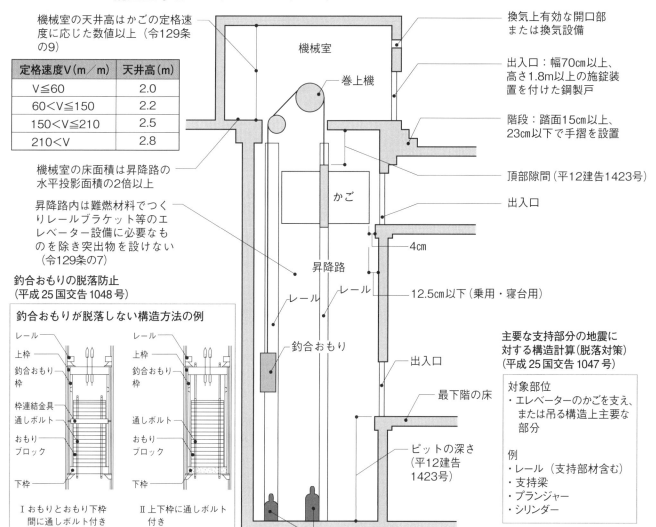

機械室の天井高はかごの定格速度に応じた数値以上（令129条の9）

定格速度V（m／m）	天井高（m）
V≦60	2.0
60＜V≦150	2.2
150＜V≦210	2.5
210＜V	2.8

機械室の床面積は昇降路の水平投影面積の2倍以上

昇降路内は難燃材料でつくりレールブラケット等のエレベーター設備に必要なものを除き突出物を設けない（令129条の7）

換気上有効な開口部または換気設備

出入口：幅70cm以上、高さ1.8m以上の施錠装置を付けた鋼製戸

階段：踏面15cm以上、23cm以下で手摺を設置

頂部隙間（平12建告1423号）

出入口

4cm

12.5cm以下（乗用・寝台用）

主要な支持部分の地震に対する構造計算（脱落対策）（平成25国交告1047号）

対象部位
・エレベーターのかごを支え、または吊る構造上主要な部分

例
・レール（支持部材含む）
・支持梁
・プランジャー
・シリンダー

機械室

巻上機

かご

昇降路

レール　レール

釣合おもり

出入口

最下階の床

ピットの深さ（平12建告1423号）

ばね緩衝器等

釣合おもりの脱落防止（平成25国交告1048号）

釣合おもりが脱落しない構造方法の例

レール
上枠
釣合おもり枠
枠連結金具
通しボルト
おもりブロック
下枠

Ⅰ おもりとおもり下枠間に通しボルト付き

Ⅱ 上下枠に通しボルト付き

エスカレーターの構造基準（令129条の12）

①立面図

勾配は定格速度で決まる

定格速度V（m／分）	勾配
V＝50	8°以下
V＝45	8°超30°以下

（平12建告1417号）

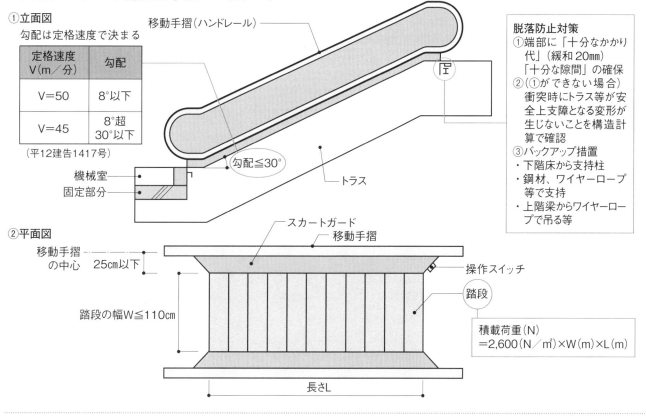

移動手摺（ハンドレール）

機械室
固定部分

勾配≦30°

トラス

脱落防止対策
①端部に「十分なかかり代」（緩和20mm）「十分な隙間」の確保
②（①ができない場合）衝突時にトラス等が安全上支障となる変形が生じないことを構造計算で確認
③バックアップ措置
・下階床から支持柱
・鋼材、ワイヤーロープ等で支持
・上階梁からワイヤーロープで吊る等

②平面図

移動手摺の中心　25cm以下

スカートガード
移動手摺

操作スイッチ

踏段

踏段の幅W≦110cm

長さL

積載荷重（N）
$=2,600（N／m^2）×W(m)×L(m)$

Column

建築設備・避雷設備・煙突

建築設備の規定

建築物の定義に建築設備も含まれ、設置方法や構造等が建築基準法に規定されている（法2条1号）。

たとえば給排水の配管や電気の配電管を建築物のコンクリートに埋設する際は、構造耐力上その位置に配慮し、腐食防止の措置をしなければならない。飲料水の配管設備は、独立配管としウォーターハンマー（水撃）を防止し、逆流しない機構とする。水槽や流しでは、水栓が水没しないよう、蛇口と水面に吐水口空間を設ける。給水タンクはホコリなどが入らない構造とする。

排水設備には、臭気や逆流を避けるために排水トラップや通気管などを設け、公共下水道などに連結する。汚水に接する部分は周辺への衛生上の問題を起こさないように不浸透質の耐水材料でつくる（令129条の2の5）。

便所は、処理方法で汲取り便所と水洗便所に分かれる。前者は、便槽と井戸との距離の規定がある（令34条）。後者には、浄化槽で処理をして下水に流すものと直接下水道に放流するものがあるが、終末処理場をもつ下水道処理区域の場合、便所は下水道に直結させなければならない。また、屎尿浄化槽等は24時間以上の満水試験で漏水しないことを確認する（令33条）。

ガス設備を共同住宅の3階以上の住戸に設ける場合は、ガス栓の構造、警報設備の位置などの安全対策の基準がある（昭56建告1099号）。

便所の基準 （法31条、令28・29・31〜35条）

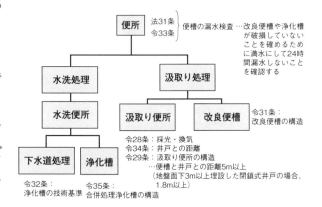

便所 法31条 令33条 便槽の漏水検査…改良便槽や浄化槽が破損していないことを確めるために満水にして24時間漏水しないことを確認する

令31条：改良便槽の構造

令28条：採光・換気
令34条：井戸との距離
令29条：汲取り便所の構造
…便槽と井戸との距離5m以上（地盤面下3m以上埋設した閉鎖式井戸の場合、1.8m以上）

令32条：浄化槽の技術基準
令35条：合併処理浄化槽の構造

避雷設備・煙突の基準

高さ20m超（ペントハウスや高架水槽などの工作物部分含む）の建築物では、20m超の部分を雷撃から保護するように、避雷針等を設置する（法33条、令129条の14・129条の15）。

煙突に対しては、煙突口近くの気圧の差によって煙道内に風が逆流し、煙突からの伝熱で周囲の建築物の部分に火災が発生するのを防止するための規定がある（令115条）。

避雷針の基準
（法33条、令129条の14・29条の15）

保護角60°
避雷針
保護角60°
保護部分（20m超）
20m
建築物
▼GL
20m超の建築物の部分はすべて保護角内に収めなければいけない
第1種接地
避雷設備による保護しない部分

煙突の基準 （令115条）

d
(d≦1mのとき)≧60cm
煙突
≧60cm
金属製以外の不燃材料
木材等の可燃材料
隣家
煙突
・≧15cm
・熱により燃焼しない構造
天井
・≧15cm
・熱により燃焼しない構造

居室

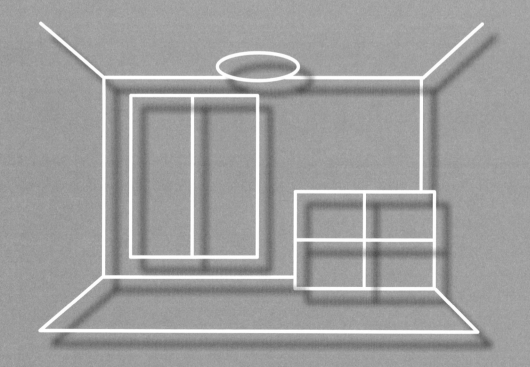

居室の天井高・床高

すべての居室で天井高は、2.1m以上が必要！
部分的に異なる場合は、平均天井高

居室の天井高の規定

建築基準法では、人が長い時間過ごす部屋を「居室」、納戸や機械室、廊下やパイプシャフトなどそれ以外を「室」として、区別している。居室と室では、天井高や床高の規定など、適用される建築基準法上の規定が異なる。

天井高とは、床面から天井までの高さのことである。すべての居室で、天井高を2.1m以上確保しなければならない。1つの居室で、天井高が部分的に異なる場合は、平均天井高を天井高とする。平均天井高は、居室の容積を居室の面積で除して求める（令21条）。

天井高は窓の採光面積の確保と関係し、居室環境を維持するうえで重要な規定である。

たとえば以前、学校の教室は、床面積が50㎡を超える場合、天井高を3m以上とする規定があった。高い位置から大きな窓を取り付けることで、奥まで均一な採光が確保されるからである。一方、現在でも教室の窓には、床面積の1／5以上の採光上有効な窓面積が必要になる（令19条）。

木造建築物の床高の規定

木造建築物の場合、居室には床高を45㎝以上確保するという制限がかかる。床高とは、直下の地面からその床の上面までの高さのことである。

この規定は、床の直下部分が土等の場合に、木造の床材料や居室に影響を及ぼすおそれのある湿度を防ぐことを目的にしている。そのため、床高の算定基準が、建物周囲の地面ではなく、床の直下の地面となっている。

このほか木造建築物の居室には、床下に湿気が溜まるのを防ぐために、床下部分に壁（基礎）の長さ5m以内に、300㎠以上の換気孔を設けなければならない。換気孔は、同等の効果がある土台と基礎の間に敷くスペーサー部材などでも代用可能である。

また、床下に防湿コンクリートなど防湿措置がある場合は、居室の床高さや換気孔の制限は適用されない（令22条）。

$$平均天井高 = \frac{居室の容積（㎥）}{居室の面積（㎡）}$$

居室内の天井や床に段差がある場合の天井高は、その部分の容積を面積で除することで、平均の高さを算出する

天井高・床高(令21・22条)

	適用対象	制限内容	高さの測り方	適用条項		適用対象	制限内容	免除条件	適用条項
居室の天井高	居室	天井高≧2.1m	❶ 居室の床面から測定 ❷ 1室で天井高が異なるときは、平均の高さによる	令21条	居室の床高	最下階の居室の床が木造のもの	直下の地面から床の上面までの高さ≧45cm	床下にコンクリート・たたき、大臣が認定した防湿フィルムを施すなど、防湿上有効な措置を講じた場合	令22条
							外壁の床下部分には、壁の長さ≦5mごとに、面積≧300cm²の換気孔を設ける		

天井高の測り方

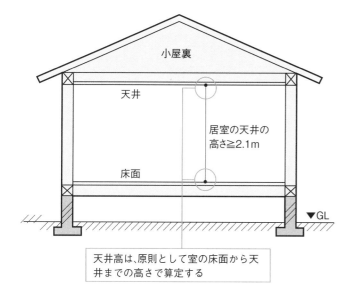

小屋裏

天井

居室の天井の高さ≧2.1m

床面

▼GL

天井高は、原則として室の床面から天井までの高さで算定する

居室と室の例

居室	室
居間、食堂、台所、寝室、書斎、応接室、子供部屋、教室、職員室、理科室、体育室、事務室、会議室、作業室、売り場、病室、診察室、宿泊室、観覧席、集会所、調理室、休息室、控え室など	玄関、廊下、階段室、洗面室、浴室[※1]、脱衣室[※1]、更衣室、便所、給湯室、押入、納戸、倉庫[※2]、用具室、機械室[※2]、自動車車庫、リネン室など

※1：公衆浴場、旅館の浴場など、人が継続的に使用する場合は居室とみなされる
※2：人が常時いる場合は、居室とみなされる場合がある

居室の床高の測り方と免除条件(木造住宅)

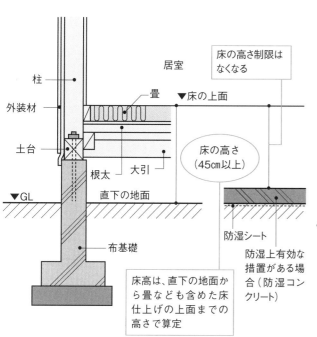

柱

外装材

土台

▼GL

布基礎

根太

大引

直下の地面

居室

床の高さ制限はなくなる

畳

▼床の上面

床の高さ(45cm以上)

防湿シート

防湿上有効な措置がある場合(防湿コンクリート)

床高は、直下の地面から畳なども含めた床仕上げの上面までの高さで算定

床下換気孔の仕様

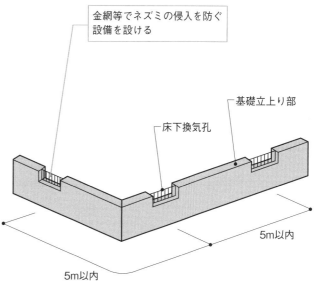

金網等でネズミの侵入を防ぐ設備を設ける

基礎立上り部

床下換気孔

5m以内

5m以内

居室の採光と無窓居室の規定

住宅の居室は床面積の１／７以上の大きさの採光窓が必要。求められる割合は、建築物と居室の用途により異なる

大きな採光割合が求められる教室と保育室

建築基準法は、**居室に採光上必要な開口部の面積**を定めている(法28条)。採光に必要な開口部の面積は、居室の床面積に割合を乗じて求めるが、その有効採光率は１／５、１／７、１／10で建築物と居室の用途で異なる。

採光窓を多く必要とする幼稚園、学校の教室や保育所の保育室では、床面積に乗じる割合が１／５以上と最も大きい。

住宅や**共同住宅**の居室、寄宿舎や下宿の寝室、病院や診療所の病室、児童福祉施設等の寝室では、その割合が１／７以上である。児童福祉施設の保育室、訓練室、日常生活に必要な居室は同様に１／７以上の割合が要求されるが、病院や診療所、児童福祉施設でも談話室、診察室などは１／10以上でよい。大学や専修学校の教室は高等学校までの教室と異なり、１／10以上と規定されている(令19条)。

これらの用途に応じて各居室の床面積に、規定の割合を乗じ、**必要採光面積**を求め、それに応じて採光に有効な開口部の位置や形状を検討する。

採光率が1/20未満の無窓居室

すべての居室で、床面積の１／20以上の採光上有効な開口部がとれているか検討することが必要となる。たとえ窓があっても、この条件を満たさないと**採光上の無窓居室**(令116条の2)となり、避難規定や**主要構造部**、敷地と道路の関係などに厳しい規制がかかるためである。

ただし、次のような居室は、適用除外として採光に有効な開口部を設けなくてよい(法28条、平成7年5月25日住指発153号)。

①地階または地下街に設ける居室

②温湿度調整を必要とする作業を行う作業室(大学、病院等の実験室、病院の手術室、調剤室等)

③用途上やむを得ない居室(住宅の音楽練習室、防音装置の必要のある居室、大学病院等で細菌やホコリの侵入を防ぐ必要のある居室)

基本を理解

・有効採光率
部屋の中にどれくらい光が求められるかを示す指標。「有効採光面積÷部屋の床面積」で表される。住宅の居室や診療所の病室などは7分の1以上、保育室や学校の教室などは原則として5分の1以上

・開口部
　→p.122基本を理解

・共同住宅
　→p.68本文

・採光上の無窓居室
　→p.224本文

・主要構造部
　→p.122本文

わかる法規

関連事項

採光上の無窓の居室の制限

採光上有効な窓がその居室の床面積の1/20以上とれていない場合は、採光上の無窓の居室になる。

採光上の無窓の居室になると、以下の4項目について制限される。

①居室に非常用照明を設置しなければならない

②その居室から、階段までの歩行距離を30m以内とする

③居室を区画する壁や床(主要構造部)を耐火構造、または、不燃材料とする

④建物の接する道路の幅員や接道長さが条例で規制される

非常用照明は、「採光上の無窓の居室」では必ず設置しなければならない。しかし、非常用照明を設置すれば、「無窓の居室」でなくなり、②～④までが免除されるということではない。

非常用照明が設置されていても、有効な採光窓の無い「無窓の居室」があれば、直通階段までの歩行距離は制限される。歩行距離は避難階でも、階段から屋外への出口までの距離が、一般階の直通階段までの距離の2倍で規定される。その場合、無窓の居室が一般階にあ

ると、避難階の歩行距離も一般階の数値の2倍に制限される。

また、同様に「採光上の無窓の居室」の区画は不燃材料以上としなければならない。木造建築物の場合、不燃区画以上で居室を区画するのは難しくなるので、「採光上の無窓の居室」をつくらないようにする設計上の工夫が必要となる。

条例で「採光上の無窓の居室」が制限されている場合、無窓の居室がある建築物全体が、道路幅員や接道長さの制限を受けることになる。

(その他の無窓の居室については224頁を参照されたい)

有効採光の割合算定の基本

$$\frac{A+B}{S} \geqq 用途で決まる割合$$

（ex.住宅の居室1／7）

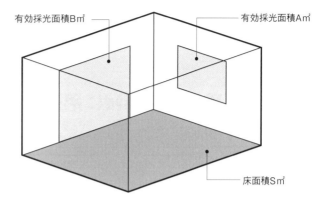

有効採光面積B㎡　　有効採光面積A㎡

床面積S㎡

有効採光の割合（法28条、令19条、昭55建告1800号）

建築物の用途	居室の用途	割合	備考
住宅・共同住宅の居室	居室	1／7	居住のために使用されるもの
寄宿舎	寝室	1／7	—
	食堂	1／10	
下宿	宿泊室	1／7	—
児童福祉施設等	寝室	1／7	入所者が使用するものに限る
	保育室・訓練室	1／7	入所・通所者の保育、訓練、日常生活に必要な便宜の供与、その他これらに類する目的のために使用される居室も含む
	談話室・娯楽室	1／10	入所者の談話、娯楽、その他これらに類する目的のために使用される居室も含む
病院・診療所	病室	1／7	—
	談話室・診察室	1／10	入院患者の談話、娯楽、その他これらに類する目的のために使用される居室も含む
幼稚園・小学校・中学校・高等学校・中等教育学校	教室	1／5	—
		1／7	①床面からの高さが50cmの水平面において200lx以上の照明設備を設置した場合（昭55建告1800号） ②窓その他の開口部で採光に有効な部分のうち、床面からの高さが50cm以上の部分の面積が、その教室の床面積の1／7以上あること（昭55建告1800号）
		1／10	上記①に加え、音楽教室、または視聴覚教室で令20条の2に適合する換気設備が設けられたもの（昭55建告1800号）（幼稚園は除く）
	事務室・職員室	1／10	—
上記以外の学校	教室	1／10	—
保育所	保育室	1／5	昭55建告1800号により1／7まで緩和あり
		1／7	①床面からの高さが50cmの水平面において200lx以上の照度を確保することができる照明設備を設置した場合（昭55建告1800号） ②窓その他の開口部で採光に有効な部分のうち、床面からの高さが50cm以上の部分の面積が、その保育室の床面積の1／7以上であること（昭55建告1800号）

特殊条件1	地階もしくは地下工作物（地下街）に設ける居室、または温湿度調整を必要とする作業室［※1］、用途上やむを得ない居室［※2］は除く（法28条本文ただし書）
特殊条件2	襖、障子等の随時開放できるもので仕切られた2室は、1室とみなす（法28条4項）
特殊条件3	国土交通大臣が別に算定方法を定めた建築物の開口部については、その算定方法による（令20条1項ただし書、平15国交告303号）

※1：大学、病院等の実験室、研究室、調剤室等（平成7年5月25日住指発153号）
※2：住宅の音楽練習室・リスニングルーム等（平成7年5月25日住指発153号）

有効採光面積の算定

有効採光面積は、窓面積に用途地域ごとの採光補正係数を乗じて求める

隣地境界線や庇の影響を受ける有効採光面積

開口部の**有効採光面積**は、**隣地境界線**からの水平距離や開口部の直上部の状況を考慮して算定される。建築物の開口部は、隣地の建築物や敷地内の別の建築物の影響をうけて、窓から光が入らないこともあるためである。

有効採光面積の算定では、まず、隣地境界線や敷地内の建築物の部分から、当該建物の庇や窓までの水平距離Dを、当該建物直上部にある庇などから窓の中心までの垂直距離Hで除して**採光関係比率**(D／H)を求める。これを実際の窓などの開口部面積に乗じて求まる値が、有効採光面積である。

1つの居室に採光上、有効な開口部が2カ所以上ある場合は、有効採光面積を加算できる。また、開口部のある階の上部が**セットバック**している場合は、その開口部の直上部の庇からの採光関係比率(D／H)と、上階最上部の庇と当該開口部の位置で算出した比率を比較し、小さいほうの値で**採光補正係数**を算出する。

用途地域で異なる採光補正係数の算定

建築物の周辺の状況は**用途地域**によってかわるため、採光補正係数は、住居系用途地域、工業系用途地域、商業系用途地域で算式が異なる。

住居系では、採光関係比率(D／H)に6を乗じ1.4を引く。工業系では8を乗じ1を引く。商業系や用途地域の指定のない地域では10を乗じ1を引いて求める[右頁表]。

採光補正係数の**最大値は3**で、それ以上となる場合も3とする。また、負の値になる場合は、0とする。

開口部が道に面する場合は、開放性があるので、算定値が1以下の場合であっても、採光補正係数は1としてよい。また、開口部から隣地境界線までの距離が住居系用途地域で7m、工業系用途地域で5m、商業系用途地域、用途地域の指定のない地域で4m以上離れている場合も、開放性があるとして、算定値が1未満の場合でも、採光補正係数を1とすることができる。

・住居系(用途)地域

1低、2低、田園住居、1中高、2中高、1種住居、2種住居、準住居地域の8地域
→p.57本文

・工業系用途地域

準工業地域、工業地域、工業専用地域があり、工場等の利便の増進を図る地域

・商業系用途地域

主に店舗を中心とした商業その他の関係業務の利便性を増進するために都市計画で定められる地域

・開口部
→p.122基本を理解

・隣地境界線
→p.142基本を理解

・セットバック
→p.72本文

・用途地域
→p.57本文

わかる法規

関連事項

居室の有効採光面積の緩和(法28条4項)

1つの居室では有効採光面積が不足していても、その居室が随時開放できる襖や障子などの建具で仕切られた他の居室に続く場合は、2つの居室を1つとみなして採光を計算できる。

また、以下の位置に開口部があるときも、有効採光面積の緩和を受けることができる(令20条)

①居室外側に幅90cm以上の縁側がある場合、採光補正係数に0.7を乗じ、縁側の開口部を有効採光窓とする

②窓が道路に面する場合は、反対側の道路境界線、広場や川などの場合はその中心線までの水平距離で採光補正係数を算出できる

③開口部の上部の庇が半透明である場合、庇をないものとして水平距離を算出し、採光補正係数を算出できる

④天窓の場合は、採光補正係数を3倍にできる(最高数値3)

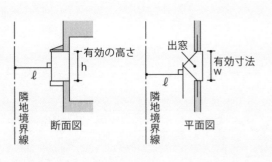

出窓の採光

出窓の場合、開口面の有効寸法とその直交方向の隣地までの最低寸法によって、有効採光面積を算出する
(参考:建築基準法 質疑応答集)

採光補正係数（令20条）

有効採光面積の算定式	有効採光面積＝開口部の面積×採光補正係数（K）			
採光補正係数（K）の算定式	K＝（d／h）×a－b	d：開口部の直上の庇等の先端から敷地境界線までの水平距離 h：開口部の直上の庇等の先端から開口部の中心までの垂直距離		

算定式内の数値	用途地域	係数 a	係数 b	D［算定式の例外で使用］	適用条項（令20条）
	住居系地域	6	1.4	7m	2項1号
	工業系地域	8	1	5m	2項2号
	商業系地域	10	1	4m	2項3号

算定式内の数値	要件		Kの値	適用条項（令20条）
	算定式の例外	開口部が道に面する場合　K＜1	K＝1	2項各号イ～ハ
		開口部が道に面しない場合	d≧D　かつ　K＜1 → K＝1	
			d＜D　かつ　K＜0 → K＝0	
	算定式の例外（天窓がある場合）		K×3	2項本文かっこ書
	外側に幅90cm以上の縁側（濡れ縁を除く）等がある開口部の場合		K×0.7	
	K＞3の場合		K＝3	2項本文ただし書

緩和1：開口部が、道（都市計画区域内では法42条に規定する道路）に面する場合、道路境界線はその道の反対側の境界線とする（令20条2項1号本文かっこ書）
緩和2：公園等の空地または水面に面する場合、隣地境界線はその空地または水面の幅の1／2だけ隣地境界線の外側にある線とする（同）

採光関係比率（D／H）の算定例

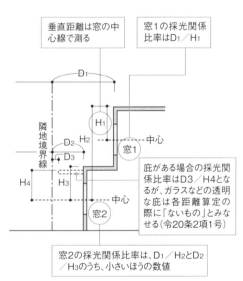

垂直距離は窓の中心線で測る

窓1の採光関係比率はD₁／H₁

隣地境界線

庇がある場合の採光関係比率はD3／H4となるが、ガラスなどの透明な庇は各距離算定の際に「ないもの」とみなせる（令20条2項1号）

窓2の採光関係比率は、D₁／H₂とD₂／H₃のうち、小さいほうの数値

設定条件
・用途地域＝住居系地域
・採光補正系数算定式　$\frac{6 \times D}{H} - 1.4$

・窓₁、窓₂の面積＝3㎡
$D_1 = 4m$　$H_1 = 2m$
$D_2 = 2m$　$H_2 = 6m$
　　　　　$H_3 = 2.5m$

算定の手順
（1）採光関係比率（D／H）を求める
　窓1：$\frac{D_1}{H_1} = \frac{4}{2} = 2$

　窓2：$\frac{D_1}{H_2} = \frac{4}{6} ≒ 0.66$（最上部から）

　　　$\frac{D_2}{H_3} = \frac{2}{2.5} = 0.8$（真上部から）

　　　∴小さいほうの0.66を採用

（2）採光補正係数（K＝［D／H］×a－b）を求める
　窓1：2×6－1.4＝10.6 ⇒ 3
　窓2：0.66×6－1.4＝2.56

（3）有効採光面積を求める
　窓1：3㎡×3＝9㎡
　窓2：3㎡×2.56＝7.68㎡

敷地内に高層棟と低層棟のある場合の採光検討

　共同住宅などで、物置や自転車置場などの低層建築物が高層の住棟の前にある場合、高層棟の低層階部分では、それを考慮して住戸の採光を検討できる。自転車置場までの距離dと住戸のある住棟の高さHで採光関係比率d/Hを算定すると、採光が厳しくなる場合があるためだ。

　隣地境界線までの距離Dを自転車置場までの短い距離dに置き換え高さHは低層棟の上部から測定したhによる。自転車置場までの距離dを採用して、高さを自転車置場の高さhとすることができるのは高層棟の自転車置場より上の部分から隣地境界線までの距離Dが十分な大きさである場合に限る。

（建築基準法質疑応答集より）

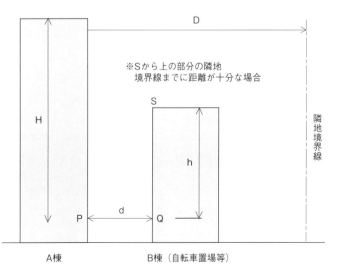

※Sから上の部分の隣地境界線までに距離が十分な場合

隣地境界線

A棟　　　　　B棟（自転車置場等）

敷地内に高層のA棟と低層のB棟がある場合の採光関係比率

建築物AのP点の採光関係比率
K＝（d／h）でも可

居室の有効採光面積の緩和

半透明な庇は、ないものとして採光関係比率（D／H）を算出する

緩和の諸条件

　1つの居室では有効採光面積が不足していても、襖や障子などの建具で仕切られた他の居室に続く場合は、2つの居室を1つとみなして採光を検討できる（法28条4項）。

　また、次のような位置に**開口部**があるときも、有効採光面積の緩和を受けることができる（令20条）。

①居室の外側に幅90cm以上の縁側がある場合、採光補正係数に0.7を乗じ、縁側の外部に面した開口部を有効採光窓とできる。また、屋外に設けられる濡れ縁の場合はこの制限を受けない

②窓が道路に面する場合は、反対側の道路境界線、広場や川などの場合はその中心線までの水平距離で採光補正係数を算出できる

③開口部の上部の庇が半透明である場合、庇をないものとして水平距離を算出し、採光補正係数を算出できる[215頁参照]

④天窓の場合は、採光補正係数を3倍にできる（最高数値3）

用途による緩和

　照明設備を設置した室で用途によっては、有効採光面積の緩和を受けられる。幼稚園や学校の教室・保育室等では、床面に200lx以上の照度を確保されていれば、有効採光面積と床面積の割合を1／7以上にできる。また、音楽教室や視聴覚教室では、同様の条件を満たし、かつ技術基準を満たした自然または**機械換気設備**があるものは、有効採光面積と床面積の割合を1／10以上とすることができる（昭55建告1800号）。

　商業・近隣商業地域内の住宅、共同住宅で、外壁に採光上有効な開口部をもつ居室に、開口のある内壁で別居室が隣接する場合、内壁開口部が当該居室床面積の1／7以上で、かつ外壁開口部が、2室の居室床面積の採光面積を満たせば、それぞれの部屋の採光は有効とみなせる（平15国交告303号）。また、温湿調整を必要とする作業を行う作業室、その他用途上やむをえない居室として採光のための開口部が免除される居室もある。

基本を理解！

・2室1室の採光検討
　→右頁

・縁側
建築基準法では、縁側は内部の廊下、ぬれ縁は外部の廊下と区別している（令20第2項）

・採光のための開口部が免除される居室（平7住指発153号）
・大学、病院等の実験室等
・手術室、エックス線撮影室等
・音楽練習室、リスニングルーム
・暗室、プラネタリウム
・自然光が診察、検査等の障害となる居室
・職員室、校長室、ナースステーション等
・演芸場、観覧場、集会場
・守衛室、物販販売場等

・開口部
　→p.90

・機械換気設備
　→p.155

居室2

建具

2室1室

居室1

1つの居室で窓の採光面積が不足していても、建具で仕切られた2つの居室の場合、2室の合計窓面積で採光を検討できる

襖で仕切られた2室の必要採光窓面積の算定例

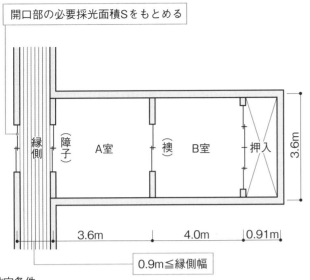

開口部の必要採光面積Sをもとめる

縁側
（障子）
A室
（襖）
B室
押入

3.6m

3.6m　4.0m　0.91m

0.9m≦縁側幅

設定条件
・住居系用途地域内の住宅
・$\dfrac{H}{D} = \dfrac{3}{6}$ とする

算定の手順

（1）居室の面積算定

$(3.6 \times 3.6 + 4.0 \times 3.6) \times 1 / 7$

A室の床面積　　B室の床面積　　住宅の係数

$= 3.91\,㎡$

（2）開口部Sに乗じる採光補正系数

（住居系用途地域）を算定式により求める

$$\dfrac{D}{H} \times 6 - 1.4 = \dfrac{3}{6} \times 6 - 1.4 = 1.6$$

（3）90cm以上縁側があるので、有効採光面積に0.7を乗じる

必要採光面積S（㎡）×1.6×0.7＝3.91㎡（居室面積）

$$S = \dfrac{3.91}{1.6 \times 0.7} ≒ 3.50\,㎡$$

採光を検討する開口部前面に道路・水面等がある場合

❶道路に面する場合

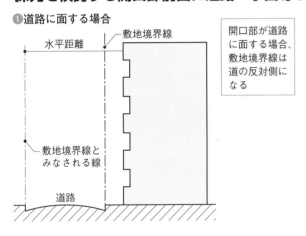

水平距離
敷地境界線
敷地境界線とみなされる線
道路

開口部が道路に面する場合、敷地境界線は道の反対側になる

❷水面・公園・広場等に面する場合

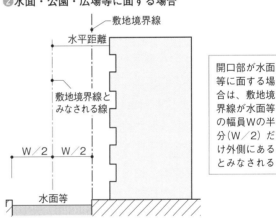

敷地境界線
水平距離
敷地境界線とみなされる線
W／2　W／2
水面等

開口部が水面等に面する場合は、敷地境界線が水面等の幅員Wの半分（W／2）だけ外側にあるとみなされる

外部に開口部のない住宅居室の採光特例（平15国交告303号第3号）

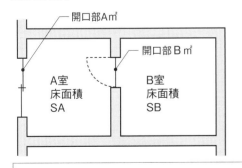

開口部A㎡
開口部B㎡
A室床面積SA
B室床面積SB

B室が採光上有効になる条件

❶商業地域か近隣商業地域
❷住宅か共同住宅の住戸
❸開口部A×採光補正係数≧$\dfrac{SA+SB}{7}$

かつ

開口部B≧$\dfrac{SB}{7}$

特定行政庁の認定による一体利用される複数居室の採光緩和例（平15国交告303号第2号）

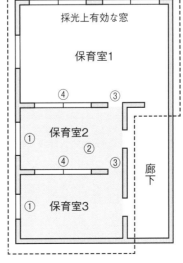

採光上有効な窓
保育室1
保育室2
保育室3
廊下
④　③　①　②

❶直接外気に接する窓等
❷照明装置
❸直接行き来できる出入口
❹特定居室の床面積×1／5以上かつ壁の見付け面積×1／2以上の開口部

☐：特定居室（採光に有効な部分の面積の合計が基準に満たない居室）

┈┈：一の居室として取り扱う複数居室

防湿・防水措置が必要な地階居室

地階の居室には、からぼりによる自然換気か換気設備の防湿措置 土に接する外壁等の防水措置をする

防湿のためのからぼりと換気設備

「住宅の居室」「学校の教室」「病院の病室」「寄宿舎の寝室」の4種類の居室を地階につくる場合、健康・衛生上の観点から居室の「防湿措置」と、土に接する外壁・床などの「防水措置」が必要となる(法29条、令22条の2)。

居室の防湿措置として、次のいずれかを採用しなければならない。

(1)からぼりの設置

居室のからぼりの開口部に一定の大きさのからぼりをつくり、雨水排水設備を設ける。からぼりに開口部に面して居室のからぼりに面した開口部の面積が、居室の床面積の1／20以上確保できれば、機械換気設備等は不要である(平12建告1430号)。

傾斜地の地階では、地面より上に自然換気の開口部の下端があれば、「からぼりを設置している」とみなせる。したがって、その開口部の自然換気に有効な部分の面積が、居室の床面積の1／20以上ならば、機械換気設備等は不要である。

(2)換気設備の設置

自然換気設備を設置する場合は、適正な位置に給気口と排気筒などを設ける(令20条の2)。機械換気設備を設置する場合は、規定の換気量を確保しなければならない。

(3)調湿設備の設置

調湿設備とは、除湿エアコンを指す。ただし、移動可能なものは認められない。

防水層と排水設備

地階の居室の床や外壁を防水する場合、外壁などの地下水の平均水面以上の部分は耐水材料でつくり、かつ材料の接合部とコンクリートの打継ぎ部分に防水処置を行う。また、地下水の平均水面以下の仕様は、次のいずれかとする。

①外壁・床・屋根に防水層を設ける

②土に接する外壁・床は2重構造などとして、排水設備を設ける

③外壁、床、屋根の構造を国土交通大臣認定のものとする

基本を理解！

・からぼり
建築物の地下室 部分の日照や換気のために掘り下げられた空間。ドライエリアともいう

・排水設備
雨水や生活排水を敷地外に排出するための設備。衛生的に排出するための排水配管、排水トラップ・通気設備などからなる

・自然換気
室内外の温度差・風圧などによって、室内の空気を自然に入れ替えること。窓による自然換気や風洞を使った自然換気設備による換気方法がある

・換気設備
自然換気設備と機械換気設備がある。給気機、排気機を使った強制的な機械換気の方法には、各機械の組み合わせで、1～3種の区別がある

関連事項

機械換気の規定換気量

令20条の2で、無窓居室等に設ける機械換気設備の有効換気量は、V＝20Af／N(Af：居室の床面積㎡)により計算した数値以上としなければならない。つまり一人当たり20㎡の機械換気量を必要とする。

算出に当たり、建築物の実況に応じた一人当たりの占有面積N(㎡／人)は、一律には規定できないが、一般的に右の数値を参考にして算出する。参考値は設備や消防の観点から決められたものもあるため、一人当たりの占有面積Nを大きくとっているものもあるが、基準法では、特殊建築物の居室は3を上限とし、その他の居室では10を上限としている。

また、この換気量はシックハウスで必要な換気量とは異なる

N値の算考数値

建築用途	単位当たり算定人員 (≒Af/N)		一人当たり専有面積 (N)
集会場・劇場・映画館・体育館	同時に収容しうる人員		0.5～1㎡
保育所・幼稚園・学校	同時に収容しうる人員		─
店舗・マーケット	─		3㎡
事務室	─		5㎡
工場・作業所・管理室	作業人員		
共同住宅	1K・1DK 1LDK 2DK	2	─
	2LDK 3DK	3	
	3LDK 4DK	4	
	4LDK 5DK	5	

地階に居室等を設ける場合の技術的基準（令22条の2）

規制対象となる居室			住宅の居室、学校の教室、病院の病室、寄宿舎の寝室で地階に設けるもの	
居室	いずれか1つ以上	①からぼりを設ける	①上部を外気に開放させる	
			② 開口部を雨水の排水設備を設けたからぼりに面する場所に設ける	・W≧1mかつW≧4／10D ・L≧2mかつL≧D
			開口部の有効換気面積A≧居室の床面積B×1／20とすれば換気設備不要	
		②換気設備を設ける	令20条の2（換気設備の技術的基準）に適合する換気設備を設ける	
		③湿度を調整する設備を設ける		
		開口部の前面の敷地内にその開口部の下端よりも高い位置に地面がない場所に居室を設ける（傾斜地の場合）		
外壁等の構造	外壁等の構造を令22条の2の基準に適合させる［※1・2］	① 直接土に接する外壁、床、屋根、またはこれらの部分	下記の、平12建告1430号の規定にもとづく方法で防水層を設ける ・埋戻し工事中などに防水層が損傷を受けるおそれがある場合、亀裂、破断、その他の損傷を防止する保護層を設ける ・下地の種類、土圧、水圧の状況に応じ、割れ、隙間などが生じることのないように、継目などで十分な重ね合わせなどの措置をとる	
		② 直接土に接する外壁・床	直接土に接する部分を耐水材料でつくり、かつ直接土に接する部分と居室に面する部分の間に居室内への浸水を防止するための空隙を設ける	
	大臣の認定を受けたもの			

W：居室外壁からその壁の面するからぼりの周壁までの水平距離
L：居室の壁に沿った水平方向の長さ
D：開口部の下端から地面までの高さ
※1：外壁等のうち、常水面以上の部分を耐水材料でつくり、かつ材料の接合部、コンクリートの打継ぎ部分に防水の措置をした場合は免除 ※2：空隙に浸透した水を有効に排出するための設備が設けられているもの

地階居室の防湿措置（平12建告1430号）

①からぼりを設ける場合

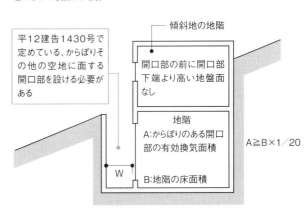

②機械換気設備を設ける場合

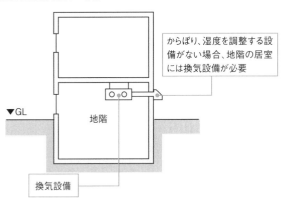

からぼりの構造（平12建告1430号）

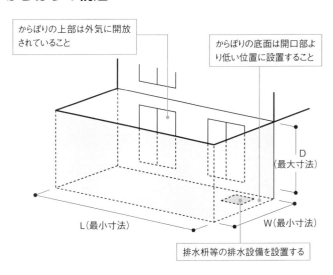

■からぼりの寸法
D：開口部下端からのからぼり上端までの高さ
L：当該居室の壁に沿った水平方向の長さ
W：居室の外壁からからぼりの周壁までの水平距離
W≧1m　かつ　W≧4／10×D
L≧2m　かつ　L≧D

■有効換気面積
からぼりに面した開口部の有効換気面積≧居室の床面積×1／20

居室の換気

換気方法は、自然換気（開口部や気圧差を利用）、機械換気（換気扇など）、空調（中央管理方式）

開口部による換気

一般の居室は、居室の床面積の1／20以上の自然換気に有効な部分の面積をもつ開口部を必要とする。有効窓面積の算定方法は、開口部の形状によって異なる[左頁表参照]。また、採光と同様の「2室1室」の緩和がある[230頁参照]（法28条2・4項）。

有効な面積を1／20以上確保できない居室は、換気上の無窓居室となる。

設備による換気

換気上の無窓居室となる場合、自然換気設備や、機械換気設備、中央管理方式による空調設備などの換気設備を設けなければならない。

自然換気設備とは、給気口と排気筒の気圧差で換気する方法をいう。給排気口の位置、排気筒の断面積や高さの関係が規定されている[左頁図参照]。

機械換気設備とは、換気扇等で給排気を行う設備のことである。給排気の方法で、第1

〜3種に区分される。

中央管理方式の空調設備とは、人が活動することが想定される居室内空間で、空気中の炭酸ガスの含有率を約1千ppm以下、一酸化炭素を10ppm以下にそれぞれ保つ設備のことである。建物全体の空調を1カ所で行う方式で、国土交通大臣の認定が必要である。

劇場や映画館などの特殊建築物では、自然換気設備は認められず、機械換気設備か空調設備のいずれかとしなければならない（令20条の2）。

また、調理室、湯沸し室などの火気使用室で、換気設備を用いて換気をする場合、燃焼器具のための換気基準も検討しなければならない。

このような居室では、給気口を天井の1／2以下の高さで、排気口は天井から80㎝以内に設けることが原則である（令20条の3）。また、換気扇などの有効換気量の算定式は、告示で定められている（昭45建告1826号）。

ただし、屋内に排気を出さない密閉式の燃焼器具を使用する場合は、一定条件のもとで緩和される。

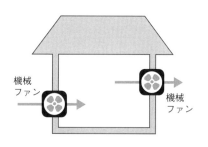

第1種換気
・給気：機械
・排気：機械
給気と排気を1箇所で行う。各部屋をダクトでつないで換気する「集中型」と、給気と排気を別の場所で行う「分散型」がある。空気の流れを制御しやすく、省エネ効果が期待できる

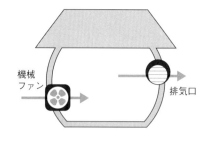

第2種換気
・給気：機械
・排気：自然
室内に強制的に空気を送り込み、室内の気圧を高くすることで、室内の空気を外部に排出する。外部から塵などが入りにくく、ほこりを嫌う工場などで採用される

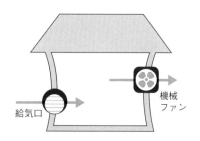

第3種換気
・給気：自然
・排気：機械
室内の気圧を低くして、外気を取り入れて換気する方式。比較的コストが抑えられるが、室内に寒暖の空気を侵入させてしまう

[表] 開口部の形状による有効換気面積の考え方例

窓の形式 （例）	はめ殺し	引違い	片引き	上げ下げ	ガラリ	回転	内倒し
倍数	0	1／2	1／2	1／2	45°≦a≦90°のとき　So＝S 0°＜a＜45°　のとき　So＝a／45°×S		

So：有効開口面積　　S：開口部面積

換気設備の設置基準
（令20条の2・20条の3・129条の2の6、昭45建告1826号）

	適用基準	換気設備の設置	適用条項
換気設備の設置が必要となる要件	換気上の無窓居室 （有効換気面積 ＜居室の床面積×1／20）	自然換気設備	令20条の2 令129条の2の6 昭45建告1826号・1832号
		機械換気設備	
		中央管理方式の空調設備	
	火気使用室 ・燃焼器具の換気量 　V≧40KQ 　V：換気量（㎥／h） 　K：理論ガス量（㎥） 　Q：燃焼消費量（kw・kg／時）	自然換気設備 ❶排気筒方式 ❷煙突方式 ❸換気フード付排気筒方式	令20条の3 昭45建告1826号
		機械換気設備 ❶換気扇等方式 ❷排気フード付換気扇等方式 ❸煙突＋換気扇等方式	
	劇場、映画館、演芸場、観覧場、公会堂、集会場、その他これらに類する建築物の居室	機械換気設備	令20条の2 令129条の2の6 昭45建告1826号・1832号
		中央管理方式の空調設備	

	緩和対象	換気設備の設置	適用条項
換気設備の設置が不要となる要件	住宅、または共同住宅の調理室	次の条件をすべて満たす場合は設置免除 ❶床面積合計≦100㎡ ❷発熱量合計≦12kW ❸換気上有効な開口部の面積≧調理室床面積×1／10 　かつ≧0.8㎡	令20条の3第1項2号
	上記以外のその他の室	次のいずれかを満たす場合は設置免除 ❶ 密閉式燃焼器具等[※]だけを設けている火気使用室 ❷ 発熱量合計≦6kW　かつ　換気上有効な開口部を設置した室	令20条の3第1項1号・3号

※：外気の取入れと廃ガスの排出を直接屋外で行う器具

[図] 自然換気設備の構造の例 （換気設備による自然換気）

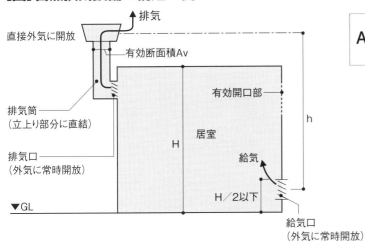

$$Av \geqq \frac{Af}{250\sqrt{h}} \quad かつ \quad \geqq 0.00785$$

Av（㎡）：　排気筒の有効断面積（㎡）

Af（㎡）：　居室の床面積（当該居室が換気上有効な窓などを有する場合、当該開口部の換気上有効な面積Avに20を乗じて得た面積を、当該居室床面積から減じた面積）

h（m）：　給気口の中心から排気筒の頂部（外気に開放された部分）の中心の高さ

注：給気口、および排気口ならびに排気筒の頂部には、雨水、ネズミ、虫、ホコリ、その他衛生上有害なものの侵入を防ぐための設備を設ける

シックハウス対策

家具などからの発散も想定し、居室には24時間機械換気が必要

シックハウスに対する規制

建築基準法では、シックハウス症候群の原因となる衛生上支障のある化学物質として、クロルピリホスとホルムアルデヒドを指定し、その使用を規制している(令20条の5)。

クロルピリホスを添加した建築材料は、居室を有する建築物での使用が禁止されている(令20条の6)。

一方、ホルムアルデヒドを発散する建築材料は、発散量によって4種類に区分される。最も発散速度の早い第1種は居室に使用できない。第2・3種も居室の種類と換気回数に応じて、使用面積制限を受けるが、JIS(日本工業規格)などでF4☆の等級区分となる材料は規制対象外である(令20条の7)。また、建築物に使用されて5年以上経過すると、当該成分が空気中に発散するため規制の対象外となる。

室内だけでなく、天井裏等も規制対象となる。天井裏等は、下地材などを第3種材料とするか機械換気設備で天井裏等を負圧とする必要がある。ただし、天井裏等と居室の間に通気止め等の措置をした場合は、天井裏等を対象外とできる(平15国交告274号)。

一方、ホルムアルデヒドは造付け家具などからも発散されるため、原則、居室を有するすべての建築物に、24時間機械換気設備の設置が義務付けられている(令20条の8)。換気回数は、住宅等の居室では0.5回／時、それ以外は0.3回／時で、それ以上の能力をもつ換気設備を設置しなければならない。

アスベストに対する規制

建築基準法では、アスベスト(石綿)の使用も規制している(令20条の4)。アスベストは微細な繊維からなる天然鉱産物で、熱や摩擦などに強く、かつて建築資材としてよく用いられた。しかし、飛散したアスベストを吸入することで、肺がんなどの健康被害が生じたため、現在では製造・使用が禁止されており、国交大臣の認定材料以外で、アスベストを添加したり、あらかじめ添加した建築材料は使用できない。

基本を理解！

・シックハウス症候群
新築の住居などで起こる、倦怠感・めまい・頭痛・湿疹・のどの痛み・呼吸器疾患などの症状。建材に含まれ誘導灯有機化学物質が大きな原因といわれている

・クロルピリホス
白アリ駆除などを目的とした有機リン系殺虫剤として広く使われていた物質。住宅では、土台や柱などの木部に吹付けたり、床下土壌の全面に散布するといった方法で使用されてきた。シックハウス症候群の汚染源となる化学物質のひとつである

・ホルムアルデヒド
有機化合物の一種で、毒性が強い。安価なため、接着剤、塗料、防腐剤などの成分として、建材に広く用いられている

・24時間機械換気設備
居室内の空気を入れかえるため24時間運転する機械式換気設備

天井裏 / F☆☆☆☆材料 / ダクト(24時間換気システム) / 全熱交換器

シックハウス対策は、仕上げや下地に利用する建築材料による規制と、居室の24時間換気による規制がある

シックハウス対策の概要

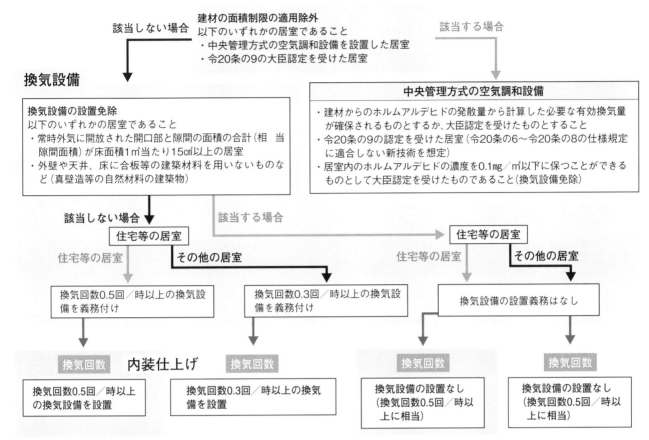

第2・3種ホルムアルデヒド発散建材の使用面積制限

第2・3種ホルムアルデヒド発散建材は、以下の式を満たすよう、使用面積の制限を受ける

$$N_2S_2 + N_3S_3 \leqq A$$

N_2：下記表
N_3：下記表
S_2：第2種ホルムアルデヒド発散建材の使用面積（㎡）
S_3：第3種ホルムアルデヒド発散建材の使用面積（㎡）
A：居室の床面積（㎡）

居室の種類	換気階数	N_2	N_3
住宅等の居室 [※1]	0.7回／時以上 [※2]	1.2	0.20
	0.5回／時以上0.7回／時未満 [※2]	2.8	0.50
上記以外の居室	0.7回／時以上 [※2]	0.88	0.15
	0.5回／時以上0.7回／時未満 [※2]	1.4	0.25
	0.3回／時以上0.5回／時未満 [※2]	3.0	0.50

※1：住宅の居室、下宿の宿泊室、寄宿舎の寝室、家具その他これに類する物品の販売業を営む店舗の売場
※2：表に示す換気回数の器械換気設備を設けた場合と同等以上の換気が確保されるものとして、国土交通大臣が定めた構造方法によるものか、認定を受けたものを含む

Column

無窓居室

■ 無窓居室にかかる規制

　窓などの開口部のある部屋でも、開口部の条件が一定の基準を満たさない場合は、建築基準法上の「無窓居室」となる。

　「無窓」は、「採光」「換気」「排煙」の3つの観点から判断される。「採光上」と「換気上」の無窓居室はそれぞれに有効な開口部面積が、居室床面積の1／20未満の居室である。「排煙上の無窓居室」は、排煙に有効な開口部面積が居室床面積の1／50未満の居室を指す。

　また、3階以上の階に要求される非常用の代替進入口が設けられていないことや、採光緩和をうけた居室なども無窓居室の条件となり、代替措置をしなければならない。無窓居室があると、防火や避難などの規定で制限が厳しくなり、より安全性を高めた代替措置が求められる。たとえば採光上の無窓居室がある場合、避難に関する措置として非常用照明の設置義務が生じる。非常用照明をつけても、採光上の無窓居室になると直通階段までの歩行距離が短く制限される。

無窓居室の種類

種類	規定	無窓の条件	代替措置
採光上の無窓居室 （法35条、令116条の2号）	非常用照明	採光に有効な開口部が居室床面積の1／20未満	非常用照明設備を無窓居室および避難経路に設置（令126条の4）
	直通階段	採光に有効な開口部が居室床面積の1／20未満	無窓居室から直通階段への歩行距離（30m以内）（令120条） 注：居室から直通階段までの距離の規制は、非常用照明をつけても緩和されない
換気上の無窓居室	換気設備 （法28条の2） （令20条の2）	換気に有効な開口部が居室床面積の1／20未満	自然換気設備、機械換気設備または空気調和設備を配置
排煙上の無窓居室 （法35条、令116条の2号）	排煙設備 （令126条の2）	排煙に有効な開口部が居室床面積の1／50未満	排煙設備を設置（令126条の2）
進入経路上の 無窓居室（法35条）	非常用の進入口 （令126条の6）	非常用の代替進入口 （令126条の6の2号）の設置なし	非常用進入口を設置
内装制限上の 無窓居室	内装の制限 （法35条の2） （令128条の3の2）	以下の居室（天井高さ≦6m） ・排煙に有効な開口部が居室床面積の1／50未満（居室＞50㎡） ・告示やただし書の採光緩和を受けたもの（居室の用途に応じて1／5〜1／10まで有効採光なし） ・温湿度調整を必要とする作業室など採光緩和を受けたもの（法28条1項ただし書）	無窓の居室と、そこから地上に通じる廊下や階段、その他通路の壁、天井の室内に面する部分の仕上げを準不燃材料にしなければならない（令128条の5）
構造制限上の 無窓居室	主要構造部の耐火構造・不燃化 （法35条の3） （令111条）	・採光に有効な開口部が居室床面積の1／20未満 ・非常用の代替進入口（令126条の6の2号）の設置なし	無窓の居室を区画する主要構造部を耐火構造か不燃材とする（劇場、映画館、観覧場、集会室、自動火災報知設備を設置した建築物で30㎡以内の就寝室以外の居室または避難階とその直上・直下の屋外出口までの歩行距離が一定以内の居室［※］を除く）
敷地・道路に関する 無窓居室	敷地と道路の関係 （法43条3項3号） （令144条の6）	採光に有効な開口部が居室床面積の1／20未満、かつ、排煙に有効な開口部が居室床面積の1／50未満（令116条の2）	無窓居室として、地方公共団体の条例で、前面道路の幅員、接道長さと道路の関係について、制限の対象となる場合がある

※：令2国交告249号

CHAPTER 7

構造

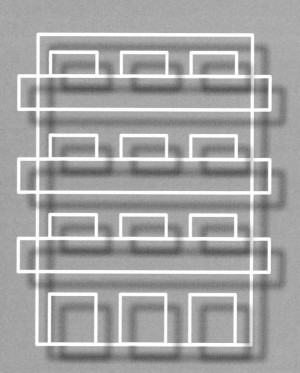

構造計算ルートと構造計算適合性判定

部材に生じる応力度が許容応力度以下であることを確認する

構造計算の3つのルート

建築基準法では、地震等で建築物が倒壊・崩壊しないよう、建築物の構造基準を定めている。建築物の規模に応じて、仕様規定と構造計算規定の2つの基準を満たす必要がある。

そのため、まず構造耐力上主要な部分の許容応力度を求め、固定荷重や積載荷重、積雪や暴風、地震の外力を受けたときに、構造耐力上主要な部分に生じる応力度がそれ以下で、部材が変形や振動にも耐えられることを確認する。併せて屋根葺き材や外装材の風圧に対する安全性を確認する。これを**1次設計**といい、1次設計で終了する構造計算を**ルート1**という。

地震が発生したときの建築物の損傷を想定して層間変形角を検討し、さらに**剛性率**、**偏心率**が基準値内であることを確認する。これが**ルート2**である。割増係数を使い保有水平耐力が必要保有水平耐力以上であることを確認するのが**ルート3**である。

構造計算適合性判定

高さ20m超の鉄筋コンクリート造の建築物やスパン6mを超える鉄骨造の建築物等、また各構造での一定規模以上の建築物については、確認審査時に、第三者機関による**構造計算適合性判定**(以下、構造適判)が必要となる(法6条、6条の3)。構造適判は、知事か指定構造計算適合性判定機関が、求められた日から14日以内に実施し、判定結果の通知書を建築主事等に交付する。一定の合理的な理由がある場合は期間をさらに最大35日まで延長できる。

構造適判が必要となるのは大臣認定プログラムを使用するか、ルート1以外の計算力方法で**保有水平耐力**を用いて構造計算した場合である(法20条2・3号、令36条の2、平9国交告593号次頁参照)。

なお、高さ60mの超の**時刻歴応答解析**で構造計算したものは、個別に性能評価を受けて大臣認定を取得するため構造適判不要となる。

基本を理解！

・仕様規定
各種構造に関する材料や木造の軸組み計算、組石造の、壁の厚さ、鉄筋のかぶり厚さなどの仕様を定めた規定。令36条〜80条の2までをいう

・構造計算規定
第3章8節の構造計算についての規定
1低、2低、1中高、2中高、1種住居、2種住居、準住居、田園住居地域の8地域

・許容応力度
コンクリート、鋼材、木材等の各種材料の構造計算上の応力度の限界値。圧縮、引張、せん断、曲げについて決められ、それぞれ短期と長期に分けられる。N／㎟で表される

・応力度
単位面積 当たりに作用する応力の大きさ。単位はkN/㎡、N/㎟

・外装材
建物の外壁として用いられる材料。耐久性、耐火性、防水性、意匠性などが求められる

・層間変形角
(そうかんへんけいかく)
地震時に対する建物の各階に生ずる水平方向の層間変位の当該各階の高さに対する割合。水平変位/階高

・第三者機関
建築確認審査をする機関とは別の構造適合性を判定する機関

・剛性率
→p.232、233

・偏心率
→p.232、233

・保有水平耐力
→p.232、233

・時刻暦応答解析
→p.232

構造計算適合性判定のフローと対象建築物例

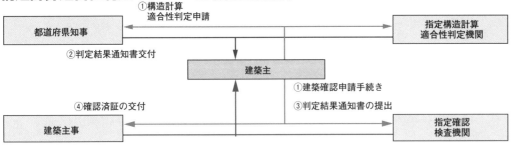

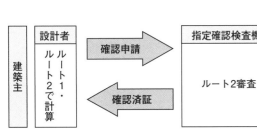

構造計算の流れ

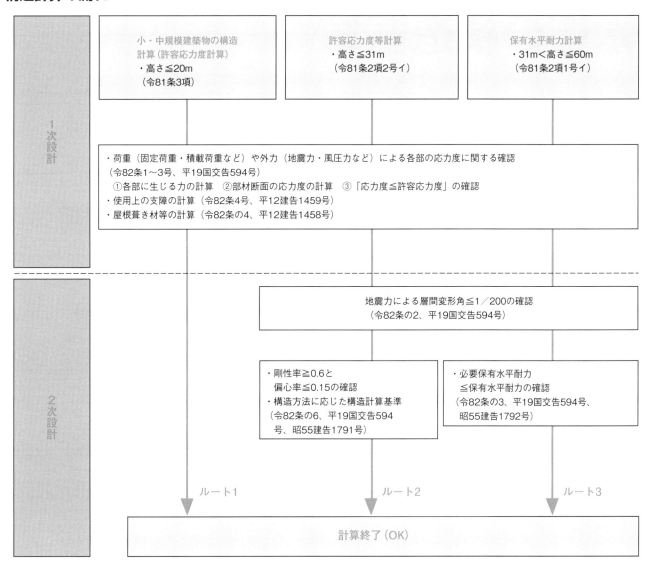

1次設計

| 小・中規模建築物の構造計算（許容応力度計算）
・高さ≦20m
（令81条3項） | 許容応力度等計算
・高さ≦31m
（令81条2項2号イ） | 保有水平耐力計算
・31m＜高さ≦60m
（令81条2項1号イ） |

・荷重（固定荷重・積載荷重など）や外力（地震力・風圧力など）による各部の応力度に関する確認
（令82条1～3号、平19国交告594号）
　①各部に生じる力の計算　②部材断面の応力度の計算　③「応力度≦許容応力度」の確認
・使用上の支障の計算（令82条4号、平12建告1459号）
・屋根葺き材等の計算（令82条の4、平12建告1458号）

2次設計

地震力による層間変形角≦1／200の確認
（令82条の2、平19国交告594号）

・剛性率≧0.6と
　偏心率≦0.15の確認
・構造方法に応じた構造計算基準
（令82条の6、平19国交告594
　号、昭55建告1791号）

・必要保有水平耐力
　≦保有水平耐力の確認
（令82条の3、平19国交告594号、
　昭55建告1792号）

ルート1　　　　ルート2　　　　ルート3

計算終了（OK）

構造計算適合性判定の対象となる建築物（高さが60m以下のものに限る）

法第20条	令第36条の2	H19国交告第593号

第2号

| ①木造（法第6条第1項第2号該当）
　高さ＞13m　又は軒高＞9m
②非木造（法第6条第1項第3号該当）
　・S造
　　階数≧4（地階を除く）
　・RC造又はRSC造
　　高さ＞20m
　・その他政令で定めるもの
　　（令81条第2項） | ①組積造又は補強CB造
　階数≧4（地階を除く）
②S造
　階数≦3（地階を除く）で
　高さ＞13m　又は軒高＞9m
③RC造とSRC造の併用
　高さ＞20m
④木造、組積造、補強CB造、S造
　の併用又はこれらとRC造・SRC
　造の併用
　イ：階数≧4（地階を除く）
　ロ：高さ＞13m　又は軒高＞9m
⑤その他告示で指定するもの
　（平19国交告593号） | 　S造（階数≦3（地階を除く）、高さ≦13m及び軒高≦9m）で、次の基準［薄板軽量形鋼造、屋上の積載荷重最大の場合はイ又はハ］に非該当
イ：①スパン≦6m、②延べ面積≦500㎡、③Co＝0.3以上として地震力の許容応力度計算（冷間成形角形鋼管柱はさらに所定の応力割増し）、④筋かい端部の降伏時に端部、接合部が破壊しない、⑤特定天井が平25国交告771号第31項等の基準に適合。
ロ：①階数≦2（地階を除く）、②スパン≦12m、③延べ面積≦500㎡（平屋は≦3000㎡）、④イ③④に適合、⑤偏心率≦0.15、⑥柱・梁、接合部等が構造耐力上支障のある急激な耐力低下を生じない
ハ：規則第1条の3第1項第1号ロ②の規定に基づく大臣認定取得
（他） |

木造の構造基準

延べ面積 10㎡超の木造建築物か、他の構造と併用する木造部分に適用

木造の構造基準

木造の建築物やその他の構造と併用する木造部分に適用される基準である。大きく、「材料」と「軸組」の規定に分けられる。ただし、あずまや、または延べ面積10㎡以内の物置などには適用しない。（令40条）

材料の規定では、節や腐れ等の構造耐力上の欠点のない材料の利用（令41条）や外壁の下地に防水紙等を使って、雨漏りなどで軸組が腐らないようにし、また地面から1m以内の部分は、防腐及び防虫、防蟻措置をするよう定めている（令49条）。

軸組の規定では、柱は荷重を各部に伝える構造耐力上主要な部分であることから、最下階の柱の下部には土台を設け、土台と基礎をアンカーボルトなどで緊結するか、基礎と鋼材のダボで緊結し、一体とする（令42条）。また、鉛直方向の荷重により曲がって壊れる座屈を起こさないように、小径は、土台、はり

等の横架材間の垂直距離に対して、政令で規定された割合以上とするよう定めている。他に柱の径について次の規定もある（令43条）。

・地上階が3階以上の建築物の1階の構造耐力上主要な柱は13.5cm角以上とする。

・階数2以上の隅柱またはこれに準ずる柱は通し柱とする。

軸組をつくる筋交いの構造や壁倍率は、令45条に規定されており、それにより必要壁量を求める。必要壁量には、床面積から算定する地震用と見付面積から算定する風用があり、いずれか大きいほうを採用し、設計上の耐力壁（水平荷重に抵抗する壁）の長さが足りるかを、2方向の壁量計算で検討する（令46条）。

壁量の整合の確認後、各方向の1／4にあたる側端部の地震に対する壁量を算定し、建物全体のバランスをチェックする。その後、柱頭、柱脚部などの継手・仕口部の接合金物を、告示（建告1460号表3）やN値計算で求める（令47条）。

基本を理解！

・軸組（耐力壁）
柱と横架材に囲まれた面に、筋かい（斜材）を入れたり、構造用合板を貼って、地震や風などの水平力に抵抗するようにつくられた耐力壁部分

・アンカーボルト
柱脚部や土台をコンクリートの基礎に緊結するための埋め込みボルト。先端を曲げて、コンクリートへの埋め込みを強力にする

・壁量計算（へきりょうけいさん）
地震力と風圧力に耐えるために必要な耐力壁の量に対して、実際の耐力壁の量が越えていることを計算する方法

・継手・仕口
木造等の部材をつなぐことを継手、接合される箇所を仕口という

・N値
耐力壁の壁倍率をもとに、水平力を柱の引き抜き力に変換したもの

柱の小径の倍率と横架材垂直距離（令43条）

建築物＼柱	梁間、または桁行方向の間隔が10m以上の柱、学校、保育所、劇場、映画館、演芸場、観覧場、公会堂、集会場、10㎡超の物品販売店と公衆浴場の柱		左記以外の柱	
	最上階・平屋	その他	最上階・平屋	その他
土蔵造等の重量が特に大きい建築物	1／22	1／20	1／25	1／22
軽い屋根（金属板、石板、石綿スレート等）の建築物	1／30	1／25	1／33	1／30
上記以外の建築物	1／25	1／22	1／30	1／28

筋かい（圧縮）の例（令45条）

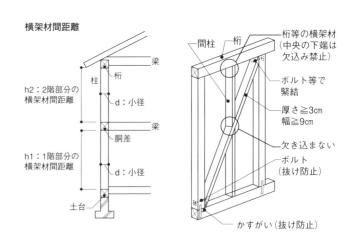

横架材間距離

h2：2階部分の横架材間距離
d：小径
h1：1階部分の横架材間距離
d：小径

梁
柱
桁
梁
胴差
土台

桁
間柱
桁等の横架材（中央の下端は欠込み禁止）
ボルト等で緊結
厚さ≧3cm
幅≧9cm
欠き込まない
ボルト（抜け防止）
かすがい（抜け防止）

組積造・補強コンクリートブロック構造基準

組石造では、壁の長さに対して厚さを厚くしたり、控え壁をつけて地震に抵抗する

組積造の構造基準

組積造(令51条)は、れんが造、石造、コンクリートブロック造の建築物で、耐火性にすぐれ、また断熱性も良い。しかし、地震に弱いため、「壁の長さ」と「開口部」「壁の高さと壁の厚さの関係」「壁の頂部の臥梁」に関する規定がある。

壁の長さは10m以下とし、その間に垂直方向の向かい合う壁か控壁を設ける(令54条)。壁厚は、建物の階数と壁の長さが5m以下かどうかで決まるが、階の壁の高さの1/15以上必要となる。(令55条)壁の開口部は対面する壁の間ごとに制限され、開口部の幅の総和は、設ける壁の長さの1/2以下とし、各階の開口部の幅の総和は、その階の壁の長さの総和の1/3以下としなければならない。

また、開口部とその直上の開口部との垂直距離は60cm以上とする。(令57条)

補強CB造の構造基準

空洞コンクリートブロックの空洞部に適切な間隔で鉄筋を縦横に配して、そこにモルタルやコンクリートを充填しながら組積し、耐力壁をつくる構造のことである。(令62条の2)

各階の耐力壁の中心線により囲まれた部分の**水平投影面積**は60㎡以下とし、張間方向と桁行方向に配置する耐力壁の長さの合計(壁量)は、それぞれ15cm／㎡以上とする(令62条の4)。

各階の壁頂には鉄筋コンクリート造等の臥梁を設け、有効幅は、20cm以上で、耐力壁の水平力に対する支点間距離の1/20以上とする。(令62条の5)

また、補強コンクリートブロック造で塀をつくる場合は以下のような外形の規定がある

①高さ：2.2m以下
②控壁：長さ3.4m以下ごとに、高さの1/5以上突出
③基礎：丈は35cm以上、根入れ深さは30cm以上

補強コンクリートブロックの壁の中の壁頂部や基礎、隅角部などには9mm以上の鉄筋を配筋しなければならない(令62条の8)。

基本を理解！

・臥梁(がりょう)
煉瓦造・ブロック造などの組積造で、壁の頂部を連続的にかためる鉄筋コンクリートの梁。階数が1の場合、壁厚が壁高の1／10以上か壁長が5m以下の場合は不要(令56条)

・控壁
壁が倒れないように、ついたてのように、壁に対して直角に立てる壁

・耐力壁
地震や風など水平力に対して抵抗する壁。
↔非耐力壁

・補強コンクリートブロック
縦19cm横39cmの鉄筋を通す中空部分をもった軽量ブロック。縦横のブロックを約1cm厚のモルタルでならして積むと、基本の寸法が20cm×40cmとなる

・開口部
→p.122基本を理解

・水平投影面積
→p.86基本を理解

組積造の壁規定(令54・55条)

壁長L	L≦10m	
壁厚d	≦5m の場合	5m<L ≦10m の場合
階数≧2	d≧30cm かつ d≧H／15	d≧40cm かつ d≧H／15
階数≧1	d≧20cm かつ d≧H／15	d≧30cm かつ d≧H／15

H：壁高さ

補強CB造の構造例(令62条の2〜62条の8)

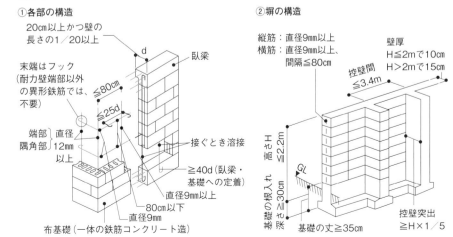

①各部の構造
20cm以上かつ壁の長さの1／20以上
末端はフック(耐力壁端部以外の異形鉄筋では、不要)
臥梁
≦80cm
25d
端部 直径 隅角部 12mm 以上
接ぐとき溶接
≧40d(臥梁・基礎への定着)
直径9mm以上
80cm以下
直径9mm
布基礎(一体の鉄筋コンクリート造)

②塀の構造
縦筋：直径9mm以上
横筋：直径9mm以上、間隔≦80cm
壁厚 H≦2mで10cm H>2mで15cm
控壁間 ≦3.4m
高さH ≦2.2m
GL
基礎の根入れ 深さ≧30cm
基礎の丈≧35cm
控壁突出 ≧H×1／5

鉄骨造・鉄筋コンクリート造の構造基準

S造は引張力を生かし、RC造は、コンクリートの圧縮力と鉄筋の引張力で互いに補う

鉄骨造の構造基準

鉄骨造（S造）の構造躯体に使われる**鉄鋼**（炭素鋼、ステンレス鋼、鋳鉄）は、**引張力に強く、圧縮力に弱い**という構造特性をもつ。建築基準法ではこの点を考慮して、構造規定が設けられている。

たとえば、柱等の圧縮材では、座屈を防ぐため、有効細長比を柱では200以下、柱以外では250以下に収めなければならない（令64・65条）。

大きな応力がはたらく柱脚は、ピン接合を除き、アンカーボルトなどで基礎と緊結する（令66条・平12建告1456号）。また、鋼材の接合部は、ボルトや溶接、リベット、国交大臣認定の接合方法とする（令67条）。

一方、鉄鋼は**火に弱い**特性をもつ。そのため耐火・準耐火構造以外の地上3階以上の建築物で、国土交通大臣が火災で耐力が低下し建築物全体が倒壊のおそれがあると定めたものに関しては、柱に30分の防火被覆をしなければならない（令70条）。

鉄筋コンクリート造の構造基準

鉄筋コンクリート造（RC造）は、主に**引張力を鉄筋**が、**圧縮力をコンクリート**がそれぞれ負担する材料である。建築基準法では、「鉄筋」と「コンクリート」部分に分けて規定されている。

鉄筋に関しては、配筋やその接合部分の継手・定着方法、鉄筋量等が定められている。また、各部位（柱、床、梁、壁）の必要寸法、配筋の本数や間隔、断面積の割合などが決められている（令73条・令77〜78条の2）。

コンクリートは、十分な圧縮耐力をもつように材料強度が規定されている。普通コンクリートでは、4週圧縮強度を12N／㎟（軽量骨材は9N／㎟）以上確保しなければならない（令74条）。

また、炭酸ガスでコンクリートのアルカリ性が中和（中性化）すると、中の鉄筋がさびやすくなる。そのため中和の進行を抑えるように、鉄筋からコンクリート表面までの「かぶり厚さ」を部位ごとに規定している（令79条）。

基本を理解！

・炭素鋼
鉄と炭素の合金。含有されている炭素量が多くなると、引張り強さ・硬さが増すが、伸びが減少する。鋼材、ボルト、ナットなどに広く使われる

・鋳鉄
炭素を2.0〜4.5パーセント程度含む鋳物用の鉄。機械加工が容易であるが、衝撃力に弱い。排水管などに利用される

・座屈
長くて細い柱が、垂直方向の小さな力でも壊れること

・有効細長比
断面の最小断面二次半径で座屈長さを除したもの。柱の座屈のしやすさをあらわす

・ピン接合
モーメントに対して抵抗しないで回転してしまう接合

・リベット
鋼材を接合するための鋲金物

・防火被覆
火に強い材料で弱い材料を覆うこと

・4週圧縮強度
コンクリートを打設して4週間後の圧縮強度。コンクリートの強度は一般に4週圧縮強度で評価する

・中性化
二酸化炭素によるコンクリートの劣化。コンクリートの主成分であるセメントのアルカリ性が、外部からの炭酸ガスの侵入で中性になると内部の鋼材が腐食する

・かぶり厚さ
鉄筋コンクリート構造物で、鉄筋の表面からこれを覆うコンクリートの表面までの最小寸法。耐久性・耐火性のために、構造の部位や鉄筋コンクリートの種別などによって、最小値が定められている

S造のボルトの規定（令68条）

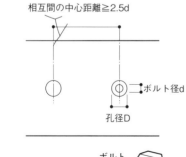

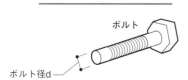

	高力ボルト		ボルト		リベット
径d (mm)	d≧27	d<27	d≧20	d<20	
孔径D (mm)	D≦ d+3	D≦ d+2	D≦ d+1.5	D≦ d+1	リベット孔に十分埋まるように打つ

S造・RC造の構造基準（補足事項）

構造	項目	基準	適用条項
S造	接合	・軒高 ≦9m、梁間 ≦13mの建築物（延べ面積 ≦3,000㎡）は、その接合でボルトが緩まないように、コンクリートへ埋め込むか、ナット部分を溶接するか、ナットの2重使用とするなどの有効な戻止めをする際に、ボルト接合が認められる	令67条
	斜材、壁等の配置	・軸組、床組、小屋梁組には、形鋼、棒鋼、構造用ケーブルの斜材または鉄筋コンクリート造の壁、屋根版、床版を釣合いよく配置する。ただし、国土交通大臣が定める基準（昭62建告1899号）に従った構造計算によって構造耐力上安全が確かめられた場合は、この必要がない	令69条
RC造	コンクリートの材料	・骨材、水、混合材料には、鉄筋をさびさせたり、コンクリートの凝結・硬化を妨げたりするような酸、塩、有機物、泥土を含まないものとする ・骨材は、鉄筋相互間または鉄筋とせき板との間を容易に通る大きさであり、適当な粒度・粒形のもので、かつそのコンクリートに必要な強度、耐久性、耐火性のあるものとする	令72条
	コンクリートの強度	・コンクリートは、4週圧縮強度が 12N／以上（軽量骨材を使用する場合は 9N／以上）とする。また、設計基準強度との関係において、国土交通大臣が定める基準に適合するものであること。4週圧縮強度を求める強度試験は、国土交通大臣の指定する日本工業規格（JIS A 1108、A 1107）による強度試験とする	令74条
	柱の構造	・柱の主筋≧4本とし、帯筋と緊結する ・帯筋径 ≧6mm、間隔 ≦15cm（柱に接着する壁や梁等の横架材から、上方・下方に柱の小径の 2倍以内の距離にある部分は、10cm以下）で、かつ最も細い主筋の径≦15倍とする ・帯筋比（柱の軸を含むコンクリートの断面の面積に対する帯筋の断面積の和の割合として国土交通大臣が定める方法［昭56建告1106号］により算出した数値）は0.2%以上とする ・柱の小径≧構造耐力上主要な支点間距離の1／15 ・主筋の断面積の和≧コンクリートの断面積の0.8%	令77条
	床版の構造	・床版の厚さ≧8cm かつ≧短辺方向の有効梁間長さ ×1／40 ・最大曲げモーメントを受ける部分の引張り鉄筋の間隔は短辺方向 ≦20cm、長辺方向≦30cmで、かつ床版の厚さ≦3倍	令77条の2
	梁の構造	・梁は複筋梁とし、あばら筋の間隔 ≦梁の丈 3／4 （臥梁の場合、30cm以下）	令78条
	耐力壁	・厚さ≧12cm、開口部周囲に径≧12mmの補強筋を配置 ・径 ≧9mmの鉄筋を縦横に間隔 30cm以下（複配筋として配置する場合は 45cm以下）、平屋建ての場合は 35cm以下（複配筋として配置する場合は50cm以下）で配置。ただし、国土交通大臣が定める基準に従った構造計算（平13国交告1371号）で安全が確かめられた場合は、この必要はない ・壁式構造の耐力壁は、上記以外に長さ ≧45cm、かつ端部と隅角部に径 ≧12mmの縦筋を配置。また、各階の耐力壁は頂部と脚部を当該耐力壁の厚さ以上の幅の壁梁（最下階の脚部では布基礎か基礎梁）に緊結する	令78条の2

RC造の鉄筋の規定（令73条2・4項、79条）

①重ね継手と定着

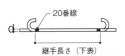

	項目	内容	適用条項
継手長さ	引張力の最も小さい部分	25d以上 （軽量コンクリートは30d以上）	令73条2・4項
	そのほか	40d以上 （軽量コンクリートは50d以上）	
かぶり厚	耐力壁以外の壁・床	2cm以上	令79条
	耐力壁・柱・梁	3cm以上	
	直接土に接する壁・柱・梁	4cm以上	
	布基礎の立上り部分	4cm以上	
	基礎（布基礎の立上り部分以外）	6cm以上（捨てコンクリート部分を除く）	

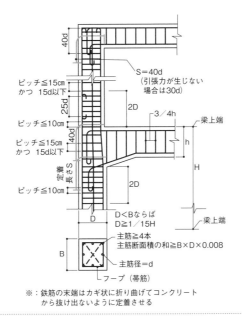

※：鉄筋の末端はカギ状に折り曲げてコンクリートから抜け出ないように定着させる

③柱・床・梁のかぶり厚

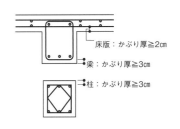

床版：かぶり厚≧2cm
梁：かぶり厚≧3cm
柱：かぶり厚≧3cm

④壁のかぶり厚　⑤基礎のかぶり厚

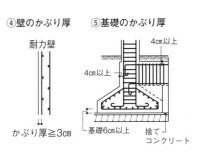

構造計算方法

許容応力度計算は1次設計。
層間変形角、剛性率、偏心率計算、保有水平耐力計算は2次設計

4つの構造計算方法

60m以下の建築物の構造計算方法は、「**許容応力度計算**」「**許容応力度等計算**」「**保有水平耐力計算**」「**限界耐力計算**」の4つである。

(1)**許容応力度**計算(ルート1)

固定・積載・積雪荷重・風圧力・地震力により、構造耐力上主要な部分の部材に生じる力で、その断面の長期・短期の応力度を算出する。その数値がそれぞれ材料の許容応力度以下で、変形・振動などで構造部材に支障がないことを確認する(令81条3項・令82・83条)。

(2)**許容応力度等計算**(ルート2)

1次設計に続き、建築物の地上部分について地震力による層間変形角が1/200以内であることを確認する(令82条の2)。

さらに各階の水平方向の変形しにくさの指標である「**剛性率**」が0.6以上、ねじれ振動の生じやすさを表す「**偏心率**」が0.15以下であることを確認する(令82条の6)。

(3)**保有水平耐力計算**(ルート3)

1次設計、層間変形角の計算に続き、保有水平耐力(各階の耐力壁が負担する水平せん断力の和)を計算する。その数値が必要保有水平耐力以上であり、部分的な破損や塑性変形でも建築物が倒壊・崩壊しないことを確認する(令82条・令81条2項1号イ)。屋根葺き材なども構造計算する(令82条の4)。

(4)**限界耐力計算**

地盤を精査し、稀な積雪、暴風、地震でも地上と地下で建築物が損傷・倒壊しないことを確かめる。

さらに、極めて稀な地震の加速度で各階にはたらく水平力が、保有水平耐力以下となることを確認する(令82条の5)。限界耐力計算では、耐久性等関係規定のみ適合すればよい(令36条2項2号)。

超高層建築物の安全性確認

高さ60m超の超高層建築物の安全性の確認は、「時刻歴応答解析」で行う(令81条1項)。時刻歴応答解析とは、地震時に刻々と変化する建築物の加速度や変形に対して安全性を確認する方法である。

基本を理解

・許容応力度
部材が破壊しない安全な強度のこと。圧縮、引張り、曲げ、せん断等がある

・層間変形角
上下階の床にできる変位を階高で除したもの

・剛性率
建物の剛性の上下のバラつきをみる数値(各階の層間変形角の逆数／全階の剛性の相加平均)

・塑性変形(そせいへんけい)
変形を引き起こしている荷重を取り除いた後、元に戻らずに残る変形のこと

わかる法規

● 耐久性関係規定
構造関係仕様規定で以下のもの。令38条1,5,6項(基礎)、令39条(屋根葺き材等の緊結)、令41条(木材の品質)令49条(防腐措置等)

構造計算方法(補足事項)

項目	基準	適用条項
許容応力度計算	長期の荷重は、固定荷重・積載荷重によって生じる力である。このほか、多雪区域では積雪荷重も考慮する。短期の荷重は、積雪荷重・風圧力・地震力によって生じる力を、長期荷重に加算して求める。また、土圧・水圧・震動・衝撃の荷重は実情に応じて採用する	令81条3項
保有水平耐力計算	保有水平耐力は、各階の水平力に対して崩壊する限界耐力をいい、材料強度で計算する。また、必要保有水平耐力は、地震力によって各階に生じる水平力に、構造特性係数、形状特性係数を乗じて計算する。この検証により、建築物に部分的な破損が生じても建築物が倒壊・崩壊しないことが確認でき、大地震に対しても命の安全を守ることができる	令82条
限界耐力計算	計算の主な内容は以下のとおりである。①積雪時・暴風時に建築物の構造耐力上主要な部分に生じる力を計算して、その部分の耐力を超えないことを確認する②地震による加速度によって建築物の地上部分の各階に作用する地震力と各階に生じる層間変位を計算し、損傷限界耐力を超えないこと、および層間変形角が1/200を超えないことを確認する③建築物の地下部分の各断面に生じる応力が短期許容応力を超えないことを確認する④地震による加速度によって建築物の各階に作用する地震力を計算し、その地震力が保有水平耐力を超えないことを確認する⑤屋根葺き材、外装材、屋外に面する帳壁が許容応力度等計算によって計算される風圧力・地震力その他の力に対して安全であることを確認する	令81条2項1号ロ、令82条の5

保有水平耐力

水平方向の力に対する耐力

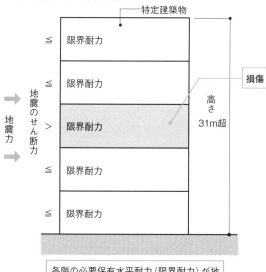

各階の必要保有水平耐力（限界耐力）が地震のせん断力を上回ることを確認する

層間変形角

水平方向のひずみ

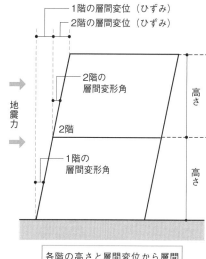

各階の高さと層間変位から層間変形角を計算する

偏心率

ねじれやすさの割合

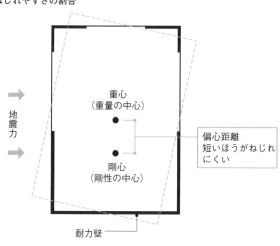

偏心距離と剛性の割合（弾力半径）から計算する

剛性率

建築物の強さ（剛性）の割合

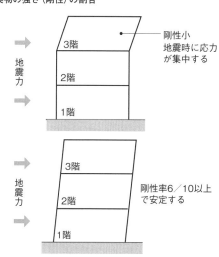

各階の剛性の割合を計算してバランスを検討する

耐久性関係規定

分類	内容	適用条件
原則	構造方法に関する技術基準	令36条
	構造計算の原則	令36条の3
	基礎の構造（支持力、耐力確保等、基礎構造に必要な性能基準）	令38条1項
	屋根葺き材・外装材の緊結（脱落しないことなどの性能基準）	令39条1項
品質	木材の品質（耐久性上必要な節、腐れ等、耐力上の欠点がないこと）	令41条
	コンクリートの材料	令72条
	コンクリートの強度	令74条
耐久性	構造耐力上主要な部分の腐食、腐朽等の防止措置	令37条
	耐久性のため基礎の木杭は常水面下とする	令38条6項
	外壁内部等の防腐措置、地面から1m以内の防虫・防蟻措置	令49条
	鉄筋のかぶり厚	令79条
	鉄骨のかぶり厚	令79条の3
施工性	打撃などの際の基礎杭の安全性	令38条5項
	コンクリートの養生	令75条
	型枠および支柱の除去の時期等	令76条
防火性	地上3階の建築物の柱の防火被覆	令70条

荷重と外力

固定荷重・積載荷重・積雪荷重や風圧力・地震力・土圧などの外力に対して安全性を検討する

荷重と外力の算出

一次設計で行う許容応力度等計算では、建築物の構造耐力上主要な部分にかかる荷重や外力を応力度計算によって算出し、材料の許容応力度と比較して安全を確認する。

建築物に作用する荷重及び外力としては、**固定荷重、積載荷重、積雪荷重、風圧力、地震力**を採用し、建築物の状況に応じて、土圧、水圧、震動及び衝撃による外力を採用する。(令83条)

(1)固定荷重(G)(令84条)

固定荷重は屋根、壁、柱など建築物自体の重量による荷重をいい、**自重**とも言う。建築物の各部の固定荷重は、実況に応じ計算するが、令84条で定める表の数値を用いて計算することができる。

(2)積載荷重(P)(令85条)

積載荷重は、建築物内の物や人の重量を合計した荷重である。建築物の各部の積載荷重には、検査内容で3種類にわかれ、令85条で定められている。その大きさは　床計算用＞大梁、柱、基礎の計算用＞地震力計算用　となる。小梁の積載荷重は，床計算用と大梁計算用の中間値になる。

(3)積雪荷重(S)(令86条)

積雪荷重は、屋根に積もる雪の重量による荷重をいい、積雪の単位荷重(20N/cm/㎡)に屋根の水平投影面(㎡)と垂直積雪量(cm)を乗じて求める。屋根の積雪荷重は、勾配が６０度以下の場合は、勾配に応じて積雪荷重に屋根形状係数を乗じた数値とし、勾配が60度を超える場合は0にできる。

(4)風圧力(W)(令87条)

風圧力は、建築物の受ける風の圧力であり、速度圧に風圧係数を乗じて算出する。また、速度圧は、建築物の形状により国土交通大臣が定める方法で算出した数値(E)と、各地域の風速の観測データに基づき国土交通大臣が定めた風速(VO)から計算する。建築物の脇に風を有効にさえぎる建築物や防風林などがある場合は、速度圧を1/2まで減らせる。

(5)地震力(K)(令88条)

地震力は、建築物の各階に作用する**層せん断力**として求める。各階の層せん断力はその階よりも上の層に作用する水平力の和になり、その階の地震層せん断力は、地震層せん断係数に荷重(固定荷重+積載荷重)を乗じて算出する。また、地震層せん断力を求めるときに必要な地震層せん断力係数は、国土交通大臣が定める数値か、国土交通大臣が定める方法で算出した数値に、標準せん断力係数(0.2以上、**保有水平耐力計算**の場合は1.0以上)を乗じて求める。

基本を理解！

· 荷重及び外力
長期荷重と短期荷重に分けられ、固定荷重、積載荷重は長期荷重、風圧力、地震力は一時的なので短期荷重になる。積雪荷重は、多雪地域で長期荷重その他は短期荷重として扱われる

· 積雪の単位荷重
建築物に外力として鉛直方向に作用する単位面積当たりの積雪の荷重

· 垂直積雪量
積雪荷重を求めるために必要な数値で、各特定行政庁がそれぞれ細則等にて定めている

· 屋根形状係数
積雪荷重を低減するための係数で、屋根勾配をもとに設定されている

· 地震層せん断力
構造計算上検討する層よりも上の部分に作用する地震力の総和に対するせん断力

· 構造耐力上主要な部分
　→p.170本文

· 保有水平耐力計算
　→p.226、232本文、233

関連事項

劇場や倉庫の積載荷重

教室、百貨店又は店舗の売り場、劇場等に連絡する廊下、玄関又は階段は、劇場等の積載荷重(その他)を採用する。柱又は基礎の垂直荷重による圧縮力を計算する場合、積載荷重の数値は支える床の数に応じて低減できる。しかし、劇場等の床の積載荷重は低減できない

また、倉庫業を営む倉庫については、実況に応じて計算した数値が3,900NN/㎡を下回っていても、3,900N/㎡としなければならない

建築物の構造上の安全性

法20条をうけて構造安全性を確保するための方法は、令36条の3に規定され、以下のように整理できる

①用途、規模、構造の種別ならびに敷地の状況に応じ構造部材を有効に配置し、建築物全体が一様に構造上の安全性を確保すること

②地震、風圧等の水平力に対して抵抗部材を釣り合いよく配置し、構造上の部分的な脆弱性をなくすこと

③建築物が地震等の外力に対して変形や振動が生じないような剛性を持つことと合わせて靭性をもち、仮に建築物が破壊に至る場合でもそれが十分に時間をかけて進行し、人身事故を最小限にするような配慮をすること

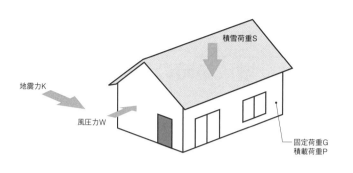

建築物に作用する荷重と外力

許容応用力度等計算における構造計算に必要な組合せ(令82条)

種類	荷重・外力の状態	一般の区域	多雪区域 (特定行政庁が指定)
長期	常時	G+P	G+P
	積雪時		G+P+0.75
短期	積雪時	G+P+S	G+P+S
	暴風時	G+P+W	G+P+W
			G+P+0.35S+W
	地震時	G+P+K	G+P+0.35S+K

G：固定荷重
P：積載荷重
S：積雪荷重 }によって生ずる力(軸組力向力、曲げモーメント、せん断力等)
W：風圧力
K：地震力

積雪荷重 (N) = | 積雪の単位荷重 (N／cm／㎡) | × | 屋根の水平投影面積 (㎡) | × | 垂直積雪量 (cm) |

風圧力 (N) = | 速度圧 (N／㎡) | × | 風力係数 | × | 受圧面積 (㎡) |

速度圧＝0.6×E×V0²

E：当該建築物の屋根の高さ、および周辺の地域状況に応じて国土交通大臣が定める方法で算出した数値
（平12建告1454号）
Vo：その地方の区分に応じ国土交通大臣が定める風速（m／s）(平12建告1454号)

地震層せん断力 (N) = | 地震層せん断力係数 | × | 固定荷重＋積載荷重 (N) |

地震層せん断力係数
＝（Z）地震地域係数×（Rt）振動特性係数×（Ai）地震層せん断力分布係数×（Co）標準せん断力係数

Z： 地震地域係数：地域ごとに想定される地震の大きさによる低減率
Rt： 振動特性係数：地盤や建物の固さや柔らかさを考慮した振動特性
Ai： 地震層せん断力分布係数：建物の高さ方向の水平外力の分布を表す係数。建物の振動特性として、下層部よりも上層部の方が振幅や応答加速度が大きくなる性質がある
Co： 標準せん断力係数（0.2以上。保有水平耐力計算では1.0以上）
Z、Rt、Ai：国土交通大臣が定める数値、または国土交通大臣が定める方法で算出した数値
（昭55建告1793号）

積載荷重表(令85条)

室の種類		積載荷重(N／㎡)		
		床	大梁・柱・基礎	地震力
① 住宅の居室、住宅以外の建築物の寝室・病室		1,800	1,300	600
② 事務室		2,900	1,800	800
③ 教室		2,300	2,100	1,100
④ 百貨店・店舗の売場		2,900	2,400	1,300
⑤ 劇場、映画館、演芸場、観覧場、公会堂、集会場等の建築物の客席・集会場	固定席	2,900	2,600	1,600
	その他	3,500	3,200	2,100
⑥ 自動車車庫、自動車通路		5,400	3,900	2,000
⑦ 廊下、玄関、階段		③～⑤に掲げる室に連絡するものは、⑤の「その他」の数値を採用		
⑧ 屋上広場、バルコニー		①の数値。ただし、学校と百貨店の用途に供する建築物は④の数値を採用		

特定天井

高さ6m超で、200㎡超の吊り天井は、増改築時の既存建築物にも脱落対策が必要

特定天井

　一定の規模以上で、脱落によって重大な危害を生ずるおそれのある天井は、構造耐力上安全なものとしなければならない(令39条)。対象となる条件は以下の5つで、特定天井と定義され、屋外の軒天井なども対象となる。
①吊り天井であること
②人が日常立ち入る場所にある
③高さが6mを超えるもの
④水平投影面積が200㎡を超えるもの
⑤質量が2kg／㎡を超えるもの(下地材・照明設備含む)
　また、屋内プール等、腐食・腐朽が懸念される施設の特定天井も存在するため、構造計算で検証できない耐久性等関係規定も適用され、劣化防止措置も必要となる。

安全な構造方法

　特定天井となる場合、地震で脱落しない仕様としなければならない。その方法には、①壁等の間に隙間を設ける仕様と②隙間なし仕様の技術基準と③天井の耐震性を構造計算で検証する方法がある(平25国交告771号)[左頁参照]。
　①は、「吊り材の部分に斜め材をV字型にバランスよく配置して振れを抑制する」「壁と天井の間に隙間を設けて、天井材の損傷等を防止する」方法で、②は「天井面を周囲の壁等と接することで地震力を構造躯体に伝える」方法である。

既存建築物の特定天井

　特定天井のある既存建築物に増改築や大規模な修繕・模様替えをする場合、特定天井部分を新築時と同様の技術基準に適合させる必要があるが、それ以外の方法として、既存の特定天井の落下防止措置がある。
　落下防止措置には、天井面の下部近くにネット等を張る方法と、天井面の上部で、ワイヤ等により天井に吊り補強をする方法がある。また、既存の特定天井にも、耐久性等関係規定の劣化防止措置(令39条4項)などは適用される。

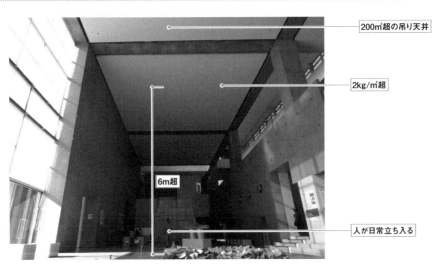

一定の条件を満たす吊り天井は、構造耐力上安全なものとしなければならない

200㎡超の吊り天井

2kg/㎡超

6m超

人が日常立ち入る

共通仕様

(A) 天井の単位面積質量≦20kg／㎡
(B) 吊り材は1本／㎡以上を吊り合いよく配置
(C) 天井材はねじ・ボルト等で相互に緊結
(D) 支持構造部は十分な剛性および強度を有し、
　　 構造耐力上主要な部分に緊結（※一般的な折板屋根は不可）
(E) 吊り材はJIS規格の吊りボルト等を使用
(F) 天井面の段差不可

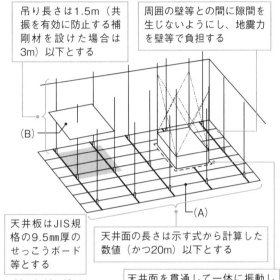

[天井面の段差に該当しない例]
野縁受け
野縁
クリアランス 12～15cm
吊り材
クリアランス 1cm以上
天井板（仕上げ材）
野縁受け
天井板

隙間なし天井基準（第3第3項）

吊り長さは1.5m（共振を有効に防止する補剛材を設けた場合は3m）以下とする

周囲の壁等との間に隙間を生じないようにし、地震力を壁等で負担する

一般基準（第3第2項）（平25国交告771号）

吊り材・斜め部材は、埋込みインサート・ボルト等により構造耐力上主要な部分等に緊結

(B)

(A)

天井板はJIS規格の9.5mm厚のせっこうボード等とする

天井面の長さは示す式から計算した数値（かつ20m）以下とする

・斜め部材を設けない
・屋外に面しない
・天井面は水平とする
・天井面の構成部材はJIS規格の天井下地材等とする

天井面を貫通して一体に振動しない部分との間に隙間を5cm（柱の場合2.5cm）以上設ける

吊り長さ均一≦3m

V字状斜め部材の必要組数を計算し、吊り合いよく配置

屋外に面する天井は風圧による風圧に注意

壁等との間の隙間 ≧6cm ※ただし天井面どうしが隣接する場合は12cm以上とする

[内装制限]
隙間を設けた場合、天井裏も含めて内装制限に適合させるか、隙間を不燃材で覆う必要がある

❶ 6m超の天井に梁または垂れ壁がある場合

高さ6m超の天井が梁・垂れ壁で分割されていても、特定天井の対象としては一続きの天井として扱う。ただし、梁・垂れ壁の水平投影面積は計上しない。

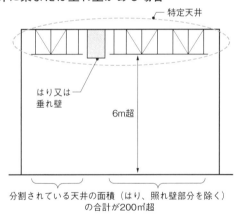

特定天井

はり又は垂れ壁

6m超

分割されている天井の面積（はり、照れ壁部分を除く）の合計が200㎡超

❷ 6m超の天井が間仕切壁で分割されている場合

特定天井には該当しない。ただし、間仕切壁が可動パーティション等容易に取り外し可能な構造である場合や、間仕切壁に日常的に人が出入りするための物の開口がある場合は、当該間仕切壁がない物として部屋の面積を計算する必要がある。

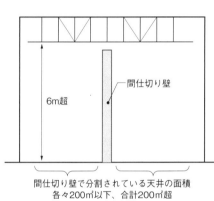

間仕切り壁

6m超

間仕切り壁で分割されている天井の面積
各々200㎡以下、合計200㎡超

❸ 6m超の部分が複数ある天井の場合

高さ6m超の部分がひとつの空間にあり、高さ6m超の水平投影面積の合計が200㎡を超える場合は、特定天井の対象となる。ただし、高さ6m以下の部分の水平投影面積は計上しない。

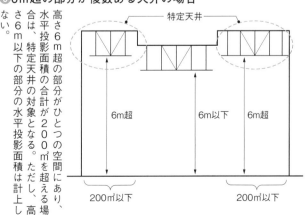

特定天井

6m超　6m以下　6m超

200㎡以下　　200㎡以下

❹ 床に段差がある場合

高さ6m超の部分と6m以下の部分が一体の天井であれば、高さ6m以下の部分を含めて特定天井の対象となる。ただし、分割された高さ6m以下の部分の水平投影面積は計上しない。

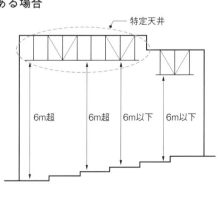

特定天井

6m超　6m超　6m以下　6m以下

構造

フローチャートでわかる建築基準法適合状況調査の流れ

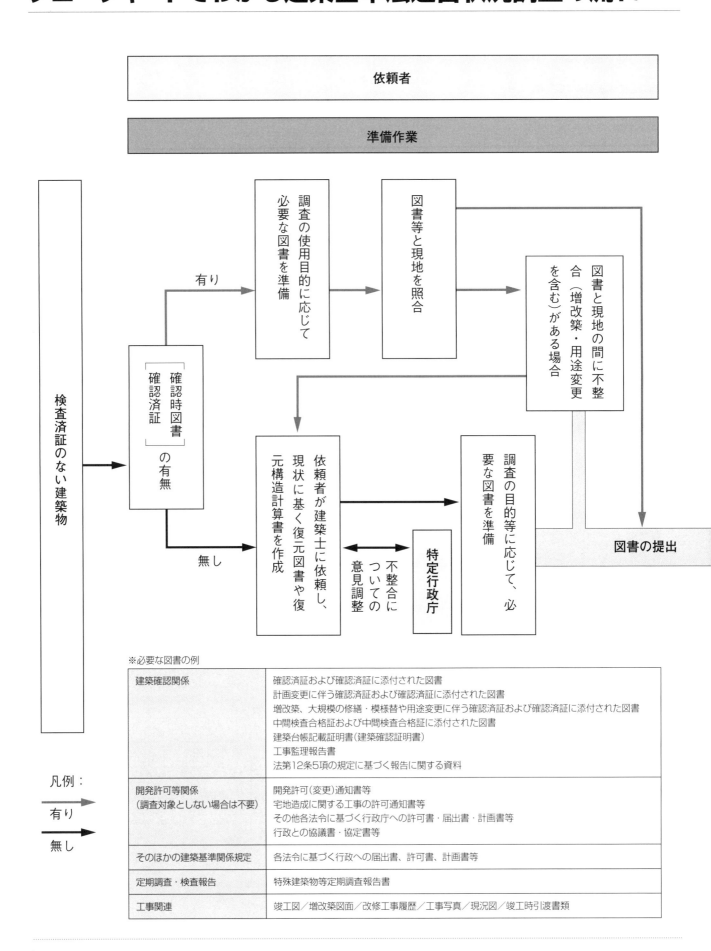

依頼者

準備作業

検査済証のない建築物

確認済証・確認時図書の有無

有り → 調査の使用目的に応じて必要な図書を準備 → 図書等と現地を照合 → 図書と現地の間に不整合（増改築・用途変更を含む）がある場合

無し → 依頼者が建築士に依頼し、現状に基づく復元図書や復元構造計算書を作成 ← → 不整合についての意見調整 → 特定行政庁

調査の目的等に応じて、必要な図書を準備

図書の提出

※必要な図書の例

建築確認関係	確認済証および確認済証に添付された図書 計画変更に伴う確認済証および確認済証に添付された図書 増改築、大規模の修繕・模様替や用途変更に伴う確認済証および確認済証に添付された図書 中間検査合格証および中間検査合格証に添付された図書 建築台帳記載証明書(建築確認証明書) 工事監理報告書 法第12条5項の規定に基づく報告に関する資料
開発許可等関係 (調査対象としない場合は不要)	開発許可(変更)通知書等 宅地造成に関する工事の許可通知書等 その他各法令に基づく行政庁への許可書・届出書・計画書等 行政との協議書・協定書等
そのほかの建築基準関係規定	各法令に基づく行政への届出書、許可書、計画書等
定期調査・検査報告	特殊建築物等定期調査報告書
工事関連	竣工図／増改築図面／改修工事履歴／工事写真／現況図／竣工時引渡書類

凡例：

→ 有り

→ 無し

指定確認検査機関

調査作業

施工状況調査

目視で確認できない構造部分の破壊及び非破壊調査

現地調査（建築士又は建築基準適合判定資格者が実施）

・提出図書と調査対象建築物の照合を目視または計測、動作確認により
　実施
・調査対象建築物の劣化の状況を調査
・図書どおりでない部分が明らかとなった場合には、調査者は当該部分
　について詳細な調査を実施
・建築時点の建築基準法等への法適合状況を確認（建築基準適合性判定
　資格者が実施）

依頼者からの申請に基づき、建築時点の法適合状況調査を実施

調査内容についての意見調整

図上調査
（建築士又は
建築基準適合判定資格者が実施）

・依頼者から提出された図書に基づき、調査対象建築物の建築時点の法適合状況を図面上で照合
・建築時点の建築基準法等への法適合状況を確認（建築基準適合性判定資格者が実施）

特定行政庁

調査内容について意見調査

報告書の作成

・報告書を増改築の際、既存建築物の制限緩和（法86条の7）に利用し、既存不適
　格調書に資料として添付
・行政への報告（法12条5項）の資料として利用

事前調査

確認申請前の調査・手続き関係の基本リスト

調査および手続き項目	現地調査										地区・区域調査									
	既存建物の有無・敷地境界	測量	電気引き込み位置	地質調査	排水先	水道	道路調査（幅員、道路種別、認定状況等）	消防水利	がけ地	敷地権利関係等調査	農地	河川区域	景観地区・景観条例	宅地造成工事規制区域	風致地区	土地区画整理事業区域	地区計画等	高度地区	防火・準防火地域・法22条区域等	日影規制区域
内容等	既存建物解体工事	敷地面積の確定		スウェーデン式サンディング等			2項道路の場合、日付、番号	消火栓等と防火対象物の距離	高低差2m（3m）	公図の確認			景観法・建築基準法68条			市街地開発事業（土地区画整理区域等）	用途規制、高さ制限、容積率等調査	絶対高さ・斜線制限		規制時間、測定面高さの調査
道路課							●													
水道課						●														
下水道課					●															
都市計画課													●	●	●	●	●	●	●	
建築指導課	●						●[※2]		●				●	●				●	●	●
保健所					●[※1]															
環境課	●																			
緑地課																				
福祉課																				
農政課											●									
河川課												●								
消防・予防課								●												
確認検査機関																				
金融機関																				
港湾局																				
総務省																				
法務局										●										
敷地や設計に応じて必要となる許可・届出・手続き等	建築物除却届	日影検討の場合、真北の測定	設計図に位置記入	住宅瑕疵担保責任保険と関係・必要に応じて地盤改良工事・土壌汚染対策	※1 浄化槽設置届（確認申請時）／設計図に排水経路記入	設計図に管径・位置等記入	※2 接道がない場合：法43条許可・道路位置指定手続き	防火水槽等の設置の必要性	がけの安全性の検討	がけ地・公共物と敷地との関係を確認	地目で道路・公共物との関係を確認／農地等の転用の許可（農地法4・5条）	河川占用等の許可／届出	事前協議のうえ、届出／認定	工事等の届出／2mの切土、1mの盛土等の場合許可	建築・宅地造成行為等の許可	都市計画法53条の許可	沿道地区計画、集落地区計画等：事前協議／計画の認定	真北方向からの形態制限等	地域による建築物の防火制限	日影制限緩和の許可（法56の2）

左端の部署欄は「調査・事前相談部署」

分類	項目	概要	詳細
地区・区域調査	最低敷地面積の指定地域	最低限敷地面積の調査	敷地面積制限の許可（法53条の2第1項）
地区・区域調査	壁面線の指定	敷地境界線からの距離、制限される高さ	法46条：壁面線超えの許可（法47条）
地区・区域調査	緑化地域	敷地の緑化率の調査	緑化計画の届出
地区・区域調査	用途地域・調整区域・市街化区域等	法48条	用途地域外建築物の許可
地区・区域調査	駐車場整備地区等	駐車場法・駐車場条例	駐車施設設置届
事前協議等	中高層建築物条例	報告書提出時期と確認申請の期間確認	お知らせ看板・近隣説明・報告書の提出
事前協議等	バリアフリー・福祉のまちづくり条例	対象となる規模・用途か	事前協議
事前協議等	都市計画法（開発等）	敷地の広さに応じて計画が土地の「区画」・「形質」の変更にあたるかを調査	〔開発許可工事のフロー〕事前協議（法43条）→（法29条許可）→開発工事→検査済証／建築行為が都計法に適合していることの証明（施行規則60条）／開発工事に関連し建築する場合、建築制限解除の承認（法37条）
事前協議等	都市計画施設等の区域内に建築	都市計画道路、公園等	都市計画法53条の許可
事前協議等	消防法	無窓階の検討・防火対象物か	消防設備・危険物・防火管理
事前協議等	電波伝搬障害防止法	区域内での31m超の建築	高層建築物等に係る届出
事前協議等	フラット35申込み	融資および適合証明の手続き	金融機関・検査機関
事前協議等	港湾区域・臨港地区		臨港地区内の工事の届出
建築工事	確認申請	工事着工前に確認済証取得	検査済証交付後に使用開始可
建築工事	住宅瑕疵担保責任保険	保険法人への申込み	地盤調査
建築工事	住宅瑕疵担保責任保険	保険法人による検査	基礎検査・軸組等の検査
建築工事	フラット35	適合証明検査機関による検査	中間検査・完了検査
建築工事	中間検査	特定工程時の検査機関等による検査（特定行政庁により異なる）	基礎配筋／屋根工事・2階床施工段階等
建築工事	確認申請の各種変更手続き	変更がある場合、事前に手続きが必要	計画変更・軽微変更・監理者変更届・施工者変更届等
建築工事	完了検査	工事完了から4日以内に完了検査申請	完了検査申請書
その他	省エネ法	300㎡以上の建築物	工事着工21日前までに提出：3年ごとに維持保全の状況報告（住宅以外）
その他	病院・旅館・公衆浴場・飲食店等開業	施設の構造設備基準照合手続き	開設（営業）許可申請
その他	定期報告	特殊建築物や建築設備が対象	※3 財団法人等の指定機関の場合あり

※3　財団法人等の指定機関の場合あり

索　引

＜著者略歴＞

谷村広一 [たにむら こういち]

建築基準適合判定資格者・1級建築士・住宅性能保証評価員

1953年生まれ。'76年東北大学工学部建築学科卒業、'79年東京大学院研究生（建築計画学）。群馬県庁、前橋市立工業短期大学非常勤講師を経て、'97年谷村広一建築デッサン室を開設。

現在、（株）東京建築検査機構（TBTC）取締役、千葉大学非常勤講師（2021年度）

世界で一番くわしい建築基準法 最新版

2021年9月29日　初版第1刷発行

著　者　　　谷村広一
発行者　　　澤井聖一
発行所　　　株式会社エクスナレッジ
　　　　　　〒106-0032　東京都港区六本木 7-2-26
　　　　　　https://www.xknowledge.co.jp/
問合せ先　　編集　Tel：03-3403-6796／Fax：03-3403-0582／info@xknowledge.co.jp
　　　　　　販売　Tel：03-3403-1321／Fax：03-3403-1829